सामाजिक शोध प्रविधि
SOCIOLOGICAL RESEARCH METHODOLOGY

सामाजिक शोध प्रविधि

SOCIOLOGICAL RESEARCH METHODOLOGY

लेखक

देवेन्द्र पाल सिंह तोमर

समाजशास्त्र विभाग

जनता वैदिक कॉलेज

बडौत (बागपत)

(उ. प्र.)

डिस्कवरी पब्लिशिंग हाउस

नई दिल्ली–110 002

प्रथम संस्करण: 2007
Reprint : 2012

ISBN: 978-93-5056-684-8
प्रकाशक
डिस्कवरी पब्लिशिंग हाउस
4831/24, अन्सारी रोड, दरियागंज
नई दिल्ली—110 002
दूरभाष—23279245
फैक्स—23253475
e-mail: dphbooks@rediffmail.com
dphtemp@indiatimes.com

मुद्रक
डायनमिक प्रिन्टर्स

प्रस्तावना

वर्तमान समय में मानव ने बहुत अधिक उन्नति कर ली है। आज वह औद्योगिक युग से सूचना युग में प्रवेश कर चुका है। धरती से आसमान में जा पहुंचा है। इन सबके मूल में मानव की जिज्ञासु प्रवृत्ति रही है। मानव ने अपने इस स्वभाव के कारण ही प्रकृति में छुपे रहस्यों को खोज निकाला है। यों तो मानव अपनी मुश्किलों को प्राचीन काल से ही सुलझाता आया है लेकिन कई बार उसे असफलता भी हाथ लगी है। ऐसे में उसके संबंध में व्यवस्थित ज्ञान अर्जित करना जरूरी प्रतीत होता है। साथ ही जिन घटनाओं एवं समस्याओं के विषय में भूतकाल में कुछ निष्कर्ष दिया गया है उसकी सत्यता की भी जाँच करना जरूरी प्रतीत होता है। इन्हीं कारणों से आधुनिक युग में शोध का महत्त्व लगातार बढ़ता जा रहा है।

प्रत्येक व्यक्ति का स्वभाव, व्यवहार, प्रकृति, रुचि एवं योग्यता पृथक् होता है। इन विविधताओं के कारण घटनाओं में जटिलताओं का आना स्वाभाविक है। सामाजिक घटनाओं के अध्ययन का अर्थ वास्तव में मानव माध्यम से मानव के ही विषय में अध्ययन है। इससे यह ज्ञात होता है कि जिस समस्या अथवा विषय के संबंध में शोधकर्त्ता शोध करता है उस समस्या अथवा विषय का वह स्वयं एक अंग होता है। अतः एक शोधकर्त्ता के लिए पूर्णतया तटस्थ, निष्पक्ष व उदासीन रहकर अध्ययन करना अत्यंत मुश्किल होता है। शोध के हरेक मोड़ पर उसके अपने ही विश्वास, विचार, आदर्श, पूर्वधारणा आदि उसको विचलित कर देते हैं। यही वजह है कि शोधकर्त्ता के निष्कर्षों में त्रुटियों की आशंका सदा ही बनी रहती है। एक

शोधकर्त्ता को इन सभी परिस्थितियों अथवा कारकों के प्रभाव से अपने को विमुक्त रखते हुए अपने शोधकार्य को यथार्थता (Exactness) की स्थिति तक पहुँचाने के लिए विशेष ज्ञान तथा योग्यता की जरूरत होती है।

प्रस्तुत पुस्तक सामाजिक शोध के विविध पहलुओं पर प्रकाश निक्षेप करता है। आशा है पाठकों को इससे लाभ मिलेगा।

—लेखक

अनुक्रम

1

सामाजिक शोध

मानव विकास के इतिहास पर अगर एक नजर डाले तो स्पष्ट दृष्टिगोचर होता है कि मनुष्य शुरू से ही एक जिज्ञासु प्राणी रहा है। विकास के आरंभ में मानव ने आग का आविष्कार किया, कृषि का आविष्कार किया, धातृ की खोज की, औजार और हथियार बनाने आरंभ किये। आरंभ में प्राकृतिक घटनाओं का रहस्य उसे पता नहीं था लेकिन अपनी जिज्ञासु आदत के कारण उसने इसका भी पता लगाया। इस तरह मनुष्य की जिज्ञासु आदत ने उसे प्रारंभ से ही घटनाओं को सकारण जानने के लिए प्रेरित किया है। प्रतिदिन नवीन खोजों के द्वारा वह अपनी जिज्ञासा शान्त करता रहा है। एक छोटी सूई से लेकर बड़े जहाज तक की खोज इसी का परिणाम है। इन खोजों में शोध को भी शामिल किया जा सकता है। सत्य को ज्यादा पास से शोध के माध्यम ही देखा जा सकता है। आज के दौर में शोध को मानवीय सभ्यता के चरम विकास का मूल एवं विशिष्ट आधार माना गया है। अध्ययनों एवं निष्कर्षों में विश्वसनीयता एवं प्रामाणिकता लाने के में शोध का महत्त्व लगातार बढ़ता जा रहा है।

मानव के सामने रोज नई कठिनाइयाँ उत्पन्न होती हैं और उसके संबंध में व्यवस्थित ज्ञान अर्जित करना जरूरी प्रतीत होता है। साथ ही जिन घटनाओं एवं समस्याओं के विषय में भूतकाल में कुछ निष्कर्ष दिया गया रहता है उसकी सत्यता की भी जाँच करना जरूरी प्रतीत होता है। इन्हीं कारणों से आधुनिक युग में शोध का महत्त्व लगातार बढ़ता जा रहा है। हर एक व्यक्ति की प्रकृति, रुचि, स्वभाव,

व्यवहार एवं योग्यता अलग-अलग होती है। इन विविधताओं के कारण घटनाओं में जटिलताओं का आना स्वाभाविक है। इसलिए मानवीय व्यवहार का अध्ययन करना एक कठिन कार्य माना जाता है। संभवतः यही कारण है कि मानवीय व्यवहार के विषय में हॉट एवं गुड्डे (Hatt and Goode) ने 'Methods in Social Research' में लिखा है, "मानवीय व्यवहार एक से दूसरे समय में इतना अधिक परिवर्तित हो जाता है कि उसके बारे में किसी भी तरह की वैज्ञानिक एवं सही भविष्यवाणी नहीं की जा सकती है।" इस तरह यह ज्ञात होता है कि मानवीय व्यवहारों की प्रकृति निश्चित नहीं होती है। इसलिए उसका व्यवस्थित तरीके से अध्ययन कर किसी निष्कर्ष पर पहुँचने के लिए शोध का प्रयोग किया जाता है।

शोध का अर्थ

'शोध' शब्द आँग्ल भाषा के 'Research' से बना है जिसकी उत्पत्ति दो शब्दों 'Re' तथा 'search' से हुई है। 'Re' का तात्पर्य होता है फिरः एवं 'search' का तात्पर्य होता है खोज। इस तरह Research का तात्पर्य होता है फिर से खोज। इसलिए यह कहा जा सकता है कि शोध का शाब्दिक तात्पर्य होता है पुनः खोज अथवा बार-बार खोज। शोध में किसी भी समस्या की बार-बार खोज की जाती है ताकि वह प्रामाणिक बनी रह सके। शोध का अर्थ अनेक विद्वानों ने अलग-अलग तरह से स्पष्ट किया है जो निम्नलिखित हैं–

एडवांस्ड लर्नर डिक्शनरी ऑफ करेंट इंगलिश (The Advanced Learner's Dictionary of Current English) के अनुसार, "किसी भी ज्ञान की शाखा में नये तथ्यों की खोज के लिए सावधानीपूर्वक किए गए अन्वेषण अथवा जाँच-पड़ताल को शोध की संज्ञा दी जाती है।" ("Research is a careful investigation or inquiry esp. through search for new facts in any branch of knowledge.")

रेडमैन एवं मोरी (Redman and Mory) ने शोध का अर्थ स्पष्ट करते हुए 'The Romance of Research' में लिखा है, "नये ज्ञान प्राप्ति के व्यवस्थित प्रयास को हम शोध कहते हैं।" ("Systematized effort to gain new knowledge, we call research").

स्पार एवं स्वेन्सन (Spahr and Swenson) ने शोध को परिभाषित करते हुए 'Methods and Status of Scientific Research' में लिखा है, "कोई भी

विद्वतापूर्ण शोध ही तथ्यों के लिए, सत्य के लिए, निश्चितताओं के लिए अन्वेषण है।"

शोध को परिभाषित करते हुए स्मॉल (Small) ने 'Some Researches into Research' में लिखा है, "इसके निम्नतम स्तर पर सरल अंग्रेजी में (शोध) मात्र वस्तुओं को खोज निकालने की एक कोशिश है।"

रेडमैन एवं मोरी (Redman and Mory) ने शोध को परिभाषित करते हुए 'The Romance of Research' में लिखा है, "नये ज्ञान की प्राप्ति के लिए व्यवस्थित प्रयास को हम शोध कहते हैं।"

शोध को परिभाषित करते हुए ग्रीनवुड (Greenwood) ने 'Social Work Research' में लिखा है, "ज्ञान की खोज में प्रमाणीकृत कार्य-रीतियों के प्रयोग के रूप में की जा सकती।"

द न्यूज सेन्चूयूरी डिक्शनरी (The News Centuary Dictionary) में शोध को निम्नलिखित रूपों में परिभाषित किया गया है, "किसी के लिए अथवा किसी वस्तु का अत्यधिक सावधानीपूर्वक किया गया एक अन्वेषण, सिद्धान्तों एवं तथ्यों के अन्वेषण के हेतु किसी विषय में किया गया लगातार सावधानीपूर्वक शोध अथवा जाँच।"

लुण्डबर्ग (Lundberg) ने शोध को परिभाषित करते हुए 'Social Research' में लिखा है, "अवलोकित सामग्री का संभावित वर्गीकरण, सत्यापन एवं साधारणीकरण करते हुए पर्याप्त कर्म विषयक और व्यवस्थित पद्धति है।"

स्टीफन्सन्स एवं डोनाल्ड (Stephensons and Donald) ने शोध को परिभाषित करते हुए 'Encyclopaedia of Social Sciences' में लिखा है, "शोध वस्तुओं, धारणाओं अथवा ज्ञान की वृद्धि, प्रतीकों का, प्रामाणिकता अथवा सत्यता के सामान्यीकरण के उद्देश्य से किया गया पक्षपातपूर्ण काम है, चाहे वह ज्ञान, किसी सिद्धांत के निर्माण के लिए हो अथवा कला के अभ्यास के लिए। इसलिए मैकेनिक अथवा चिकित्सक शोधकर्त्ता तब ही है जब वह दिए हुए वर्ग के सभी ऑटोमोबाईल अथवा रोगियों के संबंध में सामान्यीकरण करने का प्रयत्न करे।"

शोध को परिभाषित करते हुए फ्रेडरिक ऑस्ट्रिन ऑग (Fredric Austin Ogg) ने 'Research in Humanistic and Social Science' में लिखा है, ". ..शोध में कामयाबी मिल भी सकती है और नहीं भी; यह जो कुछ पूर्व में जान लिया गया है उसमें योग भी दे सकती है और नहीं भी। यह पर्याप्त है कि इसका उद्देश्य नया ज्ञान होना है अथवा कम-से-कम ज्ञान में नवीन प्रवाह अथवा परिवर्तन है।"

इन परिभाषाओं के आधार पर यह कहा जा सकता है कि नये ज्ञान की खोज की दिशा में किया गया क्रमबद्ध एवं व्यवस्थित कोशिश शोध है। इसका अंतिम उद्देश्य सिद्धांतों को बनाना होता है। मानव के दिन-प्रतिदिन के जीवन में शोध विशिष्ट भूमिका अदा करता है। आज अनेक क्षेत्रों में समस्याओं में वृद्धि हो रही है। शोध के द्वारा इनका अध्ययन कर अधिक विश्वसनीय तरीके से इसका निवारण किया जा सकता है। शोध वैज्ञानिक एवं विज्ञान पद्धति पर आधारित होता है। अर्थात् शोध में वैज्ञानिक पद्धति का प्रयोग किया जाता है ताकि इसके निष्कर्ष ज्यादा विश्वसनीय एवं प्रमाणित हों। शोध पर आधारित ज्ञान वस्तुपरक होता है। शोध में वैज्ञानिक पद्धति का प्रयोग किया जाता है इसलिए विज्ञान एवं वैज्ञानिक पद्धति के विषय में जानना भी जरूरी प्रतीत होता है। आगे वैज्ञानिक एवं विज्ञान पद्धति के विषय में वर्णन किया जा रहा है।

शोध के प्रमुख चरण

सामान्यतया शोध में वैज्ञानिक पद्धति का ही अनुसरण किया जाता है इसलिए शोध के प्रमुख चरण को निम्न बिन्दुओं के तहत व्यक्त किया जा सकता है–

(i) समस्या का चयन (Selection of the Problem)–विश्व में अनेक समस्याएँ पाई जाती हैं। वैज्ञानिक विषय, ज्ञान, क्षमता एवं उपलब्ध साहित्य के आधार पर सबसे पहले समस्या का चयन करता है। अर्थात् वह अपनी क्षमता एवं रुचि के अनुसार समस्याओं का चयन करता है। समस्याओं के चयन में भी अनेक कठिनाइयों का सामना करना पड़ता है। इस संबंध में जॉन डेवी ने कहा है कि "यदि कठिनाई की अनुभूति नहीं होती, परेशानी नहीं होती तो गंभीर चिंतन प्रारंभ नहीं होता। अच्छी समस्या की चेतना अनुभव पर तथा सत्यान्वेषण की उत्कट प्रेरणा और मनोवृत्ति पर निर्भर करती है।" इस तरह यह पता चलता है कि समस्याओं के चयन में अत्यधिक सावधानी बरतनी पड़ती है।

वैज्ञानिक पद्धति के इस प्रथम चरण पर प्रकाश डालते हुए गुड्डे एवं हॉट (Goode and Hatt) ने 'Methods in Social Research' में लिखा है, "किसी भी अध्ययन से संबंधित समग्र में बहुत-सी घटनाएँ होती हैं। परंतु विज्ञान अपने को इनमें से कुछ घटनाओं तक ही सीमित रखता है। वैज्ञानिक पद्धति के द्वारा अध्ययन में समस्या का चयन ही आगे के सभी चरणों को प्रमाणित करता है। इसलिए समस्या के चयन में यह देखना आवश्यक है कि समस्या से संबंधित अध्ययन का क्षेत्र क्या होगा? संबंधित साहित्य उपलब्धता है या नहीं? पहले कभी

उस समस्या का अध्ययन हुआ है अथवा नहीं? आदि-आदि का ध्यान रखना आवश्यक है। समस्या के चयन में वैज्ञानिक का ज्ञान, रुचि, जिज्ञासा और जागरूकता का विशेष प्रभाव पड़ता है।'' इस तरह यह कहा जा सकता है कि वैज्ञानिक पद्धति के प्रथम चरण में सावधानीपूर्वक समस्या का चयन किया जाता है।

(ii) उद्देश्यों का निर्धारण (Determination of Objectives)– वैज्ञानिक पद्धति के दूसरे चरण में उद्देश्यों का निर्धारण किया जाता है। किसी भी अध्ययन को प्रारंभ करने से पहले उसके उद्देश्यों का निर्धारण करना आवश्यक प्रतीत होता है। इसलिए वैज्ञानिक पद्धति के दूसरे चरण में समस्या से संबंधित उद्देश्यों को निश्चित किया जाता है। किसी भी समस्या से संबंधित अध्ययन के मुख्यतः दो उद्देश्य होते हैं। जो क्रमशः सामान्य उद्देश्य एवं विशिष्ट उद्देश्य कहे जा सकते हैं। अगर पहले-पहल किसी समस्या का अध्ययन किया जा रहा है तो सामान्य उद्देश्य ही निर्धारित हो पाते हैं। ज्यों-ज्यों समस्या से संबंधित विषय के संबंध में जानकारियाँ बढ़ती जाती हैं त्यों-त्यों अध्ययन का उद्देश्य विशिष्ट होता जाता है। साथ ही अध्ययन भी स्पष्ट, सुनिश्चित एवं विशिष्ट होता जाता है। उद्देश्य तय हो जाने से अध्ययन में समय, धन एवं श्रम की भी बचत होती है। इस प्रकार यह पता चलता है कि उद्देश्यों का निर्धारण वैज्ञानिक पद्धति में दूसरा चरण है।

(iii) प्राकल्पना का निर्माण (Formulation of the Hypothesis)– वैज्ञानिक पद्धति के तीसरे चरण में प्राकल्पना का निर्माण किया जाता है। प्राकल्पना को एक कच्चा सिद्धांत कहा जा सकता है जिसकी सत्यता की जाँच वैज्ञानिक अध्ययन के द्वारा की जा सकती है। जब सत्य सिद्ध हो जाता है तब उसे सिद्धांत मान लिया जाता है। प्राकल्पना का निर्माण इसलिए भी किया जाता है ताकि अध्ययन के दौरान शोधकर्त्ता अपने उद्देश्य से भटक न जाए। अगर अध्ययन के दौरान शोधकर्त्ता का ध्यान कुछ निश्चित बिंदुओं पर ही केंद्रित रहेगा तो वह अपने उद्देश्य से विमुख हो जाएगा। इसलिए अध्ययन के संबंध में पहले से ही सामान्य ज्ञान के आधार पर कुछ निष्कर्ष निकाल लिया जाता है। फिर वास्तविक तथ्यों के आधार पर उस निष्कर्ष की परीक्षा कर ली जाती है जिससे यह पता चलता है कि प्राकल्पना सच है या गलत। अच्छी उपकल्पनाओं का निर्माण अंतर्दृष्टि एवं अनुभव पर निर्भर करता है। किसी शोध विशेष में एक से अधिक उपकल्पनाएँ भी हो सकती हैं। कतिपय शोधों में उपकल्पनाओं का निर्माण आवश्यक हो जाता है जबकि कुछ शोधों में यह आवश्यक नहीं होता है।

प्रयोगात्मक शोधों में उपकल्पनाओं का निर्माण आवश्यक हो जाता है जबकि सर्वेक्षण शोधों में इसका निर्माण आवश्यक नहीं होता है। अध्ययन की दिशा, उसका लक्ष्य, अध्ययन का क्षेत्र, संबंधित तथ्य तथा दिशा निर्देश आदि प्राकल्पना करती है। इसलिए किसी भी अध्ययन को वैज्ञानिक बनाने के लिए एवं क्रमबद्ध रूप में प्रस्तुत करने के लिए प्राकल्पना का निर्माण करना आवश्यक प्रतीत होता है। हालाँकि बेकन (Beccan) नामक यूरोपीय विचारक ने प्रारंभ में यह कहा था कि वैज्ञानिक पद्धति का प्रारंभ तथ्य संकलन से होता है लेकिन बाद में यह कहा जाने लगा तथा यह स्वीकार किया जाने लगा कि बेकन का विचार गलत था। इसमें कोई संदेह नहीं है कि किसी भी अध्ययन के लिए तथ्य आवश्यक होते हैं लेकिन धारणा का उपजना भी इसमें आवश्यक होता है। इस संबंध में कोहेन एवं नेगेल (Cohen and Nagel) ने कहा है कि "हम किसी भी अध्ययन में एक पग भी आगे नहीं बढ़ सकते जब तक हम उसे उत्पन्न करने वाली कठिनाई के सुझावपूर्ण विवेचन अथवा समाधान से प्रारंभ न करें।"

वास्तविकता यह है कि तथ्य संकलन से हमारे मन में एक धारणा, विचार अथवा कार्यकारी वाक्य उभरता है जिसे प्राकल्पना का नाम दिया जा सकता है। प्राकल्पना के विषय में लुण्डबर्ग (Lundberg) ने 'Social Research' में लिखा है, "उपकल्पना एक कामचलाऊ समान्यीकरण है जिसकी सत्यता की परीक्षा अभी शेष है। अपने बिल्कुल शुरुआती स्तरों पर उपकल्पना एक कल्पनात्मक विचार, अनुमान आदि कुछ भी हो सकती है, जो बाद में किसी भी शोध अथवा क्रिया का आधार बन जाती है।" उपकल्पना का निर्माण शोधकर्त्ता को एवं शोध कार्य को एक दिशा प्रदान करता है तथा उस दिशा का निर्धारण करने में सहयोग प्रदान करता है, जिस पर शोधकर्त्ता को बढ़ना चाहिए। इस तरह उपकल्पनाओं का निर्माण दिशाहीन अन्वेषण की देखरेख करता है तथा ऐसे तथ्यों के संकलन को रोकता है जो अध्ययन के लिए चुनी गई समस्या के संदर्भ में गैरजरूरी सिद्ध हो। इस तरह यह पता चलता है कि एक सफल शोध कार्य के लिए प्राकल्पनाओं का निर्माण करना जरूरी होता है। उपकल्पनाओं अथवा प्राकल्पनाओं के बारे में अपने विचार प्रस्तुत करते हुए जहोदा एवं अन्य (Jahoda and Others) ने 'Research Methods in Social Relations' में लिखा है, "ये उपकल्पनाएँ अनेक तरह की हो सकती हैं। कुछ उपकल्पनाएँ प्रघटनाओं की आवृत्ति अथवा विभिन्न परिवृत्तियों के बीच संबंधों को स्पष्ट करती हैं। कुछ उपकल्पनाएँ यह बताती हैं कि कोई घटना अथवा विशेषता दूसरी घटना की विशेषता का निर्धारण करने वाला कारक है।"

प्राकल्पनाओं के निर्माण में अनेक स्रोतों का योगदान होता है। इस विषय में गुड्डे एवं हॉट (Goode and Hatt) ने अपने विचार प्रकट करते हुए लिखा है कि उपकल्पना का निर्माण निम्नलिखित चार स्रोतों के माध्यम से किया जा सकता है, (i) सामान्य संस्कृति (General Culture), (ii) वैज्ञानिक सिद्धांत (Scientific Theories), (iii) समरूपताएँ (Anlogics) तथा व्यक्तिगत अनुभव (Personal Idiosyncratic Experiences)। इस तरह यह कहा जा सकता है कि वैज्ञानिक प्रणाली द्वारा अध्ययन करने में प्राकल्पना का निर्माण करना एक महत्त्वपूर्ण चरण है।

(iv) अध्ययन क्षेत्र का चयन (Selection of the Universe)–वैज्ञानिक प्रणाली में चौथा चरण अध्ययन क्षेत्र का चुनाव कहा जा सकता है। प्राकल्पना का निर्माण करने के बाद ऐसे अध्ययन क्षेत्र का चुनाव किया जाता है जहाँ प्राकल्पना से जुड़े तथ्य मौजूद हों। इस प्रणाली द्वारा अध्ययन करने के लिए अध्ययन क्षेत्र का चुनाव अत्यंत महत्त्वपूर्ण होता है क्योंकि इसी पर वास्तविक तथ्यों का प्राकल्पना एवं संकलन की सभ्यता की सत्यता की जाँच की जा सकती है। उपयुक्त अध्ययन क्षेत्र के चुनाव के अभाव में क्षेत्रीय अध्ययन शुरू नहीं किया जा सकता है। अध्ययन क्षेत्र का आकार शोध कार्य में लगने वाले समय एवं खर्च के हिसाब से छोटा अथवा बड़ा हो सकता है। अगर अध्ययन क्षेत्र बहुत बड़ा होता है तो उपयुक्त निर्देशन पद्धति से तथ्य एकत्रित करने के लिए क्षेत्र में से सीमित इकाइयों का चुनाव कर लिया जाता है। साथ ही इससे जुड़े तथ्य से यह जानकारी एकत्र कर ली जाती है।

(v) प्रविधियों का चुनाव (Selection of Techniques)–वैज्ञानिक पद्धति में पाँचवां चरण प्रविधियों का चुनाव कहा जा सकता है। इस पद्धति के माध्यम से अध्ययन करने में प्रविधियों का चुनाव महत्त्वपूर्ण भूमिका अदा करती है। अध्ययन क्षेत्र से तथ्यों का संकलन करने के लिए अनेक प्रविधियों अथवा यंत्रों का प्रयोग किया जाता है। अध्ययन क्षेत्र की प्रकृति के अनुसार तथ्य संकलन के लिए प्रविधियों का उपयोग किया जाता है। प्राकल्पना की प्रकृति एवं उत्तरदाताओं के अशिक्षित एवं शिक्षित आदि होने के अनुरूप प्रविधियों का चुनाव किया जाता है। उपकरणों एवं प्रविधियों का चुनाव वास्तविक अध्ययन शुरू करने से पहले ही कर लिया जाता है। इस तरह यह पता चलता है, कि वैज्ञानिक पद्धति में प्रविधियों का चुनाव एक विशिष्ट चरण है।

(vi) अवलोकन (Observation)–यह वैज्ञानिक पद्धति में छठा चरण है। बिना अवलोकन पद्धति का प्रयोग किए वैज्ञानिक अध्ययन संभव नहीं है। चूँकि

अवलोकन में शोधकर्त्ता खुद अपनी आँखों से हर एक घटना का निरीक्षण करता है इसलिए अध्ययन ज्यादा प्रामाणिक एवं विश्वसनीय बना रहता है। वैज्ञानिक पद्धति में अवलोकन की विशिष्टता को स्वीकार करते हुए गुड्डे एवं हॉट (Goode and Hatt) ने "Mehods in Social Research' में स्पष्ट किया है, ''वैज्ञानिक अध्ययन अवलोकन से शुरू होता है तथा अपनी प्रामाणिकता के लिए अवलोकन पर ही आकर खत्म होता है।'' अवलोकन के माध्यम से वैज्ञानिक सत्यता का पता लगा लेते हैं। वास्तविक अध्ययन अवलोकन से ही शुरू होता है। अवलोकन नियंत्रित होगा अथवा अनियंत्रित इसका निर्धारण इस बात पर निर्भर करता है कि समस्या क्या है एवं तथ्यों की प्रकृति कैसी है। इस प्रकार अवलोकन वैज्ञानिक पद्धति का एक प्रमुख चरण कहा जा सकता है।

(vii) तथ्य संकलन (Collection of Data)—यह वैज्ञानिक पद्धति में सातवाँ चरण है। इस पद्धति में तथ्यों का संकलन करते वक्त कई बातों को ध्यान में रखा जाता है। शोधकर्त्ता को निष्पक्षतापूर्वक तथ्य एकत्रित करना पड़ता है। अगर तथ्य पक्षपातपूर्ण तरीके से एकत्र किया जाता है तो वह अध्ययन वैज्ञानिक नहीं कहलाता है। इसे अवैज्ञानिक कहा जाता है। कहने का अर्थ यह है कि तथ्य एकत्रण का कार्य बहुत विशिष्ट होता है तथा अध्ययन का आधार होता है। इसलिए शोधकर्त्ता अथवा वैज्ञानिक को अपने विश्वास, स्वार्थ, धारणा, संस्कृति एवं मूल्य आदि से ऊपर उठकर वस्तुनिष्ठ रूप में तथ्यों का एकत्रण करना पड़ता है। इससे अध्ययन विश्वसनीय, सत्य एवं प्रामाणिक होता है।

व्यक्तिपरक तथ्य एकत्र करने से परिणाम असत्य, गलत और अप्रमाणित हो जाता है। वैज्ञानिक पद्धति में यह चरण महत्त्वपूर्ण एवं लंबा होता है। इसमें किसी भी तरह की गलती होने पर इससे संपूर्ण अध्ययन प्रभावित होने की संभावना बनी रहती है। पी.वी. यंग (P.V. Young) ने भी तथ्य संकलन में सतर्कता बरतने की जरूरत पर जोर देते हुए 'Scientific Social Surveys and Research' में लिखा है, ''वास्तविक निरीक्षण द्वारा तथ्यों का एकत्रण किसी भी वैज्ञानिक अध्ययन का एक अपरिहार्य अंग है। पर वास्तविक निरीक्षण कठिन है। हमारी इंद्रियाँ सरलता से धोखा खा जाती हैं, हम कदाचित घटित होने वाली किसी समस्या को समग्र रूप में देखते हैं, हमारे लिए तथ्य और अनुमान (Inference) को अलग-अलग रखना मुश्किल होता है, हम जो कुछ देखते हैं उसमें अपनी भावनाओं तथा संवेगों को भी जोड़ देने का लोभ सँभाल नहीं पाते हैं, समग्र को देखने अथवा कम-से-कम समग्र के अन्तःसंबद्ध भागों को देखना आसान नहीं है।'' यंग के कथन से भी ज्ञात होता

है कि तथ्य संकलन में ज्यादा-से-ज्यादा सावधानी बरतनी चाहिए। इसी प्रकार का विचार तथ्य संकलन के संबंध में जॉन गालटुँग (John Galtung) ने भी 'Theory and Methods of Social Research' में व्यक्त किया है।

जहाँ तक सामाजिक विज्ञान में तथ्यों के संकलन का प्रश्न है, यह कहा जा सकता है कि इनमें तथ्यों के संकलन के लिए कई विधियाँ पाई जाती हैं। इन विधियों में प्रश्नावली (Questionnaire), अनुसूची (Schedule), साक्षात्कार (Interview), अवलोकन (Observation) तथा एकल अध्ययन (Case Study). आदि प्रमुख हैं। इन सभी विधियों में अवलोकन अत्यधिक उपयोगी सिद्ध होता है क्योंकि इसमें शोधकर्त्ता अथवा वैज्ञानिक खुद उपस्थित होकर घटनाओं का अवलोकन करता है तथा तथ्य एकत्रित करता है। तथ्य संकलन की अन्य विधियाँ भी उपयोगी हैं। तथ्यों के संकलन में किस प्रणाली का प्रयोग किया जाए, यह इस बात पर निर्भर करता है कि शोध की प्रवृत्ति कैसी है, तथा इसके लिए साधन एवं समय किस हद तक मौजूद हैं। इस तरह यह पता चलता है कि वैज्ञानिक प्रणाली में तथ्य संकलन एक महत्त्वपूर्ण चरण है।

(vii) तथ्यों का वर्गीकरण (Classification of Data)—वैज्ञानिक प्रणाली में आठवाँ चरण तथ्यों का वर्गीकरण है। तथ्यों को एकत्रित करने के बाद उसका वर्गीकरण किया जाता है। तथ्यों के परस्पर कारण-प्रभाव विषयों का अध्ययन करने के लिए तथ्यों, एकत्रित आँकड़ों एवं सामग्रियों का वर्गीकरण करना अत्यंत जरूरी प्रतीत होता है। अध्ययन में प्राकल्पना की जाँच करने के लिए भी यह जरूरी हो जाता है कि तथ्यों का बँटवारा किया जाए। जब तक तथ्यों का बँटवारा नहीं हो जाता है तब तक प्राकल्पना की जाँच नहीं की जा सकती है। तथ्य एकत्रित करने के बाद उसका सारणीयन एवं वर्गीकरण वैज्ञानिक प्रणाली में एक जरूरी चरण होता है। इस विषय में पी.वी. यंग (P.V. Young) ने भी 'Scientific Social Survey and Research' में लिखा है, "वैज्ञानिक विश्लेषण यह मानकर चलता है कि संकलित सामग्री के पीछे तथ्यों से भी अधिक रहस्यपूर्ण तथा महत्त्वपूर्ण कोई और भी चीज है, अर्थात् जब सुव्यवस्थित तथ्यों को संपूर्ण अध्ययन से जोड़कर दिया जाता है, तो उनका एक विशिष्ट सामान्य अर्थ निकल आता है, जिससे वैध व्याख्याएँ प्राप्त की जा सकती हैं।"

तथ्य की सार्थकता तभी कायम हो जाती है जब उन्हें तार्किक रूप से अन्य तथ्यों के साथ संबोधित किया जाता है तथा उन्हें ऐसी शृखंला में क्रमबद्ध किया जाता है जो परस्पर अपने स्वरूप को प्रकट करती हैं। तथ्यों के बंटवारे पर प्रकाश डालते हुए कोहेन

(Cohen) ने 'Method, The Encyclopaedia of the Social Sciences' में लिखा है, "बिना बंटवारे की व्यवस्था के तथ्यों का व्यवस्थित संग्रह एक विज्ञान न होकर किसी एक रेलवे चार्ट की तरह है।" इस तरह तथ्यों को एकत्रित करने के बाद इसे क्रमबद्ध एवं व्यवस्थित किया जाता है। अनुसंधान में इसे सारणीयन (Tabulation) का नाम दिया जाता है। सारणीयन के पहले चरण में वर्गीकरण (Classification) का कार्य किया जाता है। वर्गीकरण का कार्य जितनी स्पष्ट एवं कुशलता से किया जाता है, शोधकर्त्ता के लिए वैज्ञानिक निष्कर्ष तक पहुँचना उतना ही आसान हो जाता है। इस तरह वैज्ञानिक पद्धति में तथ्यों का वर्गीकरण भी विशिष्ट स्थान रखता है।

(ix) सामान्यीकरण (Generalisation)—यह वैज्ञानिक पद्धति का नवाँ चरण है। सामान्यीकरण के चरण में प्राकल्पना की जाँच की जाती है। इस चरण को भिन्न-भिन्न नामों से संबोधित किया जाता है। जैसे—निष्कर्ष, उपसंहार, सामान्यीकरण तथा नियमों का प्रतिपादन इत्यादि। हर एक शोध में शोधकर्त्ता का यह लक्ष्य होता है कि अनेक प्रघटनाओं के विषय में सामान्यीकरण प्राप्त किया जाए। प्राप्त की गई एकरूपता के आधार पर निष्कर्षों का प्रतिपादन किया जाता है तथा उन निष्कर्षों के आधार पर सामान्यीकरण किया जाता है। सामान्यीकरण प्राप्त करने की योग्यता किसी भी विज्ञान के लिए एक जरूरी शर्त है। किसी भी विज्ञान में कोई भी सिद्धांत केवल अनुमान पर आधारित नहीं होते हैं। वे रचनात्मक अध्ययन के संग्रह से विकसित होते हैं।

हालाँकि सामाजिक विज्ञानों में अधिकतम निश्चित नियमों का निर्माण संभव नहीं हो पाता है क्योंकि सामाजिक तथ्यों को निश्चित रूप से परिभाषित नहीं किया जा सकता है। इस चरण में तथ्यों के वर्गीकरण, सारणीयन एवं संगठन के आधार पर शुरू में प्रतिपादित प्रकल्पना की जाँच की जाती है। अगर वह पूर्णरूपेण से सच सिद्ध हो जाती है तो वैज्ञानिक उस प्रकल्पना को एक सिद्धांत नियम के रूप में प्रतिपादित कर देता है एवं तथ्यों को एक-दूसरे के संबंधों के आधार पर सामान्यीकरण कर देता है। अगर प्राकल्पना गलत सिद्ध हो जाती है तो नवीन सिद्धांत अथवा नियम का प्रतिपादन किया जाता है एवं पहले की धारणाओं एवं सिद्धांतों को समाप्त कर दिया जाता है। कभी-कभी थोड़ा-बहुत परिवर्तन करके प्राकल्पना को फिर से स्थापित किया जाता है। इस तरह यह पता चलता है कि वैज्ञानिक पद्धति में तथ्यों के आधार पर सामान्यीकरण किया जाता है।

(x) प्रतिवेदन (Report)—यह वैज्ञानिक पद्धति में अंतिम चरण है। अक्सर सामान्यीकरण को ही इस पद्धति का अंतिम चरण मान लिया जाता है।

लेकिन गुड्डे एवं हॉट (Goode and Hatt) ने बताया है कि वैज्ञानिक कार्य पद्धति के माध्यम से किया गया अध्ययन सामान्यीकरण अथवा सैद्धांतीकरण पर ही खत्म नहीं हो जाता है बल्कि अध्ययन की संपूर्ण प्रक्रिया को ज्यों-का-त्यों लिखना अत्यधिक जरूरी है। प्रतिवेदन में शोधकर्त्ता को शुरू से लेकर प्राकल्पना की जाँच तक जो कुछ उसने किया है उसे उसी तरह से लिपिबद्ध कर देना चाहिए। इस तरह यह कहा जा सकता है की प्रतिवेदन वैज्ञानिक पद्धति के लिए जरूरी होता है। लिपिबद्ध करने से लक्ष्यों की पूर्ति होती है। पहला लक्ष्य यह होता है कि अध्ययन किस प्रक्रियाओं से गुजर कर किया गया है, इसकी जानकारी आगे आने वाले वैज्ञानिकों एवं शोधकर्त्ताओं को होती है तथा दूसरा लक्ष्य यह होता है कि अगर कोई वैज्ञानिक उस अध्ययन की जाँच करना चाहे तो वह अध्ययन की विश्वसनीयता, सत्यता एवं परिशुद्धता की जाँच कर सकता है।

चूँकि प्रतिवेदन में सभी बातों का स्पष्ट रूप से समावेश किया जाता है इसलिए किसी भी शोधकर्त्ता अथवा वैज्ञानिक को किसी भी मुश्किल का सामना नहीं करना पड़ता है। साथ ही इस प्रतिवेदन के अंत में शोधकर्त्ता यह भी सलाह देता है कि भविष्य में वैज्ञानिक प्रणाली के द्वारा कौन-कौन से शोध तथा अध्ययन करना संभव है। इस प्रकार का सुझाव आगे आने वाले शोधकर्त्ताओं का पथप्रदर्शन करता है। कार्ल पिअर्सन (Karl Pearson) ने भी 'The Grammar of Science' में प्रतिवेदन एवं वैज्ञानिक प्रणाली के महत्त्व को स्पष्ट करते हुए लिखा है, "सत्य तक पहुँचने के लिए कोई छोटा रास्ता नहीं है, विश्व का ज्ञान अर्जित करने के लिए वैज्ञानिक प्रणाली के द्वारा मार्ग से गुजरने के अलावा अन्य कोई रास्ता नहीं है।" इस प्रकार यह पता चलता है कि वैज्ञानिक प्रणाली का अंतिम चरण प्रतिवेदन है। उपर्युक्त विवरणों से वैज्ञानिक प्रणाली के अनेक चरणों के बारे में जानकारी प्राप्त होती है। वास्तव में कोई भी अध्ययन तभी विश्वसनीय एवं प्रामाणिक माना जाता है जब उस अध्ययन में वैज्ञानिक प्रणाली का प्रयोग किया गया हो। इस तरह वैज्ञानिक प्रणाली किसी भी अध्ययन के लिए अत्यधिक महत्त्वपूर्ण होती है।

सामाजिक घटनाओं में वैज्ञानिक पद्धति का प्रयोग

सामाजिक घटनाओं में वैज्ञानिक प्रणाली का उपयोग हो सकता है अथवा नहीं, यह भी एक विचारणीय सवाल है। सामाजिक घटनाओं की प्रकृति असामान्य होती है इसलिए अनेक विद्वानों का विचार है कि सामाजिक घटनाओं के अध्ययन में वैज्ञानिक प्रणाली का उपयोग नहीं किया जा सकता है। लेकिन बहुत से विद्वानों

का विचार है कि सामाजिक घटनाओं के अध्ययन में वैज्ञानिक प्रणाली का उपयोग किया जा सकता है। इसे स्पष्टतः समझने के लिए सामाजिक घटनाओं की प्रकृति को समझना जरूरी प्रतीत होता है क्योंकि इसकी प्रकृति को जानने के बाद ही यह पता चल सकता है कि इसमें वैज्ञानिक प्रणाली का प्रयोग किया जा सकता है अथवा नहीं। सामाजिक घटनाओं की प्रकृति की कुछ विशेषताएँ निम्नलिखित हैं–

(i) सामाजिक घटनाओं में वस्तुनिष्ठता नहीं पाई जाती है, (ii) सामाजिक घटनाएँ जटिल होती हैं, (iii) सामाजिक घटनाएँ अमूर्त होती हैं, (iv) सामाजिक घटनाओं में समरूपता नहीं पाई जाती है, (v) सामाजिक घटनाएँ गुणात्मक होती हैं, गणनात्मक नहीं होतीं (vi) सामाजिक घटनाएँ स्थिर नहीं होती हैं बल्कि गतिशील होती हैं, (vii) सामाजिक घटनाओं में सार्वभौमिकता की कमी पायी जाती है, तथा (viii) सामाजिक घटनाओं के संबंध में भविष्यवाणी नहीं की जा सकती।

सामाजिक घटनाओं की प्रकृति की उपर्युक्त विशेषताओं के आधार पर यह कहा जा सकता है कि वे भौतिक एवं प्राकृतिक घटनाओं से अलग होती हैं। साथ ही जितनी सरलता से भौतिक घटनाओं में वैज्ञानिक प्रणाली का प्रयोग किया जा सकता है उतनी सरलता के साथ सामाजिक घटनाओं में प्रयोग नहीं किया जा सकता है। लेकिन इस आधार पर यह नहीं कहा जा सकता है कि सामाजिक घटनाओं के अध्ययन में वैज्ञानिक प्रणाली का प्रयोग नहीं किया जा सकता है। इतना जरूर है कि तुलनात्मक रूप से इसमें थोड़ी कठिनाई जरूर है। सामाजिक घटनाओं की प्रकृति उलझी हुई होती है। लेकिन जैसे-जैसे घटनाओं का गहराई से अध्ययन किया जाता है वैसे-वैसे जटिलताएँ खत्म होती चली जाती हैं। गहराई में जाने पर मानव व्यवहार को समझना आसान हो जाता है। जिस तरह कोई व्यक्ति किसी यंत्र की संरचना से अपरिचित रहने के कारण उस यंत्र की संरचना को कठिन समझता है तथा प्रशिक्षण लेने पर उसकी संरचना को कठिन नहीं समझता है उसी प्रकार मानव व्यवहार भी समझ लेने पर जटिल नहीं रह जाता है।

इस तरह यह पता चलता है कि जटिलता के उपरांत सामाजिक घटनाओं के अध्ययन में वैज्ञानिक प्रणाली का प्रयोग किया जा सकता है। सामाजिक घटनाओं की संरचना अमूर्त होती है लेकिन इसके अलावा वैज्ञानिक प्रणाली से पूर्वाग्रह रहित अध्ययन संभव हो सकता है। जैसे-जैसे समाज में विज्ञान की तकनीक विकसित होती जाती है वैसे-वैसे सामाजिक घटनाओं में वैज्ञानिक पद्धति का प्रयोग बढ़ता जाता है। किसी भी समाज के व्यवहार प्रणालियों एवं रीति-रिवाजों का अध्ययन वस्तुनिष्ठ रूप में किया जा सकता है। इस तरह यह पता चलता है कि सामाजिक

घटनाओं के वैज्ञानिक अध्ययन अमूर्तता किसी भी तरह बाधक नहीं है। सामाजिक घटनाओं की संरचना वस्तुनिष्ठ नहीं होती है। इस प्रकार का विचार भी उचित नहीं प्रतीत होता है।

अनेक सामाजिक घटनाओं का अध्ययन वस्तुनिष्ठता के आधार पर किया जाता है। अतः यह कहना अनुचित प्रतीत होता है कि सामाजिक घटनाओं में वस्तुनिष्ठता की कमी होने के कारण उसका वैज्ञानिक पद्धति से अध्ययन नहीं किया जा सकता है। सामाजिक घटनाओं में समानता नहीं पाई जाती है। लेकिन उनमें भी कुछ समान तत्त्व पाएँ जाते हैं। उन्हीं समान तत्त्वों के आधार पर सामाजिक घटनाओं का वैज्ञानिक तरीके से अध्ययन किया जा सकता है।

सामाजिक घटनाओं के विषय में यह कहा जा सकता है कि इसकी भविष्यवाणी नहीं की जा सकती है। लेकिन यह कहना भी उपयुक्त नहीं प्रतीत होता है।

आज सामाजिक विज्ञान के जगत में बहुत से ऐसे अध्ययन हो रहे हैं जिनके विषय में भविष्यवाणी की जा सकती है।

सामाजिक घटनाओं की प्रकृति सार्वभौमिक नहीं होती है। भिन्न-भिन्न स्थानों पर इसकी प्रकृति में असमानता पाई जाती है। इन अलग-अलग स्वरूपों को भी वास्तविक रूप में जाना जा सकता है। अतः यह कहना कि इस कारण से सामाजिक घटनाओं का वैज्ञानिक पद्धति से अध्ययन नहीं किया जा सकता है उचित नहीं प्रतीत होता है। सामाजिक घटनाओं की प्रकृति स्थिर नहीं होती है बल्कि परिवर्तनशील अथवा गतिशील होती है।

केवल सामाजिक घटनाएँ गतिशील होती हैं बल्कि भौतिक घटनाएँ भी गतिशील होती हैं। परिवर्तन अथवा गतिशीलता जगत का नियम है। जब भौतिक घटनाओं की परिवर्तनशील प्रकृति के बावजूद इसका अध्ययन वैज्ञानिक प्रणाली से किया जा सकता है तब सामाजिक घटनाओं का भी जरूर किया जा सकता है। सामाजिक घटनाओं की प्रकृति गुणात्मक होती है। लेकिन ऐसा कोई भी विज्ञान नहीं है जिसमें मात्र गणनात्मकता पाई जाए और गुणात्मकता नहीं पाई जाए। जब अन्य घटनाओं का इस प्रकृति के बावजूद विज्ञान प्रणाली से अध्ययन किया जा सकता है तब सामाजिक घटनाओं का भी इस प्रणाली से अध्ययन किया जा सकता है। उपर्युक्त तथ्यों से पता चलता है कि सामाजिक घटनाओं का अध्ययन भी परीक्षण, अवलोकन, विवेचना एवं वर्गीकरण के आधार पर किया जा सकता है।

सामाजिक घटनाओं का अध्ययन भी वैज्ञानिक प्रणाली के चरणों के अनुरूप किया जा सकता है। सामाजिक विज्ञान के क्षेत्र में बहुत ऐसे शोध कार्य हुए हैं

जिनसे यह ज्ञात होता है कि सामाजिक घटनाओं के अध्ययन में भी वैज्ञानिक प्रणाली का प्रयोग किया जा सकता है। लुंडबर्ग आदि विद्वानों ने भी इस बात की पुष्टि की है कि अनेक सामाजिक घटनाओं आदि का वैज्ञानिक प्रणाली से अध्ययन किया जा सकता है। उनका कथन है कि प्रथाएँ, परंपराएँ एवं मानव व्यवहार आदि निरीक्षण योग्य तथ्य हैं, एवं इनका अध्ययन वैज्ञानिक प्रणाली द्वारा किया जा सकता है। इस तरह निष्कर्षतः यह कहा जा सकता है कि सामाजिक घटनाओं एवं सामाजिक शोध के क्षेत्र में वैज्ञानिक प्रणाली का प्रयोग किया जा सकता है।

समाजशास्त्र के वैज्ञानिक प्रणाली के आधार

समाजशास्त्र की प्रकृति वैज्ञानिक होती है क्योंकि इसके लिए इस विषय में पर्याप्त गुण उपलब्ध होते हैं। समाजशास्त्र की प्रकृति वैज्ञानिक होती है इसको सिद्ध करने के लिए निम्नलिखित आधार बताए जा सकते हैं–

(i) वैज्ञानिक कार्य पद्धति का प्रयोग (Use of Scientific Procedure)– समाजशास्त्र में वैज्ञानिक कार्य प्रणाली का प्रयोग किया जाता है। समाज, सामाजिक संबंधों, सामाजिक घटनाओं एवं व्यवस्थाओं आदि का अध्ययन वैज्ञानिक कार्य प्रणाली के अंतर्गत किया जाता है। समाजशास्त्रीय अध्ययनों में वैज्ञानिक प्रणाली के सभी चरणों का प्रयोग किया जाता है। अनेक विद्वानों जैसे लुंडबर्ग (Lundberg), पी.वी. यंग (P.V. Young), गुड्डे एवं हॉट (Goode and Hatt) तथा कुक (Cook) आदि ने भी यह विचार प्रकट किया है कि समाजशास्त्र में न सिर्फ समस्या का क्रमबद्ध एवं व्यवस्थित अध्ययन किया जाता है बल्कि समाजशास्त्रीय सिद्धांतों का निर्माण भी किया जाता है। समाजशास्त्रीय अध्ययनों में बहुत से वैज्ञानिक उपकरणों एवं विधियों का प्रयोग किया जाता है। इस तरह यह पता चलता है कि समाजशास्त्र में वैज्ञानिक कार्य पद्धति का प्रयोग किया जाता है। अतः इसकी प्रकृति वैज्ञानिक कही जा सकती है।

(ii) अवलोकन (Observation)–वैज्ञानिक अध्ययन पद्धति में तथ्य संकलन के लिए अवलोकन प्रणाली का प्रयोग किया जाता है। न सिर्फ सामाजिक विज्ञानों में अवलोकन प्रणाली की मदद से तथ्य इकट्ठे किए जाते हैं बल्कि प्राकृतिक विज्ञानों में भी तथ्य संकलन के लिए इस पद्धति का प्रयोग किया जाता है। प्राकृतिक विज्ञानों में सिर्फ असहभागी अवलोकन का प्रयोग किया जाता है। समाजशास्त्रीय अध्ययनों में किस तरह की अवलोकन प्रणाली का प्रयोग किया जाए यह इस बात पर निर्भर करता है कि अध्ययन समस्या कैसी है। अवलोकन प्रणाली द्वारा व्यवस्थित

एवं क्रमबद्ध रूप से इकट्ठी तथ्यों का वर्गीकरण निकाला जाता है। इस तरह यह पता चलता है कि अवलोकन के आधार पर समाजशास्त्र की संरचना वैज्ञानिक है।

(iii) तथ्यों का विश्लेषण (Analysis of Data)—समाजशास्त्र में अवलोकन के माध्यम से तथ्य एकत्र करने के उपरांत उनको कार्य-कारण के आधार पर अलग-अलग समूहों में वर्गीकरण किया जाता है। इसे वैज्ञानिक भाषा में सारणीयन एवं वर्गीकरण कहा जाता है। वर्गीकरण के दौरान उनके परस्पर गुण-संबंध का वर्णन किया जाता है। वैज्ञानिक अध्ययनों की तरह समाजशास्त्रीय अध्ययनों में भी तथ्यों का वर्गीकरण, विश्लेषण एवं सारणीयन किया जाता है। चूँकि समाजशास्त्रीय अध्ययनों में वैज्ञानिक अध्ययनों की तरह समस्त नियमों का पालन किया जाता है इसलिए समाजशास्त्रीय अध्ययनों की संरचना वैज्ञानिक होती है।

(iv) सामान्यीकरण (Generalisation)—वैज्ञानिक अध्ययन का प्रमुख एवं अंतिम चरण सामान्यीकरण होता है। पहले चरण में जिस प्राकल्पना का निर्माण किया जाता है उसकी सत्यता की परख अंतिम चरण में की जाती है। वैज्ञानिक अध्ययन की तरह समाजशास्त्रीय अध्ययन में भी अंतिम चरण सामान्यीकरण होता है। समाजशास्त्र में भी एकत्रित तथ्यों का सारणीयन, वर्गीकरण आदि करने के उपरांत निष्कर्ष निकाला जाता है तथा प्राकल्पना से उसे मिलाया जाता है। अगर प्राकल्पना से निष्कर्ष मिल जाता है तो उसे समाजशास्त्रीय सिद्धांत का रूप दे दिया जाता है। अगर कोई नवीन प्रतिफल सामने आता है तो प्राकल्पना को समाप्त कर दिया जाता है एवं नवीन सिद्धांत की स्थापना कर दी जाती है। इस अनुसंधान एवं अध्ययन की प्रक्रिया के परिणामस्वरूप समाजशास्त्र एक विज्ञान के रूप में प्रतिष्ठित होता है।

(v) 'क्या है'? का अध्ययन (Studies 'What is it'?)—विज्ञान में जिस तरह 'क्या है' की खोज की जाती है उसी तरह समाजशास्त्र में भी 'क्या है'?, 'क्यों है'? एवं 'क्या होगा'? इत्यादि को ध्यान में रखते हुए घटना का वर्णन, अध्ययन एवं व्याख्या की जाती है। कहने का अर्थ यह है कि समाजशास्त्र में विज्ञान की तरह तथ्यों का पूरी तरह विवेचन किया जाता है। इस संबंध में समाजशास्त्रीय रामकृष्ण मुखर्जी (Ram Krishana Mukherjee) ने 'Sociology of Indian Sociology' में लिखा है, "समाजशास्त्र में सत्यता को जानने के लिए अनुसंधान में निम्नलिखित पाँच मौलिक प्रश्नों का घटना के अध्ययन में उत्तर देना चाहिए—(i) क्या है? (What is it?), (ii) कैसे है? (How is it?) (iii) क्यों है? (Why is it?), (iv) क्या होगा? (What will it be), तथा (v) क्या होना चाहिए? (What should it be?) ।" इस प्रकार यह पता चलता है कि समाजशास्त्रीय अध्ययन भी वैज्ञानिक अध्ययन की ही तरह है।

(vi) कार्य-कारण संबंधों की व्याख्या (Explains Cause Effect Relations)—वैज्ञानिक अध्ययनों की तरह ही समाजशास्त्रीय अध्ययनों में भी कारणों का अध्ययन किया जाता है। कार्य-कारण संबंधों के संग्रहण एवं अवलोकन की व्याख्या की जाती है। साथ ही कोई भी घटना किन कारणों से घटित होती है, इसका वर्णन किया जाता है। घटना के परिणामों के कारणों की खोज की जाती है। समाजशास्त्र में कार्ल मार्क्स (Karl Marx) का वर्ग संबंध में आर्थिक शोषण, उत्पादन के संबंध एवं साधन आदि के कार्य-कारण विषय की वैज्ञानिक व्याख्या करके सामाजिक बदलाव को समझने का कोशिश किया गया है।

(vii) सिद्धांतों का निर्माण (Constructs Theory)—वैज्ञानिक अध्ययनों की ही तरह समाजशास्त्रीय अध्ययनों में भी तथ्यों का संकलन, प्राकल्पना का निर्माण, सारणीयन, वर्गीकरण, विश्लेषण, संगठन एवं व्याख्या की जाती है। अंततः इस आधार पर सिद्धांत का निर्माण किया जाता है। कोहन (Cohen) का कथन है कि समाजशास्त्र में वैज्ञानिक सिद्धांतों का निर्माण किया जाता है। वैज्ञानिक सिद्धांत की तीन विशेषताएँ होती हैं—(i) आनुभविकता, (ii) कार्य-कारण संबंध, एवं (iii) सार्वभौमिकता। समाजशास्त्र में वैज्ञानिक सिद्धांत बनाने का प्रयास समय-समय पर किया जाता रहा है। अनेक विद्वानों जैसे कार्ल-मार्क्स एवं सोरोकिन आदि के सामाजिक बदलाव के सिद्धांत व्यवस्थित सिद्धांत हैं। इस तरह यह पता चलता है कि समाजशास्त्र में वैज्ञानिक सिद्धांतों का निर्माण किया जाता है।

(viii) सिद्धांतों की परीक्षण (Tests Theories)—वैज्ञानिक अध्ययनों की तरह समाजशास्त्रीय अध्ययनों में भी सिद्धांतों का परीक्षण किया जाता है। समाज के इतिहास पर यदि नजर डाला जाए तो इसके बहुत से उदाहरण मिल जाते हैं। दुर्खीम ने आत्महत्या के भौगोलिक सिद्धांत एवं प्रजातीय सिद्धांत आदि का परीक्षण करके निष्कर्ष निकाला कि वे गलत थे क्योंकि तथ्यों के आधार पर वे प्रमाणित सिद्ध नहीं हुए। बहुत-सी प्रचलित आत्महत्या के सिद्धांतों का परीक्षण करने के बाद दुर्खीम ने आत्महत्या का समाजशास्त्रीय सिद्धांत प्रतिपादित किया। इसी तरह मार्क्स ने भी अपने अनेक सिद्धांतों का परीक्षण किया अतः सिद्धांतों की परीक्षण के आधार पर वैज्ञानिक अध्ययन प्रणाली एवं समाजशास्त्रीय अध्ययन प्रणाली एक समान है।

(ix) सिद्धांत की सार्वभौमिकता (Universality of Theory)—समाजशास्त्रीय सिद्धांत वैज्ञानिक सिद्धांतों की तरह सार्वभौमिक होते हैं। समाजशास्त्रीय

सिद्धांत निश्चित परिस्थिति में कारकों के परस्पर कार्य-कारण प्रभाव संबंधों की विवेचना करते हैं। यदि कारकों एवं परिस्थितियों के गुण नहीं बदलते हैं तो समाजशास्त्रीय सिद्धांत सत्य एवं प्रमाणित सिद्ध होता है। वैज्ञानिक पद्धति के अनेक चरणों के अनुरूप समाजशास्त्र में भी तथ्यों का अध्ययन करके सिद्धांतों का निर्माण किया जाता है। इसकी परख करना भी संभव होता है। मेकाईवर एवं पेज (MacIver and Page) ने भी इस के बारे में 'Society' में लिखा है, "समाज सहयोग है जो संघर्ष से गुजरता है।" इसे समाजशास्त्र के एक सार्वभौमिक सिद्धांत का रूप कहा जा सकता है।

(x) भविष्यवाणी की क्षमता (Capability of Forecast)–समाजशास्त्र में 'क्या है'? का अध्ययन किया जाता है तथा इसके आधार पर 'क्या होगा'? की भविष्यवाणी की जाती है। इसलिए समाजशास्त्र की प्रकृति वैज्ञानिक कहलाती है क्योंकि विज्ञान भी यही कहता है। समाजशास्त्र में सामाजिक परिवर्तन के विषय में अनेक भविष्यवाणियाँ की गई हैं। उनमें से ज्यादातर सत्य भी हुई हैं। समाज, ग्राम से नगर में विकसित हुए तथा संयुक्त परिवार एकांकी परिवार में परिवर्तित किये गए। इसी तरह और भी कई सामाजिक बदलाव समाज में हुए हैं जिनके संबंध में समाजशास्त्रियों ने भविष्यवाणियाँ की थीं। इस तरह यह पता चलता है कि समाजशास्त्र में भी विज्ञान की तरह भविष्यवाणी करने की योग्यता पाई जाती है। मैक्सवेबर (Maxweber) ने भी कहा है कि समाजशास्त्र में घटना का अध्ययन करके आगे आने वाली परिस्थितियों के संदर्भ में भविष्यवाणी की जा सकती है। इस बात की पुष्टि करते हुए कोहेन (Cohen) ने भी 'Modern Social Theory' में स्पष्ट किया है कि समाजशास्त्र भी कुछ हद तक भविष्यवाणी करने की क्षमता रखता है।" उपर्युक्त विवरणों से पता चलता है कि समाजशास्त्र की प्रकृति भी वैज्ञानिक होती है। हालांकि इसमें वैज्ञानिक अध्ययन पद्धति की ही तरह तथ्यों का संकलन, विश्लेषण, वर्गीकरण एवं सामान्यीकरण किया जाता है अतएव इसकी प्रकृति भी वैज्ञानिक कही जा सकती है।

शोधकर्त्ता के प्रमुख गुण

शोधकार्य एक मुश्किल काम माना जाता है, इसलिए हर एक व्यक्ति इस काम को नहीं कर सकता है। शोधकार्य के लिए मात्र कुछ पुस्तकीय ज्ञान का ही होना काफी नहीं माना जा सकता है। इसके लिए शोधकर्त्ता में अनेक बाहरी और आंतरिक गुणों का होना अत्यंत जरूरी माना जाता है। इसका कारण यह है कि शोधकार्य सामाजिक

घटनाओं से जुड़ा होता है और सामाजिक घटनाएँ परिवर्तनशील, अमूर्त, व्यक्ति प्रधान तथा जटिल होती हैं। इसलिए इनका अध्ययन प्राकृतिक अथवा भौतिक घटनाओं के अध्ययन से कहीं अधिक मुश्किल होता है।

सबसे बड़ी बात यह है कि सामाजिक घटनाओं के अध्ययन का अर्थ वास्तव में मानव माध्यम से मानव के ही विषय में अध्ययन है। इससे यह ज्ञात होता है कि जिस समस्या अथवा विषय के संबंध में शोधकर्त्ता शोध करता है उस समस्या अथवा विषय का वह स्वयं एक अंग होता है। अतः एक शोधकर्त्ता के लिए पूर्णतया तटस्थ, निष्पक्ष व उदासीन रहकर अध्ययन करना अत्यंत मुश्किल होता है। शोध के हरेक मोड़ पर उसके अपने ही विश्वास, विचार, आदर्श, पूर्वधारणा आदि उसको विचलित कर देते हैं। यही वजह है कि शोधकर्त्ता के निष्कर्षों में त्रुटियों की आशंका सदा ही बनी रहती है। एक शोधकर्त्ता को इन सभी परिस्थितियों अथवा कारकों के प्रभाव से अपने को विमुक्त रखते हुए अपने शोधकार्य को यथार्थता (Exactness) की स्थिति तक पहुँचाने के लिए विशेष ज्ञान तथा योग्यता की जरूरत होती है। एक अच्छे शोधकर्त्ता के अंदर कुछ योग्यता तथा गुणों का रहना जरूरी माना जाता है। इन गुणों की विवेचना नीचे की जा रही है।

(1) शारीरिक गुण

यह अवधारणा गलत है कि सामाजिक शोध एक शिक्षा संबंधी कार्य है, इसलिए इसका कोई भी संबंध शोधकर्त्ता की शारीरिक योग्यताओं से होता है। शोधकार्य की कामयाबी में शारीरिक गुणों का भी अपना महत्त्व होता है। शारीरिक गुणों के अंतर्गत अनेक पहलुओं पर ध्यान दिया जाता है, जो निम्नलिखित हैं—

(a) स्वास्थ्य (Health)—एक कामयाब शोधकर्त्ता के शारीरिक गुणों के अंतर्गत स्वस्थ स्वास्थ्य का होना आवश्यक माना जाता है। शोधकर्त्ता को अपने शोधकार्य के दौरान कठिन परिश्रम व भाग-दौड़ की आवश्यकता होती है जो कि एक अच्छे स्वास्थ्य वाला व्यक्ति ही कर सकता है। साथ ही उत्तम स्वास्थ्य स्वयं ही आकर्षक व्यक्तित्त्व का एक अंग बनकर तथ्यों को जमा करने में सहायक सिद्ध होता है।

(b) आकर्षक व्यक्तित्त्व (Attractive Personality)—आकर्षक व्यक्तित्त्व का किसी के ऊपर एक स्वाभाविक प्रभाव लोगों पर पड़ता है। अच्छी आदतें, हँसमुख चेहरा तथा अच्छा व्यवहार प्रतिमान जो कि आकर्षक व्यक्तित्त्व के लिए जरूरी गुण है, रखने वाला व्यक्ति किसी भी सूचनादाता से विश्वसनीय और

सत्य तथ्य प्राप्त करने में सफल हो सकता है। एक शोधकार्य की सफलता यथार्थ व सत्य तथ्यों, सूचनाओं अथवा आँकड़ों पर पूर्ण रूप से निर्भर करती है।

(c) सहनशीलता (Tolerance)—एक अच्छे शोधकर्त्ता के अंदर सहनशीलता का गुण होना आवश्यक है। अपने शोधकार्य के बीच शोधकर्त्ता को अनेक प्रकार के मुश्किलों का सामना करना पड़ता है। शोधकार्य के दौरान कई सूचनादाता शोधकर्त्ता के साथ बुरा व्यवहार करते हैं, उसे कई प्रकार की टीका-टिप्पणियाँ सुनाते हैं तथा स्पष्ट भाषा में किसी भी तरह का सहयोग न देने की जिद कर बैठते हैं। अतः शोधकर्त्ता के भीतर इन व्यवहारों को सहन करने की शक्ति होना जरूरी है।

(d) अध्यवसाय (Persistence)—एक अच्छे शोधकर्त्ता को अध्यवसायी अर्थात् साधनशील होना चाहिए। उसके भीतर किसी भी स्थिति में हिम्मत न हारने का गुण होना चाहिए। शोधकार्य के दौरान अनगिनत ऊँची-नीची परिस्थितियों का सामना करना पड़ता है। इस दौरान कई बार निराशाजनक तथा अस्वाभाविक दुर्घटनाएँ भी घटती हैं। इन सब के बीच शोधकर्त्ता का अपना अध्यवसाय या साधनशीलता उसे रास्ता दिखाकर आगे ले जाती है। शोधकार्य के दौरान शोधकर्त्ता को एक ही सूचनादाता के पास कई बार जाना पड़ता है फिर भी सूचनादाता मिल नहीं पाता है, या अपने निजी काम में व्यस्त होने के कारण प्रश्नों का उत्तर देने के लिए समय नहीं निकाल पाता है। कई बार सूचनादाता समय देने के बाद भी प्रश्नों के उत्तर को किसी प्रकार से खत्म करके शोधकर्त्ता को टालने का प्रयत्न करते हैं। इन परिस्थितियों के दौरान धैर्य को बनाए रखना शोधकर्त्ता के लिए मुश्किल होता है। अतः निश्चित रूप से शोधकर्त्ता के लिए साधनशील होना अति जरूरी है।

(2) बौद्धिक गुण

एक अच्छे शोधकर्त्ता के लिए केवल उपर्युक्त शारीरिक व व्यक्तिगत गुणों का होना ही काफी नहीं माना जा सकता है। उसके भीतर कुछ बौद्धिक गुणों का होना भी आवश्यक माना जाता है। ये बौद्धिक गुण इस प्रकार हैं—

(a) तर्कशक्ति (Arguing Power)—सामाजिक शोध में विभिन्न विचारों के तथा अलग-अलग मानसिकता वाले लोगों से सूचना अर्जित करनी पड़ती है। इसलिए यह जरूरी हो जाता है कि शोधकर्त्ता के अंदर पर्याप्त तर्कशक्ति हो जिससे सूचनादाताओं से अर्जित सूचनाओं को तार्किक ढंग से जोड़कर वह कुछ सामान्य निष्कर्षों को निकाल सके। सूचनादाताओं से सूचना प्राप्त करते समय

शोधकर्त्ता को कई बार उनके द्वारा पूछे गए कई टेढ़े-मेढ़े प्रश्नों का सामना करना पड़ता है। यदि तार्किक तरीके से इन सब सवालों का संतोषप्रद उत्तर शोधकर्त्ता देने में विफल होता है तो उसे एक विषम परिस्थिति का सामना करना पड़ता है और तथ्यों के व्यवस्थित संकलन में अवरोध उत्पन्न हो जाता है। अतः इन परिस्थितियों का सामना करने के लिए शोधकर्त्ता के भीतर तर्कशक्ति का गुण होना जरूरी है।

(b) शीघ्र निर्णय लेने की क्षमता (Ability to Take Prompt Decision)—एक सफल शोधकर्त्ता के अंदर शीघ्र निर्णय लेने की क्षमता होना जरूरी है। शोधकार्य के दौरान शोधकर्त्ता को अज्ञात स्थितियों में कार्य करना पड़ता है, इसलिए यदि उन परिस्थितियों में आवश्यकतानुसार लाभप्रद निर्णय करने की क्षमता उसमें नहीं है तो वह सफल शोधकर्त्ता नहीं बन सकता।

(c) रचनात्मक कल्पनाशक्ति (Creative Imagination)—एक शोधकर्त्ता की सोचने की शक्ति अत्यंत प्रबल होनी चाहिए। शोधकर्त्ता के लिए सिर्फ बुद्धिमान होना ही काफ़ी नहीं है। उसे बुद्धिमान होने के अलावा शोधकार्य में अंतर्निहित समस्त सम्भावित परिस्थितियों के बारे में पहले से ही कल्पना कर लेने की शक्ति होनी चाहिए। क्योंकि बिना कल्पनाशक्ति के शोधकर्त्ता सामाजिक समस्याओं में न तो गहरा पैठ सकते हैं और न ही अपने अध्ययन-कार्य में व्यवहारिकता ला सकते हैं। इसलिए सफल शोधकर्त्ता के लिए रचनात्मक कल्पनाशक्ति का होना जरूरी है।

(d) विचारों की स्पष्टता (Clarity of Thinking)—एक कामयाब शोधकर्त्ता के लिए विचारशील तथा बुद्धिमान होना अत्यंत जरूरी है। उसमें यह योग्यता होनी चाहिए कि वह जटिल परिस्थितियों तथा तथ्यों को समझकर उनके विषय में अपने मत को स्पष्ट रूप में प्रस्तुत कर सके। इस योग्यता के अभाव में न तो वह तथ्यों की विश्लेषणत्मक विवेचना स्पष्ट रूप में कर सकता है और न ही अपनी प्रतिवेदन में समस्या अथवा उसके समाधानों के विषय में स्पष्ट विचारों को प्रकट कर सकता है। अतः एक कामयाब शोधकर्त्ता के अंदर विचारों की स्पष्टता का होना अनिवार्य है।

(e) सांख्यिकीय योग्यता (Statistical Ability)—एक शोधकर्त्ता को अपने शोधकार्य के समय अपने द्वारा अर्जित किए गए सूचनाओं, आँकड़ों, तथ्यों आदि को सारणीकृत, वर्गीकृत आदि करने पड़ते हैं। यह बहुत नीरस कार्य है, पर इसके बिना शोधकार्य में यथार्थता नहीं आ सकती। अतः शोधकर्त्ता के अंदर सांख्यिकीय योग्यता का होना जरूरी है।

(f) बौद्धिक ईमानदारी (Intellectual Honesty)—एक कामयाब शोधकर्त्ता के अंदर अन्य गुणों के साथ-साथ बौद्धिक ईमानदारी का गुण होना अत्यंत जरूरी है। इसका मुख्य कारण यह है कि शोधकर्त्ता जिन सामाजिक घटनाओं का शोध करता है उसका वह खुद भी एक अंग होता है। साथ ही इन घटनाओं के विषय में इनके माध्यम से व्यक्त किए गए निरीक्षणों, विचारों के बीच उनकी अपनी व्यक्तिगत आदर्शों, भावनाओं तथा मूल्यों के आने की संभावना बनी रहती है। ऐसी स्थिति में यदि शोधकर्त्ता में बौद्धिक ईमानदारी की कमी है तो उसका शोधकार्य कभी भी परिशुद्ध नहीं हो सकता है। इसके विपरीत बौद्धिक ईमानदारी होने पर शोधकर्त्ता समाज में व्याप्त धारणाओं के विरुद्ध भी घटना विशेष की वास्तविकताओं तथा अपनी स्वायत्त राय को प्रकट कर सकता है।

(3) वैज्ञानिक भावना संबंधी गुण

शोधकर्त्ता के भीतर शोधकार्य की सफलता के लिए वैज्ञानिक भावना का होना अति महत्त्वपूर्ण माना जाता है। यह वैज्ञानिक भावना स्वयं ही निम्न गुणों पर आधारित है—

(a) वैषयिक दृष्टिकोण (Objective Point of View)—वैज्ञानिक शोध के लिए वैषयिक दृष्टिकोण का होना जरूरी माना जाता है। शोधकर्त्ता के भीतर इस गुण के न होने से उसे वास्तविक घटनाओं को उनके वास्तविक रूप में देखने में सफलता प्राप्त नहीं होगी। वैषयिक दृष्टिकोण के अभाव का अर्थ यह होगा कि शोधकार्य पक्षपात तथा मिथ्या झुकाव द्वारा प्रभावित है। वैषयिक दृष्टिकोण सत्य निष्कर्ष के लिए भी जरूरी होता है क्योंकि इसके बिना निरीक्षण-परीक्षण की क्रिया विकृत हो जाने की संभावना होती है, और सत्यता की जाँच बहुत कठिन हो जाती है। इसलिए स्पष्ट रूप से कहा जा सकता है कि वैषयिक दृष्टिकोण का होना शोधकर्त्ता का एक आवश्यक गुण है, क्योंकि शोधकार्य को विकृत करने वाले सभी व्यक्तियों, विचारों, आदर्शों तथा भावनाओं से निरंतर अलगाव रखते हुए सत्य की खोज करना वैषयिक दृष्टिकोण के आधार पर ही मुमकिन है।

(b) जिज्ञासा (Curiosity)—किसी भी घटना को जानने की कोशिश, रहस्य को उद्घाटित करने की प्रेरणा तथा नवीनतम के प्रति आकर्षण की जागृति तभी संभव है, जब मन में जिज्ञासा की भावना हो। शोधकर्त्ता में इस गुण का होना अत्यंत जरूरी है क्योंकि ये सभी तत्त्व शोधकार्य में सहायता करने वाले होते हैं। साथ ही शोधकार्य का एक मुख्य उद्देश्य नवीन ज्ञान ही पाना होता है और जिज्ञासा की प्रवृत्ति के बिना इस उद्देश्य की पूर्ति असंभव है।

(4) व्यवहार संबंधी गुण

शारीरिक तथा मानसिक योग्यताओं के साथ-साथ एक कामयाब शोधकर्त्ता के भीतर व्यवहार संबंधी कुशलताओं का भी होना अति आवश्यक माना जाता है। शोधकर्त्ता को अपने शोधकार्य के बीच वास्तविक व्यक्तियों से संपर्क बनाकर उनमें विश्वास की भावना उत्पन्न करके और उन्हें अपने अध्ययन के उद्देश्यों के प्रति आकर्षित करके ही अध्ययन के विषय में तथ्यों को एकत्रित करना पड़ता है। इसके लिए यह जरूरी है कि शोधकर्त्ता का व्यवहार प्रतिमान वास्तव में आकर्षक व प्रभावपूर्ण हो। यह तभी संभव है जब उसमें व्यवहार संबंधी निम्न गुण हों–

(a) व्यवहार में अनुकूलनशीलता (Adaptability of Behaviour)– सामाजिक शोध के बीच शोधकर्त्ता को विभिन्न प्रकार से भिन्न-भिन्न व्यक्तित्त्व के लोगों से संपर्क स्थापित करना होता है। इसलिए सिर्फ़ एक ही प्रकार का व्यवहार समान रूप से प्रभावित नहीं कर सकता है। उदाहरणस्वरूप-गंभीर प्रकृति का व्यक्ति गंभीरता ही पसंद करेगा, इसके अलावा कौतुकप्रिय व्यक्ति के लिए गंभीर व्यवहार अरुचिकर होगा। किंतु शोधकर्त्ता के लिए दोनों प्रकार के व्यक्तियों से सूचना प्राप्त करना अति जरूरी होता है। अतः उसके व्यवहार में ऐसा लचकपन होना चाहिए कि वह आवश्यकता और परिस्थिति के द्वारा विभिन्न प्रकार के व्यक्ति के साथ अपना अनुकूलन सफलतापूर्वक कर सके और अपने व्यवहार के माध्यम से उन्हें बहुत कुछ समान रूप से प्रभावित करके उनसे तथ्यों का भंडारण कर सके। साथ ही एक कामयाब शोधकर्त्ता के लिए यह भी जरूरी है कि अपने विषय के संबंध में प्रतिकूल व अनुकूल विचार रखने वाले दोनों पहलू के लोगों के साथ समान व्यवहार तथा आदर का भाव रखे। यह तभी संभव है जब शोधकर्त्ता के व्यवहार में अनुकूलनशीलता का गुण मौजूद होगा।

(b) सतर्कता (Alertness)–सामाजिक शोधकार्य के समय शोधकर्त्ता को चारों तरफ से अत्यंत सजग तथा सावधान रहने की जरूरत होती है। उसे हमेशा चैतन्य रहना चाहिए कि शोधकार्य के किसी भी स्तर पर उसे गलत सूचना देकर कोई दिग्भ्रमित तो नहीं कर रहा है। कई बार ऐसा होता है कि कुछ व्यक्ति शोधकर्त्ता के अत्यधिक शुभचिंतक बनने का स्वांग रचते हैं और सब कुछ गलत बताकर उसे असफलता की तरफ ढकेल देने की कोशिश करते हैं। अतः इस तरह के व्यक्तियों के प्रति यथासंभव सतर्क रहना शोधकर्त्ता का एक अनिवार्य गुण होना चाहिए।

(c) परिमार्जित ढंग (Refined Manners)–एक कामयाब शोधकर्त्ता का व्यवहार परिमार्जित होना चाहिए। उसका व्यवहार शिष्टाचारपूर्ण होना जरूरी है।

शिष्ट तथा परिमार्जित व्यवहार से वह दूसरे लोगों को सहज ही अपने ओर आकर्षित करके उन्हें अपना दोस्त बना सकता है। अपने परिमार्जित व्यवहार के द्वारा वह सूचनादाताओं पर सकारात्मक छाप छोड़ सकता है। इस प्रकार वह सूचनादाताओं से किसी प्रकार के तथ्यों, सूचनाओं को प्राप्त करने में कामयाब होता है। अतः परिमार्जित व्यवहार कामयाब शोधकर्त्ता का आवश्यक गुण माना जा सकता है।

(d) आत्म-नियंत्रण (Self-control)—सामाजिक शोधकार्य में आत्म-नियंत्रण कामयाब शोधकर्त्ता का एक जरूरी लक्षण माना जा सकता है। इसका प्रमुख कारण यह है कि शोधकार्य के बीच अनेक विपरीत परिस्थितियाँ उत्पन्न हो जाती हैं। इन परिस्थितियों में शोधकर्त्ता द्वारा अपने ऊपर नियंत्रण रखना बहुत जरूरी होता है। अपने शोधकार्य के बीच हो सकता है कि सूचनादाताओं से उसे ऐसे कटु शब्दों को सुनना पड़े जो कि उसके आंतरिक विचारों, भावनाओं तथा आदर्शों को आघात करे फिर भी उसके लिए आत्म-नियंत्रण रखना जरूरी है, क्योंकि ऐसा न करने पर उसके शोधकार्य पर बुरा असर पड़ सकता है। उसे किसी भी स्थिति में उत्तेजना का शिकार नहीं होना चाहिए। ये सब अपने ऊपर नियंत्रण रखने पर ही संभव हो सकता है। अतः एक कामयाब शोधकर्त्ता के लिए आत्म-नियंत्रण का गुण होना जरूरी है।

(e) संतुलित वार्तालाप (Balanced Talk)—व्यवहार संबंधी गुणों के अंतर्गत संतुलित वार्तालाप का विशिष्ट महत्त्व है। शोधकर्त्ता को अनुसूची को भरवाने अथवा साक्षात्कार करने के समय सूचनादाताओं से वार्तालाप करनी पड़ती है। इस वार्तालाप के तरीके का भी प्रभाव सूचनादाताओं पर पड़ता है। शोधकर्त्ता द्वारा असंतुलित तथा अहंकारपूर्ण भाषा के प्रयोग से जहाँ एक तरफ सूचनादाताओं में विरक्ति की भावना व चिड़चिड़ाहट उत्पन्न हो सकती है, वहीं दूसरी तरफ संतुलित और नम्र भाषा का प्रयोग सूचनादाताओं के हृदय में शोधकर्त्ता के प्रति अच्छी भावना उत्पन्न करता है। पहली अवस्था में सूचनादाता सूचना देने से मना कर सकता है अथवा फिर वास्तविक तथ्यों को छुपाकर इधर-उधर की बातों पर उसे टालने का प्रयास कर सकता है। वही दूसरी अवस्था में सूचनादाता उसे अपेक्षित सहयता प्रदान करने के लिए तैयार रहेंगे। अतः एक कामयाब शोधकर्त्ता के अंदर संतुलित वार्तालाप करने का गुण जरूरी माना जाता है।

(5) अध्ययन विषय से संबंधित गुण

उपरोक्त गुणों के अलावा एक कामयाब शोधकर्त्ता के अंदर अध्ययन विषय से जुड़े कुछ गुणों का होना भी जरूरी है। इन गुणों का वर्णन नीचे किया जा रहा है।

(a) समस्या पर एकाग्रता (Concentration on Problem)—सामाजिक जीवन के अनेक पक्ष एक-दूसरे के साथ इतने घनिष्ठ रूप से जुड़े होते हैं कि निर्धारित समस्या से विचलित हो जाने की संभावना काफी ज्यादा होती है इसलिए समस्या पर एकाग्रता का गुण शोधकर्त्ता के भीतर होना जरूरी माना जाता है।

(b) विषय के प्रति रुची (Interest in the Subject)—किसी शोधकर्त्ता को अपने कार्य में तभी कामयाबी मिल सकती है, जबकि अध्ययन विषय में उसकी व्यक्तिगत गहरा लगाव हो। विषय में लगाव स्वाभाविक रूप से शोधकर्त्ता को अपने अध्ययन के प्रति लगन और अथक परिश्रम करने की प्रेरणा देती है। जिस विषय अथवा समस्या में गहरी रुचि होती है उसे समझने में भी आसानी रहती है। साथ-ही-साथ अध्ययन मुश्किल होने पर भी शोधकर्त्ता का उसमें गहरी आंतरिक लगाव होने के कारण उसे कामयाब बनाने के लिए अत्यधिक मेहनत करने को प्रेरित होता है तथा हर मुश्किल का सामना धैर्य के साथ करता है।

(c) विषय में पारंगत (Mastery Over the Subject)—शोधकार्य करने वाले शोधकर्त्ता को शोध विषय में पारंगत होना जरूरी है। शोध की सफलता के लिए यह जरूरी है कि जिस संबंध या समस्या का शोधकर्त्ता शोध कर रहा है उसके बारे में उसे पूर्ण ज्ञान हो। विषय के संबंध में कम ज्ञान या अपूर्ण ज्ञान होने से यह संभावना हमेशा बनी रहती है कि शोधकर्त्ता विषय के उन पहलुओं को कम महत्त्व दे सकता है जो कि वास्तव में आवश्यक है जबकि अपना अधिकतर समय, धन तथा परिश्रम कम महत्त्वपूर्ण पहलुओं के अध्ययन में व्यर्थ ही बर्बाद कर दे।

(6) अध्ययन स्थल से सम्बंधित क्रिया संबंधी गुण

शोध के दौरान वास्तविक रूप से अध्ययन स्थल पर जाकर तथ्यों व सूचनाओं को एकत्रित करना जरूरी होता है। इसलिए इससे संबंधित भिन्न-भिन्न व्यवहारिक क्रियाओं का ज्ञान जरूरी होता है। इस विषय में शोधकर्त्ता के भीतर कुछ गुणों का होना जरूरी माना जाता है। ये इस प्रकार हैं—

(a) साधन संपन्नता (Resourcefulness)—आधुनिक शोधकार्य में धन के साथ-साथ अन्य अनेक तरह के साधनों, जैसे—कैमरा, मानचित्र, टेपरिकार्डर आदि की भी जरूरत होती है। अतः शोधकर्त्ता के लिए इन साधनों की मौजूदगी ही काफी नहीं है वरन् इनके उपयोग में लाने का सही तरीका भी ज्ञात होना चाहिए। कई बार ऐसा भी होता है कि शोधकार्य के समय शोधकर्त्ता को सूचनाओं को अर्जित करने के लिए गैर-सरकारी तथा सरकारी विभागों के अधिकारियों से सहयोग लेना पड़ता है।

(b) अध्ययन प्रणालियों, उपकरणों तथा प्रविधियों का ज्ञान (Knowledge of Methods, Tools and Techniques of Research)—एक कामयाब शोधकर्त्ता के लिए यह जरूरी है कि उसे इस बात का पूरा-पूरा ज्ञान हो कि किस प्रकार के शोधकार्य में किन-किन पद्धतियों तथा उपकरणों से काम लेना जरूरी होता है। साथ ही शोधकर्त्ता को इस बात का भी ज्ञान होना चाहिए कि हरेक पद्धति की कौन-कौन-सी सीमाएँ हैं और उस पद्धति के द्वारा काम करने से अध्ययन कार्य में किन-किन त्रुटियों के पनपने की संभावना बनी रहती है। इस तरह का ज्ञान शोधकर्त्ता को सबसे उपयुक्त पद्धतियों तथा उपकरणों का चुनाव करने में सहायता करते हैं। साथ ही यह ज्ञान उचित समय पर शोधकार्य में पनपने वाली संभावित त्रुटियों को सुधारने के प्रति शोधकर्त्ता को सजग भी रखता है।

(c) प्रशिक्षण तथा अनुभव (Training and Experience)—किसी भी व्यक्ति को अध्ययन स्थल पर सूचना संकलन हेतु छोड़ देने मात्र से ही तथ्यों का संकलन असंभव हैं जब तक कि उसे अध्ययन स्थल पर काम करने का अनुभव न हो या उसे इस काम के लिए वास्तविक रूप में प्रशिक्षित न किया गया हो। अपने प्रशिक्षण व अनुभव के आधार पर अध्ययन पद्धतियों, अध्ययन कार्य में आने वाली कठिनाइयों आदि से पूर्णतया परिचित शोधकर्त्ता ही शोधकार्य को सुव्यवस्थित कर अंतिम लक्ष्य तक ले जाने में सफल हो सकते हैं।

(d) व्यक्ति, समय तथा स्थान का बोध (Understanding of Persons, Time and Place)—एक शोधकर्त्ता को अपने शोधकार्य के समय विभिन्न पेशों, विभिन्न श्रेणी के लोगों से मिलना होता है। परंतु इसके लिए अध्ययन स्थल में जाकर अनायास, बिना पूर्वनिर्णय के किसी भी व्यक्ति से किसी भी समय व कहीं पर भी मिलकर सूचना प्राप्त करने की कोशिश निष्फल अथवा संदेहयुक्त परिणामों को पैदा करने वाली होती है। साथ-ही-साथ शोधकर्त्ता को इस बात की भी सामान्य जानकारी होनी चाहिए कि किस विषय से जुड़े वास्तविक तथ्यों को अर्जित करना सुविधाजनक होगा, किस समय व किस जगह पर उनसे मिलने पर वे उत्तर देने के लिए आसानी से तैयार हो जाएँगे अर्थात् सूचना प्राप्त करने के विषय में उनका सक्रिय व पूर्ण सहयोग अर्जित किया जा सकता है। उदाहरण के लिए, शोधकर्त्ता को इस बात की जानकारी होनी चाहिए कि गन्ने का व्यवसायी जहाज की खबर नहीं दे सकता, सार्वजनिक त्यौहार के समय जानकारी देने वालों से उनके पारिवारिक जीवन के बारे में जानना मुमकिन नहीं है और थाने के पास खड़े चोर से उसके

करतूतों के बारे में पूछना मूर्खतापूर्ण कार्य होगा। अतः कामयाब शोधकर्त्ता के लिए व्यक्ति, समय तथा स्थान के विषय में बोधशक्ति का होना जरूरी है।

(e) संगठन सामर्थ्य (Organizational Capacity)—उपरोक्त गुणों के साथ-साथ एक कामयाब व कुशल शोधकर्त्ता में संगठन शक्ति का होना भी अत्यंत जरूरी है। शोधकार्य कोई चलते-फिरते किए जाने योग्य कार्य नहीं है। उसके लिए सुव्यवस्थित आयोजन तथा उत्तम संगठन की जरूरत होती है। शोधकर्त्ता के अंदर इन जरूरतों की पूर्ति करने की क्षमता व योग्यता का होना आवश्यक होता है। सामाजिक शोधों में अधिकांशतः एक से अधिक कार्यकर्त्ताओं की जरूरत होती है। अतः शोधकर्त्ता को इस बात को जानकारी होनी जरूरी है कि किस कार्यकर्त्ता को कौन-सा कार्य सौंपने पर अच्छे परिणाम प्राप्त हो सकते हैं। आधुनिक प्रवृत्ति यह है कि सामाजिक शोधकार्य में अन्तःवैज्ञानिक प्रणाली (Inter-disciplinary Approach) अपनाई जा रही है जिससे कि अनेक विज्ञानों के विशेषज्ञों का सहयोग व सहायता प्राप्त करना जरूरी होता है। अतः शोधकर्त्ता को इस बात का जानकारी होनी चाहिए कि किस तरह उनका अधिकाधिक सहायता व सहयोग अपने लाभ के लिए प्राप्त की जा सकती है। यह सभी शोधकर्त्ता के संगठन शक्ति पर निर्भर करता है। अतः कामयाब शोधकर्त्ता के अंदर संगठन शक्ति का गुण जरूरी माना जाता है।

इस तरह शोधकर्त्ता के प्रमुख गुणों पर प्रकाश निक्षेप करने से यह स्पष्ट होता है कि उसे निश्चित रूप से एकाधिक गुणों से संपन्न होना चाहिए। इसका यह आशय बिल्कुल नहीं है कि सभी शोधकर्त्ता सर्वगुणसंपन्न होते हैं और न ही जरूरी गुणों की कोई अंतिम सूची तैयार की जा सकती है। किंतु इतना जरूर कहा जा सकता है कि शोधकार्य कोई साधारण काम नहीं है। यही कारण है कि उसे साधारण व्यक्तियों के माध्यम से सुसंपन्न नहीं कराया जा सकता है। इस काम के लिए अनुभवी, योग्य, कुशल व उद्योगी व्यक्तियों की जरूरत होती है।

2

शोध समस्या

सामाजिक शोध के अंतर्गत तमाम तरह के शोध समस्याओं की अधिकता होती है अतः नये शोधकर्त्ता के लिए समस्या की समस्त चयन विधि से पूरी तरह परिचित होना महत्त्वपूर्ण स्थान रखता है। गुड्डे तथा स्केट ने अनुभवी वैज्ञानिकों की दृष्टि से समस्याओं के छूटने की घटना का रोचक जिक्र करते हुए अपनी पुस्तक 'Methods of Research' में लिखा है, ''बेल टेलीफोन के आविष्कार के विषय पढ़कर मोसेज जी. फारमर सात दिनों तक सो नहीं सके। उन्होंने कहा कि यह समस्या उनके समक्ष एक वर्ष में अनेकों बार आई, किंतु वे उसे देखने में असफल रहे।''

अतः शोधकर्त्ता को समस्या के चुनाव के लिए पूरी सर्तकता बरतने की जरूरत होती है। यह आवश्यक नहीं है कि शोध के लिए चुना गया विषय पूरी तरह तार्किक हो, समस्या के चुनाव में शोधकर्त्ता पर उसका पर्यावरण एवं व्यक्तित्त्व दोनों महत्त्वपूर्ण प्रभाव डालते हैं।

शोधकर्त्ता समाज में रहने वाला एक सामान्य व्यक्ति होता है। उसके अपने विचार, मूल्य, विश्वास, अभिवृत्तियाँ, मनोवृत्तियाँ, व्यवहार इत्यादि होते हैं। शोधकार्य के लिए निष्ठा, तारतम्यता एवं दृढ़ता की जरूरत होती है। अतः शोध के लिए चुनी गई समस्या आदि शोधकर्त्ता के व्यक्तित्त्व संबंधी विशेषताओं के अनुकूल होना ज्यादा उपयुक्त माना जाता है। सामाजिक विज्ञानों में समस्या के चयन में सामाजिक शोधकर्त्ता के अपने निजी इरादे पर्याप्त प्रभाव डालते हैं। स्वतंत्र विचारधारा वाले

सामाजिक शोधकर्त्ता अपनी आदत तथा अभिरुचियों के प्रतिकूल समस्याओं पर कार्य करने के विपक्ष में अपने विचार प्रकट करते हैं। इस तथ्य की सत्यता से इनकार नहीं किया जा सकता है कि शोध परेशानी का चयन किसी-न-किसी सीमा तक शोध के व्यक्तित्त्व संबंधी पृष्ठभूमि द्वारा प्रभावित होता है। किंतु शोध परेशानी को सामान्य अभिरुचि का विषय बनाने की दिशा में चेतन एवं संगठित रूप से प्रयत्न करना पड़ता है तथा एक साधारण पृष्ठभूमि की खोज का काम करना पड़ता है क्योंकि इस सामान्यता की पूर्ण अनुपस्थिति में किया गया शोध कार्य इतना अधिक व्यक्तिवादी हो सकता है कि इससे समाज के किसी भी प्रकार से लाभान्वित होने की कोई उम्मीद नहीं रह जाती है। ऐसा शोध जो समाज के दृष्टिकोण से पूर्णरूपेण अनुपयोगी है, सार्थक नहीं माना जाता है। यहाँ तक कि विशुद्ध शोधकर्त्ता भी समाज उत्थान के उद्देश्य को अपने ध्यान में रखते हैं साथ ही समाज के लिए विनाशकारी प्रभाव रखने वाले शोध काम को प्रतिबंधित करने का प्रयत्न करते हैं। यह सच है कि विभिन्न मूल्यों से युक्त सामाजिक शोधकर्त्ता अनेक प्रकार के शोध शीर्षकों का चुनाव करते हैं, परंतु यह कहना भ्रमपूर्ण है कि शोध शीर्षक के चयन में वैयक्तिक मूल्य एकमात्र निर्धारक हैं।

सच यह है कि शोध के शीर्षक का चयन पर्यावरण संबंधी कारकों द्वारा प्रभावित होता है। इन कारकों का योगदान व्यक्तित्त्व संबंधी कारकों की अपेक्षा कहीं ज्यादा है। इसका कारण यह है कि सामाजिक शोधकर्त्ता के व्यक्तित्त्व की संरचना का निर्माण वंशानुक्रम एवं जैविक वातावरण से प्राप्त सामाजिक एवं सांस्कृतिक विरासत का यौगिक है और उसे शोध करने योग्य परिस्थिति वातावरण द्वारा ही प्रदान की जाती है। इसके अलावा शोध की उपादेयता इस बात पर निर्भर करती है कि यह शोधकार्य किस हद तक वातावरण को मानव उत्थान हेतु परिवर्तित करने में मददगार सिद्ध होगा। सामाजिक शोधकर्त्ता को समाज के लिए उपयोगी समस्या पर कार्य करने के फलस्वरूप अनेक प्रकार के लाभ धन, यश आदि कहीं ज्यादा मात्रा में प्राप्त होते हैं।

एक शोधकर्त्ता को शोध समस्या के चुनाव से पूर्व स्वयं से सवाल पूछने चाहिए जो निम्नलिखित हैं–

(1) क्या शोध के परिणामों से शोधकर्त्ता अपने आप भी आय, यश इत्यादि के रूप में कुछ लाभ प्राप्त कर सकते हैं?

(2) क्या शोध शीर्षक प्रायोगिक है यानि इस शीर्षक पर शोध कार्य करने के लिए जरूरी तथ्य की उपलब्धता संभव हो सकेगी?

(3) क्या शोध का विषय समाजोपयोगी है? क्या इसके परिणाम शोधकर्त्ता की व्यक्तिगत अभिरुचियों, इच्छाओं, मूल्यों एवं मान्यताओं के अनुकूल है?

(4) क्या शोध-विषय ऐसा है जिसके प्रति समाज द्वारा विरोध व्यक्त किया जा सकता है?

(5) क्या शोध शीर्षक ऐसा है जिस पर कोई काम पहले किया जा चुका है? यदि हाँ, तो क्या इस काम का कोई लिखित स्वरूप उपलब्ध है? यदि हाँ, तो क्या यह शोधकर्त्ता की पहुँच के दायरे में है?

शोध समस्याओं के स्रोत

शोधकार्य समस्याओं के प्रमुख स्रोत निम्नलिखित हैं–

(1) सम्बद्ध साहित्य का अध्ययन–शोधकर्त्ता जिस क्षेत्र के विशेषज्ञ हैं अथवा जिस क्षेत्र में शोध कर रहे हैं उस क्षेत्र के साहित्य का बारीकी से अध्ययन करना समस्याओं के चुनाव हेतु उचित माना जाता है। सम्बद्ध साहित्य के अध्ययन के समय शोधकर्त्ता को उस क्षेत्र की प्रमुख आवश्यकताओं एवं समस्याओं का आभास मिलता है। उन्हें इस बात का पता लग सकता है कि किन समस्याओं पर पूर्व में कार्य हो चुका है और जिन समस्याओं पर काम हो चुका है उनके कौन-कौन-से पहलुओं पर आगे कार्य किया जा सकता है। संबंधित साहित्य के अध्ययन से उन्हें इस बात की भी जानकारी हो जाती है कि पूर्व शोधकर्त्ता ने किस विधि को अपनाया है।

(2) वैज्ञानिक एवं तकनीकी प्रगति के फलस्वरूप उत्पन्न समस्याएँ–विज्ञान एवं तकनीकी का प्रभाव शिक्षा-जगत् पर भी पड़ता है। अतः शिक्षा-जगत् में नये साधन सुविधाओं का उपयोग किस तरह किया जा सकता है। यह एक विशिष्ट शोध का क्षेत्र हो सकता है। अध्यापन मशीनों का आविष्कार, चलचित्र, टेलीविजन, टेपरिकार्डर आदि का अनेक शैक्षणिक उद्देश्यों के लिए उपयोग इस बात को सिद्ध करता है कि विज्ञान एवं तकनीकी विकास शिक्षा-जगत् को भी प्रभावित करती रहती है।

(3) शोधों से उत्पन्न नई समस्याएँ–शोध कार्य एक निरंतर चलने वाली प्रक्रिया है। एक समस्या के निराकरण के लिए किए गए शोध के समय नए प्रश्न एवं समस्याएँ पैदा हो जाती हैं। इन नए प्रश्नों पर पुनः शोध की जरूरत होती है। वैज्ञानिकों द्वारा अंतरिक्ष यानों के आविष्कार के बाद मानव ने अंतरिक्ष यात्रा की शुरुआत की। हर अंतरिक्ष यात्रा ने कई समस्याएँ एवं प्रश्न वैज्ञानिकों के सामने

उपस्थित कीं जिन पर वैज्ञानिक शोध कर रहे हैं। इस तरह समस्याएँ, नई समस्याएँ, शोध और फिर शोध, यह एक निरंतर चलने वाली प्रक्रिया है। अतः यदि शोधकर्त्ता पूर्ण किए गए शोध को पढ़े तो उन्हें बहुत सी नई समस्याएँ दिखाई देंगी।

किसी समस्या पर शोध कार्य करने के दौरान कभी-कभी शोधकर्त्ता को कुछ ऐसे तथ्य प्राप्त होते हैं जिनके फलस्वरूप बिल्कुल नई शोध सामने आ जाती है। पेक्लाव का मुख्य उद्देश्य कुत्तों की लार (साल्वेशन) के विषय में शोध करना था, किंतु उन्होंने इस शोध कार्य के समय शोध की क्रिया को देखा और इस विषय पर कई बहुमूल्य तथ्य हमारे समक्ष प्रस्तुत किए।

इसी तरह एक बार वेकवीरेल नामक वैज्ञानिक जब रेडियम पर शोध कर रहे थे तो उन्होंने पाया कि उनके जेब में पड़े रेडियम के परिणामस्वरूप उनकी त्वचा के उत्तकों का विनाश हो गया। इस तथ्य के आधार पर ही रेडियम का उपयोग कैंसर के इलाज में किया जाने लगा। आधुनिक समय में शल्य चिकित्सा में प्रयोग होने क्रायोसर्जरी अथवा शीत-शल्य का विकास भी इसी तरह हुआ है। इसके जन्मदाता डॉक्टर कूपर महोदय को अपनी पत्नी से एक कार्क खोलने का यंत्र क्रिसमस उपहारस्वरूप मिला है। इस यंत्र के प्रयोग में लाते समय उनके दिमाग में यह बात आई कि एक ऐसा यंत्र बनाया जा सकता है जिसके द्वारा हम मानव शरीर के किसी भी बिमार भाग की कोशिकाओं को अत्यंत शीत द्वारा मृत कर सकते हैं। इस प्रकार क्रायोसर्जरी अथवा शीत-शल्य चिकित्सा की शुरुआत हुई।

(4) सिद्धांत से नई समस्याओं का स्रोत—जैसा कि ऊपर बताया जा चुका है कि प्रत्येक सिद्धांतवाद नए प्रश्नों को जन्म देता है या नए अधिसिद्धांत प्रतिपादित करने में सहायक सिद्ध होती है। इनको परखने के लिए नवीन शोध संचालित किया जा सकता है। अतः सिद्धांतवाद भी शोध मुश्किलों का आवश्यक स्रोत माना जाता है। कई बार एक सिद्धांतवाद किसी नई घटना को समझने में सफल नहीं हो पाता है। ऐसी परिस्थिति में शोध के आधार पर नवीन सिद्धांतवाद प्रतिपादित किया जाता है या उसी में कुछ नया, परिवर्द्धन किया जाता है।

शोध-समस्याओं के लक्षण

शोधकर्त्ता को मुश्किल का चुनाव करने के पूर्व उसके औचित्य एवं उपयोगिता के संबंध में सोच लेना चाहिए। केवल शोध करना न तो शोधकर्त्ता के लिए सार्थक सिद्ध हो सकता है न ही विषय की समृद्धि के लिए जिसमें शोध किया जा रहा है। मुश्किल के चयन के पहले उसे कुछ कसौटियों पर परख लेना उचित प्रतीत होता है। इन कसौटियों की चर्चा नीचे की जा रही है।

(1) समस्या की उपयोगिता—समस्या के चयन के समय उसके महत्त्व को ध्यान में रखना जरूरी होता है। यह भी ध्यान रखना चाहिए कि शोध से प्राप्त तथ्य शिक्षा के स्तर को ऊपर उठाने में या शिक्षा की मुश्किलों को सुलझाने में सहायक हो सकता है या नहीं। किसी शोध की सार्थकता तभी सिद्ध होती है जब उसके परिणामस्वरूप वर्तमान परिस्थितियों में सुधार लाने में सहायता मिलती है। इस प्रकार की मुश्किलों को लेने का कोई अर्थ नहीं जिनके परिणाम न तो ज्ञान के विस्तार में उपयोगी हों, न ही जीवन में उपयोगी हों। उदाहरणस्वरूप अगर कोई शोधकर्त्ता अनेक साहित्यकारों के द्वारा लिए गए वाक्यों की लंबाई का तुलनात्मक निरक्षण करे तो ऐसा काम न तो साहित्य सेवा कहलाएगा और न ही इस तरह का शोध किसी प्रकार से समाज के लिए उपयोगी सिद्ध होगा।

इस प्रकार के शोध काम में समय लगाना समय का अपव्यय ही है। कभी-कभी ऐसे प्रश्नों को लेकर शोध किया जाता है जिनका जवाब स्पष्ट रूप से विदित रहता है। जैस—क्या श्रव्य प्रयोग दृश्य सामग्री के प्रयोग से शैक्षिक उपलब्धि बढ़ेगी। यह स्पष्ट रूप से विदित है कि इसका उत्तंर सकारात्मक ही प्राप्त होगा, अतः जिन समस्याओं के उत्तर स्पष्ट रूप से दिखाई देते हों उनके विषय में शोध करके समय बर्बाद करना व्यर्थ माना जाता है।

(2) नवीनता—समस्या के चयन के पहले इस बात का जानकारी कर लेनी चाहिए कि कहीं इस समस्या का हल पहले से ही निकाला तो नहीं गया। एक समस्या पर फिर से कार्य करने से हानि होती है। कई बार ऐसा देखने को मिलता है कि शोधकर्त्ताओं को काम समाप्त करने के बाद यह पता चलता है कि इस समस्या पर पहले ही पर्याप्त कार्य हो चुका है। संबंधित साहित्य का समस्त अध्ययन न करने की वजह से उच्चकोटि के वैज्ञानिक ने भी ऐसी भूल कर दी थी। उन्होंने सूक्ष्म जीवाणुओं के विषय में शोध कर यह पता लगाया कि ये जीवाणु बिना श्वास क्रिया के जिंदा रहते हैं जबकि यह तथ्य दो शताब्दियों पहले ही अन्य वैज्ञानिकों ने पता लगा लिया था। अतः कहने का तात्पर्य यह है कि एक उपयुक्त समस्या का सर्वप्रथम लक्ष्य नयापन होना चाहिए। यहाँ एक ध्यान देने योग्य बात यह है कि एक बार किसी समस्या पर शोध किया गया हो और पुनः उस पर नए संदर्भ में शोध किया जाए तो नवीनता समाप्त नहीं होती।

(3) अनुसंधान की रुचि एवं योग्यता—शोधकर्त्ता को वैसी समस्या लेना चाहिए जिसमें उसकी पसंद हो। शोध एक स्वप्रेरित प्रक्रिया है। इस प्रक्रिया में बिना अंदरूनी प्रेरणा के उच्च कोटि का कार्य संपादित होना संभव नहीं हैं। समस्या में

पसंद पूर्णतया बौद्धिक प्रेरणा के फलस्वरूप होनी चाहिए। किसी पूर्वाग्रह को प्रमाणित करने के लिए कई बार शोध कार्य किया जाता है, परंतु इस तरह इन शोध कार्यों की उपादेयता सीमित हो जाती है। समस्या में पसंद के साथ-साथ समस्या पर कार्य करने के लिए शोधकर्त्ता के भीतर विशेष योग्यता का होना जरूरी होता है। बालकों में गणित की धारणाओं के विकास के विषय में शोध कार्य करने वाले शोधकर्त्ता में यदि गणित विषय की योग्यता की कमी है तो उनके माध्यम से किया गया शोध कार्य निम्न स्तर का होगा।

(4) अनिवायिता—सामग्री एवं अन्य साधनों की उपलब्धि कई बार समस्याएँ अच्छी होते हुए भी जरूरी सामग्री एवं साधनों की कमी में शोधकार्य नहीं किया जा सकता है। उदाहरण के लिए—यदि कोई शोधकर्त्ता यह पता लगाना चाहे कि शिक्षकों के स्थानांतरण में कौन-कौन से कारक प्रभावी हैं। इस समस्या के लिए जरूरी सामग्री मिलना काफी मुश्किल है। कुछ ऐसे कारक हो सकते हैं जिनके विषय में कोई भी व्यक्ति चर्चा करने में हिचकिचाहट महसूस कर सकता है।

कभी-कभी ऐसा भी होता है कि स्थानान्तरण का कारण कुछ होता है, जबकि ऊपर से देखने में कुछ और महसूस होता है। कहने का अशय यह है कि समस्या के चयन से पहले हमें यह देख लेना चाहिए कि जो तथ्य शोधकार्य के लिए चाहिए क्या वे प्राप्त हो सकते हैं।

सामग्री अर्जित करने की समस्या के कारण कुछ समस्याएँ छोड़नी पड़ सकती हैं, उसी तरह कुछ साधन अथवा कुशलताओं के अल्पता में समस्याओं पर शोध कार्य करना असंभव होता है। कभी-कभी साधनों की अनुपलब्धता की कारण भी शोध कार्य को रोक देना पड़ता है। जैसे शोध कार्य में जरूरी मनोवैज्ञानिक टेस्ट के कमी में शोध कार्य असंभव हो सकता है।

(5) समय एवं आर्थिक पक्ष—समस्या का चयन करते समय इस बात पर ध्यान देना जरूरी है कि हमारे पास उपलब्ध समय कितना है एवं इसमें कितना व्यय होगा। विशेषकर स्नातकोत्तर विद्यार्थियों को तो इसका विशेष ध्यान रखना चाहिए क्योंकि उन्हें एक सीमित काल में शोध काम समाप्त करना होता है और उनके आर्थिक साधन सीमित होते हैं।

समस्या की पहचान

शोध समस्या के चुनाव के बाद उसके निर्वचन की मुश्किल आती है। समस्या की पहचान का मतलब उसके सभी पक्षों के स्पष्टीकरण से है। शोधकर्त्ता समस्या

के प्रतिपादन से पहले तक इस बात से अनभिज्ञ रहता है कि वस्तुतः उसे क्या करना है एवं किन तथ्यों को खोजना है। डॉ. सुरेन्द्र सिंह द्वारा अपनी पुस्तक 'सामाजिक अनुसंधान' में शोधकर्त्ता को निम्न प्रश्न स्वयं से पूछने के लिए कहा है–

(i) जिस तरह की जानकारी हम उपलब्ध करना चाहते हैं इस पर कितने समय, धन एवं प्रयासों के व्यय की जरूरत होगी तथा क्या इस व्यय के अनुरूप हमें परिणाम मिलेंगे?

(ii) शोध समस्या के संबंध में उसकी जानकारी कितनी है?

(iii) जो जानकारी हम उपलब्ध करना चाहते हैं उसकी प्राप्ति के लिए किए जाने वाले प्रयासों का मार्गदर्शन किस तरह की मान्यताओं एवं परिकल्पनाओं द्वारा किया जाएगा?

(iv) क्या इन परिकल्पनाओं के अंतर्गत प्रयुक्त किए जाने वाले चरों, अवधारणाओं, वाक्य-विन्यासों इत्यादि की स्पष्ट परिभाषाएँ प्राप्त हो सकेंगी तथा क्या ये प्रायोगिक दृष्टिकोण से उपयुक्त होंगी?

(v) इस जानकारी के भिन्न-भिन्न स्रोत क्या हैं तथा उनकी विश्वसनीयता एवं प्रामाणिकता की सीमा क्या है?

(vi) इस प्राप्त जानकारी की पृष्ठभूमि में, यदि कोई हो, क्या जानकारी और प्राप्त करना चाहते हैं तथा क्यों यह जानकारी प्राप्त करना चाहते हैं?

(vii) इस जानकारी से, जिसे हम उपलब्ध करना चाहते हैं, कितने लोग लाभान्वित हो सकते हैं? क्या यह जानकारी प्राप्त करना इस पर होने वाले व्यय की दृष्टि से उचित है?

(viii) जिस प्रकार की जानकारी हम उपलब्ध करना चाहते हैं इसकी प्राप्ति किन-किन स्रोतों, साधनों एवं ढंगों का उपयोग करते हुए हो सकती है?

R.L. Ackoff ने अपनी पुस्तक 'The Design of Social Research' में शोध समस्या के प्रतिपादन में सबसे पहले इसके विभिन्न निम्नांकित अंगभूतों को पहचानने की जरूरत बतलाई है–

(1) शोध उपभोक्ता एवं अन्य सम्मिलनकर्त्ता (Research Consumer and Others),

(2) शोध के उद्देश्य (Objects of Research),

(3) उद्देश्यों को हासिल करने के विकल्पीय साधन (Atternatives for Objective),

(4) विकल्पों की कुशलता के विषय में संशय (Doubt about the Efficiency of Alternatives),

(5) पर्यावरण जिससे समस्या संबंधित है (Environment Related to Problem).

(1) शोध उपभोक्ता–इस श्रेणी में उन व्यक्तियों को शामिल किया जाता है जो अप्रत्यक्ष अथवा प्रत्यक्ष रूप से शोध से प्रभावित होंगे अथवा वे व्यक्ति जो शोधकर्त्ता के रूप में शोध कार्य संचालित करेंगे।

(2) शोध के उद्देश्य–उद्देश्यों के आधार पर समस्या को व्यावहारिक, विशुद्ध अथवा क्रिया शोध की समस्या के रूप में देखा जा सकता है। स्पष्ट उद्देश्यों की स्थापना से प्राथमिकताओं को स्थापित करने तथा समस्या का निराकरण करने में मदद प्राप्त होती है। ये उद्देश्य शोध उपभोक्ताओं, शोधकर्त्ताओं अथवा शोध से प्रभावित होने वाले अन्य व्यक्तियों से जुड़े हो सकते हैं। उद्देश्यों की स्थापना हेतु प्रश्नावली, गहराई पूर्ण साक्षात्कार, व्यवहार संबंधी, गोष्ठी तरीके तथा सूचना देने वाले व्यक्तियों का प्रयोग किया जाता है।

(3) विकल्पीय साधन–किसी भी समस्या के निराकरण के लिए एक से अधिक साधनों का प्रयोग किया जा सकता है। शोधकर्त्ता इन सभी साधनों का उपयोग न कर समस्या निराकरण के लिए सबसे अधिक प्रभावपूर्ण साधन को उपयोग में लाना चाहता है। ऐसा करने के लिए वह विकल्पीय साधनों की सूची बनाता है तथा इन सबकी कुशलता के आधार पर तुलना करते हुए सबसे अधिक कुशल साधन का चयन करता है।

(4) विकल्पीय साधन की कुशलता–कुशलता के परिमापन हेतु निम्नलिखित कसौटियाँ प्रयोग में लाई जाती हैं–

(i) प्रयासों को स्थिर रखते हुए किए गए कार्य के प्रतिशत की जानकारी अर्जित की जाए।

(ii) समय को स्थिर रखते हुए पूर्ण किए गए कार्य का प्रतिशत ज्ञात किया जाए।

(iii) लागत को स्थिर रखते हुए पूर्ण किए गए कार्य का प्रतिशत निकाला जाए।

(iv) पूर्ण किए जाने वाले कार्य का व्यापक विवरण प्रस्तुत करते हुए इसकी पूर्ति में लगने वाली लागत की गणना की जाए।

(v) पूर्ण किए जाने वाले कार्य का व्यापक विवरण प्रस्तुत करते हुए उनकी पूर्ति में लगने वाले प्रयासों का अनुमान लगाया जाए।

(vi) पूर्ण किए जाने वाले कार्य का व्यापक विवरण प्रस्तुत करते हुए पूर्ति में लगने वाले समय को निकाला जाए।

(5) **पर्यावरण**—पर्यावरण से हमारा अर्थ उस परिस्थिति से है जिसके अंतर्गत हम मुश्किल का अध्ययन करना चाहते हैं। पर्यावरणों में होने वाले परिवर्तन शोध समस्या की प्रकृति तथा इसके प्रारूप को परिवर्तित करते हैं, उदाहरणस्वरूप इसमें भाग लेने वाले व्यक्तियों, उद्देश्यों, इसकी प्राप्ति के साधनों में परिवर्तन ला सकते हैं—

समस्या प्रतिपादन के विभिन्न चरण निम्न प्रकार हैं—

(i) मुश्किल से संबंधित विभिन्न मान्यताओं एवं परिकल्पनाओं का विस्तृत विवरण।

(ii) मुश्किल के बाद आने वाले सभी पहलुओं का स्पष्ट विवरण।

(iii) समस्या की अन्वेषणीय प्रकृति की जानकारी तथा इसका स्पष्टीकरण।

(iv) शोध समस्या के क्षेत्र का परिसीमन ताकि समस्या सफलतापूर्वक सँभाले जाने योग्य आकार वाली रह सके।

(v) चुने गए शीर्षक के क्षेत्र के दौरान समस्या का उचित प्रत्यक्षीकरण एवं इसकी स्पष्ट पहचान।

जहोदा तथा अन्य ने यह लिखा है—"प्रतिपाद प्रक्रिया के दौरान शोध कार्यरीति में बाद में आने वाले चरणों की आशा किए जाने की जरूरत है ताकि यह आश्वासन प्रदान किया जा सके कि मुश्किल का प्रतिपादन ऐसे ढंग से किया गया है जिसके साथ काम उपलब्ध प्रविधियों के साथ किया जा सकता है। यह आशा वैज्ञानिक तथा प्रायोगिक चरणों से संबंधित है। समाज वैज्ञानिक को अपने दिमाग में यह बात हमेशा रखनी चाहिए कि समस्या प्रतिपादन कभी खत्म न होने वाली प्रक्रिया है जो पूछताछ के सभी चरणों में व्याप्त होती है।"

परिस्थिति विश्लेषण

विषय के चयन के बाद का चरण अध्ययन के विषय का निर्णय करना माना जाता है। अधिकांशतः यह देखा गया है कि शोध शुरू करने वाले विद्यार्थी बहुत बड़ा क्षेत्र ले लेना चाहते हैं। किंतु उनको यह याद नहीं रहता कि शोध का अर्थ है अल्प विषय में अधिक ज्ञान प्राप्त करना यानि की गहन अध्ययन करना। व्यापक क्षेत्र ले लेने पर अध्ययन के सतही रह जाने की आशंका रहती है। उदाहरणस्वरूप—यदि लोक प्रशासन (Public Administration) का कोई विद्यार्थी किसी राज्य के सारे प्रशासन का शोध करना चाहे तो उसके लिए पी-एच.डी. के तीन साल के समय में ऐसा करना कठिन होगा। उसके लिए राज्य प्रशासन के किसी एक पक्ष या अंश

का अध्ययन करना उचित होगा। इसी तरह यदि राजनीति का कोई विद्यार्थी चुनाव का शोध करना चाहता है तो उसे पूर्ण देश या राज्य में चुनाव का शोध न कर किसी क्षेत्र विशेष का अध्ययन करना चाहिए। किसी क्षेत्र विशेष के चुनाव का शोध करने से उसका काम मूल्यवान हो सकता है, परंतु यदि वह अपने प्रयास को पूरे देश या राज्य में फैला दे तो उसके द्वारा किए गए शोध का मूल्य कम होने की संभावना रहेगी।

शोध क्षेत्र में विद्यार्थी को तीन प्रकार की सीमाओं पर विचार करना चाहिए। ये निम्नलिखित हैं–

(1) ज्ञान की शाखा विशेष की सीमाएँ (Limitations Related to Knowledge),

(2) भौगोलिक सीमाएँ (Geographical Limitations),

(3) काल की सीमाएँ (Limitations of Time),

(1) ज्ञान की शाखा विशेष की सीमाएँ (Limitations Related to Knowledge)–ज्ञान की हर शाखा का विभाजन एक विशेष तरीके से किया जाता है। उदारहणस्वरूप-लोकप्रशासन का छात्र किसी विभाग का चयन कर सकता है, समाज विज्ञान का छात्र किसी जाति, समुदाय अथवा जन-जाति का चयन कर सकता है, राजनीति का छात्र अपने अध्ययन के लिए किसी प्रभावी अथवा दल गुट का चयन कर सकता है। इस तरह विषय की अपनी वास्तविक सीमाओं के अनुसार क्षेत्र का निर्धारण किया जा सकता है।

(2) भौगोलिक सीमाएँ (Geographical Limitations)–छात्र के लिए राष्ट्र की भौगोलिक स्थिति पर भी विचार कर लेना जरूरी होता है। उदाहरण के लिए किसी विभाग के दो अंग होते हैं– क्षेत्र और मुख्यालय। यदि छात्र का मत केवल मुख्यालय का अध्ययन करना है तो उसका कार्य प्रमुखतया राजधानी में होने की संभावना रहती है, किंतु यदि उसका मत क्षेत्रीय कार्यालयों का अध्ययन करना है तो उसका कार्य खंडों, जिलों, ग्रामों आदि में होने की संभावना रहती है। अतः उसे चाहिए कि वह शुरुआत में है तय करे कि किस अंग का कितना अध्ययन उसे करना है।

(3) समय की सीमाएँ (Limitations of Time)–सीमा का तीसरा निर्णय काल अथवा समय के विषय में करने की जरूरत होती है। समाज परिवर्तनशील है। विभागीय संगठन, हरिजनों की अवस्था, लोगों की अभिवृत्तियाँ आदि सभी कुछ परिवर्तित होती रहती है इसलिए यह बहुत जरूरी है कि प्रत्येक

अध्ययन काल का स्पष्ट संकेत कर दिया जाए। यदि छात्र परिवर्तन की प्रणाली का ही अध्ययन करना चाहे तब इस तथ्य को स्पष्ट करने की जरूरत होती है कि अध्ययन किस समय में होने वाले परिवर्तन का किया जा रहा है। उदाहरणस्वरूप–यदि छात्र यह जानना चाहता है कि किसी बैंक के शासन व्यवस्था पर राष्ट्रीयकरण का क्या प्रभाव पड़ा तो उसे राष्ट्रीयकरण के बाद और पहले के उसके प्रशासन का अध्ययन करना होगा। परंतु यहाँ राष्ट्रीयकरण के पहले और बाद के कितने साल का अध्ययन किया गया इस बात का स्पष्ट संकेत करना जरूरी होता है।

विषय के क्षेत्र का स्पष्टीकरण तीन स्थानों में किया जा सकता है–(1) शीर्षक, (2) भूमिका और (3) प्रथम अध्याय। इनमें से जहाँ जिस तरह का संकेत देना उचित हो, दे देना चाहिए। उदहारणस्वरूप–शीर्षक में समय का संकेत आसानी से दिया जा सकता है किंतु संभव है दूसरे तरह की सीमाओं का संकेत यहाँ देना उचित न हो। तब यह स्पष्टीकरण भूमिका अथवा प्रथम अध्याय में चाहिए।

उद्देश्यों का निर्धारण

विषय और उसके संबंधित क्षेत्र के निर्णय के साथ-साथ शोध के उद्देश्यों पर गहराई से सोचने की जरूरत होती है। ज्ञान अथाह सागर के समान है और कोई व्यक्ति सब कुछ नहीं जान सकता, इसलिए शुरुआती समय में इस बात का निर्धारण करना चाहिए कि क्या-क्या पता लगाना है? यदि राजनीति (Politics) का एक छात्र चुनाव का शोध करना चाहता है तो विषय के निर्णय के साथ-साथ उसने इस बात का भी निर्धारण कर लिया है कि उसे अगले आम चुनाव के दौरान किसी चुनाव क्षेत्र में अध्ययन करना है।

इस तरह उसने संबंध और उसके क्षेत्र का निर्धारण कर लिया है और अब उसे उद्देश्यों का निर्धारण करना है। इस तरह प्रश्न यह उठता है कि वह जानना क्या चाहता है? यदि वह यह जानना चाहता है कि उस चुनाव क्षेत्र में किस उम्मीदवार को कितने मत मिले तो इस बात की जानकारी उसे चुनाव के प्रकाशित परिणाम से मिल जाएगी। अगर वह इस बात की जानकारी चाहता है कि प्रत्येक राजनीतिक दल की स्थिति क्या रही। इस स्थिति में उसे यह जानना होगा कि कौन-सा उम्मीदवार किस दल से खड़ा हुआ था। अगर इस बात की जानकारी चाहता है कि चुनाव की तैयारी और परिणाम में क्या संबंध था तो उसके लिए प्रत्येक दल और उम्मीदवारों द्वारा किए गए चुनाव प्रचार का अध्ययन जरूरी हो जाता है। यदि वह इस बात की जानकारी प्राप्त करना चाहता है कि वोट प्राप्त करने में राजनीतिक

दल की नीति जरूरी होती है या नहीं तो उसके लिए विभिन्न दलों के घोषणा-पत्रों का अध्ययन जरूरी हो जाता है। यदि वह इस बात की जानकारी चाहता है कि लोग अपना वोट देने का चुनाव किस प्रकार करते हैं, तो उसके लिए वोट देने के निश्चय पर राजनीतिक, सामाजिक और मनोवैज्ञानिक प्रभावों का अध्ययन करना जरूरी हो जाता है।

इस परिस्थिति में वह यह जानकारी भी प्राप्त करना चाहेगा कि उस क्षेत्र में कौन लोग शक्तिशाली थे और उन्होंने किसे और कैसे प्रभावित किया, विभिन्न वर्गों और समूहों ने किसे वोट दिया, मतदाताओं की अभिवृत्तियाँ कैसी थीं, विभिन्न अभिवृत्तियों और वोट के निर्णय में क्या संबंध था आदि। अतः छात्र को शुरुआत में ही अपने अध्ययन के उद्देश्यों का निर्णय कर लेना चाहिए। अपने उद्देश्यों का ब्यौरेवार वर्णन कर देना चाहिए।

यहाँ इस बात को साफ करना जरूरी है कि बड़े उद्देश्यों से ही छोटे उद्देश्यों का सूत्रपात होता है। उदाहरणस्वरूप—अगर छात्र जानना चाहता है कि मतदान पर कौन-कौन से प्रभाव पड़ते हैं तो उसे स्पष्ट करना चाहिए कि वह राजनीतिक, सामाजिक, मनोवैज्ञानिक प्रभावों का अध्ययन करना चाहता है। यहाँ इस बात की उम्मीद बनती है कि वह मतदाता के व्यक्तित्त्व का प्रभाव देखना चाहे या फिर वह मतदाताओं की जानकारी का प्रभाव देखना चाहे।

शोधकर्त्ता को अपने शोध की शुरुआत में ही इस तथ्य को स्पष्ट कर देना चाहिए कि उसे इनमें से किसका अध्ययन करना है। यदि वह अभिवृत्तियों का अध्ययन करना चाहता है तो प्रश्न उठता है कि कौन-कौन-सी अभिवृत्तियों का। अभिवृत्तियों की संख्या तो बहुत अधिक हो सकती है, प्रश्न यह है कि शोधकर्त्ता इनमें से किसको चुनता है। महत्त्वपूर्ण तथ्य यह है कि अध्ययन के लिए चुनी गई अभिवृत्तियों को शुरुआत में ही ज्ञात कर ले। उक्त अध्ययन से स्पष्ट है कि क्षेत्र का अध्ययन करने के लिए उद्देश्य को निर्धारित करना जरूरी है।

3

शोध अभिकल्प

शोध के उद्देश्य के आधार पर अध्ययन विषय के अनेक पक्षों की रूपरेखा को ही सामान्यतया शोध अभिकल्प कहा जाता है। **ऐकॉफ** (Ackoff) ने 'Design of Social Research' में शोध अभिकल्प के अर्थ को बताते हुए लिखा है, "निर्णय क्रियान्वित करने की स्थिति आने से पहले ही निर्णय निर्धारित करने की प्रक्रिया को अभिकल्प कहते हैं।" ("Design is the process of making decisions before the situation arises in which the decision is to be carried out.") इस प्रकार यह ज्ञात होता है कि लक्ष्य की पूर्ति के पूर्व ही उद्देश्य का निर्धारण करके शोध कार्य की जो रूपरेखा तैयार कर ली जाती है उसे शोध अभिकल्प कहा जाता है।

सामाजिक शोध अभिकल्प अनेक तरह के होते हैं। शोधकर्त्ता इनमें से किसी एक को अपने शोध कार्य करने के लिए सर्वाधिक उचित समझकर चुन लेता है। यहाँ यह वर्णन करना भी गैरजरूरी नहीं लगता है कि जब शोधकार्य किसी सामाजिक घटना से जुड़ा होता है तो उसे सामाजिक शोध-अभिकल्प कहा जाता है। शोधकर्त्ता के लक्ष्यों एवं शोध की प्रकृति पर यह निर्भर करता है कि किस तरह के शोध अभिकल्प का प्रयोग करेगा। हर शोध का प्रभावपूर्ण एवं क्रमबद्ध ढंग से न्यूनतम प्रयासों, लागत एवं समय के साथ संचालित करने हेतु अभिकल्प का निर्माण जरूरी होता है। इस विषय में यह भी ध्रुव सत्य है कि सामाजिक शोध में किसी भी तरीके से अनिश्चितता की स्थिति को पूर्णतया खत्म नहीं किया जा सकता है। फिर भी

व्यवस्थित तरीके से वैज्ञानिक पद्धति का प्रयोग करते हुए अनिश्चितता के तत्त्वों को कुछ कम किया जा सकता है।

इस विषय में सेलिटज, जहोदा, डेवच एवं कुक (Selltiz, Jahoda, Dewtch and Cook) ने 'Research Methods in Social Relations' में लिखा है कि वास्तव में जब अध्ययन की जाने वाली समस्या का प्रतिपादन किया जाता है तभी सूचना के उन प्रकारों का महत्त्वपूर्ण विवरण भी प्रस्तुत किया जाता है, जो यह आवश्वासन देते हैं कि प्रस्तावित सवालों के उत्तर देने के लिए इच्छित एवं जरूरी प्रमाण उपलब्ध हो जाएँगे, जबकि शोध-अभिकल्प का निर्माण करते हुए हम इच्छित एवं आवश्यक प्रमाणों के संग्रह में गलतियों से यथासंभव बचना तथा प्रयासों, समय एवं धन को कम करना चाहते हैं। इसी तरह अल्फ्रेड (Alfred) ने भी 'The Design of Research' में लिखा है कि वस्तुतः शोध की शुरुआती स्थिति में शोध-अभिकल्पना का निर्माण प्रस्तावित अध्ययन की उपयोगिता को स्पष्ट करता है तथा तरीके संबंधी प्रमुख समस्याओं के समाधान में सहायता पहुँचाता है। शोध-कार्य के लक्ष्य को ध्यान में रखते हुए उसे एक निश्चित तरह (Type) के अंतर्गत लाने के लिए तथा शोध-कार्य में प्रकट होने वाली स्थितियों का सफलतापूर्वक सामना करने के लिए शोध की जो रूपरेखा तैयार की जाती है उसी को शोध-अभिकल्प कहा जाता है।

अनेक विद्वानों ने शोध-अभिकल्प की परिभाषाएँ प्रस्तुत की हैं। शोध-अभिकल्प के महत्त्व, उद्देश्य एवं विशेषताओं आदि को ध्यान में रखते हुए ज्यादातर विद्वानों ने इसे परिभाषित किया है। अनेक विद्वानों द्वारा दी गई परिभाषाएँ निम्नलिखित हैं—

शोध-अभिकल्प को परिभाषित करते हुए कर्लिंजर (Kerlinger) ने 'Foundations of Behavioural Research' में लिखा है, "शोध-अभिकल्प अन्वेषण की योजना, संरचना एवं एक रणनीति है जिसकी रचना इस तरह की जाती है कि शोध सवालों के उत्तर प्राप्त हो सकें तथा विषमताओं को नियंत्रित किया जा सके। यह अभिकल्प अथवा योजना शोध की संपूर्ण रूपरेखा अथवा कार्यक्रम है जिसके अंतर्गत प्रत्येक चीज की रूपरेखा सम्मिलित होती है, जो शोधकर्त्ता उनके परिचलनात्मक तथा प्राकल्पनाओं के निर्माण अभिप्रायों से लेकर आँकड़ों के अंतिम विवेचना तक करता है।"

'The Design of Social Research' में एकॉफ (Ackoff) ने शोध अभिकल्प को परिभाषित करते हुए लिखा है, "प्रचित करना नियोजित करना है, अर्थात् अभिकल्प (प्रचना) उस परिस्थिति के पैदा होने से पूर्व निर्णय लेने की

प्रक्रिया है जिसमें निर्णय को लागू किया जाना है। यह एक संभावित स्थिति को नियंत्रण में लाने की तरफ निर्देशित, जान-बूझकर की गई पूर्वगामी प्रक्रिया है।''

शोध-अभिकल्प को परिभाषित करते हुए डेवच एवं कुक, जहोदा, सेलिटज (Selltiz, Jahoda, Dewtch and Cook) ने 'Research Methods in Social Relations' में स्पष्ट किया है, ''एक शोध-अभिकल्प आँकड़ों के विश्लेक्षण तथा संकलन के लिए उन दशाओं का प्रबंध करती है जो शोध के लक्ष्यों की संगतता को कार्य-रीतियों में आर्थिक नियंत्रण के साथ सम्मिलित करने का लक्ष्य रखती है।'' शोध-अभिकल्प को परिभाषित करते हुए 'Introduction to Social Research' में लैबोबिज एवं हैगडॉर्न (Labobitz and Hagodorn) ने लिखा है, ''एक शोध-अभिकल्प उस तार्किक तरीके को प्रस्तुत करती है जिसमें व्यक्तियों एवं अन्य इकाइयों की तुलना एवं विश्लेषण किया जाता है। यह आँकड़ों के विश्लेषण का आधार है। अभिकल्प का उद्देश्य ऐसी तुलना का आश्वासन दिलाना है जो विकल्पीय विवेचनों से प्रभावित न हो।''

शोध अभिकल्प को परिभाषित करते हुए 'The Design of Research' में कान्ह (Kanh) ने लिखा है, ''शोध की अभिकल्प की सर्वोत्तम परिभाषा अध्ययन के तार्किक युक्ति के रूप में की जाती है। यह एक सवाल का उत्तर देने, परिस्थिति का वर्णन करने, अथवा एक प्रकल्पना का परीक्षण करने से जुड़ी है। दूसरे शब्दों में यह उस तर्काधार से जुड़ी है जिसके द्वारा कार्य-रीतियों, जिनमें आँकड़ों का विश्लेषण एवं संग्रह दोनों सम्मिलित हैं, के एक महत्त्वपूर्ण समूह से एक अध्ययन की एक महत्त्वपूर्ण जरूरतों की पूर्ति की आशा की जाती है।''

ऊपर लिखित परिभाषाओं के आधार पर यह कहा जा सकता है कि शोध-अभिकल्प शोधकर्त्ता को न्यूनतम समय, धन एवं प्रयासों के माध्यम से अधिकतम शोध के लक्ष्यों को प्राप्त करने में पथ-प्रदर्शन का कार्य अनेक तरह से करती है। इसे शोध की समस्या के निर्माण से लेकर निष्कर्षों तक नियंत्रित, निर्देशित एवं संचालित किया जाता है। दूसरे शब्दों में यह कहा जा सकता है कि शोध-अभिकल्प एक ऐसी योजना है या रूपरेखा है जो कठिनाइयों के प्रतिपादन से लेकर शोध-प्रतिवेदन के अंतिम चरण तक के विषय में भली-भाँति सोच-समझकर तथा समस्त उपलब्ध विकल्पों पर ध्यान देकर इस तरह से निर्णय लेती है कि न्यूनतम प्रयासों, समय एवं लागत के व्यय से अधिकतम शोध उद्देश्यों को प्राप्त किया जा सके।

शोध-अभिकल्प शोधकर्त्ता को तथ्यों के संकलन, तथ्य संकलन की प्रविधियों, विश्लेषण एवं आँकड़ों के वर्गीकरण, शोध के प्रतिवेदन के लेखन आदि सभी कुछ

पहले से निश्चित कर देती है। दूसरे शब्दों में यह कहा जा सकता है कि शोध-अभिकल्प एक तरह से संपूर्ण शोध कार्य की कार्यक्रम एवं रूपरेखा को पहले निर्धारित कर देती है।

शोध-अभिकल्प की विशेषताएँ

शोध-अभिकल्प की कुछ आधारभूत एवं अनिवार्य विशेषताएँ होती हैं। अनेक विद्वानों द्वारा दिए गए विचारों के आधार पर शोध-अभिकल्प की निम्नलिखित विशेषताएँ कही जा सकती हैं–

1. इसकी रूपरेखा शोध कार्य शुरू करने से पूर्व बना ली जाती है। इस प्रकार यह शोध-कार्य को एक पूर्व आधार प्रदान करती है।

2. इसका संबंध सामाजिक शोधों से होता.है। अर्थात् सामाजिक शोधों के समय शोध कार्य करने के लिए सामाजिक शोधों का निर्माण किया जाता है।

3. यह शोधकर्त्ता को शोध की एक निश्चित दशा का ज्ञान कराती है। शोध-अभिकल्प शोध की एक रूपरेखा होती है। इसका निर्माण शोधकार्य शुरू करने से पूर्व किया जाता है। इस तरह शोध-अभिकल्प एक तरह की दिग्दर्शक होती है।

4. इसके माध्यम से सामाजिक घटनाओं का सरलीकरण किया जाता है। दूसरे शब्दों में यह कह सकते हैं कि शोध-अभिकल्प सामाजिक घटनाओं को सरल रूप में प्रकट करता है लेकिन शोध-अभिकल्प इन जटिल घटनाओं का सरलीकरण करती है।

5. यह बाधा-निवारण का काम करती है। अर्थात् शोध-अभिकल्प शोध-प्रणाली में आने वाली बाधा का निराकरण करने में शोधकर्त्ता की मदद करती है। इससे शोध के समय आने वाली मुश्किलें दूर हो जाती हैं।

6. इसके द्वारा ज्यादा-से-ज्यादा उद्देश्यों की प्राप्ति की जाती है। इसके द्वारा अनेक तरह से शोधकार्य में अधिकतम उद्देश्यों को अर्जित किया जाता है।

7. यह शोध समस्या पर आधारित होता है। कहने का तात्पर्य यह है कि शोध-अभिकल्प का निर्माण शोध की समस्या अथवा प्राकल्पना के आधार पर किया जाता है।

8. यह निष्कर्ष निकालने में सहयोगी होती है। शोध-अभिकल्प संपूर्ण शोध की प्रक्रिया का प्रारूप होती है। प्राकल्पना अथवा समस्या के निर्माण से लेकर अंतिम निष्कर्ष तक की प्रक्रिया का यह निर्धारण करती है। साथ ही प्राकल्पना की असत्यता एवं सत्यता के परीक्षण में भी शोध-अभिकल्प मदद करती है। शोध-अभिकल्प के कमी में शोध-कार्य सत्य, विश्वसनीय एवं प्रामाणिक नहीं होता है।

9. यह नियंत्रण का काम करती है। शोध-अभिकल्प शोध की प्रणाली में आगे आने वाली परिस्थितियों को नियंत्रित करती है एवं शोध कार्य को आसान बनाती है। इस तरह शोध का काम आसान हो जाता है।

10. शोध-अभिकल्प न मात्र मानवीय श्रम की बचत करती है बल्कि शोध कार्य को धन एवं सीमित पूरा करके मितव्ययिता को दर्शाती है। इस तरह यह ज्ञात होता है कि यह मानवीय श्रम को कम करके लागत एवं समय को भी कम करती है।

शोध-अभिकल्प की आवश्यकताएं एवं चरण

शोध-अभिकल्प का निर्णय एक बहुत ही कठिन कार्य है। इसलिए यह जरूरी होता है कि शोधकर्त्ता के पास पर्याप्त अनुभव एवं ज्ञान होना चाहिए। किसी भी शोध-अभिकल्प का निर्माण करते समय कुछ आवश्यकताएँ जरूरी होती हैं। मुख्य रूप से शोध-अभिकल्प का निर्माण करते समय जो जरूरतें होती हैं उन्हें निम्नलिखित रूपों में व्यक्त किया जा सकता है–

(i) शोध-अभिकल्प का निर्माण करते समय पहली जरूरत इस बात की होती है कि शोध समस्या के बारे में विस्तृत एवं स्पष्ट ज्ञान शोधकर्त्ता को होना चाहिए।

(ii) शोध-अभिकल्प का निर्माण करते समय दूसरी जरूरत इस बात की होती है कि शोधकर्त्ता को अध्ययन के विशिष्ट उद्देश्यों की स्पष्ट जानकारी होनी चाहिए।

(iii) शोध-अभिकल्प का निर्माण करते समय तीसरी जरूरत इस बात की होती है कि शोधकर्त्ता को उन ढंगों एवं कार्य-विधियों की व्यापक जानकारी होनी चाहिए जिनका प्रयोग करते हुए शोध के लिए जरूरी आँकड़ों के संग्रह के मार्ग में आने वाली अनेक समस्याओं का समाधान प्रस्तुत किया जाएगा।

(iv) शोध-अभिकल्प का निर्माण करते समय चौथी जरूरत इस बात की होती है कि आँकड़ों के संग्रह के लिए सुनियोजित एवं विस्तृत योजना उपलब्ध हो।

(v) शोध-अभिकल्प का निर्माण करते समय पाँचवीं जरूरत इस बात की होती है कि आँकड़ों के विश्लेषण के लिए भी उपयुक्त योजना प्राप्त हो।

जहाँ तक शोध-अभिकल्प की रचना का प्रश्न है, यह कहा जा सकता है कि इसे अनेक चरणों से होकर गुजरना पड़ता है। इस तरह से इन चरणों को ही शोध का अनिवार्य अंग माना जा सकता है। इन चरणों की सहायता से एक शोध-अभिकल्प का निर्माण किया जा सकता है। शोध-अभिकल्प के विशिष्ट चरण अग्र हैं–

1. इसमें सबसे पहले अध्ययन समस्या का प्रतिपादन किया जाता है।

2. वर्तमान में जो शोध-कार्य हो रहा है उसे शोध-समस्या से स्पष्ट रूप से संबंधित किया जाए। अर्थात् इस चरण में शोध-कार्य को शोध समस्या से स्पष्ट रूप से संबंधित किया जाता है।

3. वर्तमान में जिस शोध-कार्य को किया जाना है उसकी सीमाओं को स्पष्ट रूप से निश्चित किया जाए।

4. शोध के अनेक क्षेत्रों का व्यापक विवरण प्रस्तुत किया जाए। अर्थात् इस चरण में शोध के अनेक क्षेत्रों का पता लगाकर उसका व्यापक विवरण प्रस्तुत किया जाता है।

5. इसमें शोध के प्रतिफलों के प्रयोग के विषय में निर्णय लिया जाता है।

6. इसमें विवरण, अवलोकन तथा परिमापन के लिए उचित चरों का चुनाव करना चाहिए एवं इन्हें स्पष्ट रूप से परिभाषित किया जाना चाहिए।

7. इसके अध्ययन-क्षेत्र एवं समग्र का उपयुक्त चुनाव होना चाहिए तथा इसे स्पष्ट रूप से परिभाषित किया जाना चाहिए।

8. इसमें अध्ययन के तरीके एवं विषय-क्षेत्र के विषय में व्यापक निर्णय लिया जाना चाहिए।

9. इसमें उपयुक्त प्रविधियों एवं विधियों का चयन किया जाना चाहिए।

10. इसमें अध्ययन में समाहित मान्यताओं एवं प्राकल्पनाओं का स्पष्ट उल्लेख किया जाना चाहिए।

11. इसमें प्राकल्पनाओं की परिचालनात्मक परिभाषा देते हुए उसे इस रूप में प्रकट करना चाहिए कि वह परीक्षण के योग्य हो।

12. इसमें शोध के दौरान प्रयोग किए जाने वाले रिपोर्टों, प्रलेखों एवं अन्य प्रपत्रों का सिंहावलोकन किया जाता है। ऐसा करना एक अच्छे शोध के लिए जरूरी होता है।

13. इसमें अध्ययन के प्रभावपूर्ण उपकरणों का चुनाव किया जाता है एवं इनका निर्माण कर पहले व्यवस्थित परीक्षण किया जाता है।

14. इसमें आँकड़ों के एकत्रीकरण का संपादन किस तरह किया जाएगा इसकी व्यापक व्यवस्था का उल्लेख किया जाता है।

15. इस चरण में आँकड़ों के वितरण के लिए उच्च श्रेणियों का चुनाव किया जाता है एवं उनकी परिभाषा की जाती है।

16. इसमें आँकड़ों के संकेतीकरण के लिए समुचित व्यवस्था का विवरण तैयार किया जाता है।

17. इसमें आँकड़ों को प्रयोग योग्य बनाने हेतु पूरी प्रक्रिया की समुचित व्यवस्था का विकास किया जाता है।

18. इसमें आँकड़ों के गुणात्मक एवं संख्यात्मक विवेचन के लिए व्यापक रूपरेखा तैयार की जाती है।

19. इसमें अन्य उपलब्ध परिणामों की पृष्ठभूमि में समुचित विवेचन की कार्य विधियों का उल्लेख किया जाता है।

20. इसमें शोध प्रतिवेदन के प्रस्तुतीकरण के विषय में निर्णय लिया जाता है।

21. इस चरण में समस्त शोध प्रक्रिया में लगने वाले धन, समय एवं मानवीय श्रम का आकलन किया जाता है। इस चरण में ही प्रशासकीय व्यवस्था की स्थापना एवं विकास का भी अनुमान लगाया जाता है।

22. इसमें आवश्यकतानुसार पहले परीक्षणों एवं पूर्वगामी अध्ययनों का प्रावधान किया जाता है।

23. इस चरण में कार्य-विधियों से संबंधित संपूर्ण प्रक्रिया, उपनियमों एवं नियमों को विस्तारपूर्वक तैयार किया जाता है।

24. इसमें अध्ययनकर्त्ता एवं कर्मचारियों के प्रशिक्षण के तरीके एवं कार्य विधियों का उल्लेख किया जाता है।

25. इस चरण में ऐसी व्यवस्था की जाती है ताकि सभी अध्ययनकर्त्ता एवं कर्मचारी आपस में ताल-मेल एवं सामंजस्य स्थापित करते हुए संतोषपद्र तरीके से शोध कार्यों की पूरा कर सकें।

शोध-अभिकल्प की विषय-वस्तु

किसी भी शोध-अभिकल्प में कोई-न-कोई विषय-वस्तु निहित होती है। एक अच्छे शोध-अभिकल्प में अग्रलिखित विषयों का समावेश किया जाता है–

(i) शोध-अभिकल्प की पहली विषय-वस्तु का लक्ष्य होता है शोधकर्त्ता के माध्यम से अपने शोध का स्पष्ट वर्णन शोध-अभिकल्पों में किया जाता है। वह शोध के उद्देश्यों को भी स्पष्ट करता है। इस तरह यह पता चलता है कि शोध का लक्ष्य शोध-अभिकल्प की एक विषय-वस्तु है।

(ii) शोध-अभिकल्प की दूसरी विषय-वस्तु शोध का विषय होता है। कहने का अर्थ यह है कि शोध-अभिकल्प में शोधकर्त्ता के माध्यम से शोध के विषय का स्पष्ट वर्णन किया जाता है। शोध विषय का स्पष्ट करने के पहले उपलब्ध पत्र-पत्रिकाओं एवं साहित्य आदि का अध्ययन किया जाता है।

(iii) शोध-अभिकल्प की तीसरी विषय-वस्तु की शोध एवं प्रकृति के प्रकार को स्पष्ट करना होता है। इसके तहत यह स्पष्ट किया जाता है कि शोध का प्रकार कौन-सा है—व्यक्तिगत, सांख्यिकीय, विश्लेषणात्मक, प्रायोगिक, तुलनात्मक, अन्वेषणात्मक अथवा मिश्रित।

(iv) शोध-अभिकल्प की चौथी विषय-वस्तु यह है कि इसमें समस्या अथवा प्राकल्पना के चुनाव अथवा निर्माण की पृष्ठभूमि क्या रही है को स्पष्ट किया जाता है। अर्थात् पूर्व में इस समस्या का अध्ययन किस-किस ने किया, उनके अध्ययन के क्या परिणाम निकले एवं पूर्व के अध्ययनों में क्या-क्या त्रुटियां रहीं, आदि का उल्लेख शोध-अभिकल्प में किया जाता है।

(v) शोध-अभिकल्प की पाँचवीं विषय-वस्तु यह है कि इसमें शोधकर्त्ता यह स्पष्ट करता है कि वह किस तरह के सांस्कृतिक, सामाजिक, आर्थिक, राजनीतिक एवं भौगोलिक पर्यावरण में रहा है साथ ही उसके मूल्य, मान्यताएँ एवं परंपराएँ आदि क्या हैं। इसके अतिरिक्त अनेक संदर्भों के व्यवहार, घटकों एवं मूल्यों, राजनीतिक व्यवस्था तथा मानव व्यवहार को प्रभावित करने वाले भौगोलिक कारणों आदि का उल्लेख किया जाता है।

(vi) शोध-अभिकल्प की छठी विषय-वस्तु चयन की गई प्राकल्पनाएँ, संबंधित चर एवं अवधारणाएँ आदि होते हैं। शोधकर्त्ता को इनका व्यवस्थित एवं क्रमबद्ध वर्णन एवं व्याख्या करना होता है। यह उल्लेख एवं व्याख्या यथा स्थान किया जाता है। इस विषय में कोहेन एवं नेगेल ने लिखा है कि समस्या के समाधान एवं व्याख्या के बिना शोध कार्य में एक कदम भी आगे नहीं बढ़ा जा सकता। इसको शोधकार्य एवं विषय सामग्री के पूर्व ज्ञान के आधार पर स्पष्ट किया जाता है। प्राकल्पनाओं अथवा समस्याओं के आधार पर ही शोधकार्य में तथ्य संकलित किए जाते हैं।

(vii) शोध-अभिकल्प की सातवीं विषय-वस्तु काल-निर्देश है। अर्थात् शोधकर्त्ता को शोध-अभिकल्प स्पष्ट रूप से लिखनी पड़ती है। इसमें इस बात का वर्णन किया जाता है कि शोध किस समय, काल अथवा परिवेश से संबंधित है। विशेषकर राजनीतिक, सामाजिक एवं ऐतिहासिक शोधों में काल-निर्देश अत्यधिक महत्त्वपूर्ण होता है। इसके अभाव में शोधकार्य को समझना, पढ़ना एवं परिणामों को समझना मुश्किल हो जाता है।

(viii) शोध-अभिकल्प की आठवीं विषय-वस्तु संकलन प्रविधियाँ हैं। संबंधित आँकड़ों, तथ्यों एवं सामग्री को किन-किन संकलन की प्रविधियों से एकत्रित किया जाए, यह शोधकार्य के क्षेत्र एवं प्रकृति के आधार पर निर्धारित किया जाता है।

शोध-अभिकल्प की विषय-वस्तु में इन प्रविधियों का उपयोगिता एवं परिचय का उल्लेख किया जाता है। तथ्य संकलन की दो प्रविधियाँ मानवीय अथवा यांत्रिक हो सकती हैं। साथ ही इनका भौतिक, प्रेक्षणीय, वैचारिक अथवा प्रलेखीय हो सकता है। इसी तरह ये प्रविधियाँ क्रमानुसार साक्षात्कार, अवलोकन, प्रश्नावली, अनुसूची एवं प्रक्षेपण आदि हो सकती हैं। इन सभी का स्पष्ट वर्णन एक शोध-अभिकल्प में किया जाता है।

(ix) शोध-अभिकल्प की नौवीं विषय-वस्तु यह है कि इसमें वर्गीकरण, संकेतीकरण, विश्लेषण, सारणीयन एवं निर्वचन के चरणों का उल्लेख एवं निर्वचन में किन-किन वैज्ञानिक प्रलाणियों का उपयोग किया जाएगा। निष्कर्ष निकालने की प्रक्रिया किन चरणों से होकर पूरी की जाएगी। इसका उल्लेख अभिकल्प की सामग्री में देखा जा सकता है।

(x) शोध-अभिकल्प की दसवीं विषय-वस्तु यह है कि इसमें यह निर्धारित किया जाता है कि सर्वेक्षण कितने समय में पूरा किया जाएगा। साथ ही शोध में लगने वाले समय, धन और श्रम का स्पष्ट वर्णन भी किया जाता है। शोध-अभिकल्प में इन तथ्यों का संकेत देना मूल उद्देश्य होता है।

शोध-अभिकल्प के उद्देश्य

सामान्यतः किसी भी शोध में तीन तरह की समस्याओं का सामना करना पडता है। ये समस्याएँ हैं–व्यावहारिक वैज्ञानिक, शोध समस्या अथवा बौद्धिक शोध समस्या तथा सैद्धांतिक व्यवस्थाओं को विकसित करने की शोध समरया। व्यानहारिक शोध समस्याएँ, सामाजिक नीतियों के निर्धारण एवं समस्याओं के समाधान में सहायता प्रदान करती है। बौद्धिक एवं वैज्ञानिक शोध का संबंध मौलिक वस्तुओं से होता है। इसके अलावा कुछ शोध ऐसे भी होते हैं जिनका उद्देश्य केवल सैद्धांतिक व्यवस्थाओं का विकास करना होता है। कर्लिंजर (Kerlinger) ने 'Foundations of Behavioural Research' में शोध-अभिकल्प के दो आधारभूत लक्ष्यों की चर्चा की है जो निम्नलिखित हैं–

(i) शोध समस्या का उत्तर प्रदान क़रना (To Provide Answers to Research Problems)–शोध-अभिकल्प शोधकर्त्ता को अनेक सवालों के जवाब देने में सहायता करती है। शोध-अभिकल्प यासंभव विषयात्मकता, प्रामाणिकता, निश्चयात्मकता, यथार्थता एवं समय बचत के साथ-साथ श्रम की भी बचत करती है। शोध सवालों के जवाब की खोज के लिए शोध-अभिकल्प शोधकर्त्ता को सभी

प्रमाणों को एकत्र करने मे सहायता प्रदान करती है। अभिकल्प प्रश्नों अथवा समस्याओं को प्राकल्पना के रूप में स्पष्ट करती है। साथ ही इन प्राकल्पनाओं के रूप में सवालों का आनुभविक परीक्षण भी संभव बनाती है। परीक्षणों की संभावनाओं के अनुरूप शोध-अभिकल्पों का निर्माण करना जरूरी होता है। जितनी संभावनाएँ परीक्षण की होती हैं, उतने ही प्रकार की शोध-अभिकल्पें निर्मित की जाती हैं। इन प्राकल्पनाओं के परीक्षण संबंधी प्रतिफल इस बात पर निर्भर करते हैं कि परिणाम निकालने एवं पर्यवेक्षण करने के लिए किन तरीकों या प्रविधियों का प्रयोग किया जा रहा है। विश्वसनीय परिणाम पाने के लिए चरों के मध्य पाए जाने वाले संबंधों के उपयुक्त परीक्षण हेतु उपयुक्त संदर्भ ढांचे की स्थापना की जाती है। शोध-अभिकल्प का यही प्रथम लक्ष्य होता है। शोध-अभिकल्प अवलोकन एवं विवेचन के लिए जरूरी निर्देशों को निश्चित करती है। साथ ही शोध-अभिकल्प से प्राप्त होने वाले निष्कर्षों एवं सवालों के उत्तरों की रूपरेखा को भी निश्चित करती है।

(ii) विविधताओं को नियंत्रित करना (To Control Variance)—कर्लिंजर का कहना है कि शोध-अभिकल्प शोध की विभिन्नताओं को नियंत्रित करने में शोधकर्त्ता की हरसंभव सहायता करती है। शोध के समय अनेक त्रुटियों की संभावना बनी रहती है। शोध-अभिकल्प में इन विभिन्न त्रुटियों को कम करने के दो मुख्य तरीके होते हैं—

(क) शोध परिस्थितियों को अधिक-से-अधिक नियंत्रित करते हुए परिमापन के कारण प्रकट हुई त्रुटियों को यथासंभव कम किया जाए।

(ख) मापों की विश्वसनीयता में वृद्धि की जाए।

इस तरह यह ज्ञात होता है कि शोध-अभिकल्प का दूसरा लक्ष्य नियंत्रणकारी-व्यवस्था प्रदान करना है। अभिकल्प की मदद से शोधकर्त्ता क्रमबद्ध विभिन्नताओं को अधिक-से-अधिक बढ़ा सकता है, विविधताओं को नियंत्रित कर सकता है एवं इस तरह से विविध त्रुटियों को कम करने में अभिकल्प की मदद लेता है। यह समस्त कार्य तकनीकी होता है। इस अर्थ में शोध-अभिकल्प एक नियंत्रणकारी व्यवस्था है। इसके पीछे पाए जाने वाला मुख्य 'सांख्यिकी सिद्धांत' यह है कि 'क्रमबद्ध विविधताओं को ज्यादा-से-ज्यादा बढ़ाइए, बाध्य क्रमबद्ध विविध त्रुटियों को कम कीजिए तथा विविधताओं को नियंत्रित कीजिए।'

कर्लिंजर ने शोध-अभिकल्प के उद्देश्यों के विषय में यह कहा है कि उद्देश्य यद्यपि शोध-अभिकल्प के होते हैं लेकिन इन्हें अर्जित करने का प्रयास स्वयं शोधकर्त्ता को ही करना पड़ता है। शोध की समस्या से संबंधित उत्तर अर्जित करना

एवं विविधताओं को नियंत्रित करना शोधकर्त्ता का काम है एवं अभिकल्प का लक्ष्य भी यही है। इस तरह यह पता चलता है कि शोध-अभिकल्प के जो दो लक्ष्य हैं उनकी प्राप्ति शोधकर्त्ता के द्वारा ही की जाती है।

शोध-अभिकल्प के पहलू

शोध-अभिकल्प के कुछ पहलू होते हैं। मुख्यतः इसके तीन पहलुओं का उल्लेख किया जा सकता है जो निम्नलिखित हैं–

(i) शोध-अभिकल्प का पहला पहलू समस्या की व्याख्या अथवा प्राकल्पना का निर्माण होता है।

(ii) शोध-अभिकल्प का दूसरा पहलू शोध का आदर्श अभिकल्प अथवा आदर्श शोध-कार्य प्रणाली होता है।

(iii) शोध-अभिकल्प का तीसरा पहलू परीक्षणात्मक शोध-अभिकल्प है। विद्वानों ने इसे चार भागों में विभक्त किया है। ये चार भाग निम्नलिखित हैं–

(क) निदर्शन अभिकल्प (Sampling Design),

(ख) सांख्यिकीय अभिकल्प (Statistical Design),

(ग) अवलोकनात्मक अभिकल्प (Observational Design),

(घ) कार्यात्मक अभिकल्प (Operational Design).

शोध-अभिकल्प का वर्गीकरण

समाज के अनेक पक्षों एवं पहलुओं का अध्ययन शोध के द्वारा किया जाता है। इस अध्ययन के कई लक्ष्य होते हैं। इस प्रकार से शोध के भी कई उद्देश्य, आधार एवं परिप्रेक्ष्य होते हैं। शोध एवं अध्ययन दोनों के अनेक चर होते हैं। अध्ययन एवं शोध के उद्देश्यों एवं समस्याओं की भिन्नता के आधार पर अनेक विद्वानों ने शोध-अभिकल्प के विभिन्न प्रकारों का उल्लेख किया है।

सामान्यतः शोध-अभिकल्पों का वर्गीकरण दो आधारों पर किया जा सकता है। ये दो आधार निम्नलिखित हैं–

(a) शोध के उपागम पर वर्गीकरण (Classification on the Basis of the Approach of the Research)–शोध के उपागम के आधार पर शोध-अभिकल्प को निम्नलिखित पाँच भागों में विभक्त किया गया है–

(i) सर्वेक्षणात्मक शोध-अभिकल्प, (ii) क्षेत्र अध्ययन संबंधी शोध-अभिकल्प, (iii) प्रयोग संबंधी शोध-अभिकल्प, (iv) ऐतिहासिक शोध-अभिकल्प, तथा (v) वैयक्तिक अध्ययन संबंधी शोध-अभिकल्प।

(b) शोध के लक्ष्य के आधार पर वर्गीकरण (Classificaton on the Basis of Objectives of Research)–शोध के लक्ष्य के आधार पर शोध-अभिकल्प के निम्नलिखित वर्गीकरण किए जा सकते हैं–

(i) अन्वेषणात्मक अथवा निरूपणात्मक शोध-अभिकल्प (Exploratroy Research Design),

(ii) विवरणात्मक अथवा निदानात्मक शोध-अभिकल्प (Descriptive or Diagnostic Research Design),

(iii) प्रयोगात्मक शोध अभिकल्प (Experimental Research Design),

(iv) मूल्यांकनात्मक शोध-अभिकल्प (Evaluative Research Design).

शोध-अभिकल्प के उपर्युक्त वर्गीकरणों के अलावा अनेक विद्वानों ने अपने ज्ञान एवं अनुभव के आधार पर इसका वर्गीकरण प्रस्तुत किया है। अनेक विद्वानों द्वारा प्रस्तुत वर्गीकरणों में से निम्नलिखित विद्वानों के माध्यम से प्रस्तुत वर्गीकरणों में से कुछ वर्गीकरण निम्नलिखित हैं–

लेबोबिज तथा हैगडॉर्न (Labobitz and Hagdorn) ने 'Introduction to Social Research' में शोध-अभिकल्पों का वर्गीकरण वर्गीकरण निम्न प्रकार से किया है–(i) वैयक्तिक अध्ययन (Case Studies), (ii) सर्वेक्षण अभिकल्पें (Survey Designs), (iii) परीक्षणात्मक अथवा प्रयोगात्मक अभिकल्प (Experimental Design)।

(i) वैयक्तिक अध्ययन (Case Studies)–इसके तहत किसी एक निश्चित काल अथवा समय पर एक सुनिश्चित समग्र अथवा निदर्शन का सर्वेक्षण किया जाता है। वैयक्तिक अध्ययन के माध्यम से प्राकल्पना की परीक्षा नहीं की जाती है। इसका लक्ष्य इकाई का वर्णन करना होता है।

(ii) सर्वेक्षण अभिकल्पें (Survey Designs)–सामाजिक घटनाओं के अध्ययन के लिए दो तरह के सर्वेक्षण अभिकल्पों का प्रयोग किया जाता है। ये दो प्रकार हैं–(क) सह-संबंधात्मक अध्ययन, एवं (ख) पैनल अभिकल्प।

(क) सह-संबंधात्मक अध्ययन (Correlation Studies)–इसमें दो अथवा दो से अधिक इकाइयों की एक निश्चित समय बिन्दु पर तुलना की जाती है। जैसे–दो राष्ट्रों की सैन्य शक्ति, जनसंख्या अथवा सामाजिक विकास की एक समय बिन्दु पर तुलना करना।

(ख) पैनल अभिकल्प (Panel Design)–पैनल अभिकल्प को सामान्यतया सर्वोत्तम सामाजिक अभिकल्प के रूप में माना जाता है। इसके मुख्यतः चार आधार होते हैं जो इस प्रकार हैं–

(i) यह एक गैर-प्रयोगात्मक प्रविधि के रूप में चरों की सामाजिक प्राथमिकता को स्पष्ट करती है।

(ii) यह उत्तरदाताओं से संबंधित अर्थात् सूचनाएँ प्रदान करती है।

(iii) इसका प्रयोग प्राकृतिक परिस्थितियों में किया जाता है।

(iv) इस अभिकल्प के द्वारा सामाजिक प्रक्रियाओं का अध्ययन करना संभव होता है।

(iii) परीक्षणात्मक अथवा प्रयोगात्मक अभिकल्प (Experimental Design)—इसके अंतर्गत शोधकर्त्ता यह सिद्ध करता है कि परीक्षणात्मक अथवा प्रयोगात्मक समूह में परिवर्तन हुआ है। साथ ही वह यह भी सिद्ध करता है कि नियंत्रक समूह की तुलना में प्रयोगात्मक समूह में किस मात्रा तक बदलाव आया है।

सेलटिज एवं अन्य (Selltiz and Others) ने शोध-अभिकल्प का वर्गीकरण प्रस्तुत करते हुए 'Research Methods in Social Relations' में इसके तीन वर्गीकरणों के जिक्र किया है जो निम्नलिखित हैं—

(i) अन्वेषणात्मक अथवा निरूपणात्मक अध्ययन (Exploratory or Formulative Studies)—इस तरह के शोध-अभिकल्पों का उद्देश्य प्राकल्पनाओं का विकास करना या अग्रिम शोधों के लिए प्राथमिकताओं की स्थापना करना होता है। यह अभिकल्प सूक्ष्मता के साथ अध्ययन करने के लिए महत्त्वपूर्ण होता है।

(ii) विवरणात्मक या निदानात्मक अध्ययन (Descriptive or Diagnostic Studies)—इस तरह के अभिकल्पों का लक्ष्य एक दी हुई परिस्थिति की विशेषताओं का वर्णन करना होता है।

(iii) प्रयोगात्मक अध्ययन (Experimental Study)—इसका लक्ष्य विभिन्न प्राकल्पनाओं का परीक्षण द्वारा जाँच करना होता है।

अल्फ्रेड जे. कान्ह (Alfred J. Kanh) ने 'The Design of Research' में शोध-अभिकल्प के चार प्रकारों का उल्लेख किया है जो निम्नलिखित हैं—

(i) दैवीय अवलोकन पूर्व-शोध पक्ष (Random Observtion Pre-research Phase)—दैवीय अवलोकन का यदि बुद्धिमत्ता के साथ प्रयोग किया जाए तो यह एक रचनात्मक संयोग बन जाता है। इस प्रकार का विचार जोसेफ ईटन ने दिया है। साथ ही मर्टन ने इसे 'संयोगवश भाग्यशाली-खोज करने का सुझाव' कहा है। इसी तरह वैलिस तथा राबर्ट्स के मतानुसार यह अन्य पुस्तकों की खोज करते समय अचानक कुछ लाभदायक वस्तुओं की प्राप्ति एवं उनका प्रयोग है।

(ii) अन्वेषणात्मक अथवा प्रतिपादनात्मक अध्ययन (Exploratory or Formulative Studies)—इस तरह के अध्ययन का लक्ष्य एक महत्त्वपूर्ण क्षेत्र में ऐसे सवालों, अवधारणाओं एवं प्राकल्पनाओं को ज्ञात करना है जिनका अब तक सीमित विकास ही हो पाया है। इसमें व्यवस्थित तथा क्रमबद्ध अन्वेषण अथवा प्रतिपादनात्मक अध्ययन किए जाते हैं। इन अध्ययनों के माध्यम से अन्य अध्ययनों के लिए सिद्धांत विकसित किए जाते हैं। कुछ विद्वानों ने इस प्रकार के अध्ययन को अनुभव सर्वेक्षण की संज्ञा दी है। इसके विषय में कान्ह (Kanh) ने अपने विचार स्पष्ट करते हुए 'The Designs of Research' में लिखा है, "एक तरफ सार्थक अवधारणाओं के विकास, प्रश्नों के प्रतिपादन या समस्याओं के चयन के लिए इसके अंतर्गत अप्रतिबंधित प्रारंभिक यात्राएँ सम्मिलित हैं, दूसरी ओर इसके तहत अकेले समग्रों के सूक्ष्म सांख्यकीय अध्ययन अथवा एक दिए हुए परिमंडल के तहत प्राकल्पनाओं के विकास के लिए अनेक समग्रों की तुलना सम्मिलित है।"

(iii) विवरणात्मक अथवा निदानात्मक अध्ययन (Descriptive or Diagnostic Studies)—इस तरह के अध्ययनों में सामान्यतया विवेचन प्रस्तुत किए जाते हैं या समस्या को निदान करने के प्रयत्न किए जाते हैं। ये दोनों अध्ययन एक ही स्तर के होते हैं।

(iv) परीक्षणात्मक या प्रयोगात्मक अभिकल्प (Experimenatal Design)—इस तरह के अभिकल्पों का संबंध प्राकल्पनाओं तथा मुख्य परीक्षण से होता है। इसमें नियंत्रण की विशेषताएँ एवं लक्षण पाई जाती हैं।

उपर्युक्त विवरणों से यह पता चलता है कि अनेक विद्वानों ने शोध अभिकल्पों के अनेक प्रकारों का उल्लेख किया है। चूँकि सामाजिक शोध में कई प्रकार की समस्याएँ पाई जाती हैं एवं इन समस्याओं की प्रकृति भी अलग-अलग है इसलिए शोध-अभिकल्पों का कोई एक रूप सर्वमान्य नहीं है। अध्ययन की समस्या, प्राकल्पना एवं उपलब्ध साहित्य आदि के आधार पर अभिकल्प का चुनाव किया जाता है। शोध-अभिकल्पों के विषय में यह कहा जा सकता है कि ये खोज के चार चरण हैं। अन्वेषणात्मक अध्ययन किसी विषय में खोज की शुरुआती अवस्था होती है। इस प्रकार के अध्ययन के द्वारा विषय से परिचय प्राप्त किया जाता है। साथ ही नई अवधारणाओं तथा प्राकल्पनाओं का निर्माण किया जाता है। वर्णनात्मक अथवा विवरणात्मक अध्ययन दूसरी सीढ़ी है। इन अध्ययनों के माध्यम से किसी घटना, परिस्थिति एवं संगठन आदि के लक्षणों का विशुद्ध अध्ययन किया जाता है। यह भी कहा जा सकता है कि उद्देश्य की पूर्ति के लिए वर्णनात्मक प्राकल्पनाओं

का परीक्षण किया जाता है। इसके बाद खोज की अगली सीढ़ी में निदानात्मक अध्ययन आता है। इस अध्ययन में किसी कठिनाई के कार्य-कारण विषयों को खोजा जाता है। खोज की अंतिम सीढ़ी प्रयोगात्मक अथवा परीक्षणात्मक अध्ययनों की होती है। इसे 'कार्य-कारण संबंधी' अभिकल्प कहा जाता है। इस तरह यह ज्ञात होता है कि शोध-अभिकल्प को मुख्य तथा इन चार प्रकारों में विभाजित किया जा सकता है–

(i) अन्वेषणात्मक अथवा निरूपणात्मक शोध-अभिकल्पें (Exploratory or Formulative Research Designs)

(ii) वर्णनात्मक शोध-अभिकल्पें (Deseriptive Research Designs)

(iii) निदानात्मक शोध-अभिकल्पें (Diagnostic Research Designs)

(iv) परीक्षणात्मक अथवा प्रयोगात्मक शोध-अभिकल्पें (Experimental Research Designs).

अन्वेषणात्मक या निरूपणात्मक शोध-अभिकल्पें

अन्वेषणात्मक अथवा निरूपणात्मक शोध-अभिकल्प का संबंध नये तथ्यों की खोज से होता है। अर्थात् जब किसी शोध-कार्य का लक्ष्य किन्हीं सामाजिक घटना में अंतर्निहित कारणों को खोज निकालना होता है तो उससे संबद्ध रूपरेखा को अन्वेषणात्मक शोध-अभिकल्प कहा जाता है। इस अभिकल्प के माध्यम से अज्ञात तथ्यों की खोज अथवा सीमित ज्ञान के बारे में व्यापक ज्ञान की खोज की जाती है। इस तरह इसका लक्ष्य अज्ञात तथ्यों की खोज एवं मानवीय ज्ञान में वृद्धि करना होता है। इस शोध-अभिकल्प में शोध-कार्य की रूपरेखा इस तरह से प्रस्तुत की जाती है कि घटना की प्रकृति व धाराप्रवाहों की वास्तविकताओं की खोज की जा सके। समस्या अथवा विषय के चुनाव के पश्चात् प्राकल्पना का सफलतापूर्वक निर्माण करने के लिए इस तरह के अभिकल्प का अधिक महत्त्व होता है। क्योंकि इसकी सहायता से विषय का कार्य कारण संबंध ज्ञात हो जाता है।

अनेक अन्वेषणात्मक शोधों का लक्ष्य ही प्राकल्पनाओं को विकसित करने एवं समस्याओं के निर्माण में संक्षिप्त शोधों पर बल देना होता है। उदाहरणस्वरूप—यदि किसी विशेष सामाजिक परिवेष में तलाक प्राप्त व्यक्ति में व्याप्त यौन-व्यभिचार के विषय में अध्ययन करना है तो उसके लिए सर्वप्रथम उन कारकों का ज्ञान जरूरी होता है जो कि उस तरह के व्यभिचार को प्रकट करते हैं। अन्वेषणात्मक शोध-अभिकल्प इन्हीं कारकों के खोज निकालने की एक योजना बन सकती है। कभी-कभी ऐसा

भी होता कि समस्या के चुनाव एवं शोध-कार्य के लिए उसकी उपयुक्तता के विषय में किसी अन्य स्रोत से कुछ ज्ञान नहीं हो पाता है। इस अवस्था में अन्वेषणात्मक शोध-अभिकल्प की मदद ली जाती है, साथ ही शोधकर्त्ता में घटना के अध्ययन के विषय में जागरूकता पैदा होती है। वह शोधों को महत्त्व देता है एवं अवधारणाओं का वर्णन करता है।

शोधकर्त्ता का लक्ष्य किसी सामाजिक घटना के अंतर्निहित कारणों को खोज निकालना होता है। इन कारणों के खोज निकालने से संबद्ध रूपरेखा को अन्वेषणात्मक शोध-अभिकल्प कहा जाता है। इस शोध-अभिकल्प में शोधकार्य की रूपरेखा इस तरह प्रस्तुत की जाती है कि घटना की प्रकृति एवं प्रक्रियाओं की वास्तविकताओं की खोज की जा सके। सामाजिक विज्ञान के जगत में जहाँ शोध-कार्य के माध्यम से अर्जित ज्ञान सीमित है एवं सिद्धांत का विकास भी परीक्षणात्मक शोध के निर्देशन के नजरिए से संक्षिप्त है वहाँ प्राकल्पना का निर्माण अन्वेषणात्मक अध्ययन के आधार पर किया जाता है। जहोदा, सेलटिज एवं अन्य (Jahoda, Selltiz and Other) ने 'Research Methods in Social Relations' में स्पष्ट किया है, "अन्वेषणात्मक अध्ययन ऐसे अनुभव की प्राप्ति के लिए जरूरी है जो ज्यादा निश्चित अध्ययन के लिए प्राकल्पनाओं के निरूपण में मददगार होता है।" इस प्रकार अन्वेषणात्मक अध्ययनों के माध्यम से शोधकर्त्ता के सामने कार्य-कारण संबंध स्पष्ट हो जाता है।

अन्वेषणात्मक शोध-अभिकल्प के निर्माण की पद्धति

अन्वेषणात्मक शोध को व्यवस्थित एवं क्रमबद्ध तरीके से संपादित करने के लिए प्रचना के निर्माण में कुछ प्रणालियों का प्रयोग किया जाता है जिससे समस्या से जुड़े मूलभूत सामग्री पर्याप्त मात्रा में इकट्ठी की जा सके। शोध-अभिकल्प के निर्माण में निम्नलिखित प्रणालियों का प्रयोग किया जाता है--

(i) संबंधित साहित्य का अध्ययन (Study of Related Literature)– अन्वेषणात्मक शोध-अभिकल्प के निर्माण के प्रथम चरण में विषय से संबंधित अप्रकाशित एवं प्रकाशित साहित्य का गहनता से अध्ययन किया जाता है। इसमें विषय अथवा समस्या से जुड़े संदर्भ साहित्य, शोध पत्र-पत्रिकाएँ, लेखों और पुस्तकों आदि का अध्ययन किया जाता है। इस प्रकार के अध्ययन से विषय की समस्या से संबंधित पूर्व में जो अध्ययन हुए हैं उनका भी पता चलता है तथा आगे किस समस्या पर शोध किया जा सकता है, इसका भी पता चलता है।

(ii) अनुभव सर्वेक्षण (Experience Survey)—अनुभव सर्वेक्षण का आशय इस बात से है कि अध्ययन विषय अथवा समस्या से जुड़े जिन व्यक्तियों को अनुभव है एवं ज्ञान है तथा वे अपने अनुभवों को किसी कारण से सार्वजनिक रूप से प्रकट नहीं कर सके हैं उन व्यक्तियों का सर्वेक्षण करके उनके अनुभव एवं ज्ञान को एकत्रित किया जाए। विषय के संबंध में बहुत से वृद्ध संबंधित एवं व्यक्ति लोग विशिष्ट जानकारियाँ रखते हैं लेकिन किसी कारणवश वे दूसरों को अपने अनुभवों से परिचित नहीं करा पाते हैं। इस अभिकल्प का काम ऐसे लोगों का पता लगाना, उनसे संपर्क करना एवं साक्षात्कार के माध्यम से विषय से जुड़े उनके अनुभवी ज्ञान एवं निष्कर्ष को एकत्रित करना होता है। अनुभवी, विशिष्ट जानकारी रखने वाले एवं विषय के ज्ञाताओं का चुनाव करना आसान कार्य नहीं है। इस कार्य को बहुत ही सावधानीपूर्वक अंजाम देना पड़ता है जिससे समय एवं धन दोनों की बचत होती है। साथ ही अर्जित सूचनाएँ भी शोध को नई दिशा प्रदान कर सकती हैं। इस कार्य को एक तरह से पूर्वगामी शोध के रूप में देखा जा सकता है।

(iii) सही सूचनादाताओं का चुनाव (Selecting Proper Research)—शोध-अभिकल्प की कामयाबी वास्तविक एवं उपयुक्त अंतर्दृष्टि प्रदान करने वाले सूचनादाताओं के चुनाव पर काफी हद तक निर्भर करती है। इसके लिए यह जरूरी होगा कि अध्ययन विषय से जुड़े क्षेत्र में कार्य करने वाले पदाधिकारियों, व्यक्तियों, प्रतिनिधियों एवं समाज सुधारकों आदि को चुना जाए ताकि वह विषय की जानकारी दे सकें। जैसे अगर गाँवों से जुड़े किसी विषय का अन्वेषणात्मक शोध करना है तो इसके लिए उप-सरपचों, वार्ड-पंचों, सरपंचों एवं ग्रामीण स्तर के अन्य लोगों का चुनाव सूचनादाता के रूप में किया जाना चाहिए।

(iv) उपयुक्त प्रश्न पूछना (Asking Proper Questions)—शोध-अभिकल्प की कामयाबी इस बात पर बहुत हद तक निर्भर करती है कि ऐसे शोध सवालों का निर्माण किया जाए जो समस्या से गहरे रूप में जुड़े हों। फिजूल के सवालों का निर्माण नहीं किया जाना चाहिए। साथ ही सूचनादाताओं से सवाल क्रमानुसार एवं सावधानीपूर्वक पूछा जाना चाहिए। ऐसा करने से शोध से संबंधित तथ्य एवं अच्छी सामग्री एकत्रित किए जा सकते हैं।

(v) अंतर्दृष्टि-प्रेरक घटनाओं का विश्लेषण (Analysis of Insight Stimulating Cases)—अन्वेषणात्मक शोध में अंतर्दृष्टि-प्रेरक घटनाओं का वर्गीकरण, संकलन, विश्लेषण बहुत विशिष्ट होता है। इससे अध्ययन वस्तु के संबंध में व्यवहारिक अंतर्दृष्टि पनप सकती है। इस तरह ही अंतर्दृष्टि द्वारा प्राकल्पना के

निर्माण एवं वास्तविक शोध कार्य में सहायता मिलती है। प्रत्येक समुदाय अथवा समूह के जीवन में कुछ दृष्टि आकर्षक, कुछ अत्यंत स्पष्ट एवं सरल, कुछ व्यक्तिगत एवं कुछ व्याधिकीय विशिष्ट गुण-संबंधी घटनाएँ होती हैं जोकि अंतर्दृष्टि को प्रोत्साहित करने में मददगार सिद्ध होती हैं। अंतर्दृष्टि प्रेरक घटनाओं के विश्लेषण से शोधकर्त्ता के सीमित ज्ञान में बढ़ोतरी होती है। इस प्रकार के ज्ञान वृद्धि से शोध-कार्य को कामयाबी मिलती है।

अन्वेषणात्मक शोध-अभिकल्प के कार्य अथवा उद्देश्य

अन्वेषणात्मक शोध-अभिकल्प के कुछ कार्य, लक्ष्य एवं प्रयोजन होते हैं। सेलटिज एवं उनके साथियों के अनुसार इस शोध-अभिकल्प का मुख्य कार्य उचित प्राकल्पना के निर्माण के लिए अनुभवों को अर्जित करना होता है। इसके अलावा इस शोध-अभिकल्प के निम्नलिखित कार्य कहे जा सकते हैं—

अन्वेषणात्मक शोध-अभिकल्प का पहला कार्य अथवा लक्ष्य महत्त्वपूर्ण सामाजिक शोध-अभिकल्प के विषयों एवं समस्याओं की तरफ शोधकर्त्ताओं का ध्यान दिलाना है। अगर किसी ऐसे विषय का अध्ययन किया जाना हो जिस पर पहले कभी शोध नहीं हुआ हो तो उस विषय अथवा समस्या के बारे में जानकारी प्राप्त करना जरूरी हो जाता है। उदाहरणस्वरूप—यदि किसी संस्था का अध्ययन किया जाना हो तो पहले यह ज्ञात कर लेना चाहिए कि यह संस्था कब, किसने एवं क्यों स्थापित की। साथ ही इस संस्था की स्थापना के कारणों को भी खोजना पड़ेगा। इस प्रकार यह कहा जा सकता है कि अन्वेषणात्मक शोध-अभिकल्प का पहला कार्य अथवा उद्देश्य सामाजिक शोध-अभिकल्प के विषयों एवं समस्याओं की ओर शोधकर्त्ताओं का ध्यान आकृष्ट करना है।

अन्वेषणात्मक शोध-अभिकल्प का दूसरा कार्य अथवा लक्ष्य शोध की संभावनाओं एवं क्षेत्र का निर्णय करना है। अर्थात् इसके माध्यम से शोध की संभावनाओं का पता लगाया जाता है। इस तरह के अध्ययन के माध्यम से वर्णनात्मक शोध-अभिकल्प का मार्ग प्रशस्त किया जाता है। अधिक एवं बड़े धन वाले अध्ययनों से पहले इस बात की जानकारी प्राप्त हो जानी चाहिए कि सही मार्ग का चुनाव किया जा रहा है अन्यथा व्यर्थ समय एवं धन का व्यय होता है। सामाजिक शोधों में अन्वेषणात्मक शोध-अभिकल्प के माध्यम से यह पता लगा लिया जाता है कि किसी विषय विशेष में शोध की कितनी संभावनाएँ बनती हैं। साथ ही अन्वेषणात्मक शोध-अभिकल्प के माध्यम से विषय का क्षेत्र निर्धारण भी सही तरीके से होता है। इस प्रकार यह पता

चलता है कि शोध की संभावनाओं एवं क्षेत्र का निर्णय अन्वेषणात्मक शोध-अभिकल्प का एक लक्ष्य अथवा कार्य है।

अन्वेषणात्मक शोध-अभिकल्प का तीसरा उद्देश्य अथवा कार्य अवधारणाओं का नवीन अवधारणाओं तथा स्पष्टीकरण की खोज है। किसी भी वैज्ञानिक अध्ययन के लिए अवधारणाओं का स्पष्ट होना अति जरूरी होता है। अगर ऐसा नहीं होता है तो शोधकार्य के मूल्य में कमी हो जाने की संभावना रहती है। अर्थात् ऐसा होने से यह भी पता नहीं रहता है कि किस परेशानी का अध्ययन किया जा रहा है। इस शोध-अभिकल्प के माध्यम से नवीन अवधारणाओं की खोज भी की जाती है। अवधारणाएँ सैद्धांतिक संरचना की आधार होती हैं इसलिए नई सैद्धांतिक रचना के लिए कभी-कभी नई अवधारणाओं की भी रचना की जाती है। उदाहरणस्वरूप—मार्क्स का 'वर्ग संघर्ष' एवं मैक्सवेबर का 'आदर्श प्रारूप' आदि नई अवधारणाएँ हैं। शोधकर्त्ता किसी पुरानी अवधारणा की नई परिभाषा भी दे सकता है। ऐसा कार्ल मार्क्स ने 'वर्ग' के विषय में किया था। इस प्रकार दोनों ही आधारों में अवधारणाओं का उपयोग अन्वेषणात्मक अभिकल्प से बढ़ जाता है। अतः यह पता चलता है कि अवधारणाओं का स्पष्टीकरण एवं नई अवधारणाओं की खोज अन्वेषणात्मक शोध-अभिकल्प का एक लक्ष्य अथवा कार्य है।

अन्वेषणात्मक शोध-अभिकल्प का चौथा कार्य अथवा लक्ष्य शोध-अभिकल्प के लिए अनेक नवीन समस्याओं से जुड़ी व्यावहारिक एवं उपयोगी प्राकल्पना का निर्माण करना है। इस प्राकल्पनाओं का शोध में बहुत महत्त्व होता है। वर्णनात्मक अध्ययनों गें भी इनका महत्त्व होता है। किसी भी वैज्ञानिक अध्ययन का लक्ष्य सिद्धांतों का परीक्षण करना होता है। सिद्धांत को प्राकल्पना का तंत्र कहा जाता है। इसलिए क्रियात्मक नजरिये से प्राकल्पनाओं का परीक्षण करना एक लक्ष्य हो जाता है। इस प्रकार यह कहा जा सकता है कि अभिकल्पें वैज्ञानिक अध्ययन को दिशा प्रदान करती हैं। यह बताती हैं कि किन लक्षणों एवं संबंधों का अध्ययन किया जाना चाहिए। इस प्रकार यह पता चलता है कि इस शोध-अभिकल्प के द्वारा विषय अथवा समस्या से परिचय प्राप्त करके उसका निरूपण करके तथा अवधारणाओं का स्पष्टीकरण तथा खोज के द्वारा नये प्राकल्पनाओं के निर्माण में सहायता मिलती है।

अन्वेषणात्मक शोध-अभिकल्प का पाँचवाँ लक्ष्य अथवा कार्य शोध-अभिकल्प की योजना प्रारूप तैयार करने के लिए प्राथमिक एवं प्रारंभिक सामग्री प्रदान करना होता है। अर्थात् इस शोध अभिकल्प के द्वारा अन्य शोध-अभिकल्पों के लिए एक तरह से भूमिका तैयार की जाती है।

अन्वेषणात्मक शोध-अभिकल्प का छठे लक्ष्य कार्य शोध-अभिकल्प में अनेक प्रणालियों की उपयोगिता एवं व्यावहारिकता को मालूम करना होता है। अर्थात् इस शोध-अभिकल्प के द्वारा यह पता लगाया जाता है कि अनेक प्रणालियों की क्या-क्या उपयोगिता एवं व्यावहारिकता है।

अन्वेषणात्मक शोध-अभिकल्प का सातवाँ लक्ष्य अथवा कार्य प्राथमिक सामग्री प्रदान करके शोध-अभिकंल्प के क्षेत्रों का प्रगति करना होता है। अर्थात् इस शोध-अभिकल्प के द्वारा प्राथमिक सामग्री प्रदान की जाती है जिससे आगे के कामों में सुविधा होती है।

अन्वेषणात्मक शोध-अभिकल्प का आठवाँ लक्ष्य अथवा कार्य शोध से संबंधित प्रारंभिक सूचनाएँ तथा सामग्री प्रदान करके शोध के काम को निश्चित दिशा प्रदान करना होता है।

अन्वेषणात्मक शोध-अभिकल्प का नवाँ लक्ष्य अथवा कार्य शोधकर्त्ता को विषयों के अनेक लक्षणों के विषय में जानकारी प्रदान कर उनमें रुचि प्रदान करना एवं गहन अध्ययन के लिए विषयों के प्रति लगाव पैदा करना होता है।

अन्वेषणात्मक शोध-अभिकल्प का दसवाँ लक्ष्य अथवा कार्य भविष्य में आने वाले शोध के विषय में प्रधानता अथवा प्रमुखता की स्थापना करना होता है।

अन्वेषणात्मक शोध-अभिकल्प का ग्यारहवाँ लक्ष्य अथवा कार्य सामाजिक महत्त्व की समस्याओं की तरफ शोधकर्त्ता को प्रेरित करना होता है। अर्थात् इन शोध-अभिकल्प के द्वारा सामाजिक महत्त्व की समस्याओं की तरफ अधिक ध्यान दिया जाता है।

अन्वेषणात्मक शोध-अभिकल्प का बारहवाँ लक्ष्य अथवा कार्य इस बात का निर्धारण करना है कि समस्या के किस क्षेत्र में अध्ययन को केंद्रित किया जाए।

अन्वेषणात्मक शोध-अभिकल्प का तेरहवाँ लक्ष्य अथवा कार्य विज्ञान को परंपरागत सीमाओं से मुक्त करके उसके अध्ययन क्षेत्र का विकास करना है।

वर्णनात्मक अथवा विवरणात्मक शोध-अभिकल्पें

सामाजिक शोध में सामान्य नियमों का अन्वेषण करना होता है। साथ ही उनका विशिष्ट एवं विवेचन परिस्थितियों का निदान खोजना भी इसका प्रमुख लक्ष्य होता है। वर्णनात्मक शोध-अभिकल्प का मुख्य उद्देश्य समस्या से जुड़े वास्तविक तथ्यों के आधार पर वर्णनात्मक विवरण प्रस्तुत करना है। सामाजिक शोध के द्वारा मुख्यतया दो प्रकार की समस्याओं का अध्ययन किया जाता है। प्रथम में समस्या

से जुड़े सामान्य नियमों की खोज की जाती है एवं द्वितीय में समस्या के उपचार से जुड़ा अध्ययन होता है। प्रथम का अध्ययन वर्णनात्मक शोध-अभिकल्प के माध्यम से किया जाता है तथा द्वितीय का अध्ययन निदानात्मक शोध-अभिकल्प के माध्यम से किया जाता है। इस तरह यह पता चलता है कि विषय या समस्या के संबंध में वास्तविक तथ्यों के आधार पर वर्णनात्मक व्याख्या प्रस्तुत करना वर्णनात्मक शोध-अभिकल्प का मुख्य लक्ष्य होता है। विषय के संबंध में यथार्थ एवं पूर्ण सूचनाएँ प्राप्त हो जाएँ ऐसा जरूरी होता है क्योंकि इनके बिना अध्ययन विषय या समस्या के संबंध में जो भी वर्णनात्मक विवरण प्रस्तुत किया जाता है वह वैज्ञानिक न होकर दार्शनिक होता है। चूँकि इस अभिकल्प का लक्ष्य घटना, समस्या अथवा विषय का वर्णन अथवा विवरण प्रस्तुत करना होता है इसलिए इसका नाम वैज्ञानिकों ने वर्णनात्मक अथवा विवरणात्मक शोध-अभिकल्प रखा है।

कपालन ने इस विषय में लिखा है, ''वैज्ञानिक क्रिया का वास्तविक प्रारंभ घटनाओं के विवेचन से प्रारंभ होता है। इसके बाद ही उनका समूहीकरण, वर्गीकरण और विश्लेषण किया जाता है।'' इस अभिकल्प का नियंत्रण व्यक्ति, समाज, समूह, संस्कृति, समुदाय एवं जाति से जुड़ी सामाजिक घटनाओं का वर्णन करने के लिए किया जाता है, जिसमें लिंग-भेद, आयु, व्यवसाय, शिक्षा अथवा अन्य लक्षणों के आधार पर वर्णन किया जाता है। इस शोध-अभिकल्प के प्रकार के अंतर्गत जनगणना प्रतिवेदन एवं किसी विषय से जुड़े लोगों के विचारों के अध्ययन को रखा जा सकता है। इस प्रकार की शोध-अभिकल्प में प्रश्नावली, अनुसूची, साक्षात्कार तथा अवलोकन आदि के माध्यम से तथ्य या सामग्री एकत्र की जाती है। साथ ही इसमें घटना का वर्णन क्या है? के आधार पर किया जाता है।

वर्णनात्मक शोध-अभिकल्प की विशिष्टताएँ

वर्णनात्मक शोध-अभिकल्प की विशिष्टताएँ अनेक विद्वानों ने प्रस्तुत की हैं। इनमें से मुख्य विशिष्टताएँ इस प्रकार से हैं–

1. वर्णनात्मक शोध-अभिकल्प में शोध अध्ययन की इकाई का संपूर्ण अध्ययन नहीं किया जाता है बल्कि उसके किसी एक पक्ष अथवा कुछ पहलुओं का ही अध्ययन किया जाता है।

2. वर्णनात्मक शोध-अभिकल्प में क्या है? का अध्ययन किया जाता है। क्य होना चाहिए? का अध्ययन नहीं किया जाता है। कहने का आशय यह है कि इस शोध में शोधकर्त्ता घटना का वस्तुनिष्ठ तथा पक्षपात रहित अध्ययन करता है।

3. इसमें शोधकर्त्ता का परिप्रेक्ष्य मानविकी न होकर वैज्ञानिक होता है।

शोधकर्त्ता भविष्यवेत्ता अथवा समाज सुधारक का कार्य नहीं करता है।

4. वर्णनात्मक शोध-अभिकल्प नए अध्ययनों के लिए अत्यधिक उपयोगी है। साथ ही यह नए अध्ययनों के लिए विशेष सार्थक एवं वैज्ञानिक भी है। किसी विषय अथवा समस्या का जब पहले-पहल अध्ययन किया जाता है, तो सर्वप्रथम वर्णनात्मक शोध किया जाता है।

5. इसमें प्राकल्पना का निर्माण संभव नहीं होने के कारण प्राकल्पना नहीं बनाई जाती है। हालाँकि इस शोध-अभिकल्प के निर्माण की प्रक्रिया के चरण वैज्ञानिक पद्धति के समय होते हैं।

6. वर्णनात्मक शोध-अभिकल्प के निर्माण की प्रक्रिया कई चरणों से होकर गुजरती है। इन चरणों में समस्या की विवेचना, तथ्यों का संकलन, संगठन, वर्गीकरण, वर्णन एवं विश्लेषण आदि आते हैं।

वर्णनात्मक शोध-अभिकल्प में अग्र बातों पर विशेष ध्यान देने की जरूरत होती है–

(i) इसमें गलत झुकाव आदि के प्रवेश से बचना पड़ता है। चूँकि वर्णनात्मक शोध में विषय के वर्णनात्मक पक्ष पर ज्यादा जोर दिया जाता है इसलिए पक्षपात झूठा-झुकाव एवं पूर्वधारणा आदि के वर्णनात्मक विवरण में प्रवेश कर जाने की संभावना प्रबल रहती है। शोधकर्त्ता के लिए अपने वर्णन को अधिक रोचक तथा आकर्षक बनाने का लोभ सँभालना अधिकतर मौके पर कठिन हो जाता है। इसलिए शोधकर्त्ता के वर्णन में अतिशयोक्ति तथा अतिरंजना का पुट सुगमता से देखने को मिलता है। इसलिए ऐसी स्थितियों से बचने की जरूरत है।

(ii) इसमें आवश्यकता इस बात की होती है कि विशिष्ट तथा आकर्षण तथ्यों के विषय में अति संतुलित दृष्टिकोण अपनाया जाए। वर्णनात्मक विवरण को एक साधारण रूप प्रदान करने के लिए अधिकांश शोधकर्त्ता अपना ध्यान विशिष्ट तथा आकर्षक तथ्यों पर केंद्रित करता है। लेकिन इस प्रवृत्ति को वैज्ञानिक प्रवृत्ति नहीं माना जा सकता है।

(iii) इसमें शोध के व्यय में अल्पता लाने का प्रयास किया जाना चाहिए। चूँकि वर्णनात्मक शोध-कार्य ज्यादातर विस्तृत होते हैं इसलिए यह आवश्यक है कि शोध प्रयत्न को सीमित किया जाए। अनावश्यक मदों पर न तो श्रम एवं न ही धन को खर्च किया जाये।

(iv) इसमें अध्ययन विषय के चुनाव में भी सावधानी बरतने की आवश्यकता होती है। यह इसकी मूल आवश्यकता है। इसके लिए ऐसे शोध के विषयों का चुनाव

किया जाता है जिससे संबद्ध आवश्यक तथा निर्भर योग्य तथ्यों को प्राप्त किया जा सके। ऐसा करने से ही तथ्यों का वर्णनात्मक विश्लेषण प्राप्त होता है।

(v) इसमें इस बात की भी आवश्यकता होती है कि तथ्यों के संकलन की प्रविधियों का चुनाव भी सावधानीपूर्वक किया जाए। इसका कारण यह है कि किसी भी शोध-कार्य की सत्यता प्रविधियों के उचित चुनाव पर ही निर्भर करती है। वर्णनात्मक शोध-कार्य में इसका महत्त्व तथा अधिक बढ़ जाता है क्योंकि अगर प्रविधियों का चुनाव सही ढंग से न किया जाए तो शोध-कार्य में वैज्ञानिकता पनपने के स्थान पर उसमें दार्शनिक तत्त्वों का अधिक समावेश हो जाता है।

वर्णनात्मक शोध-अभिकल्प के उद्देश्य

अन्य विधाओं की भांति वर्णनात्मक शोध-अभिकल्प के भी कुछ उद्देश्य होते हैं। इन उद्देश्यों को मूल रूप से तीन वर्गों में विभक्त किया जा सकता है–

(a) किसी समूह अथवा परिस्थिति के लक्षणों का परिशुद्ध वर्णन।

(b) किसी चर की आवृत्ति का निर्धारण।

(c) चरों के साहचर्य के विषय में ज्ञान अर्जन।

(a) किसी समूह अथवा परिस्थिति के लक्षणों का परिशुद्ध वर्णन– वर्णनात्मक अथवा विवरणात्मक शोध-अभिकल्प में किसी समूह अथवा परिस्थिति का परिशुद्ध वर्णन किया जाता है। उदाहरण के तौर पर–किसी समूह, यथा–राजनीतिक दल अथवा परिस्थिति, जैसे–चुनाव अथवा हड़ताल आदि का क्रमबद्ध वर्णन या व्याख्या की जाती है। यह ज्ञान गुणात्मक और संख्यात्मक दोनों ही तरह का होता है। गुणात्मक ज्ञान के आधार पर यह मालूम होता है कि किस चुनाव के उम्मीदवार किस-किस राजनीतिक दल के थे या वे किस-किस जाति के थे। संख्यात्मक ज्ञान संख्या पर आधारित होता है। सामान्य रूप से यह किसी चर की आवृत्ति होती है। फलरूवरूप किसी चुनाव में कितने लोगों ने हिस्सा लिया, यह संख्यात्मक ज्ञान है।

(b) किसी चर की आवृत्ति का निर्धारण–वर्णनात्मक शोध के प्रारंभ में ही अध्ययन किए जाने वाले विषय अथवा समस्या के संबंध में कुछ-न-कुछ ज्ञान निश्चित रूप से प्राप्त कर लिया जाता है। यह ज्ञान पहले से किए गए अन्वेषणात्मक शोध अथवा दूसरे लोगों द्वारा किए गए अध्ययनों से प्राप्त होता है। इसलिए वर्णनात्मक अध्ययन के उद्देश्य सुस्पष्ट होते हैं। यही कारण है कि इसमें यह तय रहता है कि किन लक्षणों का वर्णन करना है। सभी लक्षणों का वर्णन किसी एक अध्ययन में संभव नहीं हो पाता है। उदाहरण के लिए किसी संस्था के विभिन्न

भागों का आकार एक महत्त्वपूर्ण लक्षण हो सकता है। लेकिन यह जरूरी नहीं है कि हर अध्ययन में इसका समावेश ही हो। इसी प्रकार यह भी जरूरी नहीं है कि हर अध्ययन का एक ही दृष्टिकोण हो। किसी एक ही समूह का अध्ययन पृथक-पृथक दृष्टिकोण से किया जा सकता है एवं हर के लिए भिन्न चरों की आवृत्ति देखनी होती है। इसी प्रकार किन चरों की आवृत्ति देखनी है और किन चरों की आवृत्ति नही देखनी है यह भी निश्चित होता है।

(c) चरों के साहचर्य के विषय में ज्ञान अर्जन—वर्णनात्मक शोध-अभिकल्प का एक मूल उद्देश्य यह भी है कि इसके द्वारा चरों के साहचर्य के विषय में ज्ञान प्राप्त किया जाता है। उदाहरण के तौर पर पिछड़े देशों में आय तथा शिक्षा में धनात्मक साहचर्य पाया जाता है अर्थात् धनी व्यक्ति सामान्य रूप से अधिक शिक्षित होते हैं। वर्णनात्मक शोध-अभिकल्प के तहत इसी प्रकार के विभिन्न चरों के साहचर्य का ज्ञान कियां जाता है। इसमें यह देखा जाता है कि साहचर्य है अथवा नहीं एवं अगर साहचर्य है तो किस तरह का है। हालाँकि सभी चरों के साहचर्य को देख पाना संभव नहीं हो पाता है। मात्र उन्हीं चरों के साहचर्य को देखा जा सकता है जिनकी उम्मीद की जाती है। इस प्रकार यह कहा जा सकता है कि विवरणात्मक अधिकल्प विवरणात्मक प्राकल्पनाओं की परीक्षा करना है। साथ ही विवरणात्मक अध्ययन कार्य-कारण संबंधी प्राकल्पनाओं के निर्माण में भी मददगार सिद्ध होता है। इस तरह की प्राकल्पनाओं का परीक्षण एक अधिक विकसित अभिकल्प के माध्यम से होता है।

वर्णनात्मक शोध-अभिकल्प के चरण

इसमें भी लगभग वही चरण होते हैं जो सामाजिक शोध अथवा वैज्ञानिक पद्धति के होते हैं। शोध-अभिकल्प के चरण का आशय होता है कि किसी भी शोध-अभिकल्प को किस ढंग से आयोजित किया जाए वर्णनात्मक शोध-अभिकल्प को आयोजित करने में भी कुछ चरणों की जरूरत होती है जो अग्रलिखित हैं—

(i) उद्देश्यों की व्याख्या—वर्णनात्मक शोंध-अभिकल्प के प्रथम चरण में उद्देश्यों की व्याख्या की जाती है। इसके तहत शोध से संबद्ध मौलिक सवालों का स्पष्टीकरण एवं लक्ष्यों को परिभाषित किया जाता है जिससे कि अनावश्यक तथा असंबद्ध तथ्यों का संकलन न हो एवं धन तथा श्रम की बर्बादी से बचा जा सके। वर्णनात्मक शोध-अभिकल्प में प्राकल्पना का सृजन नहीं किया जाता है बल्कि शोध के उद्देश्यों को स्पष्ट तथा निश्चित किया जाता है। साथ ही समस्या की व्याख्या की जाती है

तथा शोध के मौखिक सवालों का निर्धारण किया जाता है जिससे संबंधित सामग्री एकत्र करनी होती है।

(ii) प्रविधियों का चुनाव—वर्णनात्मक शोध-अभिकल्प के दूसरे चरण में प्रविधियों का चुनाव किया जाता है। उद्देश्यों की व्याख्या करने के उपरांत सवालों तथा सामग्री की प्रकृति के अनुसार तथ्य तथा सामग्री संकलन के लिए विभिन्न प्रविधियों में से उपयुक्त प्रविधियों का चुनाव किया जाता है जिससे संबंधित सामग्री का संकलन किया जा सके। इस प्रकार यह ज्ञान होता है कि प्रविधियों का चयन सही ढंग से किए बिना विषय से संबद्ध निर्भर योग्य तथ्यों, आँकड़ों तथा प्रमाणों को एकत्रित करने की कोई संभावना नहीं रहती है। भिन्न-भिन्न शोध-पद्धतियों के अपने-अपने गुण हैं। इसलिए समस्या तथा उद्देश्य के अनुसार कितनी उपयुक्त पद्धतियों का चुनाव किया जाता है, इस बात पर ही संपूर्ण शोध-कार्य की सफलता निर्भर करती है।

(iii) निदर्शनों का चुनाव—जब अध्ययन का क्षेत्र बड़ा होता है तब निदर्शन का प्रयोग किया जाता है। वर्णनात्मक शोध-अभिकल्प का तीसरा चरण निदर्शन का चयन करना कहा जा सकता है। चूँकि अध्ययन क्षेत्र बड़ा होता है इसलिए वर्ग के हर सदस्य अथवा विषय की सभी इकाई का अध्ययन करना संभव नहीं हो पाता है। इसके लिए निदर्शन का उपयोग किया जाता है जिसमें कुछ प्रतिनिधि इकाइयों को चुनकर उसका अध्ययन किया जाता है। संपूर्ण जनसंख्या की कुछ प्रतिनिधि इकाइयों का अध्ययन करके संपूर्ण जनसंख्या के विषय में विश्वसनीय निष्कर्ष निकाला जा सकता है। इकाइयों का चुनाव करते समय इस बात का ध्यान रखा जाता है कि अध्ययन के लिए कितना धन उपलब्ध है तथा समय कितना उपलब्ध है।

(iv) सामग्री का संकलन—वर्णनात्मक शोध-अभिकल्प का चौथा चरण सामग्री का संकलन माना जा सकता है। शोध-अभिकल्प में यह चरण बहुत ही महत्त्वपूर्ण होता है। सामग्री का संकलन प्रश्नावली, अनुसूची, साक्षात्कार तथा अवलोकन आदि पद्धतियों में से किसी एक पद्धति से किया जाता है। समय-समय पर सूचनादाताओं द्वारा दिए गए उत्तरों की प्रमाणिकता तथा विश्वसनीयता की जाँच भी की जाती है। ऐसा पूरक सवाल पूछकर पता लगा लिया जाता है। ऐसा इसलिए किया जाता है ताकि वर्णनात्मक विवरण में अनावश्यक बातों का समावेश न हो सके। वास्तविकता यह है कि साक्षात्कारकर्त्ता अथवा निरीक्षणकर्त्ता की ईमानदारी तथा

परिश्रम पर शुद्ध तथा यथार्थ सूचनाएँ एकत्रित की जा सकती हैं। इसलिए सामग्री संकलन के समय कार्यकर्त्ताओं पर नियमित रूप से निगरानी रखनी चाहिए।

(v) तथ्यों का विश्लेषण तथा वर्गीकरण—वर्णनात्मक शोध-अभिकल्प का पाँचवाँ चरण तथ्यों का वर्गीकरण तथा विश्लेषण कहा जा सकता है। इस चरण में संग्रह किए गए तथ्यों को उनके गुणों तथा प्रकृति के आधार पर पृथक-पृथक वर्गों में वर्गीकृत किया जाता है। समानता के आधार पर वर्ग बनाए जाते हैं। उन वर्गों को क्रमानुसार सारणी के रूप में वर्गीकृत किया जाता है। तथ्यों के गुण संबंध को देखने के लिए सांख्यिकी का उपयोग किया जाता है। शुद्धता तथा प्रशिक्षण इस कार्य में बहुत ही महत्त्वपूर्ण आवश्यकताएँ हैं। इस स्तर पर अत्यधिक निगरानी रखने की जरूरत होती है।

(vi) प्रतिवदेन लिखना—वर्णनात्मक शोध-अभिकल्प का अंतिम चरण प्रतिवेदन तैयार करना है। इस चरण में तथ्यों, सामग्रियों तथा एकत्रित सूचनाओं को क्रमबद्ध रूप से वर्णनात्मक रूप से लिखा जाता है। इसमें भाषा का विशेष ध्यान रखना जाता है। संबंधित विज्ञान की मान्यताप्राप्त भाषा तथा शब्दावली का ही उपयोग किया जाता है जिससे लोग उसकी वही अर्थ लगाएँ जो शोधकर्त्ता उन्हें समझाना चाहता है। शोध-विषय के संबंध में तथ्ययुक्त विवरण तथा सामान्य निष्कर्ष प्रस्तुत किया जाता है। इस स्तर पर भाषा के उपयोग पर अधिक सावधानी बरतने की जरूरत इसलिए होती है जिससे कि अत्यधिक अलंकारयुक्त भाषा से विषय के विवरण में अतिरंजना पनप सकती है तथा उसका विभिन्न लोगों द्वारा विभिन्न अर्थ लगाए जाने का डर बना रहता है। उपर्युक्त विवरण से यह ज्ञान होता है कि वर्णनात्मक शोध के विभिन्न चरणों में अत्यधिक सावधानी बरतने की जरूरत होती है। इन विभिन्न चरणों से सफलतापूर्वक गुजरने के पश्चात् ही वर्णनात्मक शोध के उद्देश्यों की पूर्ति होती है।

निदानात्मक शोध-अभिकल्पें

शोध-अभिकल्प का एक प्रमुख प्रकार निदानात्मक शोध-अभिकल्प है। शोध-कार्य का मूलभूत उद्देश्य ज्ञान प्राप्त करना तथा ज्ञान की वृद्धि होती है। लेकिन ऐसा भी हो सकता है कि शोध-कार्य का उद्देश्य किसी समस्या के कारणों के संबंध में वास्तविक ज्ञान प्राप्त करके उस समस्या के समाधानों को प्रस्तुत करना भी हो। इस तरह के शोध-अभिकल्प को निदानात्मक शोध-अभिकल्प कहा जाता है। कहने का आशय यह है कि में यह कहा जा सकता है कि निदानात्मक शोध-अभिकल्प

सामाजिक समस्याओं से संबंधित नवीनतम ज्ञान की प्राप्ति करने का एक प्रयत्न है। यह केवल सामाजिक समस्याओं के कारणों की खोज ही नहीं करती है बल्कि समाधान संबंधी उपायों को भी बताती है। यह अभिकल्प समस्या के निदान से संबंधित योजना भी प्रस्तुत करती है। इसलिए इस अभिकल्प को वैज्ञानिक निदानात्मक शोध-अभिकल्प कहा जाता है। यह अभिकल्प सामाजिक समस्याओं का समाधान कैसे कर सकता है इसकी भी व्यावहारिक योजना प्रस्तुत करती है इस प्रकार सारांशतः यह कहा जा सकता है कि विशिष्ट सामाजिक समस्या के समाधान की खोज करने वाले शोध-कार्य निदानात्मक होते हैं। इस तरह के शोध-कार्यों से समस्या का समाधान अथवा हल प्रस्तुत किया जा सकता है। अर्थात् इस शोध में समस्या को हल करने का प्रयत्न नहीं किया जाता है क्योंकि यह कार्य प्रशासकों, समाज सुधारकों तथा नेताओं का होता है।

शोधकर्त्ता मात्र वैज्ञानिक पद्धतियों के द्वारा समस्या के कारणों को जान लेने के उपरांत उसका उचित समाधान किस रूप में हो सकता है इस बात की खोज करता है। निदानात्मक शोध-कार्य में समस्या का पूर्ण तथा विस्तृत अध्ययन वैज्ञानिक तरीके से करके समस्या की गहराई में पहुँचने का प्रयत्न किया जाता है जिससे कि समस्या के हर संभावित कारण का पता ठीक ढंग से लग सके। इस तरह को खोज इसलिए की जाती है क्योंकि समस्या विशेष का हल तत्काल करने की जरूरत होती है। संभावित हल को ध्यान में रखकर ही प्राकल्पना का सृजन किया जाता है जिससे कि अध्ययन कार्य वैज्ञानिक तरीके रो किया जा सके। इस प्रकार यह ज्ञात होता है कि निदानात्मक शोध विभिन्न समस्याओं को हल करने की दिशा में पहला कदम होता है क्योंकि यह समस्या के कारणों का पता लगाकर उसके हल का तरीका भी ढूँढ़ता है।

निदानात्मक शोध-अभिकल्प की विशेषताएँ

निदानात्मक शोध-अभिकल्प की अग्रलिखित विशेषताएँ हैं--

1. इसमें वैज्ञानिक पद्धति का निश्चित रूप से अनुसरण किया जाता है। इसका प्राकल्पना का सृजन तथा उसी के आधार पर अध्ययन का संचालन करना होता है।

2. इस शोध-कार्य की जरूरत सामाजिक व्यवस्था तथा सामाजिक संबंधों से पैदा सामाजिक समस्याओं को तत्काल दूर करने अथवा उपचार की खोज करने से संबद्ध होता है।

3. इस शोध में वैज्ञानिक ढंग से समस्या के कारणों का सही रूप में पता लगाने का प्रयत्न किया जाता है। ऐसा इसलिए किया जाता है क्योंकि यह माना जाता है कि वास्तविक कारणों के संबंध में उचित तथा पर्याप्त ज्ञान के बिना जरूरी समाधान की खोज संभव नहीं है।

4. यह किसी विशिष्ट सामाजिक समस्या के समाधान की खोज से संबंधित होता है। अर्थात् मात्र शुद्ध ज्ञान की प्राप्ति करना ही इसका उद्देश्य नहीं होता है बल्कि उसके हल को भी ढूँढ़ना इसका काम होता है।

5. इसमें शोध कर्त्ता के द्वारा समस्या का समाधान खोजा जाता है लेकिन उस समस्या को हल करना उसका कार्य नहीं होता है। वह तो वैज्ञानिक के तौर पर मात्र मार्ग सुझा देता है। उस मार्ग पर चलकर समस्या को सुलझाना प्रशासकों तथा समाज-सुधारकों आदि का कार्य होता है।

वर्णनात्मक तथा निदानात्मक शोध-अभिकल्प में भेद

निदानात्मक तथा वर्णनात्मक शोध-अभिकल्पों में कुछ भेद बताए जा सकते हैं जो अग्रलिखित हैं–

1. वर्णनात्मक शोध-अभिकल्प सामाज़िक समस्याओं से संबंधित तथ्यों तथा कारकों का वर्णन करती है। इसके विपरीत निदानात्मक शोध-अभिकल्प समस्या की वास्तविक स्थिति को स्पष्ट करते हुए उसके हल की व्यावहारिक योजना भी प्रस्तुत करती है।

2. वर्णनात्मक शोध-अभिकल्प समस्या के आरंभिक स्तर का अध्ययन करती है। इसके विपरीत निदानात्मक शोध-अभिकल्प के द्वारा उच्चस्तरीय अध्ययन किया जाता है।

3. वर्णनात्मक शोध-अभिकल्प के अध्ययन प्राकल्पनाओं के द्वारा पूर्ण रूप से निर्देशित नहीं होते हैं। इसके विपरीत निदानात्मक शोध-अभिकल्प के अध्ययनों को प्राकल्पनाएँ पूर्ण रूप से निर्देशित करती हैं।

4. वर्णनात्मक शोध-अभिकल्प का मुख्य उद्देश्य नवीन ज्ञान की प्राप्ति होता है। इसके विपरीत निदानात्मक शोध-अभिकल्प का उद्देश्य सामाजिक समस्याओं के कारणों को ज्ञात करना तथा उनका समाधान प्रस्तुत करना होता है।

5. वर्णनात्मक शोध में उन विषयों अथवा समस्याओं के विषय में अध्ययन किया जाता है जिनके विषय में पूर्व में अध्ययन नहीं हुए रहते हैं या उनके संबंध में विशेष जानकारी अथवा सामग्री उपलब्ध नहीं रहती है। इसके विपरीत निदानात्मक

शोध-अभिकल्प में उन विषयों अथवा समस्याओं का अध्ययन किया जाता है जिनके संबंध में पहले से ही अधिक जानकारी उपलब्ध रहती है। वर्णनात्मक शोध-अभिकल्प तथा निदानात्मक शोध-अभिकल्प में छठा भेद यह है कि शोध का प्रारंभिक चरण वर्णनात्मक शोध-अभिकल्प पूरा करती है। इसके विपरीत निदानात्मक शोध-अभिकल्प वर्णनात्मक शोध-अभिकल्प द्वारा प्रदान किए गए ज्ञान के आधार पर आगे शोध-कार्य करके समस्याओं का निवारण करती है।

कार्यान्तर परीक्षण

इस प्रकार के परीक्षण के द्वारा किसी ऐतिहासिक घटना अथवा भूतकाल से संबंधित घटना का अध्ययन किया जाता है। भूतकाल की घटना दुबारा दोहराना संभव नहीं होता है। इसलिए शोधकर्त्ता ऐसे दो वर्गों का चुनाव करता है जिनमें से एक में वह घटना जिसका अध्ययन किया जाना होता है घटित हो चुकी रहती है। दूसरे में वह घटना घटित नहीं हुई रहती है। इन दोनों वर्गों की पुरानी परिस्थितियों का तुलनात्मक अध्ययन करके यह पता लगाने का प्रयास किया जाता है कि जिस वर्ग में यह घटना घटित हुई है वह किन कारणों से हुई है। दूसरे शब्दों में यह कहा जा सकता है कि ऐतिहासिक घटनाचक्रों का परीक्षण कर वर्तमान घटनाओं अथवा अवस्थाओं के कारणों की खोज कार्यान्तर तथ्य परीक्षण कहलाता है। उपर्युक्त शोध-अभिकल्पों के द्वारा विभिन्न शोध समस्याओं को सुलझाया जाता है। चूँकि ये शोध-अभिकल्पें समस्याओं के सुलझाने में अत्यंत महत्त्वपूर्ण भूमिका अदा करती हैं इसलिए वर्तमान शोध प्रविधियों में इन शोध-अभिकल्पों का उपयोग निरंतर बढ़ता जा रहा है। इस प्रकार यह ज्ञान होता है कि ये शोध-अभिकल्पें अत्यंत उपयोगी होती हैं।

परीक्षणात्मक अथवा प्रयोगात्मक शोध-अभिकल्प

परीक्षणात्मक अथवा प्रयोगात्मक शोध-अभिकल्प, शोध-अभिकल्प का एक महत्वपूर्ण प्रकार है। भौतिक विज्ञानों के समान ही सामाजिक विज्ञानों में भी अपने शोध-कार्यों में परीक्षण प्रणाली का उपयोग करके अधिक-से-अधिक यथार्थता लाने का प्रयत्न किया जाता है। जिस तरह भौतिक विज्ञानों में विषय का अध्ययन कुछ निश्चित नियंत्रित अवस्थाओं में किया जाता है उसी तरह नियंत्रित दशाओं में रखकर निरीक्षण-परीक्षण के द्वारा सामाजिक घटनाओं का व्यवस्थित अध्ययन करने की रूपरेखा को परीक्षणात्मक शोध-अभिकल्प की संज्ञा दी जाती है। प्रयोगात्मक अथवा परीक्षणात्मक शोध-अभिकल्प

जैसा कि नाम से ही ज्ञान होता है कि प्रयोग की अवधारणा पर आधारित है। प्रयोग मूलतः एक तरह का नियंत्रित अन्वेषण होता है। प्रयोगात्मक परीक्षणात्मक शोध-अभिकल्प को समझने के लिए प्रयोग का अर्थ जानना आवश्यक होता है।

परीक्षण का अर्थ

परीक्षण के अर्थ को स्पष्ट करने के लिए विभिन्न विद्वानों द्वारा परीक्षण की दी गई परिभाषाओं पर नजर डालना आवश्यक है। विभिन्न विद्वानों ने अपने अपने ढंग से परीक्षण अथवा प्रयोग की परिभाषा दी है। इन विद्वानों द्वारा प्रस्तुत की गई परिभाषाएँ अग्रलिखित हैं–

ग्रीनवुड (Greenwood) के विचार में ''एक प्रयोग एक ऐसी प्राकल्पना का प्रमाण है जो दो कारकों को ऐसी विरोधी परिस्थितियों के अध्ययन के माध्यम से कारणात्मक संबंध स्थापित करता है, जिनमें केवल अभिरुचिपूर्ण कारक को छोड़कर अन्य सभी कारकों पर नियंत्रण कर लिया जाता है, बाद वाले अभिरुचिपूर्ण कारक अथवा तो प्राकल्पनात्मक कारक अथवा प्राकल्पनात्मक प्रभाव होते हैं।''

एकॉफ (Ackoff) के विचार में ''प्रयोग एक ऐसी क्रिया है जिसे हम अन्वेषण कहते हैं। वह पूछताछ जिसमें परिवर्तन अथवा हेरफेर का समावेश होता है, प्रयोग कहलाता है।''

सेलिटज, जहोदा तथा अन्य (Sellitiz, Johoda and Others) ने प्रयोग को परिभाषित करते हुए 'Research Methods in Social Relations' में लिखा है, ''सामान्य अर्थ में एक परीक्षण को प्रमाण के संकलन को व्यवस्थित करने की प्रणाली माना जा सकता है जिसमें किसी प्राकल्पना के विषय में निष्कर्ष निकाले जा सकते हैं।''

उपरोक्त परिभाषाओं से यह ज्ञान होता है कि इसकी मूलभूत रूपरेखा बहुत अधिक है। प्रयोगात्मक शोध अभिकल्प प्रयोग पर ही आधारित होती है। इस तरह की अभिकल्पों का सृजन अत्यंत सोच-समझकर किया जाता है। इस अभिकल्प के आधार पर तार्किक निष्कर्षों को निकाला जाता है। जान स्टुअर्ट मिल (John Stuart Mill) ऐसे पहले विद्वान थे जिन्होंने प्रयोगात्मक विधि के आधार पर शोध-अभिकल्पों के संबंध में सुधार किए। प्रयोगात्मक शोध में कारणत्व की अवधारणा का विश्लेषण करना भी बहुत जरूरी हो जाता है। इस तरह इस शोध में दो अथवा दो से अधिक घटनाओं, कारकों अथवा चरों के मध्य कार्य-कारण संबंध की अनेक परिस्थितियों का अध्ययन किया जाता है। प्रयोगात्मक शोध अभिकल्प में कारणात्मक संबंधों को

व्यक्त करने वाली प्राकल्पनाओं का परीक्षण करने के लिए प्रचित किसी नियंत्रित प्रयोग के तहत अग्रलिखित तत्त्वों को सम्मिलित किया जाता है–

(i) इसमें ऐसी दो परिस्थितियों अथवा वर्गों (एक प्रयोगात्मक वर्ग व दूसरा यथास्थ वर्ग) का परीक्षण किया जाता है जो अन्य सभी महत्त्वपूर्ण पक्षों के समान होते हैं।

(ii) कारणात्मक समझे जाने वाले कारक को प्रयोगात्मक वर्गों में ढूँढ़ा जाता है अथवा उसमें उसका सम्मिलित कराया जाता है।

(iii) भविष्यवाणी की जाने वाली घटना की उपस्थिति अथवा अनुपस्थिति पर्यवेक्षण प्रयोगात्मक तथा नियंत्रित दोनों ही वर्गों पर किया जाता है।

प्रयोगात्मक शोध के विषय में चैपिन (Chapin) का विचार है कि "समाजशास्त्रीय शोध में परीक्षणात्मक अभिकल्प की अवधारणा नियंत्रण की दशाओं के तहत निरीक्षण द्वारा मानवीय संबंधों के व्यवस्थित अध्ययन की ओर संकेत करती है।" ("The concept of experimental design in sociological research refers to systematic study of human relations by making observation under conditions of control.") परीक्षणात्मक अथवा प्रयोगात्मक शोध सामाजिक घटनाओं का अध्ययन नियंत्रित अवस्थाओं में करता है एवं कारकों का कारण प्रभाव के क्रम में अवलोकन भी करता है। इसमें कुछ कारकों पर नियंत्रण करके अन्य की मात्रा घटा-बढ़ाकर परस्पर प्रभाव तथा संबंध देखे जाते हैं। इस संबंध में चैपिन (Chapin) ने 'Experimental Designs in Sociological Research' में लिखा है, "प्रयोग नियंत्रित दशाओं में किया जाने वाला अवलोकन मात्र है। जब केवल अवलोकन किसी समस्या को प्रभावित करने वाले कारकों का पता लगाने में असफल रहता है तब वैज्ञानिक के लिए परीक्षण का सहारा लेना जरूरी हो जाता है।" प्रयोगात्मक शोध को समाज-शास्त्र तथा सामाजिक विज्ञानों में प्रयोगशाला-प्रणाली के विकल्प जैसा माना जाता है। चूँकि परीक्षणात्मक तथा प्रयोगात्मक शोध-अभिकल्प का उद्देश्य घटनाओं की व्याख्या तथा स्पष्टीकरण करना होता है। इसलिए इसे व्याख्यात्मक शोध-अभिकल्प की संज्ञा भी दी जाती है।

परीक्षणात्मक अथवा प्रयोगात्मक-शोध अभिकल्प के भेद

सामाजिक विज्ञानों में हमेशा प्रयोग की सभी शर्तों को पूरा करना संभव नहीं होता है। इसलिए जरूरत तथा सुविधा के अनुरूप प्रयोग के ढंग में कुछ फेर-बदल

कर लिया जाता है। शोधकर्त्ताओं ने परीक्षणात्मक शोध-अभिकल्प के परीक्षण के समय वर्गों पर नियंत्रण आदि के आधार पर अग्रलिखित तरह बताए हैं–(i) पश्चात् परीक्षण (After-only Experiment), (ii) पूर्व-पश्चात् परीक्षण (Before-after Experiment)।

(i) पश्चात् परीक्षण–पश्चात् परीक्षण के लिए सर्व प्रथम समान गुण वाले दो वर्गों का चुनाव किया जाता है। एक वर्ग में किसी प्रकार का परिवर्तन नहीं लाया जाता है अर्थात् उसे ज्यों-का-त्यों रहने दिया जाता है। इसे नियंत्रित वर्ग (Controlled-group) कहा जाता है। दूसरा वर्ग परीक्षणात्मक वर्ग (Experimental-group) कहा जाता है। परीक्षणात्मक वर्ग में किसी चर पर अथवा कारक के माध्यम से परिवर्तन लाने का प्रयास किया जाता है। इस निश्चित समय के बाद दोनों वर्गों का अध्ययन किया जाता है। अगर परीक्षणात्मक वर्ग में नियंत्रित वर्ग की तुलना में अधिक परिवर्तन दृष्टिगोचर होता है तो यह माना जाता है कि इसका कारण वह चर अथवा कारक है जिसके माध्यम से परिवर्तन लाने की प्रयत्न की गई थी। इसके पश्चात् परीक्षण इसलिए कहा जाता है क्योंकि इसका प्रयोग अध्ययन में परिवर्तन लाने के लिए भी किया जाता है। इसे एक उदाहरण द्वारा स्पष्ट किया जा सकता है। दो समान वर्गों में से एक वर्ग में, जिसे परीक्षणात्मक वर्ग माना गया है, सह-शिक्षा का प्रसार किया जाए। कुछ समय के बाद उस वर्ग की तुलना दूसरे वर्ग से की जाए जिसमें सह-शिक्षा का प्रसार नहीं किया गया था। अगर दोनों में कुछ भेद दृष्टिगोचर होता है तो इसका कारण सह-शिक्षा को माना जाएगा। यह भेद प्रेम-विवाह की अधिक घटनाएँ आदि के रूप में देखने को मिल सकता है। अर्थात् जिस वर्ग में बदलाव लाने के लिए सह-शिक्षा का प्रसार किया गया था उसमें प्रेम-विवाह (एक भेद) दृष्टिगोचर होने पर यह माना जाएगा कि उस चर अथवा कारक के कारण बदलाव हुआ है। इसे इस तरह भी कहा जा सकता है कि यह कहा जा सकता है कि सह-शिक्षा के कारण परीक्षणात्मक वर्ग में बदलाव आया।

(ii) पूर्व-पश्चात् परीक्षण–प्रयोगात्मक अथवा परीक्षणात्मक शोध-अभिकल्प का दूसरा तरह पूर्व-पश्चात् परीक्षण है। यह पूर्व-पश्चात् परीक्षण मूल रूप से पश्चात् परीक्षण के दोषों से बचने के लिए किया गया है। इस प्रकार के परीक्षण में मात्र एक वर्ग को लिया जाता है। इसमें नियंत्रित वर्गों को नहीं लिया जाता है। इस वर्ग का पहले किसी तथ्य-संकलन की विधि से अध्ययन किया जाता है। इससे वस्तुस्थिति का पता चल जाता है। इसके उपरांत उस वर्ग में नवीन कारक अथवा कारकों का

प्रभाव डालकर बदलाव लाने का प्रयत्न किया जाता है। कुछ समय उपरांत उस वर्ग का उसी तथ्य संकलन की विधि से पुनः अध्ययन किया जाता है। दोनों अध्ययनों की परस्पर तुलना की जाती है। यदि दोनों अध्ययनों में भेद दृष्टिगोचर होता है तो उसे नवीन कारकों का प्रतिफल मान लिया जाता है। इसे एक उदाहरण द्वारा भी समझाया जा सकता है—संयुक्त परिवार प्रणाली का अध्ययन औद्योगीकरण के पूर्व तथा औद्योगीकरण के पश्चात् किया जाता है तथा दोनों अध्ययनों की तुलना से यदि यह ज्ञान होता है कि औद्योगीकरण के पूर्व संयुक्त परिवार संगठित अवस्था में था जबकि औद्योगीकरण के पश्चात् उसमें विघटन की प्रक्रिया आरंभ हो गई तो संयुक्त परिवार के विघटन को औद्योगीकरण का परिणाम मान लिया जाएगा। इसे एक परीक्षणात्मक वर्ग का 'पूर्व पश्चात्' अध्ययन कहा जाएगा। इसके अतिरिक्त पूर्व-पश्चात् परीक्षण कई तरह से होते हैं। वैज्ञानिक शोधों में इस तरह का प्रयोग बहुत कम किया जाता है। क्योंकि इसके परिणामों को पूर्णरूपेण प्रमाणित नहीं माना जाता है। पूर्व पश्चात् परीक्षण के छः तरह होते हैं। इन छः तरहों का सृजन नियंत्रित वर्ग तथा परीक्षणात्मक वर्ग एवं पूर्व-पश्चात् परीक्षण के भिन्न-भिन्न सम्मिश्रणों से होता है। ये तरह निम्नलिखित हैं—

(क) एक परीक्षणात्मक वर्ग का 'पूर्व-पश्चात्' अध्ययन।

(ख) नियंत्रित और परीक्षणात्मक वर्गों का 'पूर्व-पश्चात्' अध्ययन।

(ग) वर्गों को अदल-बदल कर 'पूर्व-पश्चात्' अध्ययन।

(घ) दो नियंत्रित वर्गों का 'पूर्व-पश्चात्' अध्ययन।

(ङ) तीन नियंत्रित वर्गों का 'पूर्व-पश्चात्' अध्ययन।

(च) दो अथवा अधिक परीक्षणात्मक चरों के संयुक्त प्रभाव का अध्ययन।

(क) एक परीक्षणात्मक वर्ग का पूर्व-पश्चात् अध्ययन—पूर्व-पश्चात् परीक्षण मूल रूप से पश्चात् परीक्षण के दोषों से बचने के लिए किया गया है। इस प्रकार के परीक्षण में मात्र एक वर्ग को लिया जाता है। इसमें नियंत्रित वर्गों को नहीं लिया जाता है। इस वर्ग का पहले किसी तथ्य-संकलन की विधि से अध्ययन किया जाता है। इससे वस्तुस्थिति का पता चल जाता है। इसके उपरांत उस वर्ग में नवीन कारक अथवा कारकों का प्रभाव डालकर बदलाव लाने का प्रयत्न किया जाता है। कुछ समय उपरांत उस वर्ग का उसी तथ्य संकलन की विधि से पुनः अध्ययन किया जाता है। दोनों अध्ययनों की परस्पर तुलना की जाती है। यदि दोनों अध्ययनों में विभेद दृष्टिगोचर होता है तो उसे नवीन कारकों का प्रतिफल मान लिया जाता है।

(ख) नियंत्रित और परीक्षणात्मक वर्गों का 'पूर्व-पश्चात्' अध्ययन– इसे परीक्षणात्मक शोध-अभिकल्प का सबसे उपयुक्त तथा सरलतम रूप माना जाता है। इस अभिकल्प में परीक्षणात्मक तथा नियंत्रित वर्ग लिए जाते हैं। दोनों वर्गों में पूर्ण तथा पश्चात् परतंत्र चर को मापा जाता है। परीक्षण के बाद दोनों वर्गों के माप के भेद से परीक्षणात्मक चर के प्रभाव को ज्ञात किया जाता है। इसे एक उदाहरण के द्वारा समझाया जा सकता है। दो वर्गों का चुनाव कर अस्पृश्यता की स्थिति का अध्ययन किया जाता है। इसके बाद परीक्षणात्मक वर्ग में नीवन कारकों का प्रभाव डालकर परिवर्तन लाने का प्रयास किया जाता है। नियंत्रित वर्ग को यथावत् तथा स्वाभाविक रूप से परिवर्तित होने दिया जाता है। कुछ समय बाद फिर दोनों वर्गों में अस्पृश्यता की स्थिति का पश्चात्-अध्ययन किया गया। नियंत्रित वर्ग के 'पूर्व' तथा 'पश्चात्' के भेद एवं प्रयोगात्मक वर्ग के 'पूर्व' तथा 'पश्चात्' के भेद का अध्ययन कियां जाता है। अगर नियंत्रित वर्ग में परिवर्तन कम आया तथा परीक्षणात्मक वर्ग में अधिक भेद आया तो उसे अस्पृश्यता निवारण के लिए किए गए प्रयासों का परिणाम माना जाएगा।

(ग) वर्गों को अदल-बदलकर 'पूर्व-पश्चात्' अध्ययन–इसमें परीक्षणात्मक तथा नियंत्रित वर्गों को निश्चित करके अध्ययन किया जाता है। परीक्षणात्मक वर्ग का पूर्व अध्ययन नहीं किया जाता है। नियंत्रित वर्ग का पूर्व अध्ययन तथा मापन किया जाता है। परीक्षणात्मक चरों पर नवीन चरों अथवा कारकों का प्रभाव डाला जाता है। कुछ समय बाद इस वर्ग का मापन किया जाता है। पूर्व में नियंत्रित वर्ग के मापन एवं पश्चात् में परीक्षणात्मक वर्ग की ली गई माप का जो भेद होता है उसे प्रयोगात्मक चर अथवा कारक का प्रभाव माना जाता है। इस अभिकल्प की यह विशेषता होती है कि इसमें नियंत्रित वर्ग की पूर्व में तथा परीक्षणात्मक वर्ग की पश्चात् में माप ली जाती है। इसका लाभ यह होता है कि दोनों वर्गों के सूचनादाताओं से एक ही बार साक्षात्कार लिया जाता है। सूचनादाता से दुबारा साक्षात्कार करने पर कभी-कभी सूचनादाता पूर्व के उत्तरों को ही दुहराने का कोशिश करता है। इस अभिकल्प में ऐसा नहीं होता है क्योंकि एक सूचनादाता को सिर्फ एक ही बार सूचना प्रदान करने का अवसर दिया जाता है। इसलिए दोनों मापों के भेद को परीक्षणात्मक चर के प्रभाव का परिणाम मान लिया जाता है।

(घ) दो नियंत्रित वर्गों का 'पूर्व-पश्चात्' अध्ययन–इस प्रकार की शोध-अभिकल्प ऊपरलिखित अभिकल्पों का मिश्रित रूप कहा जा सकता है। इस अभिकल्प के वर्ग

को 'पूर्व' माप के प्रभाव से 'पश्चात्' माप को अप्रभावित रखने के लिए बनाया गया है। इस अभिकल्प में नियंत्रित तथा परीक्षणात्मक दोनों वर्गों को एक-एक बार मापा जाता है। कभी-कभी 'पूर्व' माप परीक्षणात्मक चर को भी प्रभावित कर देते हैं तथा परीक्षणात्मक चर का शुद्ध प्रभाव मापना कठिन हो जाता है। परीक्षणात्मक चर के 'पूर्व' माप का प्रभाव पड़ना अन्योन्य क्रिया कहलाती है। इस अभिकल्प में परीक्षणात्मक चर का प्रभाव तथा अन्योन्य क्रिया दोनों को मापा जाता है। इस अभिकल्प में दो नियंत्रित वर्ग तथा एक परीक्षणात्मक वर्ग होते हैं। तीनों वर्गों में लगभग समानता होती है। परीक्षणात्मक वर्ग तथा प्रथम नियंत्रण वर्ग की 'पूर्व' तथा 'पश्चात्' माप ली जाती है।

नवीन कारकों के चरों का प्रभाव परीक्षणात्मक वर्ग पर डाला जाता है। द्वितीय नियंत्रित वर्ग पर परीक्षणात्मक चरों का प्रभाव डाला जाता है लेकिन पूर्व माप नहीं ली जाती है। द्वितीय नियंत्रित वर्ग के पूर्व माप का अनुमान प्रथम वर्ग तथा परीक्षणात्मक वर्ग के आधार पर लगाया जाता है। इस तरह से द्वितीय परीक्षणात्मक वर्ग पूर्व माप तथा परीक्षणात्मक चर के बीच अन्योन्य क्रिया के प्रभाव से सुरक्षित रहता है। इसमें पूर्व माप द्वारा पश्चात् माप पर किसी तरह का प्रभाव नहीं पड़ता है। इस शोध-अभिकल्प में दो नियंत्रित वर्ग अन्योन्य क्रिया से प्रभावित नहीं होते हैं। लेकिन परीक्षणात्मक वर्ग में उस अन्योन्य क्रिया की संभावना रहती है।

(ङ) तीन नियंत्रित वर्गों का 'पूर्व-पश्चात्' अध्ययन—दो नियंत्रित वर्गों का 'पूर्व-पश्चात्' अध्ययन में यह मान लिया जाता है कि समसामयिक घटनाओं, किकास तथा परिवर्तन की प्रक्रियाओं का प्रभाव नहीं के बराबर पड़ता है। ऐसा मानना तर्कपूर्ण प्रतीत नहीं होता है। उसमें अन्योन्य क्रिया की संभावना को नकारा गया है। इसलिए उस अभिकल्प की कमियों को दूर करने के लिए विद्वानों ने तीन नियंत्रित वर्गों का 'पूर्व पश्चात्' अध्ययन विकसित किया। इसमें तीन नियंत्रित वर्ग लिए जाते हैं। तृतीय नियंत्रित वर्ग का न तो पूर्व माप लिया जाता है तथा न ही इस पर परीक्षणात्मक चर का प्रभाव डाला जाता है। इसका सिर्फ 'पश्चात्' माप लिया जाता है। इस वर्ग पर 'पूर्व' माप तथा परीक्षणात्मक चर का भी प्रभाव नहीं होता है। लेकिन इस वर्ग के पश्चात् माप पर विकासात्मक एवं समसामयिक चरों तथा कारकों का प्रभाव पड़ता है। इस शोध अभिकल्प के द्वारा परीक्षणात्मक चर का शुद्ध प्रभाव तथा अन्योन्य क्रिया के प्रभावों को मापा जा सकता है।

(च) दो अथवा दो से अधिक परीक्षणात्मक चरों के संयुक्त प्रभाव का अध्ययन—शोध-अभिकल्प में एक से अधिक परीक्षणात्मक चरों के एक साथ सक्रिय होने पर जो प्रभाव पड़ता है, उसके अध्ययन की भी जरूरत पड़ सकती है। इनके संयुक्त प्रभाव के अध्ययन के लिए शोधकर्त्ता को जटिल अभिकल्प का सृजन करना पड़ता है। इस अभिकल्य में अनेक नियंत्रित तथा परीक्षणात्मक वर्गों का सृजन किया जाता है। इन विभिन्न वर्गों का सृजन चरों के प्रभावों के अनुसार प्राथमिकता निश्चित करने धनात्मक तथा ऋणात्मक नियमों के आधार पर किया जाता है। विभिन्न चरों के प्रभावों का पारस्परिक गुण-संबंध देखने के लिए अन्य नियमों, जैसे—(i) प्रत्यक्ष अनुपात, (ii) अप्रत्यक्ष अनुपात आदि का प्रयोग किया जाता है।

परीक्षणात्मक अथवा प्रयोगात्मक शोध-अभिकल्प के दोष

परीक्षणात्मक शीध-अभिकल्प का अत्यंत महत्त्व होता है। विशेषकर विज्ञान के विकास तथा वैज्ञानिक सिद्धांतों के सृजन में इसका महत्त्व और अधिक बढ़ जाता है। इस अभिकल्प के द्वारा चरों के कार्य-कारण प्रभावों का प्रयोग सिद्ध अवलोकन किया जाता है। साथ-ही-साथ, प्रमाणित तथा विश्वसनीय सिद्धांतों का भी सृजन किया जाता है। प्रकल्पनाओं की परीक्षण द्वारा जाँच की जाती है। इस प्रकार यह ज्ञान होता है कि यद्यपि यह शोध अभिकल्प बहुत ही महत्त्वपूर्ण है लेकिन इसकी कुछ कमियाँ तथा सीमाएँ भी हैं जो निम्नलिखित हैं—

1. इसमें प्राकृतिक विज्ञानों में चरों का प्रभाव विभिन्न परिस्थितियों में एक जैसा होता है। लेकिन सामाजिक विज्ञानों में यह नियम सार्वभौमिक नहीं होता है इसका मूल कारण यह है कि व्यक्ति की परिस्थिति के अनुरूप प्रभाव तथा भूमिका परिवर्तित होती रहती है। उदाहरणस्वरूप—जो व्यक्ति एक प्रस्थिति में पिता होता है वही व्यक्ति दूसरी प्रस्थिति में पति, भाई, पुत्र, दामाद अथवा अन्य कुछ भी हो सकता है। प्रस्थिति के अनुरूप ही किसी व्यक्ति की भूमिका का भी निर्धारण होता है। अर्थात् प्रत्येक स्थिति में किसी व्यक्ति की भूमिका एक समान नहीं होती है। वह बदलती रहती है। यही कारण है कि परीक्षणात्मक अभिकल्प सामाजिक विज्ञानों में क्रम व्यावहारिक सिद्ध हुई है।

2. सामाजिक विज्ञानों में इस अभिकल्प में दो वर्गों का एक जैसा सृजन संभव नहीं होता है। प्राकृतिक विज्ञानों में ऐसे समान गुणों वाले वर्गों का निर्धारण करना आसान होता है। यही कारण है कि सामाजिक विज्ञानों में शोध के स्थान पर क्षेत्रिय अध्ययन अधिक उपयोगी सिद्ध होता है।

3. सामाजिक घटनाओं के विभिन्न चर एक-दूसरे से गुम्फित होते हैं। अध्ययन की सुविधा के लिए किसी एक चर को स्वतंत्र एवं अन्य को आश्रित मान लिया जाता है। लेकिन वास्तविकता ऐसी नहीं होता है। यही कारण है कि सामाजिक विज्ञानों में परीक्षणात्मक शोध की अभिकल्प को प्राकृतिक विज्ञानों के समान सत्य प्रमाणित तथा विश्वसनीय बनाने के लिए बहुत कुछ शोध कार्य करना शेष है।

4. इस अभिकल्प में दो चरों के परस्पर संबंधों का अध्ययन किया जाता है एवं अन्य चरों के प्रभावों की ओर ध्यान नहीं दिया जाता है अर्थात् उसकी अवहेलना की जाती है।

5. इस अभिकल्प में जो परीक्षण किए जाते हैं उनमें चरों को एक-दूसरे से कृत्रिम विधि से अलग किया जाता है। विभिन्न तथ्यों का प्रभाव भिन्न-भिन्न परिस्थितियों तथा संदर्भों में अलग-अलग होता है। इस अभिकल्प में इसका ध्यान नहीं रखा जाता है।

4

प्राकल्पना

'प्राकल्पना' की अंग्रेजी हाइपोथिसिस (Hypothesis) है जो ग्रीक भाषा के दो शब्दों से मिलकर बना है। इसमें पहला शब्द 'Hypo' है जिसका अर्थ होता है नीचे एवं दूसरा शब्द thesis है जिसका अर्थ होता है विचार अथवा सिद्धांत। इस तरह (Hypothesis) का पूर्ण अर्थ हुआ सिद्धांत से नीचे अथवा सिद्धांत का पूर्व कथन। हाइपोथिसिस के हिन्दी रूपांतर 'प्राकल्पना' का भी यही अर्थ होता है। प्राक् का अर्थ है कि पूर्व एवं कल्पना का अर्थ यहाँ विचार अथवा सिद्धांत से लगाया जाता है। इस प्रकार प्राकल्पना शब्द का पूर्ण अर्थ 'पूर्व-विचार अथवा पूर्व सिद्धांत' । इस तरह यह कहा जा सकता है कि प्राकल्पना का शाब्दिक अर्थ होता है एक ऐसा विचार अथवा सिद्धांत जिसे शोधकर्त्ता अध्ययन के लक्ष्य के रूप में रखता है तथा उसकी जाँच करता है।

इसे सामान्य रूप से एक कामचलाऊ लोक सामान्यीकरण माना जाता है जिसकी शोध के दौरान परीक्षा की जाती है। वैज्ञानिक आधारों पर एक प्राकल्पनाओं को दो से ज्यादा चरों के बीच संबंध का अनुमानित विवरण कहा जाता है। प्रारंभिक जानकारी के आधार पर किया गया पूर्वानुमान जिसके आधार पर संभावित शोध को एक निश्चित दिशा प्रदान की जा सके, प्राकल्पना कहलाता है और भी स्पष्ट रूप में यह कहा जा सकता है कि एक प्राकल्पना दो अथवा दो से अधिक चरों के बीच पाए जाने वाले संबंध का अनुभवात्मक रूप से परीक्षा करने योग्य कथन है। वैज्ञानिकों ने प्राकल्पना को एक अस्थाई अनुमान, परीक्षण के लिए प्रस्तुत की गई

एक प्रस्थापना, कामचलाऊ सामान्यीकरण, कल्पनात्मक विचार, पूर्वानुमान, दो अथवा अधिक परिवर्त्यों के बीच संबंधों को स्पष्ट करने वाला, अनुमानात्मक कथन बताया है।

सच्चे अर्थों में प्राकल्पना एक तरह का सर्वोत्तम अनुमान होता है जो कुछ ऐसी शर्तें रखता है जो प्रदर्शित नहीं की जातीं एवं जिनके परीक्षण की आवश्यकता होती है। परीक्षण के दौरान अथवा परीक्षणोपरांत ये सत्य भी साबित हो सकते हैं, तथा असत्य भी साबित हो सकते हैं।

प्राकल्पना को विभिन्न विद्वानों ने अपने-अपने दृष्टिकोणों से परिभाषित किया है। इन विद्वानों द्वारा प्रस्तुत परिभाषाओं से प्राकल्पना के अर्थ तथा महत्त्व दोनों पर प्रकाश पड़ता है। विभिन्न विद्वानों द्वारा प्रस्तुत परिभाषाएँ निम्नलिखित हैं–

बोगार्डस (Bogardus) के विचार में "प्राकल्पना परीक्षण के लिए प्रस्तुत की गई एक प्रस्थापना है।" ("A hypothesis is a proposition to be tested.")

मान (Mann) के विचार में "प्राकल्पना एक अस्थाई अनुमान है।" ("The Hypothesis is a tentative supposition.")

गुड्डे तथा हॉट (Goode and Hatt) के विचार में "प्राकल्पना एक ऐसी प्रस्थापना है जिसकी प्रमाणिकता को सिद्ध करने के लिए उसकी परीक्षा की जा सकती है।" ("It (hypothesis) is a proposition which can be put to test to determinents validity.")

प्राकल्पना को परिभाषित करते हुए पी.वी. यंग (P.V. Young) ने 'Scientific Social Survey and Research' में लिखा है, "अपने तथ्यों के विषय में सामान्य ज्ञान के आधार पर एक वैज्ञानिक कोशिश व भूलचूक की या परीक्षण द्वारा भूख-सुधार की पद्धति के द्वारा उन विशिष्ट कारकों को छाँट लेता है, जो कि अध्ययन की जाने वाली समस्याओं पर रोशनी डाल सके। अटकलपच्चू विचारों अथवा धूर्त कल्पना द्वारा वह तथ्यों के विभिन्न श्रेणियों के बीच कारणात्मक संबंध को प्रस्थापित करता है। यह सूक्ष्म कल्पना, सामयिक केंद्रीय महत्त्वपूर्ण विचार जो कि फलप्रद शोध का आधार बनता है, एक कार्यनिवाही प्राकल्पना कहलाता है।"

("On the basis of cursory knowledge of his facts he (scientist) attempts to single out by trial and error method, the significant factors which would throw light on the problems at hand. He tries to establish causal relations between various sets of facts by shrewd guess or profound hunch. This penetrating hunch, this provisional central vital idea which becomes the basis for fruitful investigation is known as a working hypothesis.")

लुण्डबर्ग (Lundberg) के विचार में "प्राकल्पना एक सामयिक या कामचलाऊ सामान्यीकरण अथवा निष्कर्ष है जिसकी प्रमाणिकता की परीक्षा अभी बाकी है। बिल्कुल आरंभिक स्तरों पर प्राकल्पना कोई भी अटलपच्चू अनुमान, कल्पनात्मक विचार, सहज ज्ञान अथवा और कुछ हो सकता है जो कि क्रिया अथवा शोध का आधार बन जाता है।" ("A hypothesis is a tentative generalisation, the validity of which remains to be tested. In its most elementary stages, the hypothesis may be any hunch, guess, imaginative idea or intuition whatsoever which becomes the basis of action or investigation.")

बैली (Bailey) के विचार में "एक प्राकल्पना एक ऐसी प्रस्थापना है जिसे परीक्षण के रूप में रखा जाता है एवं जो दो अथवा अधिक परिवर्त्यों के विशिष्ट संबंधों के विषय में भविष्यवाणी करती है।"

डोब्रिनर (Dobriner) का मानना हे कि "प्राकल्पनाएँ ऐसे अनुमान हैं जो यह बताते हैं कि विभिन्न तत्त्व या परिवर्त्य किस तरह अंतर्संबंधित हैं।"

कर्लिंजर (Kerlinger) के मतानुसार "एक प्राकल्पना दो अथवा दो से अधिक परिवर्त्यों के बीच संबंध प्रदर्शित करने वाला एक अनुमानात्मक कथन है।"

गिनर (Giner) के विचार में "एक प्राकल्पना घटनाओं के मध्य कारणात्मक या अंतर्संबंधों के विषय में एक अनुमान है। यह एक ऐसा अस्थाई कथन है जिसकी प्रमाणिकता या मिथ्या प्रमाणिकता को सिद्ध नहीं किया जा सकता है।"

गुड्डे, कारटर तथा स्केट्स के विचार में "एक उपकल्पना अवलोकित तथ्यों को समझने और अध्ययन को आगे मार्गदर्शित करने के लिए निर्मित एवं अस्थाई रूप से ग्रहण की गई एक बुद्धिमत्तापूर्ण निष्कर्ष होता है।"

प्राकल्पना को अधिक विस्तृत रूप में परिभाषित करते हुए जॉन गाल्टुंग (Jonh Galtung) ने 'Methods of Social Research' में लिखा है, "समस्त शोधों में निम्न तत्त्व होते हैं–(i) इकाई (Unit), (ii) प्रचर (Variable), (iii) मूल्य (value)। एक उपकल्पना चरों के द्वारा कुछ इकाइयों के संबंध में अनेक विशिष्ट मूल्यों से संबंधित कथन है। यह स्पष्ट करती है कि इकाइयों का संबंध कितने और किन चरों से है।"

'वेबस्टर्स न्यू इंटरनेशनल डिक्शनरी ऑफ द इंग्लिश लेग्वेज' में प्राकल्पना को इस तरह परिभाषित किया गया है, "प्राकल्पना एक विचार, दशा अथवा सिद्धांत

होती है, जो कि संभवतः बिना किसी विश्वास के स्वीकार कर ली जाती है, जिससे कि उसके तार्किक परिणाम निकाले जा सकें और ज्ञात अथवा निर्धारित किए जाने वाले तथ्यों की मदद से इस तरह की प्रमाणिकता की जाँच की जा सके।" उपर्युक्त परिभाषाओं के आधार पर यह कहा जा सकता है कि प्राकल्पना एक ऐसा पूर्व विचार, पूर्वानुमान अथवा कल्पनात्मक विचार होता है, जो कि शोधकर्त्ता, शोध समस्या के विषय में शोध से पूर्व बना लेता है। शोध के दौरान वह उसकी सार्थकता की जाँच करने हेतु जरूरी तथ्यों को एकत्रित करता है। यदि शोध में खोजे गए तथ्यों के आधार पर इस विचार, अनुमान अथवा कल्पना की प्रमाणिकता सिद्ध हो जाती है तो यह विचार अनेक बार तथा अनेक स्थानों पर सत्य सिद्ध होने पर एक सिद्धांत का रूप ले लेता है। वैज्ञानिक दृष्टिकोण से यह कहा जा सकता है कि प्राकल्पना दो अथवा दो से अधिक चरों के मध्य एक संबंध को प्रतिपादित करती है और बाद में इस कथित संबंध का परीक्षण करना होता है। यह सत्य अथवा असत्य दोनों हो सकती है। प्राकल्पना व्यावहारिक अथवा उपयोगी होनी चाहिए जिसकी शोध के द्वारा जाँच की जा सके। इस संबंध में कार्ल पॉपर (Karl Popper) ने भी लिखा है कि वैज्ञानिक प्राकल्पनाओं के लिए यह जरूरी होता है कि उनका परीक्षण हो सके और यदि वे असत्य हों तो उन्हें असत्य सिद्ध किया जा सके। अगर किसी प्राकल्पना का अनुभव के आधार पर असत्य सिद्ध करना संभव हो तो उसे वैज्ञानिक प्राकल्पना की संज्ञा नहीं दी जाएगी। जो प्राकल्पनाएँ परीक्षण की कसौटी पर खरी उतरती हैं वही बैज्ञानिक प्राकल्पना है।

प्राकल्पना की विशेषताएँ

सामाजिक सर्वेक्षण तथा सामाजिक शोध के क्षेत्र में प्राकल्पना सृजन बहुत अधिक महत्त्व रखता है। इसके बिना शोधकार्य एक कदम भी आगे नहीं बढ़ सकता है। प्राकल्पना एक विचार अथवा सामान्यीकरण होता है जिसे अध्ययन में परीक्षण के लिए रखा जाता है। हर प्रकार का विचार अथवा प्रस्तावना को प्राकल्पना नहीं कहा जा सकता। गुड्डे तथा हॉट (Goode and Hatt) ने प्राकल्पनाओं की विशेषता को बतलाते हुए 'Methods in Social Research' में बतलाया है कि प्राकल्पना में निम्न पाँच विशेषताएं होनी चाहिए–

(i) स्पष्टता (Clarity), (ii) अनुभवसिद्धता (Empiricism), (iii) विशिष्टता (Specificity), (iv) उपलब्ध प्रविधियों से संबद्ध (Related to Available Techniques), एवं (v) सिद्धांतों से संबंधित (Related to with Existing Theories)।

(i) स्पष्टता **(Clarity)**–गुड्डे तथा हॉट के विचार में प्राकल्पना की पहली विशेषता स्पष्टता है। उनका विचार है कि प्राकल्पनाएँ अवधारणाओं के दृष्टिकोण से स्पष्ट होनी चाहिए। किसी भी स्तर पर अस्पष्टता वैज्ञानिक सिद्धांत के प्रतिकूल होती है। चूँकि प्राकल्पना का सृजन वैज्ञानिक पद्धति का प्रथम चरण होता है इसलिए प्राकल्पना में अस्पष्टता होना वैज्ञानिक भावना के विरुद्ध है। गुड्डे तथा हॉट (Goode and Hatt) ने प्राकल्पना की स्पष्टता के लिए दो बातों को अपनी पुस्तक 'Methods in Social Research' में जरूरी बताया है। ये दो बातें इस तरह हैं–

(क) प्राकल्पना में निहित अवधारणाओं को स्पष्ट रूप से परिभाषित किया जाना चाहिए ताकि किसी भी तरह की अस्पष्टता आगे चलकर अध्ययन कार्य में बाधक न हो सके।

(ख) इन परिभाषाओं को स्पष्ट रूप में लिखा जाना चाहिए ताकि अन्य लोग भी सामान्यतः उसकी भाषा तथा अर्थ को सही रूप में समझ सकें। अवधारणाएँ व्यक्तिगत रूप से भी बनाई गई नहीं होनी चाहिए। अगर भाषा तथा अवधारणाएँ अस्पष्ट तथा भ्रामक होंगी तो विज्ञान-जगत् में अन्य लोगों की समझ में नहीं आ पाएँगी कि प्राकल्पना क्या है?

(ii) अनुभवसिद्धता–गुड्डे तथा हॉट (Goode and Hatt) के विचार में प्राकल्पना की दूसरी विशेषता अनुभवसिद्धता है। अध्ययन में प्राकल्पना ऐसी होनी चाहिए जिसकी तथ्यों द्वारा जाँच की जा सके। प्राकल्पना यदि आदर्शों को स्पष्ट करने वाली होगी तो उसकी प्रमाणिकता की परीक्षा करना संभव नहीं होगा। इससे यह ज्ञान होता है कि प्राकल्पना आदर्शों को स्पष्ट करने वाली नहीं होनी चाहिए। प्राकल्पना ऐसे तथ्यों, कारकों तथा चरों से संबंधित होनी चाहिए जो समाज अथवा अध्ययन क्षेत्र में जाकर संग्रह किए जा सकें एवं उनकी प्रमाणिकता तथा विश्वसनीयता की परख की जा सके। इसके संबद्ध में गुड्डे तथा हॉट ने कहा है कि अगर प्राकल्पना का आनुभविक संदर्भ होगा तो वह उपयोगी प्राकल्पना होगी एवं वह वैज्ञानिक अध्ययन अथवा शोध में मददगार होगी अन्यथा नहीं होगी।

इस संबंध में गुड्डे तथा हॉट ने आदर्शात्मक प्राकल्पनाओं के कुछ उदाहरण भी दिए हैं जो इस तरह हैं–"सभी अधिकारी भ्रष्ट होते हैं", "पूँजीपति श्रमिकों का शोषण करते हैं," "स्त्रियाँ स्वभावतः चंचल होती हैं", "आज संयुक्त परिवार अनावश्यक है" एवं "सभी विद्यार्थियों को अनुशासित जीवन व्यतीत करना है,"। ये सभी प्राकल्पनाएँ आदर्शात्मक होती हैं, अतएव ये वैज्ञानिक अध्ययन का आधार

नहीं बन सकती हैं। ऐसी प्राकल्पनाओं का आनुभविक तथ्यों द्वारा जाँच नहीं की जा सकती है क्योंकि इनका आनुभविक संदर्भ नहीं होता है। ऐसी प्राकल्पनाएँ उपयोगी तथा व्यावहारिक भी नहीं होती हैं। उपयोगी तथा व्यावहारिक प्राकल्पनाओं में आनुभविक संदर्भ का होना जरूरी है।

(iii) विशिष्टता–गुड्डे तथा हॉट (Goode and Hatt) के विचार में प्राकल्पना की तीसरी विशेषता विशिष्टता है। इनका मत है कि प्राकल्पनाओं को उपयोगी तथा विशिष्ट होना चाहिए। अत्यंत सामान्य प्राकल्पनाओं के द्वारा यथार्थ निष्कर्ष तक पहुँचना संभव नहीं होता है। इसका मूल कारण यह है कि किसी विषय के सभी पक्षों का वैज्ञानिक अध्ययन एक ही समय पर नहीं किया जा सकता है। अतएव यथार्थ ज्ञान प्राप्ति के लिए यह जरूरी है कि प्राकल्पना अध्ययन विषय के किसी विशेष पहलू से संबद्ध हो। साथ ही प्राकल्पनाओं में विशिष्टता का भी गुण होना चाहिए क्योंकि यदि ऐसा नहीं है तो उसकी प्रमाणिकता की जाँच करना कठिन होता है तथा इस प्रकार की जाँच से परे प्राकल्पना वैज्ञानिकों के लिए भी निरर्थक होती है। प्राकल्पना बहुत वृहत् तथा विस्तृत नहीं होनी चाहिए। बड़ी प्राकल्पना के सृजन से सदैव सतर्क रहना चाहिए क्योंकि ऐसी प्राकल्पना, प्राकल्पना न होकर अध्ययन का क्षेत्र बन जाती है। उपयोगी प्राकल्पना सीमित, विशिष्ट तथा निश्चित पक्ष से संबंधित होनी चाहिए। वह अध्ययन क्षेत्र से संबंधित न होकर उसके किसी निश्चित पक्ष तक ही होनी चाहिए। ऐसा होने पर वैज्ञानिक सरलतापूर्वक संबंधित तथ्यों को एकत्र करके प्राकल्पना की जाँच कर सकता है।

(iv) उपलब्ध प्रविधियों से संबद्ध–गुड्डे तथा हॉट (Goode and Hatt) के अनुसार प्राकल्पना की प्रमुख विशेषता उपलब्ध प्रविधियों से संबद्ध होना है। प्राकल्पना एक प्रस्थापना होती है जो तथ्यों का परस्पर कारण प्रभाव संबंध बताती है तथा जिनकी जाँच करनी अभी बाकी होती है। यह जाँच वैज्ञानिक प्रविधियों द्वारा की जाती है। प्राकल्पना का सृजन इस बात को ध्यान में रखते हुए किया जाता है ताकि उसकी प्रमाणिकता की जाँच उपलब्ध प्रविधियों के द्वारा संभव हो सके। गुड्डे तथा हॉट (Goode and Hatt) ने इस संबंध में 'Methods in Social Research' में लिखा है, "सिद्धांत और पद्धति एक-दूसरे के विरोधी नहीं हैं। जो सिद्धांतकार यह नहीं जानता है कि उसकी प्राकल्पना की जाँच के लिए कौन-कौन-सी प्रविधियाँ उपलब्ध हैं, वह उपयोगी सवालों के सृजन में असफल रहता है।" ("....theory and method are not opposites. The theorist who does not know what techniques are available to test his hypothesis is in a poor way to formulate usable questions.") इसलिए प्रविधियाँ ऐसी होनी चाहिए जो प्रचलित प्रविधियों की पहुँच के भीतर हों। सभी सामाजिक विज्ञानों में अनेक ऐसी जानकारियाँ तथा तथ्य हैं जिनको एकत्र करने तथा अध्ययन करने की प्रविधियाँ उपलब्ध नहीं हैं। ऐसी स्थिति में प्राकल्पना का सृजन तो कर लिया जाता है लेकिन तथ्य संकलन की प्रविधि अथवा पद्धति के अभाव में उसकी जाँच करना संभव नहीं होता है। इस प्रकार की प्राकल्पना उस दिन व्यावहारिक हो पाती है जिस दिन उसकी जाँच से संबंधित तथ्य एकत्रित करने की प्रविधि का सृजन हो जाता है।

इस असुविधा से बचने के लिए गुड्डे तथा हॉट ने यह मत दिया है कि अध्ययनकर्त्ता को प्राकल्पना का सृजन करते समय अध्ययन के क्षेत्र में उपलब्ध प्रविधियों तथा पद्धतियों का ध्यान रखना चाहिए। अध्ययनकर्त्ता को ऐसी प्राकल्पना का सृजन करना चाहिए जिसकी जाँच के लिए तथ्य संकलन की प्रविधियाँ सामाजिक विज्ञानों में उपलब्ध हों तभी वह उपयोगी प्राकल्पना कही जाएगी। आधुनिक समय में समस्याएँ इतनी जटिल हैं कि उनसे संबद्ध जटिल प्राकल्पनाओं का सृजन केवल प्रविधियों को ध्यान में रखकर बनाना संभव नहीं है। इसलिए गुड्डे तथा हॉट (Goode and Hatt) ने कहा है कि प्राकल्पना इस तरह की हो कि वह शोध का एक सामाजिक आधार भी बन सकती है अथवा नहीं, इसकी परीक्षा उपलब्ध प्रविधियों द्वारा की जा सके।''

(v) सिद्धांतों से संबंधित—गुड्डे तथा हॉट (Goode and Hatt) के विचार में प्राकल्पना की एक प्रमुख विशेषत है कि यह सिद्धांतों से संबंधित होती है। प्राकल्पना को सिद्धांत के वर्ग से होना चाहिए। बहुत से अध्ययनकर्त्ता प्राकल्पना की चयन की जगह विषय सामग्री को चुन लेते हैं। वे ऐसा अध्ययन विषय को रुचिकर जानकर करते हैं। ऐसा करते समय वे इस बात का ध्यान नहीं रखते हैं कि उनका वह शोध वास्तव में सामाजिक संबंधों से संबद्ध किन्हीं विद्यमान सिद्धांतों को गलत प्रमाणित करने अथवा उन्हें सही प्रमाणित करने या उनकी पुष्टि करने में सहायक भी होगा अथवा नहीं। पर एक विज्ञान तभी प्रगतिशील बन सकता है जबकि विद्यमान तथ्य व सिद्धांत वर्ग पर सुप्रतिष्ठित हों। उस अवस्था में उसका विकास हो नहीं सकता यदि प्रत्येक अध्ययन एक पृथक् सर्वेक्षण हो। ("This criterion is one which is often overlooked by beginning student. He is more likely to select subject matter which is 'interesting' without finding out whether the research will really help to refute, quality or support any existing theories of social relations. A science, however, can be cumulative only by binding on an existing body of fact and theory. It cannot develop if each study is an isolated survey.")

विज्ञान के ज्ञान का संचय तभी संभव होता है जब विद्यमान तथ्य तथा सिद्धांत के ज्ञान से संबंधित अध्ययन किए जाएँ। इसलिए व्यावहारिक तथा उपयोगी प्राकल्पना उसी को कहा जाएगा जो उपलब्ध तथ्य तथा सिद्धांत के ज्ञान से संबंधित होगी। इसलिए गुड्डे तथा हॉट ने कहा है कि जब शोध व्यवस्थित रूप से उपलब्ध सिद्धांत के ज्ञान पर आधारित होता है तो विज्ञान के ज्ञान की वृद्धि होती है। भौतिक विज्ञानों में शोध कार्य पर्याप्त उन्नत स्तर पर तक पहुँचने का कारण यह है कि विभिन्न शोधकर्त्ता पूर्व सिद्धांतों से संबद्ध संक्षिप्त, स्पष्ट तथा विशिष्ट प्राकल्पनाओं का सृजन करके छोटी-छोटी संबद्ध समस्याओं पर खोज करते हैं।

प्राकल्पना की उपर्युक्त विशेषताओं की चर्चा गुड्डे तथा हॉट (Goode and Hatt) ने की है। इन विशेषताओं के अलावा भी प्राकल्पना की कई प्रमुख विशेषताएँ हैं। पी.वी. यंग (P.V. Young) ने 'Scientific Social Survey and Research' में प्राकल्पना की प्रमुख विशेषताओं की चर्चा की है।

(vi) व्यावहारिक तथा यथार्थपूर्ण–प्राकल्पना की की एक प्रमुख विशेषता यह है कि यह व्यावहारिक तथा यथार्थपूर्ण होती है। जिस प्राकल्पना में मूल्य अथवा आदर्श निर्णय का पुट न हो वही प्राकल्पना वैज्ञानिक तथा सार्थक सिद्ध हो सकती है। इसका आशय यह नहीं है कि शोधकर्त्ता को आदर्श प्रस्तुत करने का प्रयास नहीं करना चाहिए। लेकिन आदर्श ऐसा होना चाहिए जिसका परीक्षण तथा अवलोकन किया जा सके एवं जो परीक्षण करने पर सही उतरता हो।

(vii) पूर्वनिर्मित सिद्धांतों से संबंधित–प्राकल्पना की एक प्रमुख विशेषता यह है कि यह पूर्वनिर्मित सिद्धांतों से संबंधित होती है। इस संबंध में गुड्डे तथा हॉट (Goode and Hatt) ने लिखा है, "एक विज्ञान तभी संचयी बन सकता है यदि वह उपलब्ध तथ्यों एवं सिद्धांत वर्ग पर पूर्णतया लागू होता है।"

(viii) समस्या से संबंधित–प्राकल्पना की एक प्रमुख विशेषता यह है कि यह समस्या से संबंधित होती है। अर्थात् यह समस्या के प्रमुख सिद्धांत से घनिष्ठ रूप से संबंध रखता है।

(ix) उपयोग–प्राकल्पना की एक प्रमुख विशेषता यह है कि यह उपयोगी होती है। जो तथ्य उचित प्राकल्पना द्वारा इकट्ठे किए जाते हैं वे उपयोगी होते हैं।

(x) सरलता–प्राकल्पना की एक प्रमुख विशेषता सरलता है। इस विशेषता की चर्चा पी.वी. यंग (P.V. Young) ने की है। इनका कथन है कि व्यावहारिक एवं

उत्तम प्राकल्पना में सीमित कारणों का अध्ययन करना चाहिए। अनावश्यक रूप से अधिक कारकों को शोध में सम्मिलित नहीं किया जाना चाहिए। ऐसा करने से प्राकल्पना में जटिलता पैदा हो जाती है। साथ ही परीक्षण करने में भी कठिनाई होती है। यंग का यह विचार है कि प्राकल्पना अधिक सरल भी नहीं होनी चाहिए क्योंकि बहुत अधिक सरल प्राकल्पना अनुपयोगी तथा अव्यावहारिक भी हो सकती है। इस प्रमाणिकता का चित्रण पी.वी. यंग (P.V. Young) ने निम्नलिखित शब्दों में चित्रित करते हुए 'Scientific Social Survey and Research' में लिखा है, "सरलता एक तेज धार वाला यंत्र है जो व्यर्थ की प्राकल्पना तथा विवेचनाओं को काट भी सकता है। अतएव इसे विलियम ओकम का उस्तरा कहा गया है।"

(xi) मार्गदर्शन के लिए उपयोगी–प्राकल्पना की एक मूल विशेषता यह है कि यह मार्गदर्शन के लिए उपयोगी है। इसके बिना शोधकर्त्ता विषय से भटक जाता है। कहने का तात्पर्य यह है कि अगर बिना प्राकल्पना के सृजन के अध्ययन कार्य शुरू किया जाता है तो शोधकर्त्ता अपने विषय-वस्तु का अध्ययन सही ढंग से नहीं कर पाता है। इस प्रकार यह कहा जा सकता है कि प्राकल्पना मार्गदर्शन के लिए उपयोगी होती है जो इसकी एक विशेषता है।

(xii) अस्थाई हल–प्राकल्पना की एक प्रमुख विशेषता अस्थाई हल है। अर्थात् प्राकल्पना किसी विषय के संबंध में कोई स्थाई निष्कर्ष नहीं निकालती है बल्कि विषय-वस्तु के संबंध में अस्थाई हल निकालकर अध्ययन करने में सहायक होती है।

(xiii) साधनों से संबंधित–प्राकल्पना की एक प्रमुख विशेषता यह है कि यह साधनों से संबंधित होता है। कहने का आशय यह है कि शब्दों में यह कहा जा सकता है कि प्राकल्पना उपलब्ध पद्धतियों तथा साधनों से संबंधित होनी चाहिए। यदि ऐसा नहीं होता है तो यह उपयोगी सिद्ध नहीं होती है।

गुड्डे तथा हॉट (Goode and Hatt) ने इस संबंध में कहा है कि, "जो सिद्धांतशास्त्री यह भी नहीं जानता कि उसकी प्राकल्पना की परीक्षा के लिए कौन-कौन-सी पद्धतियाँ उपलब्ध हैं तो वह व्यावहारिक सवालों के सृजन में असफल रहता है।"

(xiv) अतिश्योक्तिरहित–प्राकल्पना की एक प्रमुख विशेषता यह है कि यह अतिशयोक्तिरहित होती है। अर्थात् इसे अतिशयोक्तिपूर्ण भाषा में नहीं किया जा सकता है। इसमें प्रयोगसिद्धता का गुण होना चाहिए।

सामाजिक शोध में प्राकल्पना का महत्त्व

प्राकल्पना का महत्त्व सामाजिक शोध, सर्वेक्षण तथा वैज्ञानिक अध्ययन में बहुत अधिक होता है। यह वैज्ञानिक पद्धति द्वारा किए गए शोध को नियंत्रित, निर्देशित तथा संचालित करती है। प्राकल्पना के बिना अध्ययन कार्य किया जाता है तो अध्ययनकर्त्ता घटनाओं की दुनिया में उसी तरह भटकता है जिस तरह एक गाँव के किसान को, जिसने महानगर का दर्शन नहीं किया है मुंबई, दिल्ली अथवा कोलकाता के राजपथ पर अकेला छोड़ दिया जाता है। इस तरह यह ज्ञान होता है कि प्राकल्पना शोधकर्त्ता के लिए मार्ग-दर्शक अथवा गाइड का कार्य करती है। यह अध्ययकर्त्ता को निरुद्देश्य इधर-उधर भटकने से रोकती है एवं हाथ पकड़कर सत्य के द्वार तक पहुँचाने का कार्य करती है। एक उदाहरण के द्वारा प्राकल्पना के महत्त्व को स्पष्ट किया जा सकता है। वनस्पति विज्ञान का एक छात्र पौधों के विकास के विषय में एक शोध कार्य करना चाहता है। इस उद्देश्य से अगर वह नगर के पेड़-पौधों की पत्तियाँ गिनना प्रारंभ करे, तो उसका यह कोशिश हास्यास्पद कहा जाएगा। इसका मूल कारण यह कहा जा सकता है कि उसका तथ्य संकलन आधारहीन है। लेकिन यदि कोई सैद्धांतिक आधार हो तो यही कार्य अर्थयुक्त हो सकता है। जैसे उसकी प्राकल्पना यह हो सकती है कि किसी विशेष खाद के प्रयोग से पत्तियों की (जैसे पालक की पत्तियों की) संख्या बढ़ जाती है। इसकी परीक्षा के लिए वह छात्र दो क्यारियों में पौधों की पत्तियों की संख्या की तुलना करता है—एक ऐसी जिसमें खाद डाली गई है और दूसरी ऐसी खाद जिसमें खाद नहीं डाली गई है। इस तुलना द्वारा यह जाना जा सकता है कि खाद पत्तियों की संख्या बढ़ाने में उपयोगी है अथवा नहीं। इस तरह पत्तियां गिनना भी उपयोगी हो सकता है, अगर उसके पीछे प्राकल्पना हो। विभिन्न विद्वानों ने सामाजिक शोध के महत्त्व के संबंध में अपने विचार प्रस्तुत किए हैं जो निम्नलिखित हैं—

गुड्डे तथा हॉट के विचार—प्राकल्पना के महत्त्व को दर्शाते हुए गुड्डे तथा हॉट (Goode and Hatt) ने 'Methods in Social Research' में लिखा है, "अच्छे शोध में प्राकल्पना का सृजन करना सर्वप्रमुख चरण है।"

कोहेन के विचार—कोहेन (Cohen) ने प्राकल्पना के महत्त्व को स्पष्ट करते हुए 'A Preface to Logic' में लिखा है, "पथ-प्रदर्शन करने बाले किसी-न-किसी विचार के बिना हम यह नहीं जानते हैं कि किन तथ्यों का संग्रह करना है। सिद्ध करने के लिए वस्तु के बिना हम यह निश्चित नहीं कर सकते हैं कि क्या संगत और क्या असंगत है।"

प्राकल्पना के महत्त्व पर प्रकाश डालते हुए कोहेन तथा नेगेल (Cohen and Negal) ने 'An Introduction in Logic and Scientific Method' में लिखा है, "किसी भी अन्वेषण में हम तब तक एक कदम भी आगे नहीं बढ़ सकते जब तक कि उस कठिनाई के प्रस्तावित स्पष्टीकरण या समाधान से हम प्रारंभ न करें जिसने इसे उत्पन्न किया है।"

एच. प्वायनकेयर (H. Pyayankear) ने 'Scientific and Hypothesis' में प्राकल्पना के महत्त्व को दर्शाते हुए लिखा है, "यह ज्यादातर कहा गया है कि प्रयोग का पूर्व-कल्पित विचारों के बिना किया जाना असंभव है। यह न केवल प्रत्येक प्रयोग को निष्फल बनाएगा बल्कि अगर हम करना भी चाहें तो यह नहीं किया जा सकता।"

प्राकल्पना के महत्त्व पर प्रकाश निक्षेप करते हुए जहोदा तथा कुक (Jahoda and Cook) ने 'Research Methods in Social Relations' में लिखा है, "प्राकल्पनाओं का सृजन सत्यापन करना ही वैज्ञानिक अध्ययन का प्रमुख उद्देश्य होता है।"

उपर्युक्त विद्वानों के अलावा लुण्डबर्ग (Lundberg) ने भी प्राकल्पना के महत्त्व पर अपनी पुस्तक 'Social Research' में प्रकाश निक्षेप किया गया है।

उपर्युक्त विद्वानों के विचारों से यह ज्ञान होता है कि वैज्ञानिक शोध में प्राकल्पनाओं का बहुत अधिक महत्त्वपूर्ण स्थान है। वैज्ञानिक ढंग से अध्ययन करने के लिए यह परम आवश्यक है कि अवधारणाओं, वाक्य-विन्यासों तथा चरों की आवश्यकता परिभाषा करने के बाद शोध सवालों का स्पष्ट तथा विस्तृत रूप से सृजन किस तरह किया जाए जिनका उत्तर प्राप्त करने की हम उम्मिद रखते हैं। यही सवाल हमें प्राकल्पना के सृजन की ओर ले जाते हैं।

एक प्राकल्पना का सामाजिक तथा वैज्ञानिक शोध में अत्यंत महत्त्वपूर्ण स्थान होता है। अतएव यह कहा जा सकता है कि प्राकल्पना मार्गदर्शन के लिए समुद्रों में जहाजों को रास्ता दिखाने वाले प्रकाश स्तम्भ के समान है जो शोधकर्त्ताओं तथा वैज्ञानिकों को भटकने से बचाती है। प्राकल्पना के महत्त्वों की चर्चा विस्तृत रूप में करना जरूरी प्रतीत होता है। इसके अग्रलिखित महत्त्व हैं–

(i) समस्या की व्याख्या में सहायक–प्राकल्पना का एक महत्वपूर्ण महत्व है कि समस्या की व्याख्या में मददगार होना है। सामाजिक शोध का प्रथम चरण समस्या की व्याख्या करना होता है। सामाजिक शोध में समस्या की व्याख्या कारण प्रभाव के

रूप में की जाती है। इस कार्य को संपन्न करने में प्राकल्पना विशेष सहायता करती है। शोध में समस्या की व्याख्या प्राकल्पना के रूप में की जाती है। प्राकल्पना के द्वारा अध्ययन समस्या को स्पष्ट किया जाता है कि किन-किन कारणों का परस्पर गुण संबंध अथवा कार्य-कारण प्रभाव के रूप में अध्ययन किया जाएगा। दूसरे शब्दों में यह कहा जा सकता है कि वैज्ञानिक शोध तथा अध्ययन प्राकल्पना से प्रारंभ होता है। प्राकल्पना एक ऐसी प्रस्थापना होती है जिसकी प्रमाणिकता की जाँच शोध के द्वारा की जाती है। इस संबंध में पी.वी. यंग (P.V. Young) एवं गुड्डे तथा हॉट (Goode and Hatt) आदि विद्वानों ने यह विचार दिया है कि व्यावहारिक प्राकल्पना वैज्ञानिक शोध की समस्या को स्पष्ट, सुनिश्चित तथा सीमित रूप में प्रस्तुत करने में मदद करती है।

(ii) अध्ययन की दिशा में सहायक—प्राकल्पना का एक महत्त्व यह भी है कि यह अध्ययन की दिशा में मददगार होता है। वैज्ञानिक अध्ययन की दिशा का निश्चित होना जरूरी होता है। अध्ययन की दिशा का आशय यह है कि वैज्ञानिक किन तथ्यों, आँकड़ों तथा जानकारियों को संग्रह करे तथा किन्हें संग्रह नहीं करे। इसके निर्धारण में प्राकल्पना वैज्ञानिक की हर पल मदद करती है जिससे वह अध्ययन क्षेत्र में इधर-उधर भटकने से बच जाता है। यह अध्ययन को एक निश्चित सीमा में बाँध देती है। इस सीमा-रेखा के खिंच जाने से अध्ययनकर्त्ता को यह ज्ञान होता है कि उसे क्या-क्या अध्ययन करना है, किन-किन तथ्यों का संकलन करना है तथा किनको बिल्कुल छोड़ देना है।

इस संबंध में गुड्डे तथा हॉट (Goode and Hatt) ने यह बताया है कि, "प्राकल्पना यह बताती है कि हम किसकी खोज करें।" इससे शोधकर्त्ता व्यर्थ के आँकड़े तथा तथ्यों आदि को इकट्ठा करने से बच जाता है। साथ ही समय तथा धन दोनों की बचत होती है।

पी.वी. यंग (P.V. Young) ने इस संबंध में अपने विचार प्रस्तुत करते हुए लिखा है, "प्राकल्पना से शोधकर्त्ता ऐसे तथ्यों को संग्रह करने से बच जाता है जो बाद में अध्ययन विषय के लिए व्यर्थ सिद्ध होते हैं।" इस प्रकार यह कहा जा सकता है कि अध्ययन की दिशा में सहायक होना प्राकल्पना का एक महत्त्व है। इसलिए यह कहा जाता है कि "अच्छे शोध में प्राकल्पना का सृजन एक केंद्रीय पथ है।"

(iii) अध्ययन क्षेत्र की सीमितता तथा चुनाव में सहायक—प्राकल्पना का तीसरा महत्त्व अध्ययन क्षेत्र की सीमितता तथा चुनाव में मददगार होना है। वैज्ञानिक

शोध में प्राकल्पना के सृजन के उपरांत अध्ययन क्षेत्र का चुनाव किया जाता है। प्राकल्पना निश्चित तथ्यों का परस्पर कारण प्रभाव क्रम में वर्णन करती है जिसकी जाँच के लिए शोधकर्त्ता को ऐसे अध्ययन क्षेत्र को चुनना होता है जहाँ प्राकल्पना की जाँच की जा सके। अध्ययन के क्षेत्र तथा विषय को प्राकल्पना सीमित तथा स्पष्ट कर देती है। घटनाओं तथा तथ्यों की दुनिया बहुत विस्तृत होती है। किसी भी शोधकर्त्ता के लिए यह संभव नहीं होता है कि वह एक विषय से संबद्ध सभी पहलुओं का एक ही समय में अध्ययन कर सके। चूँकि प्राकल्पना अध्ययन क्षेत्र को सीमित तथा स्पष्ट कर देती है इसलिए शोधकर्त्ता सरलतापूर्वक अपना ध्यान उस क्षेत्र के चयन करने में लगता है जहाँ उसे जरूरी तथ्य उपलब्ध होते हैं। शोधकर्त्ता क्षेत्र का चुनाव कर लेने के बाद उसे सीमित भी कर देता है। इससे उसे अध्ययन क्षेत्र में इधर-उधर भटकना नहीं पड़ता है।

इस संबंध में लुण्डबर्ग (Lundberg) ने अपने विचार व्यक्त करते हुए लिखा है कि प्राकल्पना के उपयोग से अध्ययन क्षेत्र सीमित हो जाता है और अध्ययनकर्त्ता गहराई से विषय का अध्ययन करने में सफल होता है। अध्ययनकर्त्ता विस्तृत क्षेत्र में से अध्ययन से संबंधित ही जानकारी जमा करता है क्योंकि उसका लक्ष्य प्राकल्पना स्पष्ट कर देती है। लुण्डबर्ग (Lundberg) ने 'Social Research' में लिखा है, "हम जान-बूझकर अपनी विचार शक्तियों को स्वीकार करते हैं और अपने शोध के क्षेत्र को सीमित करके त्रुटियों की संभावना को कम करने का प्रयत्न करते हैं।"

(iv) मार्गदर्शन के रूप में सहायक–प्राकल्पना का एक मूल महत्त्व यह है कि यह मार्गदर्शन के रूप में मददगार होती है। अर्थात् यह शोधकर्त्ता का मार्गदर्शन करती है। इसका फायदा यह होता है कि उसका ध्यान मुख्य विषय पर ही केंद्रित रहता है। यह अध्ययन कार्य को सरल बना देती है तथा विलंब की संभावना को भी टाल देती है। सही दिशा दिखाने से शोधकर्त्ता का मनोबल बढ़ जाता है और वह अपने लक्ष्य की ओर तेजी से अग्रसर होता है। अगर शोधकर्त्ता का मनोबल गिर जाता है तो कोई भी शोधकर्त्ता चाहे कितना ही चतुर तथा विद्वान क्यों न हो, उसकी आगे कार्य करने में कोई दिलचस्पी नहीं रह जाती है। इस संबंध में पी.वी. यंग (P.V. Young) ने 'Scientific Social Survey and Research' में लिखा है, "प्राकल्पना का प्रयोग एक दृष्टिहीन खोज से रक्षा करता है।"

(v) प्रासंगिक तथा उपयोगी एवं संकलन में सहायक–प्राकल्पना का एक मूल महत्त्व प्रासंगिक तथा उपयोगी तथ्य संकलन करना है। शोधकर्त्ता जब अध्ययन

करता है तब उसके समक्ष कई तथ्य आते हैं लेकिन वह केवल प्रासंगिक तथ्यों का ही संकलन करता है। प्राकल्पना द्वारा क्षेत्र, उद्देश्य तथा दिशा पहले से ही निर्धारित हो जाते हैं। इसलिए शोधकर्त्ता अपने अध्ययन के लिए केवल उन्हीं तथ्यों को इकट्ठा करता है जो उसके लिए मददगार होते हैं। दूसरे शब्दों में कहने का तात्पर्य यह है कि मनमाने तथ्यों का संकलन नहीं किया जाता है। केवल सबंद्ध तथ्यों का ही संकलन किया जाता है जिससे कि प्राकल्पना की प्रमाणिकता की जाँच हो सके।

वैज्ञानिक अध्ययन के लिए यह भी जरूरी होता है कि वह व्यवस्थित एवं क्रमबद्ध हो। इसलिए सिर्फ उपयोगी तथ्यों का ही संकलन किया जाता है। जब अध्ययन की समस्या स्पष्ट, सुनिश्चित तथा कारण प्रभाव के क्रम में नहीं होती है तो वैज्ञानिक के लिए उपयोगी, अनुपयोगी तथा संबंधित आदि बंधित तथ्यों में भेद करना कठिन हो जाता है। इसका परिणाम यह होता है कि संबंधित तथ्य छूट जाते हैं तथा असंबंधित तथ्य जमा हो जाते हैं। लेकिन जब शोधकर्त्ता के समक्ष प्राकल्पना एक अध्ययन की समस्या के रूप में होती है तो वह आत्मविश्वास के साथ केवल संबंधित एवं उपयोगी तथ्यों का ही संकलन करता है।

इस संबंध में लुण्डबर्ग (Lundberg) ने 'Social Research' में लिखा है, "बिना किसी प्राकल्पना के तथ्यों का संकलन एवं किसी प्राकल्पना को आधार मानकर तथ्यों का संकलन इन दोनों में भेद केवल यही है कि दूसरी स्थिति में हम जान-बूझकर अपनी विचार शक्तियों की सीमाओं को स्वीकार करते हैं और अपने शोध के क्षेत्र को सीमित करके उनकी त्रुटियों की गुंजाइश को कम करने का कोशिश करते हैं जिससे की ज्यादातर उन विशिष्ट पक्षों पर ही ध्यान केंद्रित किया जा सके जो हमारे पूर्वानुभव के अनुसार उद्देश्य की पूर्ति के लिए महत्त्वपूर्ण हैं।"

प्राकल्पना में जिन कारकों के कारण प्रभाव संबंध प्रस्थापना के रूप में होते हैं मात्र उनकी जाँच करने में संबंधित तथ्यों को शोधकर्त्ता एकत्रित करता है। इस तरह प्राकल्पना के द्वारा शोधकर्त्ता पर नियंत्रण भी होता है। साथ ही विषय से संबद्ध तथ्य एकत्रित होने से प्राकल्पना की प्रमाणिकता को भी प्रमाणित किया जा सकता है। इस संबंध में पी.वी. यंग (P.V. Young) ने 'Scientific Social Survey and Research' में लिखा है, "प्राकल्पना के प्रयोग में उन तथ्यों की अंधी खोज और अंधाधुंध संकलन पर नियंत्रण होता है जो बाद में अध्ययन की जाने वाली समस्या के लिए अप्रासंगिक अथवा बेकार सिद्ध हो।" ("The use of a hypothesis thus prevents a blind search and indiscriminate gathering of masses of data which may later prove irrelevant to the problem under study.")

इस प्रकार यह ज्ञान होता है कि प्राकल्पना प्रासंगिक तथा उपयोगी एवं संकलन करने में सहायक होती है जो इसका एक महत्त्व है।

(vi) तर्कसंगत निष्कर्षों में सहायक–प्राकल्पना का एक मूल महत्त्व यह भी है कि यह तर्कसंगत निष्कर्षों में मददगार होती है। किसी भी वैज्ञानिक अध्ययन का प्रारंभ प्राकल्पना के सृजन से होता है तथा प्राकल्पना अध्ययन के अंत में निष्कर्ष निकालने में सहायक सिद्ध होती है। तथ्यों का संकलन, वर्गीकरण तथा सारणीयन प्राकल्पना को ध्यान में रखकर किया जाता है। अंत में निष्कर्ष निकालने पर यह देखा जाता है कि प्राकल्पना सत्य है अथवा असत्य। प्राकल्पना में जिन तथ्यों का परस्पर गुण संबंध दिया जाता है उन्हीं की प्रमाणिकता की जाँच करके अध्ययनकर्त्ता निष्कर्ष प्रस्तुत करता है। यही कारण है कि अध्ययनकर्त्ता को निष्कर्ष निकालते समय प्राकल्पना विशेष सहायता प्रदान करती है। निष्कर्ष में तर्कपूर्ण रूप से यह सिद्ध करना होता है कि अध्ययन के आरंभ में जो प्राकल्पना बनाई गई थी वह सत्य है अथवा असत्य। यदि प्राकल्पना सही होती है तो इसके आधार पर सिद्धांत का सृजन हो जाता है। अगर गलत होती है तो भी वास्तविकता का पता चल जाता है।

पी.वी. यंग (P.V. Young) का इस सम्बन्ध में विचार है कि, "एक वैज्ञानिक के लिए नकारात्मक परिणाम बहुधा उतना ही महत्त्वपूर्ण और रोचक होता है जितना कि सकारात्मक परिणाम।" ("To a scientist, negative results...are often just as significant and interesting as positive.") दोनों ही अवस्थाओं में प्रमाणिकता का ज्ञान होता है। पी.वी. यंग (P.V. Young) का कहना है कि प्राकल्पना की उपयोगिता शोधकर्त्ता की इन बातों पर निर्भर करती है–(क) तीक्ष्ण अवलोकन, (ख) अनुशासित कल्पना तथा सृजनात्मक चिंतन, एवं (ग) कुछ निरूपित सैद्धांतिक स्वरूप। इससे यह ज्ञान होता है कि अभिष्ट परिणाम तथा उद्देश्य की प्राप्ति के लिए प्राकल्पना केवल कामचलाऊ अथवा उपयोगी नहीं होनी चाहिए बल्कि शोधकर्त्ता में कल्पना, चिंतन, बुद्धि तथा धर्म की भी आवश्यकता होती है।

(vi) सिद्धांत सृजन में सहायक–प्राकल्पना का एक मूल महत्त्व यह है कि यह सिद्धांत के सृजन में मददगार होती है। यह विज्ञानों में सिद्धांतों के सृजन में मदद करती है। कई वैज्ञानिकों का विचार है कि वही प्राकल्पना व्यावहारिक एवं उपयोगी होती है जो मुख्य विज्ञान तथा सिद्धांत से संबंधित होती है। शोध का अंतिम चरण प्राकल्पना की तथ्यों के आधार पर जाँच करना होता है। प्राकल्पना के सत्य

सिद्ध होने पर उसे सिद्धांत का रूप दिया जाता है। असत्य सिद्ध होने पर उसे त्याग कर नए सिद्धांत की स्थापना की जाती है। कभी-कभी ऐसा भी होता है कि थोड़ा-सा संशोधन करके अध्ययनकर्त्ता प्राप्त तथ्यों के आधार पर तर्कपूर्ण विश्लेषण करता है तथा प्राकल्पना को संशोधित कर फिर से सिद्धांत के रूप में व्यक्त किया जाता है।

जब परिस्थितियों नई होती है तो कई बार सिद्धांत गलत लगने लगते हैं। ऐसे में उसे पुनः प्राकल्पना के रूप में रखकर शोधकर्त्ता शोध करता है तथा पुनः सत्य सिद्ध होने पर सिद्धांत के रूप में प्रस्तुत करता है। इस तरह यह ज्ञान होता है कि प्राकल्पना सिद्धांतों के सृजन में विशेष योगदान देती है। प्राकल्पना की उपर्युक्त विशेषताओं से यह ज्ञान होता है कि यह बहुत महत्त्वपूर्ण होती है। शोध प्राकल्पना से शुरू होकर प्राकल्पना पर ही समाप्त हो जाता है। शोध का ऐसा कोई भी चरण नहीं है जिसमें प्राकल्पना की भूमिका नहीं हो। यह कहना भी अत्यंत कठिन है कि किस चरण में प्राकल्पना अधिक महत्त्वपूर्ण भूमिका निभाती है और किस चरण में कम महत्त्वपूर्ण भूमिका निभाती है। निष्कर्ष रूप में यह कहा जा सकता है कि शोध की संपूर्ण प्रक्रिया प्राकल्पना के ही इर्द-गिर्द घूमती है।

प्राकल्पना के आयाम अथवा विमितियाँ

प्राकल्पना के विभिन्न आयाम, तत्त्व अथवा विमितियाँ होती हैं। ये कई मूल्यांकन में मददगार होती हैं। समाजशास्त्री जॉन गाल्टुँग (John Galtung) ने 'Theory and Methods of Social Research' में प्राकल्पना के विभिन्न आयामों पर प्रकाश निक्षेप किया है जो अग्रलिखित हैं–

(i) सामान्यता (Generality),
(ii) जटिलता (Complexity),
(iii) विशिष्टता (Spcificity),
(iv) निश्चयवादिता (Determinancy),
(v) मिथ्यावादिता (Falsifiability),
(vi) परीक्षणीयता (Testability),
(vii) भविष्यवाणीयता (Predictibility),
(viii) संवहनशीलता (Communicability),
(ix) पुनरुत्पादकता (Reproductibility),
(x) विश्वसनीयता (Reliability)।

(i) सामान्यता–प्राकल्पना का एक प्रमुख आयाम सामान्यता है। सामान्यता से गाल्टुँग ने यह मतलब लगाया है कि उन परिस्थितियों का विवरण देना चाहिए जिनमें प्राकल्पना की पुष्टि की जा सके अथवा वह असत्य प्रमाणित किया जा सके। किसी एक स्थान अथवा परिस्थिति विशेष के लिए प्रमाणित तथ्यों की समान्यीकरण प्राप्त करने हेतु अन्य स्थानों अथवा परिस्थितियों पर लागू किया जाता है। इस तरह के परीक्षण से अथवा तो प्राकल्पना की पुष्टि हो जाती है अथवा वह प्रमाणित हो जाती है।

(ii) जटिलता–प्राकल्पना का एक प्रमुख आयाम जटिलता भी है। प्राकल्पना की सरलता अथवा जटिलता का निर्धारण प्राकल्पना में चरों की संख्या के आधार पर किया जाता है। सबसे सरल अथवा सामान्य प्राकल्पना वह होती है जिसमें एक चर होता है। प्राकल्पना की जटिलता के साथ-साथ उसके चरों की संख्या में भी बढ़ोतरी होती जाती है। सामाजिक घटनाओं के विश्लेषण में चरों के आधार पर प्राकल्पना की जटिलता का विशेष महत्त्व होता है। सामाजिक शोध में जितनी प्राकल्पनाओं की पुष्टि होगी, घटनाओं एवं विश्लेषण भी उतना ही माना जाएगा। गाल्टुँग की ऐसी मान्यता है कि उच्च स्तर का सामान्यीकरण करने के लिए समाज वैज्ञानिक अधिक-से-अधिक प्राकल्पना का सृजन करते हैं।

(iii) विशिष्टता–प्राकल्पना का का एक प्रमुख आयाम विशिष्टता भी है। जिन चरों के आधार पर प्राकल्पनाओं का सृजन किया जाता है वे विशिष्ट चर कहलाते हैं। प्राकल्पना के सृजन में इन विशिष्ट चरों को महत्व दिया जाता है क्योंकि इन्हीं के आधार पर प्राकल्पना की जाँच की जाती है। साथ ही सिद्धांतों का भी सृजन किया जाता है। तथ्यों के संदर्भ में प्राकल्पना को परिष्कृत, संशोधित तथा पुनर्गठित किया जाता है। इसे रद्द भी किया जा सकता है तथा तथ्यों के परस्पर संबंधों को विशिष्ट चरों के आधार पर जाँचा जाता है। यही कारण है कि प्राकल्पना में विशिष्ट चरों को अधिक महत्त्व दिया जाता है। इस संबंध में जॉन गाल्टुँग (John Galtung) ने 'Theory and Methods of Social Research' में लिखा है कि द्विखंडीय उपकल्पना से त्रिखंडीय उपकल्पनाएँ तथा त्रिखंडीय से बहुखंडीय अधिक महत्त्वपूर्ण तथा श्रेष्ठ है। किसी भी उपकल्पना की आनुभविक विशेषता को सैद्धांतिक विशेषता के स्तर तक लाना चाहिए, जिससे कि तथ्यों के संदर्भ में उपकल्पना परिष्कृत हो सके।

(iv) निश्चयवादिता–प्राकल्पना के निश्चयवादिता के आयाम से गाल्टुँग का आशय यह है कि परिस्थितियों का विवरण इतना स्पष्ट तथा व्यवस्थित रूप में प्रस्तुत

किया जाना चाहिए कि इकाइयों की वास्तविक स्थिति क्या है? इसे निश्चयता के साथ देखा-परखा जा सके। गाल्टुंग का मत है कि प्राकल्पना में विशिष्टता तथा निश्चयवादिता दोनों का ही समावेश होना चाहिए। इस संबंध में अपने विचारों को स्पष्ट करते हुए जान गाल्टुंग (John Galtung) ने 'Theory and Methods of Social Research' में लिखा है कि किसी प्राकल्पना की निश्चयात्मकता उसकी विशिष्टता से संबंधित होती है और किसी भी प्राकल्पना की विशिष्टता को कम करने के उपरांत हम किसी भी सीमा तक उसमें निश्चयात्मकता प्राप्त कर सकते हैं। आदर्शात्मक स्थिति यह होती है कि दोनों ही गुणों का समावेश प्राकल्पना में हो, लेकिन सामान्यतः सामाजिक विज्ञानों में इस तरह का अनुपात कम ही होता है।

(v) मिथ्यावादिता—वैज्ञानिक को प्राकल्पना के प्रस्तुतीकरण में यह स्पष्ट करना चाहिए कि प्राकल्पना में सत्य अंश, अनिश्चित अंश तथा मिथ्या अंश की सीमाएँ क्या हैं? उसे यह भी स्पष्ट करना चाहिए कि उपलब्ध तथ्यों में मिथ्या पक्ष का मापन किस सीमा तक संभव है। जैसे-जैसे प्राकल्पना की पुष्टि होती जाती है, उसके मिथ्या प्रमाणित होने का अवसर समाप्त होते जाते हैं।

(vi) परीक्षणीयता—परीक्षणीयता का तात्पर्य यह है कि उपयोगी तथा अच्छी प्राकल्पना में परीक्षण अथवा जाँच का गुण होना चाहिए। यह प्राकल्पना का एक मूल आयाम है। यहाँ परीक्षणीयता का यह भी अर्थ है कि जब प्राकल्पना की तुलना आनुभविक आवंटन से की जाए तो इसकी प्रमाणिकता अथवा अप्रमाणिकता संबंधी निष्कर्ष निकल सके। किसी प्राकल्पना की जाँच के निष्कर्ष भी कुछ हो सकते हैं। परीक्षण से निष्कर्ष सत्य, प्रमाणित तथा मिथ्या, अनिश्चित कैसे भी निकल सकते हैं। यदि उस प्राकल्पना की पुष्टि होती है तो वह सत्य प्रमाणित होती है तथा यदि उसकी स्थिति अनिश्चित रहे तो वह मिथ्या प्रमाणित हो सकती है।

(vii) भविष्यवाणीयता—भविष्यवाणीयता प्राकल्पना का एक प्रमुख आयाम है। इसके तहत चरों के मध्य पाए जाने वाले संबंधों की भविष्यवाणी की जाती है। सामाजिक विज्ञानों में सामाजिक घटनाओं को स्पष्ट करने की आवश्यकता पर अधिक जोर दिया जाता है तथा भविष्यवाणी करने की क्षमता को कम महत्त्व दिया जाता है। शोधकर्त्ता अध्ययन की प्रक्रिया के दौरान उपलब्ध तथ्यों के संदर्भ में अपनी प्राकल्पनाओं में संशोधन तथा परिवर्तन करता रहता है।

(vii) संवहनशीलता—संवहनशीलता से तात्पर्य यह होता है कि प्राकल्पना का दूसरे लोग भी वही अर्थ लगाएँ जिस उद्देश्य से शोधकर्त्ता ने उसे बनाया था। दूसरे

शब्दों में यह कहा जा सकता है कि सूचनादाता एवं अध्ययनकर्त्ता दोनों ही प्राकल्पना का एक अर्थ निकालें। अगर दोनों प्राकल्पना का भिन्न-भिन्न अर्थ लगाएँगे तो ऐसी प्राकल्पना श्रेष्ठ नहीं मानी जाएगी। यह संवहन तीन स्तरों पर हो सकता है—प्राकल्पना का संवहन, उसके संदर्भ में एकत्र किए गए तथ्यों का संवहन एवं उसके मध्य संबंधों का मूल्यांकन।

(ix) पुनरुत्पादकता—पुनरुत्पादकता प्राकल्पना का एक प्रमुख आयाम है। एक प्राकल्पना उस सीमा तक पुनरुत्पादन के योग्य होती है जब तक कि उसके निष्कर्षों के साथ दुहराया जा सके। कहने का आशय यह है कि अगर कोई शोधकर्त्ता उसी तरह के तथ्यों को जमा करता है तो वह उस प्रक्रिया को समझने के साथ-साथ उन्हीं अर्थों में स्वीकार भी करे।

(x) विश्वसनीयता—प्राकल्पना में विश्वसनीयता भी होनी चाहिए। प्राकल्पना का यह तत्त्व इस बात की ओर संकेत करता है कि उपलब्ध तथ्यों के आधार पर प्राकल्पना की जाँच होनी है जिसे पुष्टिकरण की मात्रा के नाम से पुकारा जा सकता है। जैसे किसी प्राकल्पना का मिथ्या प्रमाणित होना अथवा उसका समर्थन नहीं होना या पुष्टि होना अथवा सत्य प्रमाणित होना। ये वे विमितियाँ अथवा आयाम हैं जो कम अथवा अधिक मात्रा में प्रत्येक प्राकल्पना में पाए जाते हैं एवं प्राकल्पना को सामान्य विचार से पृथक् करते हैं। वही प्राकल्पना विश्वसनीय कहलाती है जिसकी जाँच जो भी वैज्ञानिक जब करना चाहे कर सके तथा जाँच द्वारा परिणाम पूर्व के समान हों।

उपरोक्त तत्वों के आधार पर निष्कर्ष रूप में यह कहा जा सकता है कि किसी भी प्राकल्पना में ऊपर वर्णित सभी गुण अथवा आयाम कम अथवा अधिक मात्रा में विद्यमान होते हैं जो प्राकल्पना को सामान्य विचार से पृथक महत्त्व तथा रूप प्रदान करते हैं।

प्राकल्पना के स्रोत

सामाजिक शोध में प्राकल्पना विशेष महत्त्व रखता है। इसलिए यह जानना भी जरूरी प्रतीत होता है कि इसके उद्‌गम अथवा स्रोत कौन-कौन-से हैं। दूसरे शब्दों में यह कहा जा सकता है कि प्राकल्पना के संबंध में विस्तृत जानकारी प्राप्त करने के लिए यह अनिवार्य है कि यह समझा जाए कि एक शोधकर्त्ता को प्राकल्पना कहाँ से प्राप्त होती है। अर्थात् वे कौन-से स्रोत हैं जहाँ से एक शोधकर्त्ता को किसी विशिष्ट प्राकल्पना के सृजन की प्रेरणा मिलती है। प्राकल्पना का स्रोत शोधकर्त्ता की

अपनी अंतर्दृष्टि, कोरी कल्पना, विचार अथवा अनुभव हो सकता है। इस दृष्टिकोण से प्राकल्पना का स्रोत शोधकर्त्ता स्वयं हो सकते हैं। शोधकर्त्ता के अतिरिक्त इसके बाहरी स्रोत भी हो सकते हैं। गुड्डे तथा हॉट (Goode and Hatt) का कथन है कि प्राकल्पना के अभाव में तथ्यों का संकलन, वर्गीकरण, विश्लेषण, संगठन एवं निष्कर्ष निकालना कठिन हो जाता है। प्राकल्पना शोध के प्रत्येक चरण को दिशा-निर्देश देती है। इसलिए प्राकल्पना के विभिन्न पक्षों का गहराई से अध्ययन करना जरूरी होता है। प्राकल्पना का स्रोत भी एक महत्त्वपूर्ण पक्ष होता है।

लुण्डबर्ग (Lundberg) के विचार है कि, "एक फलप्रद प्राकल्पना की खोज में हम कविता, साहित्य, दर्शन, समाजशास्त्र के विस्तृत वर्णात्मक साहित्य (Descriptive Literature), मानव जातिशास्त्र (Etchnology) कलाकारों के काल्पनिक सिद्धांतों अथवा उन गंभीर विचारकों के सिद्धांतों की संपूर्ण दुनिया में विचरण कर सकते हैं जिन्होंने कि मनुष्य के सामाजिक संबंधों के गहन अध्ययन कार्य में अपने को नियोजित किया है।" ("In searching for fruitful hypothesis, we may draw upon the whole realm of poetry, literature, philosophy, and large, descriptive literature of sociology and ethnology, including the speculative theories of artist and penetrating thinkers who hare devoted themsleves to a deep, if informal and unsubstantiated, study of man's social relationship.")

जहाँ तक प्राकल्पना के उद्गम अथवा स्रोतों का प्रश्न है, यह कहा जा सकता है कि मूल रूप से इसके दो स्रोत हो सकते हैं जो अग्रलिखित हैं–

(i) व्यक्तिगत स्रोत–प्राकल्पना का सबसे बड़ा व्यक्तिगत स्रोत वैज्ञानिक अथवा शोधकर्त्ता स्वयं होता है। शोधकर्त्ता का ज्ञान, जिज्ञासा, अनुभव, विचारधारा, कल्पना, दृष्टिकोण, प्रतिभा तथा अंतर्दृष्टि आदि प्राकल्पना के सृजन में सहायक होते हैं। ऐसे अनेक उदाहरणों से इतिहास भरा पड़ा है जब वैज्ञानिकों तथा शोधकर्त्ताओं ने अपने व्यक्तिगत अनुभवों के आधार पर ऐसी अनेक प्राकल्पनाओं का सृजन किया जिनके आधार पर विश्वविख्यात वैज्ञानिक नियमों का प्रतिपादन हुआ। उदाहरणस्वरूप-न्यूटन तथा फेराडे आदि वैज्ञानिकों का नाम लिया जा सकता है जो प्राकल्पना के व्यक्तिगत स्रोत कहे जा सकते हैं।

(ii) बाह्य स्रोत–बाह्य स्रोत उस स्रोत को कहा जाता है जिसमें शोधकर्त्ता प्राकल्पना सृजन के लिए पुस्तकालय, विद्वानों के विचार, वैज्ञानिक, अध्ययन तथा सिद्धांत आदि की मदद लेता है। यह स्रोत कोई भी कविता, विचार, अनुभव, सिद्धांत,

साहित्य, दर्शन, कहानी, नाटक, उपन्यास तथा प्रतिवेदन आदि कुछ भी हो सकता है। इसका मूल तात्पर्य अथवा आशय यह है कि जब शोधकर्त्ता किसी अन्य व्यक्ति अथवा व्यक्तियों के द्वारा प्रतिपादित एक सामान्य विचार के आधार पर अपनी प्राकल्पना का सृजन करता है तो प्राकल्पना का बाह्य स्रोत कहा जाता है।

विभिन्न विद्वानों ने प्राकल्पना के स्रोतों की चर्चा की है। प्राकल्पना के स्रोतों की चर्चा करते हुए एम.एच. गोपाल (M.H. Gopal) ने 'An Introduction to Research Procedure in Social Sciences' में इसके छः प्रमुख स्रोतों की चर्चा की है। ये स्रोत अग्रलिखित हैं–

(i) सांस्कृतिक पर्यावरण (Cultural Environment),

(ii) लोक-बुद्धि अथवा प्रचलित विश्वास तथा प्रथाएँ (Folk-wisdon or Current Beliefs and Practices),

(iii) विशेष ज्ञान (Particular Science),

(iv) समरूपता (Analogy),

(v) स्वीकृत सिद्धांतों का अपवाद (Exception to the Accepted Theories),

(vi) वैयक्तिक अनुभव तथा मौलिक प्रतिक्रियाएँ (Personal Experiences and Personal Reactions).

गुड्डे तथा हॉट (Goode and Hatt) ने 'Methods in Social Research' में प्राकल्पना के चार स्रोतों की विवेचना की है। ये स्रोत अग्रलिखित हैं–(i) सामान्य संस्कृति (General Culture), (ii) वैज्ञानिक सिद्धांत (Scientific Theories), (iii) सादृश्यताएँ (Analogies), एवं (iv) व्यक्तिगत अनुभव (Personal Experience)।

(i) सामान्य संस्कृति–गुड्डे तथा हॉट के विचार में प्राकल्पना का एक मूल उद्‌गम अथवा स्रोत सामान्य संस्कृति है। सामान्य संस्कृति, जिसमें एक विज्ञान पनपता है, यह विज्ञान की कई प्राकल्पनाओं का आधार बन जाती है। मनुष्यों की गतिविधियों को समझने का सबसे अच्छा साधन उसकी संस्कृति के ही अनुरूप होता है। अधिकांश प्राकल्पनाओं का मूल स्रोत वह सामान्य संस्कृति होता है, जिसमें विशिष्ट विज्ञान का विकास होता है। संबंधित संस्कृति लोगों के विचारों, जीवन प्रणाली तथा मूल्यों को प्रभावित करती है। इस तरह प्रमुख सांस्कृतिक मूल्य प्रत्यक्ष रूप से शोध-कार्य की प्रेरणा बन जाते हैं। जैसे पश्चिमी संस्कृति में व्यक्तिगत सुख,

उदारवाद, सामाजिक गतिशीलता, प्रतिस्पर्द्धा, प्रगतिवाद तथा संपन्नता आदि पर अधिक बल दिया जाता है जबकि भारतीय संस्कृति में दर्शन, आध्यात्मिकता, जातिवाद, धर्म तथा संयुक्त परिवार आदि का गहरा प्रभाव दिखाई पड़ता है। इस तरह अपनी सामान्य संस्कृति भी शोधकर्त्ता को प्राकल्पना के लिए स्रोत प्रदान करती है।

अपनी-अपनी संस्कृति के आधार पर ही पश्चिमी देशों तथा भारतवर्ष में समाजशास्त्रियों के मन में कुछ प्राकल्पनाओं का उद्भव हो जाता है अथवा उनका ध्यान सामाजिक जीवन के कुछ विशिष्ट पक्षों के प्रति आकर्षित हो सकता है जो कि प्राकल्पना के सृजन में मददगार सिद्ध हो सके। पश्चिम के समाजों में विज्ञान का विकास कोई घटना नहीं है बल्कि वह यहाँ की संस्कृति का प्रभाव है। इस संबंध में गुड्डे तथा हॉट (Goode and Hatt) ने 'Methods of Social Research' में लिखा है, "जिस सामान्य संस्कृति में विज्ञान का विकास होता है, वह कई भौतिक प्राकल्पनाएँ प्रदान करती है।" गुड्डे तथा हॉट (Goode and Hatt) ने सामान्य संस्कृति से संबंधित प्राकल्पना के तीन उप-स्रोतों की विवेचना की है जो इस तरह हैं–

(क) सांस्कृतिक मूल्य (Cultural Values),

(ख) लोक-विश्वास (Folk-beliefs), एवं

(ग) सामाजिक परिवर्तन (Social Changes)।

(क) सांस्कृतिक मूल्य–हर समाज की अपनी विशिष्ट संस्कृति होती है। संस्कृति के अनुरूप समाज का विकास होता है। उसी तरह से नवीन विषय समाजशास्त्र का विकास संयुक्त राज्य अमेरिका, इंग्लैण्ड, जर्मनी तथा फ्रांस में उल्लेखनीय रूप से हुआ है। ज्यादतर जिन प्राकल्पनाओं का सृजन, विकास तथा परीक्षण हुआ है वे इन्हीं समाजों की सांस्कृतिक जटिलता से संबंधित रही हैं। जिस सामान्य सांस्कृतिक पृष्ठभूमि को लेकर विज्ञान का विकास होता है, वह संस्कृति स्वयं ही प्राकल्पना के सृजन का स्रोत उपलब्ध कराती है। पश्चिमी यूरोप की संस्कृति में अमेरिकावासी व्यक्तिगत सुख, गतिशीलता तथा प्रतिस्पर्द्धा पर विशेष बल देते हैं। इसलिए अमेरिका के समाजशास्त्रियों ने जिन प्राकल्पनाओं का सृजन किया वे उनकी सांस्कृतिक मूल्यों पर आधारित थीं अर्थात् व्यक्तिगत सुख से संबंधित थीं। अमेरिका में 'कैसे सुखी हों' (How to be happy) से संबंधित पुस्तकें जोर-शोर से बिकीं। इसी तरह वैवाहिक सुख से संबंधित कई कारकों का अध्ययन किया गया। सुख को किसी-न-किसी तरह से शिक्षा, व्यवसाय, प्रजाति, सामाजिक वर्ग तथा पैतृक सुख

के साथ संबंधित किया गया। साथ ही वे कारक जो लैंगिक संबंधों, व्यवसाय में वैवाहिक संबंधों तथा अन्य कई सामाजिक वर्गों में व्याख्या करने में योगदान करते हैं, का सविस्तार विश्लेषण किया गया है। इन उदाहरणों से यह ज्ञान होता है कि व्यक्तिगत सुख पर संस्कृति का अधिक जोर होने से अमेरिका के सामाजिक विज्ञानों में इससे संबंधित असीमित प्राकल्पनाओं का सृजन हुआ। इसके विपरीत भारतीय संस्कृति पश्चिमी संस्कृति से पृथक् है। यहाँ के समाजशास्त्रीय अध्ययनों की प्राकल्पनाओं, सिद्धांतों तथा विज्ञान के विकास का अगर सूक्ष्म प्रेक्षण किया जाए तो यह ज्ञान होता है कि इस पर भारतीय संस्कृति का विशेष प्रभाव रहा है। यहाँ पर भौतिकवाद की जगह अध्यात्मवाद, जाति व्यवस्था, नातेदारी एवं परंपरागत संयुक्त प्रणाली आदि का महत्त्व रहा है। यही कारण है कि भारतवर्ष में जाति व्यवस्था, संयुक्त परिवार, पंचायती राज, पर्दा-प्रथा, जजमानी प्रथा तथा धर्म आदि से संबंधित नाना प्रकार के शोध कार्य सम्पादित हुए हैं।

(ख) लोक विश्वास—प्राकल्पना के प्रमुख स्रोतों में से एक प्रमुख स्रोत लोक विश्वास भी है। इसमें किसी समाज के विभिन्न लोक-विश्वासों के आधार पर प्राकल्पनाओं का सृजन किया जाता है। पश्चिमी समाजों में यह मान्यता थी कि मानव व्यवहार का प्रमुख निर्णायक प्रजाति है। यह धारणा संयुक्त राज्य अमेरिका तथा दक्षिण-अफ्रीका में अधिक विद्यमान थी। इन क्षेत्रों के समाशास्त्रियों ने इस तरह के लोक-विश्वासों को तथ्य के रूप में मान्यता नहीं दी तथा इसको शोध के द्वारा परीक्षण करना उचित समझा। परीक्षण करके देखने पर यह लोक विश्वास गलत निकला। समाजशास्त्रियों ने यह पाया कि व्यक्ति के व्यवहारों का उनकी प्रगति से कोई गुण संबंध नहीं है। गुड्डे तथा हॉट (Goode and Hatt) ने इस उदारहण द्वारा यह स्पष्ट किया कि समाज में पाए जाने वाले असंख्य लोक-विश्वास, धारणाएँ तथा जनसाधारण के विचार आदि व्यावहारिक प्राकल्पना के अच्छे स्रोत होते हैं।

(ग) सामाजिक परिवर्तन—प्राकल्पना का एक प्रमुख स्रोत सामाजिक परिवर्तन भी है। समाज गत्यात्मक है इसमें सदैव बदलाव होता रहता है। इसके कारण समाज में नित्य नई-नई समस्याओं का प्रादुर्भाव होता है। पुराने सिद्धांत, सिद्धांत तथा पूर्वानुमान नई परिस्थितियों में प्रासंगिक नहीं होते हैं। पुराने सिद्धांत, निष्कर्ष, अवधारणाएँ, कथन तथा साहित्य आदि अप्रचलित हो जाते हैं। परिस्थितियों के संदर्भ में शोधकर्त्ता नई-नई समकालीन प्राकल्पनाओं का सृजन करते हैं तथा ज्ञान

का विस्तार करते हैं। भारतवर्ष में औद्योगीकरण, शहरीकरण, आधुनिकीकरण तथा पश्चिमीकरण आदि के कारण कई क्षेत्रों में सामाजिक परिवर्तन हो रहे हैं। जाति तथा परिवार, ग्राम पंचायत आदि के स्वरूप परिवर्तित हो रहे हैं। इनसे संबंधित पुराने सिद्धांतों के पुनः परीक्षण के लिए नई प्राकल्पनाओं का सृजन किया जाता है तथा नए सिद्धांतों एवं नई अवधारणाओं आदि का सृजन किया जाता है। शोधकर्त्ता पर उसकी अपनी संस्कृति का प्रभाव होता है। इसलिए जब वह प्राकल्पनाओं का सृजन करता है तब उसमें उसकी संस्कृति के मूल्यों, पृष्ठभूमि तथा लोक-विश्वास आदि का प्रभाव स्पष्ट रूप से दिखाई पड़ता है। इस संबंध में गुड्डे तथा हॉट (Goode and Hatt) का विचार है कि, "अधिकांश सांस्कृतिक मूल्य न केवल शोध के प्रति रुचि बढ़ाने में मदद करते हैं बल्कि लोक प्रज्ञा-प्राकल्पनाओं के सृजन में एक स्रोत के रूप में भी मददगार होते हैं।" संस्कृति कई तरह से प्राकल्पना के स्रोत का कार्य करती है। वैज्ञानिक का समाजीकरण उसकी संस्कृति में होता है। वह अपनी संस्कृति की अनेक विशेषताओं से प्रत्यक्ष तथा परोक्ष रूप से प्रभावित होता है। कई अध्ययन के क्षेत्र उसे अध्ययन करने के लिए आकर्षित करते हैं। संस्कृति की अनेक धारणाएँ, प्रचलित कहावतों, लोकोक्तियाँ तथा मुहावरे आदि प्राकल्पना के अच्छे स्रोत हैं, जिनका अध्ययन करके वैज्ञानिक उन्हें सिद्धांत का रूप प्रदान करते हैं।

(ii) वैज्ञानिक सिद्धांत—नाना प्रकार के वैज्ञानिक सिद्धांत, जो समय-समय पर दिये जाते हैं, भी प्राकल्पना के स्रोत होते हैं। इस संबंध में गुड्डे तथा हॉट (Goode and Hatt) ने यहाँ तक लिखा है, "प्राकल्पनाओं का जन्म स्वयं विज्ञान में होता है।" ("Hypothesis originate in the science itself.") विज्ञान प्राकल्पनाओं का उत्तम स्रोत है। विज्ञान में ही नाना तरह के प्राकल्पनाओं की उत्पत्ति होती रहती है। हर विज्ञान में विभिन्न विषयों से संबंधित नाना तरह के सिद्धांत होते हैं। इन सिद्धांतों से एक विषय के विभिन्न पहलुओं के संबंध में जानकारी प्राप्त होती है। यह जानकारी शोध कार्य का आधार बनती है। यद्यपि यह हो सकता है कि वास्तविक शोध से आगे चलकर यह पता चले कि उस विषय के संबंध में अब तक हम जो कुछ भी जानते थे वह गलत था, फिर भी सामाजिक रूप में सिद्धांत एक विषय के संबंध में जो कुछ पता है वह बताकर शोध कार्य को दिशा प्रदान करता है। ("....theory gives direction to research by showing what is know.) इसके द्वारा तार्किक निष्कर्ष नई समस्याओं तथा प्राकल्पनाओं को जन्म देते हैं। कई

ऐसे मौके आते हैं जब सिद्धांत सामाजिक परिवर्तन के परिणामस्वरूप गलत दिखाई देने लगते हैं। अतएव वैज्ञानिक पुराने सिद्धांत को ही प्राकल्पना बनाकर उसकी जाँच करता है।

इस तरह नए तथ्य पुराने सिद्धांत की जाँच करने में मदद करते हैं तथा नए सिद्धांतों का सृजन करवाते हैं अथवा उनमें संशोधन करते हैं। विज्ञान में इस तरह सिद्धांत से प्राकल्पना तथा प्राकल्पना से सिद्धांत की प्रक्रिया चलती रहती है तथा ज्ञान का विकास होता रहता है। समाजशास्त्र में उद्विकासीय सिद्धांत से प्रसारवाद, प्रसारवाद से प्रकार्यवाद तथा अन्य सिद्धांतों का सृजन इसके प्रमाण हैं। बाद में आने वाले वैज्ञानिकों ने अपने से पूर्व के वैज्ञानिकों के सिद्धांत की आलोचना की है तथा नई प्राकल्पना बनाकर अध्ययन किए हैं। दुर्खीम का आत्महत्या का सिद्धांत, श्रम विभाजन का सिद्धांत तथा धर्म के स्वरूप आदि इसी तरह के स्रोतों के आधार पर प्रतिपादित किए गए प्राकल्पनाओं और सिद्धांत के सृजन के उदाहरण हैं। रिजले तथा नेसफील्ड ने भारत में जाति प्रथा की उत्पत्ति का अध्ययन करने के लिए जिन प्राकल्पनाओं को प्रस्तुत किया, उनका सृजन जाति प्रथा की उत्पत्ति से संबंधित पहले के सिद्धांतों के आधार पर ही करना संभव हुआ। इस तरह यह ज्ञान होता है कि अनेक बार पूर्व सिद्धांतों के निष्कर्षों अथवा सामान्यीकरणों के आधार पर प्राकल्पनाओं का सृजन किया जा सकता है। अतएव प्राकल्पनाओं के सृजन में वैज्ञानिक सिद्धांतों के महत्त्व को अस्वीकार नहीं किया जा सकता है। वैज्ञानिक सिद्धांत भी प्राकल्पना के स्रोत हैं।

(iii) सादृश्यताएँ—सादृश्यताएँ भी प्राकल्पना का प्रमुख स्रोत हैं। जब कभी दो क्षेत्रों में कुछ समानताएँ अथवा समरूपताएँ दिखाई देती हैं तो सामान्यतया उनके आधार पर भी प्राकल्पनाएँ निर्मित कर ली जाती हैं। इस तरह ये समरूपताएँ अथवा सादृश्यताएँ भी प्राकल्पनाओं के लिए स्रोत बन जाती हैं। जूलियन हक्सले ने कहा है कि प्रकृति का सामान्य अवलोकन या दूसरे विज्ञान की संदर्भ परिधि प्राकल्पना का अच्छा स्रोत हो सकती है। दूसरे विज्ञान के सिद्धांतों का उपयोग वैज्ञानिक प्राकल्पनाओं के सृजन में किया जाता है। 19वीं शताब्दी के उत्तरार्द्ध में विभिन्न सामाजिक विज्ञानों जैसे—अर्थशास्त्र, समाजशास्त्र, राजनीतिशास्त्र तथा सामाजिक मानवशास्त्र आदि में चार्ल्स डार्विन का उद्विकासीय सिद्धांत का प्रयोग प्राकल्पना के स्रोत के रूप में विस्तार से किया गया है। यह इसी तरह के स्रोत का उदाहरण है।

धर्म, परिवार, विवाह, कला, सभ्यता, संस्कृति, समाज, सामाजिक परिवर्तन आदि के विकासीय सिद्धांत अन्य विज्ञानों के सिद्धांतों को सादृश्यता के रूप में काम

में लेकर समाजशास्त्र में अनेक प्राकल्पनाएँ बनाई गईं एवं उनसे अनेक उद्विकासीय सिद्धांत प्रतिपादित किए गए।

गुड्डे तथा हॉट का विचार है कि सादृश्यताएँ प्राकल्पनाओं के अच्छे स्रोत हैं। फिर भी इसमें अनेक खतरे हैं। इसलिए उनसे सावधान रहना चाहिए। सादृश्यता के संबंध में ए. वुल्फ (A. Wolf) ने लिखा है, "सादृश्यता प्राकल्पनाओं के सृजन एवं घटना में किसी कामचलाऊ नियम की खोज के लिए अत्यंत उपयोगी पथ-प्रदर्शक है।" कभी-कभी दो तथ्यों के मध्य समानता के कारण नई प्राकल्पना का जन्म होता है तथा इनकी प्रेरणा का कारण सादृश्यताएँ हैं। जुलियन हक्सले का कथन है कि किसी विज्ञान की प्रकृति के संबंध में सामाजिक अवलोकन प्राकल्पनाओं के आधार पर बन जाती हैं। ये समानताएँ अथवा तो दो विभिन्न व्यवहार क्षेत्रों (उदाहरणस्वरूप--पशु-मनुष्य, वनस्पति-मनुष्य) में समरूपता की ओर संकेत करती हैं, अथवा जो घटनाएँ एक ही अवसर अथवा समय पर विभिन्न स्थानों पर घटित होती हैं, सादृश्यता की प्रवृत्ति बताती हैं। कुछ विशिष्ट व्यवहार मनुष्यों तथा पशुओं में समान हो सकते हैं। परिस्थिति विज्ञान के तहत सामान्य मानवीय रूप तथा क्रियाएँ समान क्षेत्रों अथवा परिस्थितियों में रहने वाले व्यक्तियों में देखी जा सकती हैं। इसी तरह पौधों में नर-मादा का परस्पर संबंध तथा व्यवहार भी स्त्री-पुरुषों के पारस्परिक यौन-संबंधों की ओर संकेत करता है। लुई पाश्चर द्वारा चेचक के टीके लगाने के सिद्धांतों में गायों के चेचक होने एवं उसी के सादृश्य मानव के शरीर में चेचक के कीटाणु छोड़ने को प्राकल्पना माना गया है। इसी प्रकार हरबर्ट स्पेन्सर (Herbert Spencer) ने सामाजिक उद्विकास (Social Evolution) के सिद्धांतों को प्रस्तुत करने के लिए जिस प्राकल्पना का सृजन किया वह इस सादृश्य पर आधारित थी कि, "समाज की उत्पत्ति, विकास तथा विनाश जीव रचना के जन्म विकास और मृत्यु के ही समान है।" इस प्रकार यह ज्ञान होता है कि विभिन्न क्षेत्रों के विभिन्न वैज्ञानिकों तथा विद्वानों ने भी सादृश्यता को स्रोत मानकर प्राकल्पना का सृजन होता है। हालाँकि गुड्डे तथा हॉट (Goode and Hatt) ने यह विचार दिया है कि सादृश्यताओं का उपयोग करते समय उनका अच्छी प्रकार से परीक्षण तथा निरीक्षण कर लेना चाहिए। उनकी अवधारणाओं को सतर्कतापूर्वक जाँच-पड़ताल करके उपयोग करना चाहिए।

(iv) व्यक्तिगत अनुभव–जो व्यक्ति शोध करता है उसका व्यक्तिगत अनुभव भी प्राकल्पना सृजन का एक मूल स्रोत है। प्राकल्पनाएँ विलक्षण स्वभाव

अथवा प्रकृति के व्यक्तियों के अनुभव का भी परिणाम होती हैं। मात्र संस्कृति, विज्ञान एवं सादृश्यताएँ ही प्राकल्पनाओं के सृजन को प्रभावित नहीं करती हैं बल्कि विलक्षण स्वभाव अथवा व्यक्तिगत अनुभव भी इसके सृजन को बहुत हद तक प्रभावित करती है। सामान्यरूप से हर व्यक्ति प्रकृति से कुछ विशिष्ट अनुभव प्राप्त करता है और उन्हीं अनुभवों के आधार पर वह प्राकल्पना का सृजन कर लेता है। लाम्ब्रोसो (Lombroso) की 'जन्मजात अपराधी प्रारूप' (Inborn Criminal Type) की प्राकल्पना सैनिक शिविर के सर्जन के रूप में लाम्ब्रोसो के अपने अनुभव की ही उपज थी।

इसी तरह का दूसरा उदाहरण न्यूटन का है। न्यूटन (Newton) प्राकल्पना तथा फिर सिद्धांत बनाने में स्वयं के अनुभव के फलस्वरूप सफल हुए थे। पेड़ से सेब तो हमेशा गिरते थे, गिरते रहे हैं तथा गिरते रहेंगे। लेकिन इस ओर ध्यान सिर्फ न्यूटन का ही गया तथा उन्होंने अपने इस व्यक्तिगत अनुभव के आधार पर प्राकल्पना बनाकर परीक्षण किया एवं इसमें सफल भी हुए। सिद्धांतों से उनकी प्राकल्पना की पुष्टि भी हुई। टी.एच. हक्सले (T.H. Huxley) ने जब डार्विन की पुस्तक 'ओरिजन ऑफ स्पिसिज' (Origin of Species) पढ़ी तो चिल्ला पड़े, "आह! मैं कैसा गधा था कि मैंने उस बात को नहीं सोचा।" इसी प्रकार सर हरबर्ट रिजले (Sir Herbert Risley) ने जिस विशेष ढंग से भारतीय जनता को देखा तथा उनके विषय में अनुभवों को प्राप्त किया, वह उनके द्वारा प्रस्तुत प्रजातीय सिद्धांतों की आधारशिला बनी। उन्होंने 'जाति के प्रजातीय सिद्धांत' (Racial Theory of Caste) की प्राकल्पना की आधारशिला रखी।

इस प्रकार यह ज्ञान होता है कि विभिन्न विद्वानों के व्यक्तिगत अनुभवों ने प्राकल्पना का सृजन किया है और इस आधार पर बड़े-बड़े सिद्धांतों का भी सृजन हुआ है। अतएव व्यक्तिगत अनुभव प्राकल्पना के सृजन का एक स्रोत कहा जा सकता है। लुंडबर्ग (Lundberg) ने प्राकल्पना सृजन के एक स्रोत की चर्चा की है जो शोध तथा साहित्य है। उनका विचार है कि प्राकल्पना के सृजन के अच्छे स्रोत सामाजशास्त्र, नृजाति विज्ञान, कविता, साहित्य, दर्शन, वर्णनात्मक साहित्य तथा कलाकारों एवं चिंतकों के मानव के सामाजिक संबंधों पर आधारित सिद्धांतों के आधार भी हैं। विभिन्न व्यक्तियों द्वारा किए गए शोध, सर्वेक्षण, निष्कर्षों तथा लेखों के आधार पर भी व्यावहारिक प्राकल्पनाओं का सृजन किया जा सकता है। ये भी उपयोगी प्राकल्पनाओं के उत्तम स्रोत कहे जा सकते हैं। उपर्युक्त विवरणों से यह

स्पष्ट हो जाता है कि एक व्यावहारिक तथा उपयोगी प्राकल्पना के अच्छे स्रोत अग्रलिखित हैं–

(i) सामान्य संस्कृति,

(ii) वैज्ञानिक सिद्धांत,

(iii) सादृश्यताएँ,

(iv) व्यक्तिगत अनुभव।

प्राकल्पनाओं का विकास

प्रत्येक अवधारण का विकास कुछ चरणों अथवा प्रक्रियाओं से गुजरकर ही होता है, अचानक नहीं हो जाता। प्राकल्पना का भी विकास कई चरणों में हुआ है। प्राकल्पनाओं के विकास के संबंध में फ्राई (Fry) ने 'The Technique of Social Investigation' में लिखा है, "प्राकल्पनाओं का विकास करते समय इस बात को ध्यान में रखा जाना चाहिए कि प्राकल्पनाओं में लचीलापन बना रहे, इनके विभिन्न विकल्पों को स्वीकार किया जाए एवं अपवादों को स्पष्ट किया जाए। इस बात को याद रखा जाए कि ज्यादातर सामाजिक परिस्थितियों में हम उन कारकों का सरलतापूर्वक पता लगा सकते हैं जिनकी हमें तलाश है। केवल विशिष्ट सवालों के उत्तर प्राप्त करने का प्रयत्न नहीं किया जाना चाहिए बल्कि ऐसे सुझावों तथा निर्देशों के रूप में स्वीकार करते हुए कार्य किया जाना चाहिए जिनका प्रयोग करते हुए संपूर्ण सामाजिक परिस्थिति अथवा संस्था की पड़ताल की जाती है।"

सामान्यतया प्राकल्पना के विकास की सामान्य प्रक्रिया अग्रलिखित चरणों से होकर पूर्ण होती है–

(i) सभी विकल्पीय कार्यों की जानकारी प्राप्त की जानी चाहिए।

(ii) शोध से संबंधित महत्त्वपूर्ण चरों का चुनाव किया जाना चाहिए।

(iii) प्राकल्पना से संबंधित आनुभविक तथ्यों का संकलन किया जाना चाहिए।

(iv) प्राकल्पना की स्थापना की जानी चाहिए।

(v) व्यावहारिक प्राकल्पनाओं का सृजन किया जाना चाहिए।

(vi) व्यावहारिक प्राकल्पनाओं के परीक्षण के लिए परिस्थितियों, प्रविधियों तथा उपकरणों आदि का उल्लेख किया जाना चाहिए।

(vii) प्राकल्पना की जाँच के लिए उपयुक्त माप का चुनाव किया जाना चाहिए।

(viii) प्राकल्पनाओं के आशय का ज्ञान होना चाहिए।

(ix) मापों के प्रयोग से संबंधित मान्यताओं को निर्धारित किया जाना चाहिए।

(x) प्राकल्पनाओं के उपयुक्त तथ्यों को एकत्र करके प्रमाणिकता की जाँच की जानी चाहिए।

प्राकल्पना के सृजन में कठिनाइयाँ

प्राकल्पना का सृजन करना असंभव तो नहीं लेकिन सुगम भी नहीं है। इसके सृजन में अनेक कठिनाइयों का सामना करना पड़ता है। शोधकर्त्ता के लिए प्राकल्पना के अध्ययन का जितना महत्त्व है, उतना ही सृजन कार्य में सतर्कता बरतने की आवश्यकता है। कई बार प्राकल्पना का अत्यंत सावधानीपूर्वक सृजन कर लेने के बाद भी कुछ कठिनाइयाँ उपस्थित हो जाती हैं। इन कठिनाइयों के कारण कभी-कभी ऐसा भी होता है कि शोधकर्त्ता अपना धैर्य खोने लगता है।

पी.वी. यंग (P.V. Young) एवं गुड्डे तथा हॉट (Goode and Hatt) ने लिखा है कि प्राकल्पना का सृजन ऐसा होना चाहिए जिसका उपयोग शोध में हो सके। ऐसी प्राकल्पना व्यावहारिक अथवा उपयोगी प्राकल्पना कहलाती है जिसके सृजन में कुछ सैद्धांतिक तथा व्यावहारिक कठिनाइयाँ आती हैं। इस बात का शोधकर्त्ता को ध्यान रखना चाहिए। गुड्डे तथा हॉट (Goode and Hatt) ने प्राकल्पना के सृजन में आने वाली तीन कठिनाइयों का उल्लेख, 'Methods in Social Research' में किया है जो अग्रलिखित हैं–

(i) स्पष्ट सैद्धांतिक संदर्भ की कमी,

(ii) उपलब्ध सैद्धांतिक संदर्भ को तार्किक रूप से उपयोग में लाने का अभाव,

(iii) उपलब्ध शोध प्रविधियों के साथ पर्याप्त जानकारी की कमी।

गुड्डे तथा हॉट (Goode and Hatt) ने जिन कठिनाइयों का विवेचना की है वे प्राकल्पना के सृजन में आती हैं। इन्हें दो श्रेणियों में विभक्त कर सकते हैं–(i) सैद्धांतिक, तथा (ii) अध्ययन प्रविधियों से संबंधित। प्राकल्पना के सृजन में सामान्य रूप से जो कठिनाइयाँ आती हैं वे अग्रलिखित हैं–

(i) सैद्धांतिक ढाँचे संबंधी कठिनाइयाँ–प्राकल्पना सृजन में पहली कठिनाई सैद्धांतिक ढाँचे से संबंधित कठिनाई होती है। वही प्राकल्पना व्यावहारिक तथा उपयोगी होती है जो संबंधित विज्ञान एवं उसके सिद्धांतों से संबंधित हो। प्राकल्पना में दिए गए कारकों का गुण संबंध भी क्रमबद्ध तथा व्यवस्थित होना चाहिए।

अध्ययकर्त्ता को प्राकल्पना सृजन करने से पहले विषय से संबंधित संपूर्ण उपलब्ध साहित्य का अध्ययन करना चाहिए। एक व्यावहारिक प्राकल्पना के सृजन में सबसे बड़ी कठिनाई तब होती है जब अध्ययनकर्त्ता को बिना संबंधित ज्ञान के ही प्राकल्पना का सृजन करना पड़ता है। इसलिए यह जरूरी होता है कि वह संपूर्ण साहित्य का अध्ययन करने के पश्चात् ही प्राकल्पना का सृजन करे। प्राकल्पना के सृजन में उन क्षेत्रों में अध्ययनकर्त्ता को और अधिक कठिनाइयों का सामना करना पड़ता है जिन क्षेत्रों में अध्ययन नहीं हुए हैं। साथ ही यदि शोधकर्त्ता नया है तथा उसे शोध कार्य का अनुभव कम है या नहीं है तो प्राकल्पना का सृजन करने में और अधिक कठिनाइयों का सामना करना पड़ता है। प्राकल्पना का सृजन करते समय अध्ययनकर्त्ता को इस बात का ध्यान रखना चाहिए कि प्राकल्पना में कारकों में परस्पर तार्किक संबंध होना चाहिए, उनमें कार्य-कारण संबंध तथा क्रमबद्ध होनी चाहिए। इस प्रकार यह ज्ञान होता है कि प्राकल्पना सृजन में सैद्धांतिक संबंधी कठिनाइयाँ आती हैं।

(ii) प्रविधियां संबंधी कठिनाइयाँ—प्राकल्पना के सृजन में प्रविधियों से संबंधित कठिनाइयों का भी सामना करना होता है। आज सामाजिक विज्ञानों में नाना तरह के नवीन प्रविधियाँ आ गई हैं लेकिन आज भी ऐसी कई प्राकल्पनाएँ हैं जिनकी जाँच तथ्य संकलन की उपयुक्त प्रविधियों के अभाव में करना संभव नहीं होता है। शोधकर्त्ता कई बार ऐसी प्राकल्पनाओं का सृजन कर लेते हैं जिनका परीक्षण करने के लिए तथ्य संकलन की प्रविधियाँ उपलब्ध नहीं हो पाती हैं। प्राकल्पनाओं का तब तक उपयोग नहीं किया जा सकता जब तक कि तथ्य संकलन की प्रविधि का विकास नहीं कर लिया जाता। साथ ही नवीनतम अध्ययन प्रविधियों के आ जाने से इन अध्ययन प्रविधियों में इतनी विविधता आ गई है कि एक शोधकर्त्ता के लिए सर्वाधिक उपयुक्त पद्धति का चुनाव करना अत्यंत दुष्कर हो गया है। आधुनिक समय में एक ही विषय का अध्ययन अनेक प्रविधियों द्वारा किया जा सकता है। इसलिए उपयुक्त पद्धति के चुनाव में अनेक कठिनाइयाँ उपस्थित होती हैं। इस प्रकार यह ज्ञात होता है कि प्राकल्पना के सृजन में प्रविधियों से संबंधित कई कठिनाइयाँ हमारे समक्ष आती हैं।

(iii) समाज की जटिलता तथा परिवर्तनशीलता संबंधी कठिनाइयाँ—प्राकल्पना के सृजन में तीसरी कठिनाई समाज की जटिलता तथा परिवर्तनशीलता

संबंधी कठिनाई है। सामाजिक शोध व्यक्ति के समाज का अध्ययन करता है। मानव समाज बहुत जटिल तथा परिवर्तनशील है। मनुष्य एक बुद्धिजीवी प्राणी है। उसके विचार, दृष्टिकोण तथा धारणाएँ आदि परिवर्तनशील हैं। इसलिए इनके संबंध में अनुमान लगाना एवं प्राकल्पना का सृजन करना बहुत कठिन होता है। साथ ही समाज के परिवर्तनशील होने के कारण उससे संबंधित तथ्य भी बराबर बदलते रहते हैं। इस कारण प्राकल्पना के सृजन से लेकर निष्कर्ष निकालने के भेद ाल तक समाज में अधिक बदलाव आ सकता है। इस तरह की प्रकृति की अध्ययन-वस्तु के संबंध में प्राकल्पना का सृजन करना एवं अध्ययन करना जटिल होता है। इस प्रकार यह ज्ञान होता है कि समाज की जटिलता तथा परिवर्तनशीलता संबंधी कठिनाइयों के कारण प्राकल्पना के सृजन में कठिनाइयों का सामना करना पड़ता है।

(iv) वैज्ञानिकों का पक्षपात–प्राकल्पना के सृजन में एक प्रमुख कठिनाई वैज्ञानिकों के पक्षपात के रूप में भी सामने आती है। वैज्ञानिक एक मानव होता है एवं अध्ययन की विषय-वस्तु भी मानव होता है। दोनों ही बुद्धिजीवी प्राणी हैं। वैज्ञानिक समाज में पैदा होता है, पलता-बढ़ता है एवं समाज में ही उसका समाजीकरण भी होता है। उसकी अपने संस्कृति, आदर्श तथा मूल्य होते हैं। यही कारण है कि वैज्ञानिक समाज तथा उसकी घटनाओं का वस्तुनिष्ठ अध्ययन नहीं कर पाता है। वैज्ञानिक द्वारा किए गए अध्ययन में व्यक्तिगत प्रभाव आ जाते हैं। वह पक्षपात को कम कर सकता है लेकिन उसे पूर्णतया खत्म नहीं कर सकता। इन सभी कारणों से प्राकल्पना के सृजन में कई कठिनाइयाँ आती हैं। इसके साथ-ही-साथ समस्या का चयन, प्राकल्पना का सृजन तथा तथ्य संकलन आदि में भी वस्तुनिष्ठता बनाए रखना कठिन हो जाता है। अपने मानवीय स्वभाव के कारण वैज्ञानिक अध्ययन करते समय अपनी संस्कृति, समाज, सामाजिक व्यवस्था, जाति, धर्म तथा भाषा आदि को उच्च मानता है एवं दूसरे समाज की संस्कृति, सामाजिक व्यवस्था, जाति, धर्म तथा भाषा आदि को निम्न मानता है। इसलिए सामाजिक शोधों में वस्तुनिष्ठता बनाए रखने में कठिनाई होती है। इस प्रकार यह कहा जा सकता है कि वैज्ञानिकों का पक्षपात प्राकल्पना के सृजन में कठिनाई उपस्थित करती है। उपर्युक्त विवेचनों से यह ज्ञान होता है कि प्राकल्पना सामाजिक शोध में उपयोगी होती है। लेकिन एक उपयोगी तथा व्यावहारिक प्राकल्पना का सृजन करना कठिन कार्य होता है। चूँकि सामाजिक शोध के क्षेत्र में प्राकल्पना बहुत ही महत्त्वपूर्ण होती है इसलिए इसका सृजन करते समय अत्यधिक सावधानी बरतनी पड़ती है।

सिद्धांत रचना में प्राकल्पना की भूमिका

सिद्धांत के निर्माण में प्राकल्पना की विशेष भूमिका होती है। बिना व्यावहारिक प्राकल्पना का सृजन किए हुए वैज्ञानिक सिद्धांत का सृजन नहीं किया जा सकता है। सिद्धांत तथा प्राकल्पना का संबंध अत्यंत घनिष्ठ होता है। बहुत से लोग सिद्धांत को ही भ्रमवश प्राकल्पना समझ लेते हैं। लेकिन यह उचित नहीं है। सिद्धांत उसी समय तक प्राकल्पना रहता है जब तक उसकी पुष्टि के लिए प्रमाण उपलब्ध न हो जाएँ। प्रमाण मिलने पर प्राकल्पना सिद्धांत का रूप धारण कर लेती है। प्राकल्पना की विभिन्न परिभाषाओं का अवलोकन करने से यह स्वयं ही स्पष्ट हो जाता है कि सिद्धांत के सृजन की प्रक्रिया प्राकल्पना से प्रारंभ होती है तथा अध्ययन के अंत में प्राकल्पना की प्रमाणिकता की जाँच पर आकर समाप्त हो जाती है। यदि प्राकल्पना शोध द्वारा एकत्र तथ्यों के आधार पर सही साबित हो जाती है तब उसे सिद्धांत का रूप दे दिया जाता है। अन्य परिस्थितियों में अथवा तो प्राकल्पना में संशोधन करके नवीन सिद्धांत का सृजन किया जाता है अथवा फिर परिणामों के आधार पर प्राकल्पना को रद्द भी करना पड़ता है।

सिद्धांत रचना में प्राकल्पना की भूमिका को जानने के पहले यह जानना जरूरी लगता होता है कि प्राकल्पना तथा सिद्धांत के क्या अर्थ होते हैं? साथ ही दोनों में किस प्रकार के संबंध हैं, यह जानना भी जरूरी होता है।

प्राकल्पना के शाब्दिक अर्थ तथा विभिन्न परिभाषाओं का अवलोकन करने से यह ज्ञान होता है कि प्राकल्पना कार्य-कारण प्रभाव के रूप में तथ्यों से संबंधित एक प्रस्थागना, विचार अथवा कच्चा सिद्धांत है जिसकी परीक्षण के द्वारा जाँच करना शेष है। प्राकल्पना सिद्धांत के सृजन की शोध प्रक्रिया में प्रारंभ से लेकर अंत तक एक महत्त्वपूर्ण आधार होती है। यह दो अथवा दो से अधिक चरों का विशिष्ट संबंध बताती है जिसे परीक्षण अथवा शोध के लिए रखा जाता है। वैज्ञानिक पद्धति द्वारा इसका अध्ययन किया जाता है। सत्य सिद्ध होने पर इसे सिद्धांत का रूप दे दिया जाता है। इस प्रकार यह कहा जा सकता है कि प्राकल्पना एक अप्रमाणित सिद्धांत होती है जिसे शोध की प्रक्रिया में परीक्षण के लिए एक समस्या के रूप में रखा जाता है। इसी तरह सिद्धांत एक सत्य, प्रमाणित तथा तथ्यों पर आधारित प्राकल्पना है। इस प्रकार यह ज्ञान होता है कि प्राकल्पना के बिना सिद्धांत का सृजन नहीं हो सकता है। वैज्ञानिक समय-समय पर सिद्धांत की जाँच करते हैं। जाँच की प्रक्रिया के क्रम में रखा गया सिद्धांत ही वैज्ञानिक शब्दावली प्राकल्पना कहलाती है। यदि वह सिद्ध हो जाती है जो उसे पुनः सिद्धांत के रूप में प्रतिस्थापित कर दिया जाता है।

इस तरह यह ज्ञान होता है कि कई बार सिद्धांत प्राकल्पना के पूर्व तथा पश्चात् दोनों ही अवस्थाओं में विद्यमान रहता है। पूर्व की अवस्था में सिद्धांत मात्र एक प्रस्थापना, यथा प्रदर्शक तथा विचार वर्ग के रूप में होता है। पश्चात् की अवस्था में यह सत्य प्रमाणित तथा सिद्ध किया हुआ सिद्धांत होता है। निष्कर्ष के रूप में यह कहा जा सकता है कि सिद्धांत एक प्राकल्पना तब तक बना रहता है जब तक उसकी प्रमाणिकता सिद्ध नहीं कर दी जाती है। सत्य तथा प्रमाणित होते ही प्राकल्पना सिद्धांत बन जाती है, इस बात की पुष्टि विभिन्न विद्वानों द्वारा सिद्धांत की दी हुई परिभाषाओं से भी होती है। इसकी पुष्टि के लिए विभिन्न विद्वानों द्वारा दी गई परिभाषाओं का अवलोकन करना जरूरी होता है जो अग्रलिखित हैं–

सिद्धांत को परिभाषित करते हुए टॉलकाट पारसंस (Talcott Parsons) ने 'The Structure of Social Action' में लिखा है, "एक वैज्ञानिक सिद्धांत को अनुभवाश्रितिता के संदर्भ के तार्किक रूप में परस्पर संबंधित सामान्य अवधारणाओं के रूप में परिभाषित किया जा सकता है।"

पीटर मैन (Peterman) का विचार है कि, "तथ्यों को एक अर्थपूर्ण विधि से व्यवस्थित करना व उनमें तार्किक संबंध स्थापित करने से ही सिद्धांत बनता है।"

गुड्डे तथा हॉट (Goode and Hatt) के विचार में, "सिद्धांत तथ्यों के परस्पर संबंधों अथवा इनको किसी अर्थपूर्ण विधि से व्यवस्थित करने का नाम है।"

एच.पी. फेयरचाईल्ड (H.P. Fairchild) के विचार में, "सामाजिक घटना के विषय में एक ऐसा सामान्यीकरण जो पर्याप्त रूप में वैज्ञानिकतापूर्वक स्थापित हो चुका है समाज वैज्ञानिक व्याख्या के लिए एक विश्वसनीय आधार बन सकता है।"

सिद्धांत को परिभाषित करते हुए मर्टन (Merton) ने लिखा है, "एक वैज्ञानिक द्वारा अपने परीक्षणों के आधार पर तर्कवाक्यों के रूप में सुझाए गए तार्किक परस्पर संबंधित अवधारणा ही एक सिद्धांत को बनाते हैं।"

उपरोक्त परिभाषाओं से यह स्पष्ट होता है कि सिद्धांत पूर्ण रूप से तथ्यों पर आधारित होते हैं। ये तथ्य स्वयंसिद्ध और प्रमाणित होते हैं। तथ्यों की प्रामाणिकता तथा प्रमाणिकता प्राकल्पना के द्वारा प्रदान की जाती है। सभी सिद्धांतों से निगमन के द्वारा अनेक प्राकल्पनाओं का सृजन किया जा सकता है। वैज्ञानिक शोध के द्वारा प्रयोगसिद्ध तथ्यों के द्वारा प्राकल्पनाओं का परीक्षण करता है। इनके प्रमाणित तथा स्वीकृत होने पर सिद्धांतों की स्थापना कर दी जाती है। कहने का आशय यह है कि यदि पुनः परीक्षण के आधार पर इनकी पुष्टि हो जाती है तो सिद्धांत का

सृजन कर लिया जाता है। इस संबंध में गुड्डे तथा हॉट (Goode and Hatt) ने 'Methods of Social Research' "एक सिद्धांत तथ्यों के मध्य के एक तार्किक संबंध को बतलाता है। इस सिद्धांत से ऐसे प्रस्थापना, निष्कर्ष अथवा विचार निकाले जा सकते हैं जो सत्यसिद्ध होने चाहिए, यदि प्रथम उल्लिखित संबंध सही है। ये निष्कर्ष अथवा प्रस्थापना की प्राकल्पनाएँ होते हैं। हर सार्थक प्रतीक होने वाला सिद्धांत अतिरिक्त प्राकल्पनाओं को निर्मित करने देता है।"

विलियम जार्ज (William George) के विचार में, "व्यावहारिक रूप में एक सिद्धांत एक विस्तृत प्राकल्पना है। यह सरल प्राकल्पना है। यह सरल प्राकल्पना की तुलना में अधिक तरह के तथ्यों से संबंधित होती है।"

एम.एच. गोपाल (M.H. Gopal) के विचार में, "एक सिद्धांत व एक प्राकल्पना के मध्य का भेद एक तरह की अपेक्षा मात्रा अथवा अंश का ही अधिक है, क्योंकि जब प्राकल्पनाएँ सत्य सिद्ध हो जाती हैं तो वह एक सिद्धांत का भाग ही बन जाती हैं। एक तरह से ये एक-दूसरे से ही निकलती हैं।"

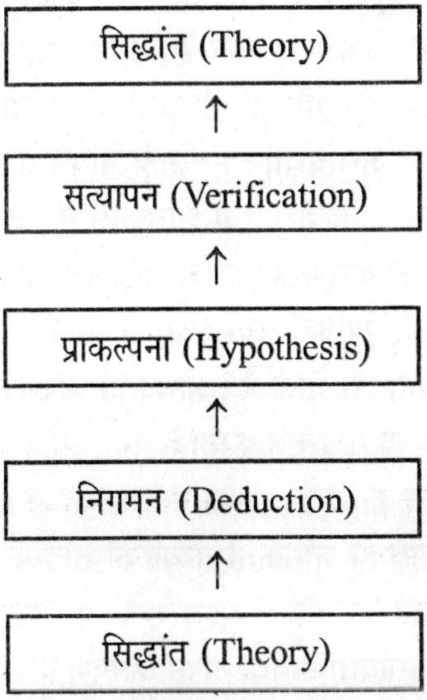

इन विचारों को उपरोक्त चित्र से समझा जा सकता है। इससे यह ज्ञान होता है कि प्राकल्पना तथा सिद्धांत के बीच गहरा संबंध पाया जाता है। प्राकल्पनाओं का सबसे महत्त्वपूर्ण स्रोत है सिद्धांत। हर सिद्धांत से निगमन द्वारा कई प्राकल्पनाएँ

प्राप्त होती हैं। फिर इन प्राकल्पनाओं की अनुभव द्वारा ज्ञान तथ्यों से परीक्षा की जाती है। अगर ये स्वीकृत हो जाते हैं तो सिद्धांत की स्थापना हो जाती है। गुड्डे तथा हॉट (Goode and Hatt) ने 'Methods of Social Research' में लिखा है, "निगमन का निरूपण ही प्राकल्पनाओं का सृजन करता है। अगर यह प्रमाणित हो जाता है तो सैद्धांतिक रचना का भाग जाता है।"

प्राकल्पना की सीमाएँ

एक ओर प्राकल्पना से बहुत से फायदे हैं तो दूसरी ओर कुछ त्रुटि हो जाने पर इनसे बहुत-सी हानियाँ भी होती हैं। अर्थात् प्राकल्पना की अपनी सीमाएँ होती हैं जिनका ध्यान शोधकर्त्ता को रखना चाहिए। यदि शोधकर्त्ता इसकी सीमाओं के प्रति जागरूक नहीं रहेंगे तो अध्ययनकर्त्ता इसकी कमियों एवं दोषों से सतर्क नहीं रह पाएगा। प्राकल्पना का सृजन इसलिए किया जाता है जिससे कि अध्ययन कार्य के दौरान यह पता रहे कि क्या करना है और क्या नहीं करना है। किन तथ्यों को एकत्र करना है तथा किनको छोड़ देना है, इसका भी पता रहे। लेकिन कभी-कभी अध्ययनकर्त्ता ऐसा करने में असमर्थ रहते हैं। इन्हीं बातों को ध्यान में रखते हुए वैज्ञानिकों ने प्राकल्पनाओं की सीमाओं की चर्चा की है जो अग्रलिखित हैं–

(i) शोधकर्त्ता की असावधानियाँ–सही मायने में प्राकल्पना दोषपूर्ण नहीं होती है बल्कि इसके प्रति अविश्वास तथा शोधकर्त्ता की असावधानियाँ इसमें दोष उत्पन्न कर देती है। इसका कारण यह है कि शोधकर्त्ता प्राकल्पना का सृजन करते समय स्वयं की भावनाओं, पूर्वाग्रहों तथा इच्छाओं पर नियंत्रण नहीं रख पाता है। इससे प्राकल्पना में पक्षपात आ जाता है। शोधकर्त्ता प्राकल्पना में तथ्यों का कारण प्रभाव संबंध पक्षपातपूर्ण रूप में प्रस्तुत करता है तथा पूरी अध्ययन प्रक्रिया के दौरान उसे सिद्ध करने का प्रयास करता है। इसका नतीजा यह होता है कि अंतिम परिणाम दोषपूर्ण निकलता है। साथ ही शोधकर्त्ता तथ्यों को तोड़-मरोड़कर प्रस्तुत करता है जिससे अध्ययन में भी दोष आ जाता है। इस प्रकार यह ज्ञान होता है कि शोधकर्त्ता का प्राकल्पना सृजन में असावधानी तथा अपने दोषपूर्ण प्राकल्पना में अटूट विश्वास के कारण संपूर्ण अध्ययन दोषपूर्ण हो जाता है। अतः शोधकर्त्ता की असावधानियाँ प्राकल्पना की एक सीमा अथवा दोष कही जा सकती है।

(ii) अध्ययन में पक्षपात–प्राकल्पना की दूसरी सीमा अथवा दोष अध्ययन में पक्षपात का होना कहा जा सकता है। चूँकि अध्ययनकर्त्ता का अपने प्राकल्पना

में अटूट विश्वास होता है इसलिए अध्ययन में अनेक तरह के पक्षपातों का प्रवेश हो जाता है। प्राकल्पना का सृजन करते समय शोधकर्त्ता की रुचियों, संवेगों तथा संस्कृतियों आदि का प्रभाव उस पर पड़ता है। वह एक विशेष रुचि (अक्सर अपनी रुचि) के विषय का चुनाव कर लेता है। यहीं से अध्ययन में पक्षपात होना शुरू हो जाता है। शोधकर्त्ता अपनी प्रारंभिक धारणा के अनुसार तथ्यों का संकलन वर्गीकरण, सारणीयन तथा निष्कर्ष आदि निकालने का प्रयास करता है। इस तरह प्राकल्पना संपूर्ण अध्ययन को अध्ययनकर्त्ता की आत्मनिष्ठा के प्रभाव के कारण अवैज्ञानिक बना देती है। वह प्राकल्पना के पक्ष में अध्ययन करता चला जाता है। इससे अध्ययन पक्षपातपूर्ण तथा गलत हो जाता है।

इस संबंध में पी.वी. यंग (P.V. Young) ने लिखा है, ''एक शोधकर्त्ता को अपनी प्राकल्पना की प्रमाणिकता सिद्ध करने के लक्ष्य से अध्ययन आरंभ नहीं करना चाहिए।'' शोधकर्त्ता को प्राकल्पना को प्रतिष्ठा का बिंदु नहीं बनाकर एक मार्गदर्शक के रूप में लेकर चलना चाहिए। ऐसा करने से अध्ययन में पक्षपात की संभावना कम हो जाती है। इस प्रकार यह ज्ञान होता है, कि अध्ययन में पक्षपात का होना प्राकल्पना की एक सीमा अथवा दोष है।

(iii) प्राकल्पना को अंतिम मार्गदर्शक मानना—प्राकल्पना का एक प्रमुख दोष यह है कि शोधकर्त्ता प्राकल्पना को अंतिम मार्गदर्शक मान बैठता है। सही मायने में होना यह चाहिए कि शोधकर्त्ता प्राकल्पना का अंधानुकरण न करे। वह प्राकल्पना के अनुसार ही अध्ययन क्षेत्र में तथ्यों को एकत्र करता है। अपने विवेक का वह बिल्कुल इस्तेमाल नहीं करता है। इससे अध्ययन सही तथा वैज्ञानिक नहीं हो पाता है। उसके द्वारा एकत्रित जानकारी का उपयोग वह पक्षपातपूर्ण रूप से करता है। इस संबंध में वेस्टावबे का विचार है कि प्राकल्पनाएँ वे लोरियाँ हैं जो असावधान को गाना गाकर सुला देती हैं। प्राकल्पना अध्ययनकर्त्ता को गुमराह भी कर सकती है इसलिए इसको अंतिम मार्गदर्शक नहीं मानना चाहिए। इस प्रकार यह ज्ञान होता है कि प्राकल्पना को अंतिम मार्गदर्शक मानना इसकी एक सीमा अथवा दोष है।

(iv) प्राकल्पना के अनुसार तथ्य संकलन—प्राकल्पना की एक प्रमख सीमा अथवा दोष प्राकल्पना के अनुसार तथ्य संकलन करना कहा जा सकता है। अध्ययनकर्त्ता प्राकल्पना के अनुसार तथ्य एकत्रित करता है। लेकिन वास्तव में ऐसा नहीं होना चाहिए। अध्ययन क्षेत्र में अध्ययन करते समय जो वास्तविक तथ्य सामने आते हैं उनके परस्पर गुण संबंधों के आधार पर प्राकल्पना में संशोधन

अथवा परिवर्तन कर लेना चाहिए। अगर ऐसा नहीं किया जाता है तो अध्ययन के अंत में निष्कर्ष असत्य, अप्रमाणित तथा भ्रमपूर्ण निकलते हैं। इस संबंध में फ्राई (Fry) ने अपने विचार प्रकट करते हुए लिखा है, "मात्र विशिष्ट सवालों के संदर्भ में ही तथ्यों का संकलन नहीं करना चाहिए वरन् एक संस्था या स्थिति की खोज में सवालों को हमेशा सुझाव के रूप में समझना चाहिए। अध्ययनकर्त्ता प्राकल्पना को ही सब कुछ मान लेता है एवं इससे लाभ के स्थान पर हानियाँ अधिक हो जाती हैं।" इस प्रकार यह ज्ञान होता है कि प्राकल्पना के अनुसार तथ्य संकलन करना इसकी एक सीमा अथवा दोष है।

(v) सामाजिक घटनाएँ जटिल तथा परिवर्तनशील—सामाजिक शोध में जितनी भी प्राकल्पनाओं का सृजन किया जाता है वे सामाजिक घटनाओं से संबंधित होती हैं। सामाजिक घटनाएँ जटिल तथा परिवर्तनशील होती हैं। जब प्राकल्पना का सृजन किया जाता है उस समय सामाजिक घटनाओं की प्रकृति कुछ और रहती है। तथ्य एकत्र करने तथा निष्कर्ष निकालते समय तक इसकी प्रकृति कुछ और हो जाती है। कहने का आशय यह है कि सामाजिक घटनाओं की प्रकृति परिवर्तनशील होने के कारण इसमें परिवर्तन आ जाता है। इस तरह बनाई गई कल्पना के आधार पर किया गया अध्ययन दोषपूर्ण हो जाता है। इस प्रकार यह अध्ययन व्यावहारिक तथा उपयोगी नहीं रह पाते हैं। सामाजिक विज्ञानों की तुलना में प्राकृतिक विज्ञानों में प्राकल्पना अधिक उपयोगी रहती है। उपर्युक्त विवरणों से यह ज्ञान होता है कि प्राकल्पना शोध कार्य के लिए अत्यंत महत्त्वपूर्ण होती है लेकिन इसमें अगर थोड़ी-सी भी असावधानी होती है तो वह हानिकारक सिद्ध हो जाती है। यह असावधानी कई कारणों से होती है।

यंग का विचार है कि अध्ययनकर्त्ता को सिद्ध करने की ओर ध्यान नहीं देना चाहिए। उसे तो परिस्थिति को सीखने तथा समझने की ओर ध्यान देना चाहिए। प्राकल्पना के प्रति शोधकर्त्ता को तटस्थ रहना चाहिए। प्राकल्पना सामाजिक शोध में महत्त्वपूर्ण होने के साथ-साथ दोषपूर्ण भी है। प्राकल्पना की उपयोगिता इस बात पर निर्भर करती है कि इसका उपयोग करने वाला कितना अनुभवी तथा वस्तुनिष्ठ है। साथ ही यदि निष्पक्ष रूप से वास्तविक तथ्यों के आधार पर उस प्राकल्पना की प्रमाणिकता की जाँच नहीं की जाती है तो ऐसी प्राकल्पना से विज्ञान के किसी हित के होने की संभावना नहीं के बराबर रहती है। संभवतः इसलिए वेस्टावे (Westaway) ने चेतावनी देते हुए कहा है कि "प्राकल्पनाएँ वे लोरियाँ हैं जो कि असावधान को

गाना गाकर सुला देती हैं।'' इसलिए सजग होकर वास्तविक तथ्यों को अनेक रूप में देखकर प्राकल्पना की जाँच करनी चाहिए। अतः प्राकल्पना का सृजन भी सावधानीपूर्वक किया जाना चाहिए एवं उसका प्रयोग भी सावधानीपूर्वक किया जाना चाहिए ताकि इसकी सीमाओं अथवा दोष से बचा जा सके।

प्राकल्पना के तरह

जिस प्रकार अन्य विज्ञानों में प्राकल्पनाओं का सृजन किया जाता है उसी प्रकार समाजशास्त्र में भी कई प्राकल्पनाओं का सृजन किया जाता है। लेकिन सामाजिक वास्तविकता की जटिल प्रकृति के कारण प्राकल्पनाओं का कोई सर्वमान्य वर्गीकरण प्रस्तुत करना कठिन होता है। सामाजिक यथार्थ का क्षेत्र जितना व्यापक होता है प्राकल्पनाओं की संख्या भी उतनी अधिक विस्तृत होती है। समाजशास्त्र में जिन प्राकल्पनाओं का प्रयोग किया जाता है उनके कई तरह और स्तर होते हैं फिर भी उन्हें विभिन्न वर्गों में प्रस्तुत किया जा सकता है। गुड्डे तथा हॉट (Goode and Hatt) ने प्राकल्पनाओं का वर्गीकरण सामाजिक शोध को ध्यान में रखते हुए आमूर्तकरण के स्तर के आधार पर किया है। इसी प्रकार अन्य विद्वानों ने भी विभिन्न आधारों पर प्राकल्पनाओं का वर्गीकरण किया है। विभिन्न विद्वानों द्वारा प्रस्तुत प्राकल्पना का वर्गीकरण अग्रलिखित हैं–

हेष (Hayes) ने 'Statistics for Psychology' में सरलता तथा जटिलता के आधार पर प्राकल्पना को दो भागों में वर्गीकृत किया है जो इस तरह हैं–(i) सरल प्राकल्पना (Simple Hypothesis), (ii) जटिल प्राकल्पना (Complex Hypothesis)।

(i) सरल प्राकल्पना–सरल प्राकल्पना उस प्राकल्पना को कहा जाता है जिसमें किन्हीं दो चरों में परस्पर सह-संबंधों का अध्ययन तथा परीक्षण किया जाता है। कहने का आशय यह है कि ये वे प्राकल्पनाएँ हैं जिनमें दो अवधारणाओं के बीच सह-संबंध स्थापित किए जाते हैं।

(ii) जटिल प्राकल्पना–वैसी प्राकल्पना जिसमें एक से अधिक चरों को लिया जाता है एवं उनमें उच्च सांख्यकीय प्रविधियों के द्वारा सह-संबंधों का अध्ययन किया जाता है, जटिल प्राकल्पना है। दूसरे शब्दों में यह कहा जा सकता है कि जटिल प्राकल्पनाएँ वे प्राकल्पनाएँ हैं जिनमें दो से अधिक अवधारणाओं के बीच सम्बन्ध दर्शया जाता है।

गुड्डे तथा हॉट (Goode and Hatt) ने 'Methods in Social Research' में अमूर्तकरण की मात्रा आरोही क्रम में अर्थात सबसे कम से सबसे अधिक की ओर के आधार पर प्राकल्पना के अग्रलिखित तीन तरहों का उल्लेख किया है—

(i) आनुभविक एकरूपताओं संबंधी प्राकल्पनाएँ—गुड्डे तथा हॉट के अनुसार प्राकल्पना का पहला तरह आनुभविक एकरूपता संबंध प्राकल्पना है। इसके तहत वे प्राकल्पनाएँ आती हैं जो आनुभवात्मक समरूपता के अस्तित्त्व की विवेचना करती हैं। इस स्तर की प्राकल्पनाएँ सामान्य एवं सामान्य ज्ञान पर आधारित कथनों की वैज्ञानिक परीक्षा करती हैं। दूसरे शब्दों में यह कहा जा सकता है कि इस प्रकार की प्राकल्पनाओं के द्वारा हम ऐसी समस्याओं का अध्ययन कर सकते हैं, जिनके विषय में सामान्य जानकारी पहले से ही उपलब्ध हो। उदाहरणस्वरूप—किसी उद्योग के श्रमिकों की जातीय पृष्ठभूमि की विवेचना अथवा किसी नगर के उद्योगपतियों के विषय में अथवा अस्पृश्यता के विषय में अध्ययन। इसी तरह किन्हीं विशिष्ट वर्गों के व्यवहारों का अध्ययन भी किया जा सकता है। समाज तथा संस्कृति में अनेक कहावतें, मुहावरे, किंवदंतियाँ तथा लोकोक्तियाँ आदि होती हैं। साथ ही जीवन से संबंधित विचारधाराएँ होती हैं जिनको उनसे संबंधित सभी लोग जानते हैं तथा सत्य मानते हैं। सामाजिक शोधकर्त्ता उन्हीं को प्राकल्पना बनाकर अवलोकनों, आनुभविक तथ्यों तथा आँकड़ों को एकत्र करके उनकी जाँच करते हैं। उनकी प्रमाणिकता, प्रामाणिकता तथा विश्वसनीयता की जाँच प्रयोग सिद्ध एवं प्रामाणिक तथ्यों द्वारा की जाती है तथा निष्कर्ष के रूप में उन्हें प्रस्तुत किया जाता है। इसके विषय में लोग अनेक तरह की आपत्तियाँ भी उठाते हैं। लेकिन इस संबंध में गुड्डे तथा हॉट (Goode and Hatt) ने कहा है कि यह आपत्ति ठीक नहीं है क्योंकि जो कुछ सब लोग जानते हैं उसको आनुभविक तथ्यों द्वारा परीक्षण करके स्पष्ट, सुनिश्चित तथा क्रमबद्ध रूप में प्रस्तुत किया जा सकता है। ऐसा भी हो सकता है कि जो सब लोग जानते हैं वह मिथ्या है। सामान्य विचारों तथा जानकारियों की परीक्षण के द्वारा जाँच करना विज्ञान का महत्त्वपूर्ण कार्य है। ऐसा इसलिए भी जरूरी हो जाता है क्योंकि ये सामाजिक व्यवस्था तथा संगठन से संबंधित होते हैं।

प्राकल्पना का कार्य ज्यादातर तीन स्तरों पर होता है—प्रथम, यह मूल्य प्रदान निर्णयों को पृथक् करती है, दूसरा, पदों की व्याख्या करती है, तथा तीसरा, उसकी प्रामाणिकता की जाँच करती है। सामान्यतः जब किसी तथ्य के विषय में वैज्ञानिक

अध्ययन के बाद उपलब्ध जानकारी पर यह कहा जाता है कि इसका पहले से ज्ञान था, जबकि वस्तुतः सच्चाई यह है कि बिना उस अध्ययन के उस तरह की पूर्व घोषणा करना किसी के लिए भी संभव नहीं होती। अतः जिसके के विषय में वस्तुतः यह पद होता है उसे सभी जानते हैं। यह मात्र प्रामाणिकता सिद्ध होने के बाद ही माना जाता है। इस तरह प्राकल्पना का सरलतम रूप आनुभविक सामान्यीकरण प्राप्त करना है।

(ii) जटिल आदर्श-प्रारूप से संबंधित प्राकल्पनाएँ—गुड्डे तथा हॉट (Goode and Hatt) के विचार में प्राकल्पना का दूसरा तरह जटिल आदर्श प्रारूप से संबंधित प्राकल्पनाएँ हैं। इन प्राकल्पनाओं का उद्देश्य प्रचलित, तार्किक तथा अनुभवात्मक एकरूपताओं के संबंधों का परीक्षण करने के लिए किया जाता है। इस तरह से प्राकल्पनाएँ विभिन्न कारकों में तार्किक अंतर्संबंध स्थापित करने के उद्देश्य से बनाई जाती हैं। ऐसी प्राकल्पना की परीक्षा के लिए सबसे पहले तथ्यों के तर्कपूर्ण को आदर्श मानकर सामान्यीकरण निकाल लिया जाता है। बाद में उसी आधार पर अन्य तथ्यों तथा घटनाओं की परीक्षा करके उक्त आधार को सार्थक सिद्ध करने का प्रयत्न किया जाता है। इस तरह यह कहा जा सकता है कि प्राकल्पना की इस तरह में एक सामान्य मान्यता अथवा निष्कर्ष को पूर्वाधार मानकर अन्य तथ्यों की तर्कपूर्ण रूप से परीक्षा की जाती है। इस संबंध में गुड्डे तथा हॉट (Goode and Hatt) के विचार में "यथार्थ में अधिक जटिल शोध के क्षेत्र में पुनः शोध करने के लिए उपकरणों तथा समस्याओं का सृजन करना इस तरह की प्राकल्पना का महत्त्वपूर्ण कार्य है।" इस तरह की प्राकल्पनाओं का प्रयोग नगरीय रामाजशास्त्र में शहरों के जीवन की व्याख्याओं के संबंध में ई.डब्ल्यू. बर्गेस (E.W. Burgess) ने किया था। इस प्रकार की प्राकल्पनाओं का प्रयोग सामान्यता जटिल क्षेत्रों के शोध के क्षेत्रों को प्रस्तुत करता है।

(iii) विश्लेषणात्मक चरों से संबंधित प्राकल्पनाएँ—गुड्डे तथा हॉट (Goode and Hatt) के विचार में प्राकल्पना का तीसरा तरह विश्लेषणात्मक चरों से संबंधित प्राकल्पनाएँ हैं। जहाँ अन्य तरह की प्राकल्पनाएँ तथ्यों के परस्पर संबंधों का अध्ययन तथा परीक्षण करती हैं वहीं यह प्राकल्पना चरों के तार्किक विश्लेषण के अलावा विभिन्न चरों में परस्पर क्या गुण संबंध हैं, उनका भी मुख्य रूप से विश्लेषण करती हैं। विभिन्न चर एक-दूसरे को प्रभावित करते हैं एवं एक-दूसरे से प्रभावित होते हैं। इन प्राकल्पनाओं का उद्देश्य इन प्रभावों का तार्किक आधार ढूँढ़ना होता है।

विश्लेषणात्मक चरों से संबंधित प्राकल्पनाएँ बहुत अधिक अमूर्त प्रकृति की होती हैं। इनमें एक चर का अन्य चरों पर क्या प्रभाव पड़ता है एवं चरों का परस्पर क्या कार्य-कारण प्रभाव है, इसका गहनता से अध्ययन किया जाता है। इन प्राकल्पनाओं का प्रयोग विशेष रूप से प्रयोगात्मक शोधों में किया जाता है। समाज में कई ऐसी प्राकल्पनाएँ पाई जाती हैं जिनका किसी एक विषय के द्वारा परीक्षण करना संभव नहीं होता है। साथ ही इसमें अन्तर-विषयक पद्धति का भी प्रयोग किया जाता है। ग्रामीण विकास कार्यक्रम, जाति व्यवस्था, नेतृत्व तथा निर्धनता आदि ऐसी समस्याएँ हैं जिनका अध्ययन कई चरों से संबंधित होता है। इसलिए इसमें विश्लेषणात्मक चरों से संबंधित प्राकल्पनाओं का प्रयोग किया जाता है। इस प्रकार की प्राकल्पनाओं का प्रयोग प्रयोगात्मक शोधों में भी किया जाता है। आधुनिक समाजशास्त्र में इस तरह की प्राकल्पनाओं का महत्त्व बढ़ता जा रहा है।

एम.एच. गोपाल (M.H. Gopal) ने 'An Introduction to Research Procedure in Social Sciences' में प्राकल्पना के अग्रलिखित तरहों का उल्लेख किया है--

(i) मौलिक प्राकल्पनाएँ--मौलिक प्राकल्पनाएँ उन प्राकल्पनाओं को कहा जाता है जो सामान्य रूप से निम्न स्तरीय विचारधाराएँ होती हैं जो अधिकांशतः केवल संकलित की जा सकने वाली सामग्री को बताती हैं। इन प्राकल्पनाओं के द्वारा किसी सिद्धांत अथवा नियम की स्थापना नहीं होती है एवं ये विशेषकर वर्णनात्मक अध्ययनों से संबंधित होती हैं। साथ ही इस तरह की प्राकल्पनाओं के द्वारा पिछले निष्कर्षों को अधिक दृढ़ आधार प्रदान किया जाता है।

(ii) विशुद्ध प्राकल्पनाएँ--विशुद्ध प्राकल्पनाएँ वे प्राकल्पनाएँ हैं जो वास्तविक रूप से अधिक महत्त्वपूर्ण होती हैं। इन प्राकल्पनाओं का सृजन कई अध्ययनों के आधार पर निकाले गए निष्कर्षों पर आधारित होता है। इन प्राकल्पनाओं को पुनः उपभागों में वर्गीकृत किया जा सकता है जो अग्रलिखित हैं--

(क) सामान्य स्तरीय प्राकल्पनाएँ (Simple Level Hypothesis),

(ख) जटिल आदर्श प्राकल्पनाएँ (Complex Ideal Hypothesis),

(ग) जटिलता अंतर्संबंधित चर प्राकल्पनाएँ (Complicated Interrelated Multiple Variable Hypothesis)।

आनुभविकता के आधार पर प्राकल्पना को मैक गुइगन ने दो तरहों में विभक्त किया है जो अग्रलिखित हैं--

(i) सार्वभौमिक प्राकल्पना (Universal Hypothesis),

(ii) अस्तित्त्वात्मक प्राकल्पना (Existential Hypothesis).

(i) सार्वभौमिक प्राकल्पना–मैक गुइगन के विचार में सार्वभौमिक प्राकल्पना वे प्राकल्पनाएँ हैं जिनका संबंध अध्ययन किए जाने वाले सभी चरों से सभी समय तथा सभी स्थानों पर रहता है। फलस्वरूप किसी समस्या बॉक्स पर चूहों को एक ओर (दाहिनी ओर) मुड़ने पर पुरस्कार दिया जाता है तो सभी उसी ओर मुड़ेंगे।

(ii) अस्तित्त्वात्मक प्राकल्पना–जो प्राकल्पना चरों के अस्तित्त्व को उचित सिद्ध करती है आस्तित्त्वात्मक प्राकल्पना कहलाती है। उदाहरण के तौर पर किसी समस्या बॉक्स पर कम-से-कम एक चूहा ऐसा है कि अगर वह एक ओर मुड़ने पर पुरस्कृत किया जाए तो वह समस्या बॉक्स में उस ओर अवश्य मुड़ेगा जिस ओर मुड़ने पर उसे पुरस्कृत किया गया था। इस प्रकार का विचार मैक मुइगन का है। सामाजिक प्राकल्पनाओं की तुलना में अस्तित्त्वात्मक प्राकल्पनाओं का उपयोग अधिक किया जाता है। इसके अधिक प्रयोग का कारण यह है कि सामाजिक वैज्ञानिक अस्तित्त्वात्मक प्राकल्पनाओं को सिद्ध करने में अधिक सफलता प्राप्त करते हैं। कथन की प्रकृति के आधार पर प्राकल्पना के तीन रूपों की चर्चा की जा सकती है–

(i) सकारात्मक प्राकल्पना (Positive Hypothesis),

(ii) नकारात्मक प्राकल्पना (Negative Hypothesis), एवं

(iii) शून्य प्राकल्पना (Null Hypothesis)।

(i) सकारात्मक प्राकल्पना–इस तरह की प्राकल्पना का भावार्थ सकारात्मक रूप में होता है। जैसे–(क) नगरों में साक्षरता का स्तर ऊँचा होता है। (ख) माँग बढ़ने पर वस्तु के मूल्य में वृद्धि होती है।

(ii) नकारात्मक प्राकल्पना–इस तरह की प्राकल्पना का भावार्थ नाकारात्मक रूप में होता है। उदाहरण के तौर पर (क) ग्रामीण छात्र नगरीय छात्रों से अधिक बुद्धिमान होते हैं। (ख) गाँवों में साक्षरता का सार निम्न होता है। (ग) वस्तुओं के मूल्य वृद्धि से माँग घटती है।

(iii) शून्य प्राकल्पना– इस प्रकार की प्राकल्पना का भावार्थ न तो सकारात्मक होता है और न ही नकारात्मक, बल्कि तटस्थ होता है। उदाहरण के तौर पर (क) ग्रामीण तथा नगरीय छात्रों की बुद्धिलब्धि समान होती है। (ख) नगरीकरण का साक्षरता के साथ कोई गुण संबंध नहीं होता है। (ग) वस्तुओं की मूल्य वृद्धि का माँग घटने अथवा बढ़ने पर कोई प्रभाव नहीं पड़ता है।

प्राकल्पना का एक वर्गीकरण इस तरह है जिसके अनुसार प्राकल्पना दो तरह की होती हैं–

(i) तात्त्विक प्राकल्पना (Substantive Hypothesis),

(ii) सांख्यकीय प्राकल्पना (Statistical Hypothesis)।

(i) तात्त्विक प्राकल्पना–यह ऐसी प्राकल्पना है जिसमें दो अथवा दो से अधिक चरों के मध्य अनुमान पर आधारित संबंधों को व्यक्त किया जाता है। यह एक तरह से सामान्य तरह की प्राकल्पना है। सामान्य रूप से इन तात्त्विक प्राकल्पनाओं को परीक्षण के योग्य नहीं माना जाता है। उदाहरण के तौर पर एक नेता जितना अधिक प्रजातांत्रिक ढंगों को अपनाएगा, उसका नेतृत्व उतना ही अधिक सफल होगा तथा उसके अनुयायी उतनी ही आज्ञा पालक होंगे।

(ii) सांख्यकीय प्राकल्पना–सांख्यकीय प्राकल्पना तात्विक प्राकल्पना के संबंधों से निगमित सांख्यकीय संबंधों के एक अनुमान पर आधारित कथन होता है। सांख्यकीय प्राकल्पना के परीक्षण के लिए किसी-न-किसी आधार का होना जरूरी होता है। इनका परीक्षण एक विकल्पीय प्राकल्पना के तौर पर किया जाता है।

कुछ सामाजिक वैज्ञानिकों ने प्राकल्पनाओं को दो भागों में विभक्त किया है जो अग्रलिखित हैं–

(i) वर्णनात्मक प्राकल्पना (Descriptive Hypothesis),

(ii) संबंध प्राकल्पना (Relation Hypothesis)।

(i) वर्णनात्मक प्राकल्पना–वर्णनात्मक प्राकल्पना में किसी दिए गए चर के प्रसार होने से संबंधित सवाल रखे जाते हैं। इसमें यह प्रयत्न नहीं किया जाता है कि विभिन्न कारकों के बीच पाए जाने वाले संबंधों की खोज की जाए।

(ii) संबंध प्राकल्पना–ये ऐसे प्राकल्पना होते हैं जिसमें दो अथवा अधिक कारकों के परस्पर संबंध, कारणों अथवा परिणामों के बीच संबंध की ओर संकेत किया जाता है। इन प्राकल्पनाओं में जो प्रस्ताव अथवा तर्कपूर्ण संबंध बताने वाले कथन रखे जाते हैं, उनके तीन रूप होते हैं और उनके आधार पर ही तीन तरह की प्राकल्पनाओं को देखा जा सकता है–

(क) पहले तरह की प्राकल्पना में यह बताया जाता है कि प्राकृतिक हालत में किस तरह कोई विशेष घटनाक्रम में तत्त्व परस्पर संबंधित रहते हैं।

(ख) दूसरे तरह की प्राकल्पना में यह बताया जाता है कि मानव उद्देश्यों की पूर्ति के लिए किस तरह किसी अनुभवाश्रित घटनाक्रम को प्रयोग में लाया जा सकता है।

(ग) तीसरे तरह की प्राकल्पना दूसरे तरह की प्राकल्पना से मिलती-जुलती होती है, लेकिन यह अधिक स्पष्ट होती है।

उपरोक्त विवरणों से यह ज्ञान होता है कि विभिन्न विद्वानों ने विभिन्न आधारों पर प्राकल्पना के विभिन्न तरहों का उल्लेख किया है। साथ ही इसके अलावा भी प्राकल्पना के कई तरह होते हैं, जिनका उल्लेख ऊपर किया जा चुका है। प्राकल्पना के विभिन्न तरहों का उद्देश्य यह होता है कि वे अध्ययन में इस ढंग से मददगार हों कि अच्छे-से-अच्छे तथ्य एकत्रित किए जा सकें। साथ ही अच्छे प्राकल्पना के आधार पर अच्छे सिद्धांतों के सृजन में भी मदद मिलती है।

5

आँकड़ों का संकलन

आँकड़ा (Data) शब्द का आशय ''प्रत्युत्तरों के अभिलेखन'' से है। आँकड़े अथवा तथ्य सही मायने में सामाजिक यथार्थ के किसी वर्ग के विषय में तथ्यों के नवीन अभिलेख तैयार करते समय या पूर्व में उपलब्ध अभिलेखों के आधार पर सूचनाएँ प्राप्त करने की एकत्रित की गई सामग्री को कहा जाता है। सामान्य शब्दों में कहा जा सकता है कि सामाजिक शोध में क्षेत्रीय या प्रलेखीय आधार पर हम जो भी सामग्री जमा करते हैं, वह आँकड़ा (Data) कहलाती है। हाँ ऐ बात जरूर है कि समाज विज्ञानों के तहत आँकड़े अनेक स्वरूप ग्रहण करते हैं, लेकिन इनमें एक सामान्य संरचना (Common Structure) पाई जाती है जो अग्रलिखित हैं–

(1) विश्लेषण के तत्त्व (Elements of Analysis) या विश्लेषण की इकाइयाँ। उदाहरण के लिए मानवीय प्राणी।

(2) विमितियाँ (Dimensions) या चर जिनका हम इकाइयों के संदर्भ में अध्ययन करना चाहते हैं। इन्हें उत्तेजकों का वर्ग (Set of Stimuli) भी कहा जाता है।

(3) अध्ययन किए गए चरों पर इकाइयों के मूल्य (Values of Units) या प्रत्युत्तर (Responses) या प्रतिदान (Outcomes)।

जॉन गाल्टुंग ने आकड़ों से संबंधित कुछ सिद्धांतों का उल्लेख किया है जो निम्नलिखित हैं–

(1) तुलनात्मकता का सिद्धांत–जॉन गाल्टुंग के विचार में अध्ययन की

जाने वाली सभी इकाइयों को एक ही उत्तेजक से या एक ही तरह की परिस्थितियों से प्रभावित कराया जाए।

(2) वर्गीकरण का सिद्धांत—हर उत्तेजक के लिए संभव प्रत्युत्तरों के वर्ग एक वर्गीकरण को जन्म देंगे अर्थात् हर इकाई द्वारा उत्तेजक के प्रति किया गया प्रत्युत्तर वर्गीकरण योग्य होगा अर्थात् पारस्परिक रूप से पृथक् होगा।

(3) पूर्णता का सिद्धान्त—प्रत्येक इकाई द्वारा उत्तेजक के प्रति किए गए प्रत्युत्तर का मूल्य ज्ञात किया जाना चाहिए।

(4) अभ्यंतर रागात्मकता या विश्वसनीयता का सिद्धांत—एक ही पर्यवेक्षक द्वारा उन्हीं प्रत्युत्तरों का कई बार पर्यवेक्षण किए जाने पर भी एक ही तरह के आँकड़े उपलब्ध होने चाहिए।

(5) अन्तर-गात्मकता का सिद्धांत—विभिन्न पर्यवेक्षकों द्वारा उन्हीं प्रत्युत्तरों का बार-बार पर्यवेक्षण किए जाने पर एक से ही तरह के आँकड़े प्राप्त होने चाहिए।

(6) प्रामाणिकता का सिद्धांत्त—आँकड़े इस तरह प्राप्त किए जाएँ कि प्रकट स्तर के आधार पर गुप्त स्तर के विषय में परिणाम निकाले जा सकें।

आँकड़ों के एकत्रीकरण का महत्त्व

"किसी भी शोध में तथ्य सामग्री के महत्त्व को कम करके नहीं आँका जा सकता। वे शोध के अंतरंग भाग हैं, लेकिन साथ ही वे स्रोत भी समान रूप से महत्त्वपूर्ण हैं जहाँ से एक शोधकर्त्ता समस्या के विश्वसनीय अध्ययन के लिए सूचना संग्रहित करता है। तथ्य-सामग्री की विश्वसनीयता विश्वसनीय स्रोतों पर निर्भर है जो कि शोधकर्त्ता के बोझ को महत्त्वपूर्ण से हल्का कर देते हैं।" ("The importance of data cannot be undervalued in a researcch. They are the integral part of the research. But equally important are the sources from where a researcher gathers information for the reliable study of the problem. The reliability of data hinges on the relialde sources which significantly reduce the burden of the researcher.")

संकलन सामग्री अथवा आँकड़े यद्यपि अपनी प्रारंभिक अथवा मौलिक अवस्था में मिले-जुले रूप में होते हैं। अतएव यह कारण-प्रभाव (Cause-effect) जानने तथा निष्कर्षों को प्रमाणित करने की दृष्टि से अत्यंत महत्त्वपूर्ण होते हैं। सही मायने में आँकड़ा ही वह मार्ग है जिसकी मदद से शोध का एक विशिष्ट स्वरूप प्राप्त हो सकता है। आँकड़ों के संकलन के महत्त्व को कुछ बिन्दुओं द्वारा समझा जा सकता है। जो अग्रलिखित हैं—

(1) शोध का आधार—शोध की शुरूआत ही आँकड़ों के संकलन से माना जा सकता है। इन्हीं आँकड़ों के वर्गीकरण एवं व्याख्या करने से महत्त्वपूर्ण निष्कर्ष प्राप्त होते हैं। जब कभी भी किन्हीं तथ्यों की परीक्षा या पुनःपरीक्षा करने की जरूरत होती है तो पुनः लिए गए आँकड़ों का संकलन जरूरी हो जाता है। इससे ज्ञात होता है कि कार्य के आरंभ से लेकर अंत तक हर स्तर पर किसी-न-किसी रूप में आँकड़ों की प्रक्रिया निरंतर चलती रहती है एवं इन्हीं आँकड़ों के द्वारा विषय से संबंधित प्रवृत्तियों का पता लगाया जा सकता है।

(2) यथार्थ का ज्ञान—आँकड़ों के संकलन का एक महत्त्व यह भी है कि यह वास्तविकता का बोध कराता है। आँकड़ों के संकलन के दौरान शोधकर्त्ता को अध्ययन वर्ग या समुदाय के सामान्य जन-जीवन में प्रवेश करना पड़ता है। इससे शोधकर्त्ता को जीवन की साधारण एवं विशेष दशाओं के विषय में अनुभव प्राप्त होता है। इस तरह उसे आँकड़ों के संकलन के दौरान ही समुदाय के जीवन का सही ज्ञान होने लगता है।

(3) तुलनात्मक अध्ययनों में सहायक—आँकड़ों के संकलन का एक महत्त्व यह है कि यह तुलनात्मक अध्ययनों में मददगार होता है। संकलन द्वारा विभिन्न घटनाओं एवं कई तथ्यों की जानकारी हो जाने पर उनमें परस्पर तुलना भी की जा सकती है। साथ ही विभिन्न परिस्थितियों के तहत एक ही समय में विभिन्न तथ्यों की तुलना करना भी सरल हो जाता है।

(4) कार्य-कारण संबंध की खोज—आँकड़ों के संकलन का एक महत्त्व यह भी है कि इसके द्वारा कार्य-कारण संबंध की खोज की जा सकती है। संकलित तथ्यों का आँकड़ों के मदद के द्वारा किसी समस्या या घटना के कारणों एवं परिणामों को ज्ञान प्राप्त किया जा सकता है।

(5) प्रशासन में महत्त्व—आँकड़ों के संकलन का एक महत्त्व यह भी है कि यह प्रशासन में महत्त्वपूर्ण योगदान करता है। कई आँकड़ों की जानकारी, जो सबसे पहले संकलन के दौरान प्राप्त होती है, विभिन्न सामाजिक विशेषकर विघटनकारी समस्याओं को दूर करने में सरकारी प्रशासन को मददगार सिद्ध होता है।

(6) समस्या के निदान में मददगार—आँकड़ों के संकलन का एक महत्त्व यह भी है कि यह समस्या के निदान में मदद करता है। उदाहरण के तौर पर अगर आँकड़ों के संकलन द्वारा इस बात का पता लग जाए कि छात्र-असंतोष का मुख्य कारण ''शिक्षा प्रणाली के दोष' तथा ''शिक्षा के प्रति नियोजनकर्त्ताओं की उदासनीता''

है तो उन तरीकों को आसानीपूर्वक ढूँढ़ा जा सकता है जो इस समस्या का हल कर सकता है।

(7) परिवर्तन के अध्ययन में मददगार—आँकड़ों के संकलन का एक महत्त्व यह भी है कि यह परिवर्तन के अध्ययन में मददगार होता है। एक ही क्षेत्र में समय-समय पर एवं एक ही समय पर विभिन्न क्षेत्रों में आँकड़ों का संकलन करने से सामयिक परिवर्तनों तथा उनकी प्रकृति की जानकारी प्राप्त की जाती है।

(8) नियोजन में महत्त्वपूर्ण—आँकड़ों के संकलन का आठवाँ महत्त्व यह है कि यह नियोजन में जरूरी होता है। किसी भी देश का संपूर्ण क्रार्यक्रम प्रारंभिक छानबीन, सर्वेक्षणों द्वारा प्रस्तुत प्राथमिक सूचनाओं के आधार पर होता है। किसी भी परियोजना को लागू करने से पूर्व, संबंधित समस्या के विषय में अनेक आँकड़ों अथवा सूचनाओं द्वारा जानकारी प्राप्त करना जरूरी होता है।

डॉ. सुरेंद्र सिंह ने आँकड़ों के संग्रह के संबंध में कुछ महत्त्वपूर्ण बातों का उल्लेख किया है। आँकड़ों को उपयोगी तथा महत्त्वपूर्ण बनाने की दिशा में कुछ बातों को ध्यान रखना जरूरी है। जो निम्नलिखित हैं—

(1) आँकड़े विश्वसनीय होने चाहिए।

(2) आँकड़ों को अर्थपूर्व तथा उपयुक्त होना चाहिए।

(3) आँकड़ों को उचित तथा संक्षिप्त होना चाहिए।

(4) इस बात का प्रयत्न किया जाना चाहिए कि वस्तुस्थिति एवं पर्यवेक्षित या परिमापित स्थिति के मध्य भेद कम-से-कम हो। इस तरह के भेद के कई स्रोत हैं और इन सभी स्रोतों पर समुचित ध्यान दिया जाना चाहिए।

(5) आँकड़ा संग्रह की योजना-लचीली होनी चाहिए एवं इसके तहत अनदेखी परिस्थितियों की जरूरतों की पूर्ति करने के लिए समुचित बदलाव करने की गुंजाइश होनी चाहिए।

(6) शोध उपकरणों के तहत प्रयोग में लाए जाने वाले शब्द तथा वाक्यांश सरलतापूर्वक बोधगम्य लेकिन राष्ट्रीय तथा अन्तर्राष्ट्रीय मानदंडों तथा अनुशंसाओं के अनुकूल होने चाहिए।

(7) उत्तरदाताओं को सूचना प्रदान करने एवं साक्षात्कारकर्त्ताओं तथा पर्यवेक्षकों को सूचना एकत्रित करने के संबंध में स्पष्ट तथा विस्तृत निर्देश प्रदान किए जाने चाहिए।

(8) संसाधन क्षमता को बढ़ाने के लिए रूपरेखा इस तरह निर्धारित की जानी चाहिए कि इससे तहत संकेतीकरण तथा छिद्रण की समुचित व्यवस्था हो।

(9) आँकड़ों के प्रभावपूर्ण संग्रह के लिए संबंधित कर्मचारियों के समुचित चयन तथा प्रशिक्षण की व्यवस्था की जानी चाहिए। उनके कार्य के गुणात्मक तथा परिमाणात्मक नियंत्रण की समुचित व्यवस्था भी जरूरी है।

(10) कर्मचारियों को अपने परिचय-पत्र साथ ले जाने चाहिए।

(11) संग्रहित सूचना को प्रतिवेदन के तहत इस तरह प्रयोग में लाया जाना चाहिए कि उत्तरदाताओं का परिचय प्राप्त न हो सके।

(12) आँकड़ा-संग्रह की योजना को स्थानीय परिस्थितियों के अनुकूल होना चाहिए।

(13) योजना अधिक विस्तृत, जटिल तथा महत्त्वाकाँक्षी न होकर सूक्ष्म, सरल तथा प्रायोगिक होनी चाहिए।

(14) संभावित परिणामों की उम्मिद पहले सही कर ली जानी चाहिए और आँकड़ा संग्रह योजना का सृजन इसी दृष्टि से किया जाना चाहिए।

(15) धन, कर्मचारियों तथा समय संबंधी सीमाओं को ध्यान में रखते हुए ही योजना का सृजन किया जाना चाहिए।

(16) प्रयत्नों की पुनरावृत्ति एवं अन्य अनावश्यक बर्बादी को यथासंभव नियंत्रित किया जाना चाहिए।

(17) सूचना एकत्रित करने का समय उत्तरदाताओं के लिए सुविधाजनक होना चाहिए।

(18) आँकड़ा-संग्रहण की कार्य-रीति का पूर्व-परीक्षण किया जाना चाहिए जिससे कि त्रुटियों के विभिन्न स्रोतों तथा प्रायोगिकता की समस्याओं का पता चल सके एवं इन्हें दूर किया जा सके।

(19) सौहार्द्रपूर्ण जनसंबंधों की स्थापना करने की हालत में सभी संभव प्रयत्न किए जाने चाहिए क्योंकि इसके कारण अध्ययन की लागत कम हो सकती है एवं अधिक अच्छे प्रतिदान प्राप्त हो सकते हैं।

(20) शोध उपकरण प्रायोगिक, स्पष्ट, जरूरी निर्देशों से युक्त एवं आकर्षक होने चाहिए।

(21) अगर उत्तरदाताओं द्वारा दी जाने वाली सूचना की प्रकृति ऐसी है कि इससे किसी भी स्तर पर किसी भी तरह से उन्हें क्षति पहुँच सकती हो तो अनामता की दिशा में प्रयत्न किए जाने चाहिए लेकिन अनामता की सबसे बड़ी कमी यह है कि पश्चात में पुनः अध्ययन की जरूरत पड़ी तो ऐसा करना असंभव होगा।

आँकड़ों के स्वरूप

किसी भी शोध के लिए यह अधिक महत्त्व रखता है कि आँकड़ों के कितने स्वरूप हैं या वे कितने तरह के हैं तथा कैसे हैं? शोध कार्य के लिए सामान्य रूप से आँकड़ों के तरह को दो आधार पर बाँटा गया है। ये हैं–

(1) प्रकृति के आधार पर (On the Basis of Nature),

(2) मौलिकता के आधार पर (On the Basis of Originality).

प्रकृति के आधार पर आँकड़ों को पुनः दो भागों में विभाजित किया जाता है।

(i) गणनात्मक आँकड़े–गणनात्मक आँकड़े वे होते हैं जिसमें तथ्य की प्रकृति संख्यात्मक होती है और जो गणना के योग्य हों, गणनात्मक आँकड़े कहलाते हैं। जैसे–1, 2, 1000, 1585 आदि।

(ii) गुणात्मक आँकड़े–गुणात्मक आँकड़े वे होते हैं जो विश्लेषणात्मक तथा गुण-संबंधी पक्ष से संबंधित हों। इन तथ्यों से कोई विशेषता स्पष्ट होती है।

मौलिकता के आधार पर भी आँकड़ों को दो भागों में विभक्त किया गया है। ये हैं–

(1) प्राथमिक आँकड़े, (2) द्वितीयक आँकड़े।

(1) प्राथमिक आँकड़ा–शोधकर्त्ता द्वारा स्वयं घटना स्थल पर जाकर विषय अथवा समस्या से संबंधित व्यक्तियों से साक्षात्कार (Interview) करके या अनुसूची और प्रश्नावली द्वारा प्राप्त किये गये आँकड़े को प्राथमिक आँकड़ा कहा जाता है। इसे प्राथमिक इस अर्थ में भी कहा गया है कि इसमें शोधकर्त्ता पहली बार सामग्री को मूल स्रोतों से प्राप्त करता है। इस सामग्री को क्षेत्रीय सामग्री की संज्ञा भी दी जाती है क्योंकि शोधकर्त्ता स्वयं उस क्षेत्र में जाकर अवलोकन करता है एवं संबंधित लोगों से संपर्क स्थापित करता है। श्रीमती यंग ने 'Scientific Social Surveys and Research' में लिखा है, "प्राथमिक तथ्य-सामग्री प्रथम स्तर पर इकट्ठी की जाती है तथा इसके संकलन एवं प्रकाशन का उत्तरदायित्व उस अधिकारी पर रहता है जिसने मौलिक रूप में उन्हें जमा किया था।" ("...data gathered at first hand, the responsibility for their compilation and promulgation, remaining under the samc authority that originally gathered them.")

प्राथमिक आँकड़ों को संग्रह करने के दो स्रोत हैं–

(a) प्रत्यक्ष अवलोकन द्वारा–शोधकर्त्ता स्वयं किसी वर्ग अथवा संगठन के संबंध में आँकड़ों का अवलोकन कर उन्हें जमा करता है।

(b) समस्या से संबंधित व्यक्ति–इन व्यक्तियों द्वारा भूत के बारे में ज्ञान के साथ-साथ अपने अनुभव के आधार पर भविष्य की घटनाओं के विषय में भी ज्ञान होता है। ये व्यक्ति व्यवसायी, समाज-सेवी एवं सामुदायिक नेता हो सकते हैं। श्री पामर (Palmer) के अनुसार, "ऐसे व्यक्ति न केवल एक विषय की विद्यमान अवस्थाओं को बताने की योग्यता रखते हैं अपितु एक सामाजिक प्रक्रिया में अंतर्निहित महत्त्वपूर्ण चरण व निरीक्षणयोग्य झुकावों (Trends) के संबंध में भी संकेत कर सकते हैं।"

प्राथमिक आँकड़ों के संकलन के दौरान कुछ सावधानियों को रखना जरूरी होता है। ये निम्नलिखित हैं–

(i) शोधकर्त्ता को अनावश्यक तथा बेकार के आँकड़ों को एकत्र नहीं करना चाहिए।

(ii) प्रत्यक्ष-निरीक्षण से संकलित आँकड़ों में पक्षपातपूर्ण रवैया नहीं अपनाना चाहिए।

(iii) आँकड़े अव्यवस्थित ढंग से एकत्र नहीं होने चाहिए।

(iv) एकत्रित प्राथमिक आँकड़ों में कोई बड़ा परिवर्तन नहीं करना चाहिए।

(v) सामूहिक जीवन के निरीक्षण के दौरान, शोधकर्त्ता को इस बात का ख्याल रखना चाहिए कि सामने वाला व्यक्ति यह महसूस न करे कि उसका निरीक्षण किया जा रहा है।

(2) द्वितीयक आँकड़ा–द्वितीयक आँकड़े के आँकड़े हैं जो शोधकर्त्ता प्रकाशित अथवा अप्रकाशित प्रलेखों, पत्र, डायरी, पांडुलिपि आदि से प्राप्त करते हैं। पी.वी. यंग (P.V. Young) के अनुसार, "द्वितीयक तथ्य सामग्री वह है जिसे मौलिक स्रोतों से एक बार प्राप्त करने के बाद एकत्र किया गया है एवं जिसका प्रकाशित अधिकारी (Promulgating Authority) उनसे अलग है जिसने प्रथम स्तर पर सामग्री इकट्ठी करने को नियंत्रित किया था।" ("....Secondary data as those compiled from original sources and of which the promulgating authority is different from that which controlled the collection of data as first hand.")

द्वितीयक तथ्य सामग्री अथवा आँकड़े के दो मुख्य स्रोत हैं–

(i) व्यक्तिगत प्रलेख–इसके तहत व्यक्तिगत डायरियाँ, पत्रों एवं संस्मरणों को सम्मिलित किया जाता है।

(ii) सार्वजनिक प्रलेख **(Public Documents)**–इसके तहत पुस्तकें, प्रतिवेदन, रिकार्ड, शिलालेख आदि सम्मिलित किए जाते हैं।

द्वितीय आँकड़ों के संकलन में भी सावधानियों को बरतने की आवश्यकता होती हैं। ये सावधानियाँ निम्नलिखित हैं–

(i) शोधकर्त्ता को इस बात का ध्यान रखना चाहिए की जिस सामग्री का संकलन किया जा रहा है, वह वर्तमान अध्ययन के लिए उपयोगी है अथवा नहीं।

(ii) शोधकर्त्ता जिस द्वितीयक सामग्री को एकत्र कर रहा है, वह उसके अध्ययन विषय के लिए पर्याप्त होना चाहिए।

(iii) शोधकर्त्ता को यह भी देखना चाहिए कि इकाइयाँ सजातीय. हैं अथवा नहीं।

प्राथमिक तथा द्वितीयक आँकड़ों में भेद

प्राथमिक और द्वितीयक आँकड़ों के मध्य कुछ मौलिक भिन्नताएँ पाई जाती हैं। ये भिन्नताएँ निम्नलिखित हैं–

(i) प्राथमिक आँकड़े और द्वितीयक आँकड़ों में पहला भेद यह है कि प्राथमिक आँकड़े एक कच्चे माल की प्रकार हैं जिसके आधार पर अध्ययन को एक स्वरूप दिया जा सकता है। जबकि द्वितीयक आँकड़े एक तैयार माल के समान हैं, जिसका उपयोग तो किया जा सकता है, लेकिन आवश्यकतानुसार उसमें परिवर्तन नहीं किया जा सकता है।

(ii) प्राथमिक आँकड़े और द्वितीयक आँकड़े में दूसरा भेद यह है कि प्राथमिक आँकड़े मौलिक आँकड़े हैं। इसका कारण यह है कि इसका संकलन अध्ययनकर्त्ता द्वारा स्वयं किया जाता है जिससे इसके प्रामाणिकता में संदेह नहीं किया जा सकता है। जबकि द्वितीयक आँकड़े में मौलिकता का अभाव पाया जाता है। इसका कारण यह है कि इन आँकड़ों का पहले से ही विशलेषण और निर्वचन किया जा चुका होता है। किसी विशेष तथ्य की जिस रूप में विवेचना की गई होती है, शोधकर्त्ता को उनका प्रयोग उसी अर्थ में करना पड़ता है।

(iii) प्राथमिक आँकड़े और द्वितीयक आँकड़े में तीसरा भेद यह है कि प्राथमिक आँकड़ों के संकलन में अधिक समय, धन और श्रम की आवश्यकता होती है। जबकि द्वितीयक आँकड़ों का संकलन तुलनात्मक रूप से मितव्ययी होती है।

(iv) प्राथमिक आँकड़े और द्वितीयक आंकड़े में चौथा भेद यह है कि प्राथमिक आँकड़ों के संकलन के लिए जिन अध्ययन प्रविधियों का उपयोग करना जरूरी होता

है, उन प्रविधियों के द्वारा द्वितीयक आँकड़ों को संकलित नहीं किया जा सकता है।

(v) प्राथमिक आँकड़े और द्वितीयक आँकड़े में पाँचवाँ भेद यह है कि प्राथमिक आँकड़ों में सत्यापन का गुण अधिक पाया जाता है। इसका कारण यह है कि यदि एक बार संकलित किए गए प्राथमिक आँकड़े अध्ययन के दौरान दोषपूर्ण दिखाई देते हैं तो क्षेत्र में जाकर उनका पुनः संकलन किया जा सकता है। जबकि द्वितीयक आँकड़े अपेक्षाकृत कम सत्यापन गुण वाले होते हैं। इसका कारण यह है कि द्वितीयक आँकड़े जिस रूप में हैं, उसका उसी रूप में उपयोग करना जरूरी होता है।

(vi) प्राथमिक आँकड़े और द्वितीयक आँकड़े में छठा भेद यह है कि इनमें भेद समय कारक से संबंधित होता है। अर्थात् कोई विशेष तथ्य एक समय में एक व्यक्ति के लिए प्राथमिक हो सकता है, जबकि कुछ समय बाद वही तथ्य दूसरे अध्ययनकर्त्ता के लिए द्वितीयक बन जाता है। जॉन गाल्टुंग (John Galtung) ने आँकड़ों के संग्रह के प्रत्युत्तरों के प्रमुख स्वरूपों का उल्लेख किया है जिसे नीचे सारणीबद्ध किया जा रहा है।

आँकड़ों के स्रोत

आँकड़ों को एकत्रित करने के लिए अनेक स्रोतों को काम में लाया जाता है। सामान्यतः यह शोधकर्त्ता पर निर्भर करता है कि वह किन-किन स्रोतों से अपनी समस्या से संबंधित सामग्री का संकलन करे। शोध की आवश्यकता पर भी यह निर्भर करता है कि कौन-से स्रोत जरूरी हैं अथवा अनावश्यक, संगत हैं अथवा असंगत। शोधकर्त्ता को इस बात का भी ख्याल रखना चाहिए कि आँकड़ों के संकलन का स्रोत विश्वसनीय तथा सुलभ हो। आँकड़ों के संकलन का स्रोत जितना विश्वसनीय और सुलभ होगा, सामग्री के संकलन में उतनी ही अधिक सफलता मिलेगी।

विभिन्न विद्वानों, और लेखकों ने आँकड़ों के इन स्रोतों को दो भागों में विभाजित किया है। पी.वी. यंग (P.V. Young) के अनुसार, "सामान्यतः स्रोतों को प्रलेखनीय और क्षेत्रीय स्रोतों में विभाजित किया जाता है।" ("Generally sources are divided into documentary and held sources.") प्रलेखीय स्रोतों के तहत प्रकाशित और अप्रकाशित प्रलेख, प्रतिवेदर्न, साँख्यिकी, पांडुलिपि, पत्र, डायरियाँ आदि को सम्मिलित किया जाता है। दूसरी ओर क्षेत्रीय स्रोत के तहत उन जीवित व्यक्तियों को सम्मिलित किया जाता है जिनको सामाजिक परिस्थितियों के विषय में ज्ञान एवं उनमें हुए परिवर्तन की जानकारी हो।

जॉर्ज लुण्डबर्ग (Lundberg) ने आँकड़ों के दो प्रमुख निम्न स्रोतों का उल्लेख किया है–

1. ऐतिहासिक स्रोत

(अ) प्रलेख, कागजात, शिलालेख आदि।

(ब) भूतत्त्वीय स्तरें, खुदाई से प्राप्त वस्तुएँ।

2. क्षेत्रीय स्रोत

(अ) जीवित व्यक्तियों से प्राप्त विशिष्ट सूचनाएँ।

(ब) क्रियाशील व्यवहारों का प्रत्यक्ष निरीक्षण।

प्रोफेसर बेगले (Prof. Begley) के अनुसार दो प्रमुख स्रोत निम्नलिखित हैं–

1. प्राथमिक स्रोत–इसके तहत समस्या से संबंधित व्यक्ति व प्रत्यक्ष निरीक्षण आते हैं।

2. द्वितीयक स्रोत–इसके तहत सरकारी व गैर-सरकारी संस्थाओं अथवा अप्रकाशित प्रलेखों आदि को सम्मिलित किया जाता है।

उपर्युक्त विवरणों के अध्ययन से यह निष्कर्ष निकलता है कि तथ्य सामग्री के दो प्रमुख स्रोत हैं–

1. प्राथमिक स्रोत (Primary Sources),

2. द्वितीयक स्रोत (Secondary Sources).

1. प्राथमिक स्रोत–वे स्रोत जिनसे शोधकर्त्ता स्वयं प्रथम बार तथ्यों या विभिन्न सूचनाओं को संकलित करता है, प्राथमिक स्रोत कहलाते हैं। प्राथमिक स्रोतों को ही सामान्यतः क्षेत्रीय स्रोत भी कहा जाता है। पी.वी. यंग (P.V. Young) ने लिखा है, "प्राथमिक सामग्री का तात्पर्य उन सभी मौलिक सूचनाओं या आँकड़ों से है जिन्हें स्वयं शोधकर्त्ता प्राथमिक स्रोतों द्वारा प्राप्त करता है।" यही कारण है कि प्राथमिक सामग्री को आधार सामग्री, प्रथम स्तरीय सामग्री एवं क्षेत्रीय सामग्री के नामों से भी संबोधित किया जाता है। प्राथमिक शब्दों को परिभाषित करते हुए पी. एच. मान (P.H. Mann) ने 'Methods of Sociological Inquiry' में लिखा है, "प्राथमिक स्रोत हमें प्रथम स्तर पर संकलित की गई तथ्य-सामग्री प्रदान करते हैं, अर्थात् जिन लोगों ने उनको इकट्ठा किया है उनके द्वारा प्रस्तुत की गई सामग्री के ये मौलिक स्वरूप हैं।" ("Primary sources provide data gathered at first hand, that is to say, they are original sets of data produced by the people who collected them.") हमारे दैनिक जीवन की सामान्य घटनाएँ, संबंधित व्यक्ति, उनके द्वारा बताए गए विवरण इत्यादि एवं उनसे इन सूचनाओं को प्राप्त करने हेतु विभिन्न विधियों के तहत आयोजित कार्यक्रम, प्राथमिक स्रोतों के तहत सम्मिलित किए जाते हैं।

आर.ई. चड्डाक (R.E. Chhaddak) ने 'Principles and Methods of Statistics' में प्राथमिक स्रोत को परिभाषित करते हुए लिखा है, "प्राथमिक स्रोत वे होते हैं जो प्रथम बार एकत्रित किए गए आँकड़ों को प्रदान करते हैं एवं जिनके संकलन तथा प्रचारण का उत्तरदायित्व उसी व्यक्ति के अधिकार में होता है जिसने इसे मौलिक रूप से एकत्रित किया है।"

प्राथमिक स्रोत के तरह–प्राथमिक स्रोतों को सामान्यतः दो भागों में विभाजित किया गया है। ये निम्नलिखित हैं–

1. प्रत्यक्ष प्राथमिक स्रोत (Direct Primary Sources),
2. अप्रत्यक्ष प्राथमिक स्रोत (Indirect Primary Sources)।

1. प्रत्यक्ष प्राथमिक स्रोत–ये ऐसे स्रोत होते हैं जिनमें शोधकर्त्ता या तो मूर्त घटनाओं को स्वयं अपने सम्मुख घटित होते हुए देखते हैं या शोधकर्त्ता स्वयं घटना स्थल पर जाकर अपने अध्ययन विषय से संबंधित जानकारी को अवलोकित तथा जमा करता है, प्रत्यक्ष प्राथमिक स्रोत (Direct Primary Sources) कहलाते हैं। पी.एच. मान (P.H. Mann) के मतानुसार, "सामाजिक अंतःक्रिया के शोधकर्त्ता के लिए देखना तथा सुनना, दो प्रमुख कार्य हैं।" प्रत्यक्ष प्राथमिक स्रोत को भी दो प्रमुख भागों में विभक्त किया गया है। ये अग्रलखित हैं–

(i) अवलोकन (Observation),
(ii) साक्षात्कार अथवा मौखिक छानबीन (Intervieus or Oral Inquiry)।

(i) अवलोकन–आवलोकन में शोधकर्त्ता स्वयं घटनास्थल पर उपस्थित रहता है एवं आँखों का प्रत्यक्ष प्रयोग किया जाता है। इन घटनाओं या कार्यक्रमों में किसी सीमा तक शोधकर्त्ता स्वयं भाग भी ले सकता है या मात्र एक दर्शक के रूप में भी बना रह सकता है। अवलोकन सामान्यरूप से तीन तरह के होते हैं–

(अ) सहभागी अवलोकन–इस तरह के अवलोकन में अध्ययनकर्त्ता स्वयं उस घटना में सम्मिलित होकर पूर्णतया भाग लेता है। इससे शोधकर्त्ता की भावनाएँ वर्ग की भावनाओं एवं दृष्टिकोण से मिल जाती हैं। इस तरह वह वर्ग के रीति-रिवाजों, व्यवहारों को अधिक नजदीक से समझ पाता है। वह मात्र एक दर्शक

ही नहीं रहकर सक्रिय निरीक्षणकर्त्ता बन जाता है। समुदाय के लोगों को इस बात का अनुभव ही नहीं हो पाता कि निरीक्षणकर्त्ता उनके व्यवहार, रीति-रिवाजों का अध्ययन कर रहा है, इसलिए उसके अध्ययन में उन लोगों के स्वाभाविक व्यवहार के कारण पक्षपात दोष नहीं आ सकता।

(ब) असहभागी अवलोकन—इस तरह के अवलोकन में शोधकर्त्ता स्वयं सक्रिय भाग न लेकर तटस्थ भाव से कार्यक्रमों का निरीक्षण करता है।

(स) अर्द्ध-सहभागी अवलोकन—इस तरह के अवलोकन में सहभागी और असहभागी दोनों अवलोकन के गुण पाए जाते हैं। इसमें शोधकर्त्ता पूर्णतया भागीदार न बनकर, जरूरत के अनुसार कुछ सीमा तक स्वयं भी सम्मिलित हो जाता है एवं कुछ हालतों में वह अपने को पृथक् रखता है जिससे कि वह अन्य व्यक्तियों के व्यवहार को समझ सके।

(ii) साक्षात्कार अथवा मौखिक छानबीन—ऐसी प्रघटनाओं के अध्ययन में जहाँ अवलोकन पद्धति भी उपयुक्त नहीं होती वहाँ ऐसी समस्याओं के प्रति प्राथमिक सूचनाएँ जमा करने के लिए शोधकर्त्ता तथा उत्तरदाता के आमने-सामने के संबंधों पर आधारित विधि द्वारा बातचीत करके जानकारी जमा की जाती है तथा कई तरह के आँकड़ों का एकत्रीकरण होता है। यह सूचना सामान्य रूप से दो विधियों से प्राप्त की जाती है। ये विधियाँ हैं—

(अ) साक्षात्कार—साक्षात्कार प्राथमिक सूचना प्राप्त करने का मूल स्रोत है। इसमें शोधकर्त्ता स्वयं स्थानीय लोगों से संपर्क स्थापित करके बातचीत द्वारा संबंधित तथ्यों को प्राप्त करता है। चूँकि स्थानीय लोगों से उसे विषय के साथ अधिक समय से घनिष्ठ रूप में संबंधित होने के कारण उसके विषय में अधिक निर्भर योग्य व वास्तविक जानकारी रखते हैं और इसीलिए उनसे साक्षात्कार करके न केवल अनेक महत्त्वपूर्ण सूचनाओं अथवा तथ्यों को एकत्रित किया जा सकता है। अपितु सामाजिक प्रक्रियाओं के संबंध में भी ज्ञान प्राप्त किया जा सकता है। यदि किसी ऐतिहासिक स्थल के विषय में जानकारी प्राप्त करनी हो तो, शोधकर्त्ता बुजुर्गों, स्थानीय जानकारों, संबंधित पुजारियों व भोपों अथवा मठाधीशों से साक्षात्कार कर प्रथम स्तर की जानकारी प्राप्त की जा सकती है। इस तरह स्थान, परिस्थितियाँ, समुदाय के लोगों की प्रकृति इत्यादि को ध्यान में रखकर इस पद्धति को अपनाया जा सकता है।

(ब) अनुसूचियाँ—इसके तहत सवाल एवं खाली सारणियाँ दी हुई होती हैं।

शोधकर्त्ता स्वयं सूचनादाताओं से मिलकर उनसे सवाल पूछकर उत्तर इन अनुसूचियों में भर देता है। अनुसूची का उद्देश्य सूचनादाताओं से उत्तर पाकर, शोध में वैषयिकता लाना है। यह पद्धति अधिक लाभदायक एवं उपयोगी है। इस विधि के द्वारा सवालों को तोड़-मरोड़कर नहीं पूछा जा सकता है। सवालों का क्रम भी निश्चित रहता है साथ ही सवाल लिखित होते हैं, जिससे किसी सवाल को भूलने का अवसर नहीं रहता है। साक्षात्कार पद्धति में उत्तरदाता प्रत्यक्ष रूप से पूछे गए सवालों का जबाब देने से इनकार कर सकता है अथवा वह मनोवैज्ञानिक रूप से प्रभावित हो जाता है। अनुसूची पद्धति में इस तरह का कोई दोष नहीं होता है। इस पद्धति से प्राप्त जानकारी निष्पक्ष होता है जिस कारण इसकी उपयोगिता अधिक अधिक होती है। इस स्रोत की लाभप्रदता और अधिक होती है जब अध्ययन क्षेत्र अधिक विस्तृत न हो। इस स्रोत द्वारा शोधकर्त्ताओं ने अधिक महत्त्वपूर्ण जानकारी एकत्र की है। यह स्रोत अधिक लोकप्रिय होता जा रहा है। इस पद्धति के द्वारा मूर्ख लोगों से भी आसानी से सूचना प्राप्त की जा सकती है। इस पद्धति में स्थानीय भाषा के कारण थोड़ी कठिनाई आती है जिसका निवारण वहाँ के स्थानिय लोगों के द्वारा किया जा सकता है।

2. अप्रत्यक्ष प्राथमिक स्रोत—इस पद्धति के तहत शोधकर्त्ता स्वयं प्रत्यक्ष रूप से उत्तरदाताओं से संपर्क नहीं साध पाता है। अप्रत्यक्ष स्रोतों में मूल रूप से प्रश्नावलियाँ, दूरभाष, साक्षात्कार, पैनल पद्धति, रेडियो अपील आदि सम्मिलित होती हैं। मेलड्रिड पार्टिन ने अप्रत्यक्ष स्रोतों के तहत तीन प्रमुख साधनों का उल्लेख किया है—

(i) प्रश्नावली--कभी कभी अध्ययन-क्षेत्र बहुत अधिक विस्तृत होता है जिससे कि शोधकर्त्ता के लिए इस बात की संभावना नहीं होती कि वह विषय से संबंधित अपने सवालों का उत्तर सूचनादाताओं से स्वयं संबंध स्थापित करके प्राप्त कर ले तो इस स्थिति में वह अपने सवालों की एक सूची डाक द्वारा सूचनादाओं के पास इस अनुरोध के साथ भेजता है कि उन सवालों का उत्तर भरकर उसे लौटा दिया जाए। इस विधि को प्रश्नावली कहा जाता है। यह विधि उन शोधों में और भी लाभदायक होती है, जहाँ सूचना को बार-बार प्राप्त करना होता है। प्रश्नावली द्वारा प्राप्त सूचना में डाकखर्च एवं पहली बार की गई छपाई के अलावा अधिक खर्च भी नहीं होता है। लेकिन इस विधि की सफलता तभी संभव है जबकि उत्तरदाता पढ़े-लिखे हों साथ ही उनमें सहयोग की भावना का होना भी अनिवार्य है। ऐसा नहीं

होने पर जबाब प्राप्त नहीं हो सकता है। इस विधि का प्रयोग गंभीर महत्त्वपूर्ण शोधों में नहीं किया जाता है। हमारे देश में यह स्रोत अधिक प्रामाणिक सिद्ध नहीं हो सका है।

(ii) दूरभाष साक्षात्कार—इस तरह के साक्षात्कार में शोधकर्त्ता दूरभाष के द्वारा उत्तरदाताओं से संबंध स्थापित कर सूचनाओं का संग्रह करता है। सूचना संकलन का यह नवीन अप्रत्यक्ष स्रोत व्यक्तिगत साक्षात्कार के विपरीत एवं प्रकृति में उससे पर्याप्त रूप से भिन्न है। यह विधि बड़े-बड़े शहरों में शोधकर्त्ता अपनाता है, जहाँ समय की कमी है। इससे न केवल समय की बचत होती है बल्कि कई कठिनाइयाँ दूर हो जाती हैं। उदाहरण के लिए साक्षात्कार स्वीकृत करने में लोग हिचकिचाते हैं एवं शोधकर्त्ता स्वयं भी आमने-सामने साक्षात्कार में झेप जाता है।

(iii) दलीय पद्धति—यह ऐसी पद्धति है जिससे किसी सर्वेक्षण के लिए विशाल वर्ग से कम संपर्क स्थापित कर पाने के दोष को दूर करने के लिए उपयोग में लाया जाता है। इसके तहत गिने-चुने सूचनादाताओं के विशेष दल स्थापित किए जाते हैं जो शोधकर्त्ता को जनता के रुख, रुचि तथा वैचारिक भावनाओं की सूचना सामग्री प्रदान करते हैं। ये सूचनादाता उस वर्ग में महत्त्वपूर्ण स्थान रखते हैं। यह स्रोत अधिक विश्वसनीय है। इस पद्धति का एक प्रमुख दोष यह है कि किसी दल में कार्य करने वाले सदस्यों में मनमुटाव तथा वैमनस्य की स्थिति आ जाने पर वे एक-दूसरे की निंदा करने में लग जाते हैं। इस स्थिति में शोधकर्त्ता पर गलत प्रभाव पड़ता है तथा निष्पक्ष सूचना संग्रह नहीं हो पाती।

(iv) रेडियो अपील—रेडियो अपील को सूचना प्रसारण का एक अच्छा साधन माना जाता है। रेडियो द्वारा कई तरह के प्रोग्राम समय-समय पर प्रसारित किए जाते हैं जो श्रोताओं तथा दिलचस्पी लेने वाले विभिन्न व्यवसायों के लोगों को आकर्षित करते हैं। इससे रेडियो श्रोता शोधकर्त्ता को संबंधित जानकारी भेज सकता है। यह स्रोत विश्वसनीय नहीं होता है क्योंकि श्रोता द्वारा भेजे गए पत्रों में कई अनुपयोगी बातें भी होती हैं।

प्राथमिक स्रोतों की विशेषताएँ—ये कई दृष्टिकोण से सामाजिक शोध तथा सर्वेक्षण के क्षेत्र में अत्यधिक उपयोगी माने जाते हैं। इसके कुछ गुण अग्रलिखित हैं—

(i) विश्वसनीयता—प्राथमिक स्रोतों में ज्यादातर सामग्री निकट संबंध स्थापित करके संग्रह की जाती है। इसलिए इन स्रोतों को अधिक विश्वसनीय माना जाता है।

शोधकर्त्ता को अपने ऊपर भी विश्वास होता है कि उसके द्वारा प्राप्त जानकारी स्वाभाविक रूप में है, न कि किसी दबाब के परिणामस्वरूप प्राप्त की गई है। वैसे भी बहुत नजदीक से किए हुए अध्ययन में असत्य की गुंजाइश बहुत कम होती है।

(ii) स्वाभाविकता–इन स्रोतों के तहत शोधकर्त्ता उत्तरदाताओं से घनिष्ठ संपर्क स्थापित कर सकता है। इसलिए प्राप्त जानकारी में कृत्रिमता प्रवेश नहीं करेगी। उदाहरण के लिए जब शोधकर्त्ता सहयोगी निरीक्षणकर्त्ता के रूप में समुदाय के कार्यक्रमों में भाग लेकर जो सामग्री प्राप्त करता है वह निष्पक्ष होगी क्योंकि समुदाय के लोग स्वाभाविक रूप में अपने कार्यक्रमों को प्रस्तुत करते हैं।

(iii) वास्तविकता–इन स्रोत के द्वारा किसी तथ्य के विषय में वास्तविकता का ज्ञान होता है। जब शोधकर्त्ता समुदाय के व्यक्तियों के साथ अधिक घुल-मिल जाता है तो वे व्यक्ति भी शोधकर्त्ता में अपनत्व की झलक देखते हैं। इस तरह के वातावरण में वे मनोवैज्ञानिक रूप से नियंत्रित न होकर, अधिक स्वतंत्र हो जाते हैं जिससे कई महत्त्वपूर्ण एवं गोपनीय मामलों की भी सही स्थिति का पता लग जाता है।

(iv) वैषयिकता–प्राथमिक स्रोतों के तहत सूचना प्राप्त करने के लिए अपनाई जाने वाली पद्धति वैषयिकता लाने में मददगार होती है। उदाहरण के लिए अनुसूची पद्धति द्वारा शोधकर्त्ता लिखित सवालों के उत्तर उत्तरदाता से प्राप्त करता है। इसमें ऐसी कोई बात नहीं कि उत्तरदाता पक्षपातपूर्ण होकर उनका उत्तर देगा। सिर्फ सावधानी यह बरतनी पड़ती है कि सवाल अस्पष्ट, टेढ़े-मेढ़े एवं भ्रामक न हों।

(v) कम खर्चीला–इस तरह के स्रोतों से सामग्री प्राप्त करना ज्यादा खर्चीला नहीं होता है। अनुसूचियों के द्वारा वह दूर-दूर स्थानों पर निवास करने वाले लोगों से संपर्क स्थापित कर सामग्री प्राप्त कर सकता है। जब कोई सूचना एक से अधिक बार प्राप्त करना होती है तो प्रश्नावली पद्धति का प्रयोग श्रेष्ठ होता है। इस पद्धति के उपयोग से शोधकर्त्ता को घटनास्थल पर जाने अथवा व्यक्तिगत संपर्क स्थापित करने की जरूरत नहीं होती है एवं समय की भी बचत होती है।

(2) द्वितीयक स्रोत–द्वितीयक स्रोत वे हैं जो प्रकाशित अथवा अप्रकाशित सभी लिखित सामग्री का प्रतिनिधित्व करते हैं एवं जिसके माध्यम से शोधकर्त्ता को अपने विषय से संबंधित कई महत्त्वपूर्ण सूचनाएँ, आँकड़े आदि प्राप्त हो जाते हैं। लुण्डबर्ग (Lundberg) के विचार में, "द्वितीयक स्रोत भी उसे मूल्यवान, महत्त्वपूर्ण

तथा जरूरी सामग्री प्रदान करते हैं एवं उसके शोध के घटे हुए अथवा अधूरे कार्य को पूरा करने में मददगार हैं।" ["This (Secondary Source) is important in order to avoid duplication of work and to suggest methods of approach-pitfalls to avoid the difficulties involved.")

आदि काल में प्राथमिक स्रोतों का प्रचलन ही सबसे ज्यादा था। शोधकर्त्ता इसको ही महत्त्वपूर्ण तथा प्रामाणिक मानकर चलता था, लेकिन समय के बीतने के साथ-साथ द्वितीयक स्रोतों की जानकारी बढ़ती गई और शोधकर्त्ता अपनी शोध सामग्री के लिए इन स्रोतों का उपयोग करने लगे।

द्वितीयक स्रोतों के तहत सामान्यरूप से ऐतिहासिक प्रलेखों, ऐतिहासिक डायरियों, जीवन-इतिहास आदि को सम्मिलित किया जाता है। इस तरह सामाजिक शोधों में इतिहास का प्रयोग किया जाता है। जॉन ए. मेज (John A. Madge) के विचार में, "इतिहासवेत्ता को समाजशास्त्रियों की श्रेणी से बाहर कर देना कोई बुद्धिमत्ता का कार्य नहीं है, केवल नाममात्र के समाजशास्त्री ही प्रलेखों (Documents) के उपयोग का परित्याग करते हैं, चाहे वे सामाजिक हों या प्राचीन।" ("In its narrow sense, the personal documents is a spontaneous first person description by an individual, of his own actions, experiences and beliefs.") इसलिए पूर्व इतिहास के बिना किसी घटना के महत्त्व को नहीं समझ सकते। सामाजिक संस्थाओं, घटनाओं का अध्ययन करने के लिए ऐतिहासिक पृष्ठभूमि को जानना जरूरी है।

द्वितीयक स्रोतों को दो भागों में विभक्त किया जा सकता है–

(i) व्यक्तिगत प्रलेख–यह प्रलेख एक लिखित सामग्री के रूप में होती है जिसमें एक व्यक्ति द्वारा अपने स्वयं के विषय में अथवा सामाजिक, राजनीतिक, आर्थिक व सांस्कृतिक घटनाओं के विषय में उसके अपने दृष्टिकोण से लिखी गई हो। यह जरूरी नहीं है कि उन्हें लिखते समय लिखने वाले का दृष्टिकोण वैज्ञानिक हो या सामाजिक शोध संबंधी उद्देश्यों की पूर्ति के लिए हो। व्यक्तिगत प्रलेखों में सामान्यतः लेखक अपनी तथा सामयिक आवश्यकता को देखते हुए अपने विचार के आधार पर व्यक्तियों व सामाजिक घटनाओं पर अपने दृष्टिकोण की अभिव्यक्ति करता है।

जॉन मेज (John Madge) के विचार में, "अपने संकुचित अर्थ में, व्यक्तिगत प्रलेख किसी व्यक्ति के द्वारा स्वयं के निजी कार्यों, अनुभवों तथा विश्वासों का एक स्वतः लिखित प्रथम पुरुष वर्णन है।" ("In its narrow sense, the personal documents is a spontaneous first person description by an individual of his own actions, experiences and beliefs.")

व्यक्तिगत प्रलेखों का आधुनिक युग में फैशन ही चल गया है। व्यक्तिगत प्रलेख सामान्य रूप से उच्च कोटि के विद्वानों, दार्शनिकों, राजनेताओं, साहित्यकारों, कवियों तथा अन्य कलाकारों द्वारा लिखे जाते हैं। इस तरह के प्रलेखों में विस्तृत जानकारी मिल जाती है, जिससे शोधकर्त्ता को अपने लिए उपयोगी तथा अर्थपूर्ण सामग्री को संकलित करने की स्वतंत्रता होती है। चूँकि इन प्रलेखों में लेखक के व्यक्तिगत अनुभव होते हैं। अतएव उसके आंतरिक संसार का ज्ञान शोधकर्त्ता को आसानीपूर्वक हो जाता है और वह यह निष्कर्ष निकालने में अधिक सफल होता है कि अमुक प्रघटना के पीछे लेखक का दृष्टिकोण क्या था? उसकी आंतरिक गहराइयों में छानबीन करने का उसे अच्छा अवसर मिलता है, जो शायद उसे अन्य स्रोतों से नहीं मिलता।

सी.ए. मोजर (C.A. Moser) के विचार में, "व्यक्तिगत प्रलेख अपने बिना माँगे रूप में बहुत मूल्यवान होते हैं। किसी विशेष सामाजिक सर्वेक्षण में भी वे उसकी प्रारंभिक खोज एवं उपकल्पना-सृजन के साधन के रूप में अच्छा मार्ग दर्शन कर सकते हैं।" ("By the large personal documents, are at their most valuable when unsolicited. Even in the typical social survey, they can be illuminating in the exploratory stages as a means of orientation and a source of hypothesis.")

व्यक्तिगत प्रलेखों को लिखने के पीछे कुछ कारण होते हैं। आल्पोर्ट (Alport) ने व्यक्तिगत प्रलेखों को लिखने जाने के अग्रलिखित कारणों का उल्लेख किया है–

1. किसी सौंपे हुए कार्य की पूर्ति के लिए।
2. योग्यता प्रदर्शन के लिए।
3. धन और सम्मान पाने के लिए।
4. जनकल्याण की भावना द्वारा प्रेरित होकर।
5. कार्य के औचित्य को सिद्ध करने के लिए।
6. अपने दोष, बुराइयों को स्वीकार करने के लिए।
7. व्यक्तिगत अनुभवों को साहित्यिक रूप देकर, आनंद उठाने के लिए।
8. मानसिक तनावों और संघर्षों (Tensions and Conflicts) से छुटकारा पाने के प्रयोजन के लिए।

व्यक्तिगत प्रलेखों को मुल रूप से अग्रलिखित चार तरहों में बांटा गया है–

(1) जीवन-वृत्त–जीवन-वृत्त सही मायने में विस्तार से लिखी गई लेखक की आत्मकथा होती है तथा इस आत्मकथा में लेखक के व्यक्तिगत जीवन तथा उसके आंतरिक व बाह्य संसार की झलक मिलती है। जॉन मेज ने 'The Tools of Social Science' में लिखा है, "जीवन इतिहास का सच्चे अर्थ में तात्पर्य विस्तृत आत्मकथा से है। सामान्य अर्थ में इसका प्रयोग ढीले-ढाले तौर पर होता है एवं किसी भी जीवन संबंधी सामग्री के लिए इसका उपयोग किया जा सकता है।" ("The term life-history, in its strict sense, relates to the comprehensive autobiography. Its common usage appears, however, to be fasly loose and life-history may prove to be almost any kind of biographical material.")

कुछ प्रमुख स्वतंत्रता सेनानियों जैसे जवाहरलाल नेहरू और महात्मा गाँधी आदि द्वारा लिखी गई उनकी आत्मकथाएँ हमारे स्वाधीनता आंदोलन तथा संघर्ष की विस्तृत एवं जीती-जागती तस्वीर प्रस्तुत करती हैं। जीवन-वृत्त को सामान्य रूप से तीन भागों में विभक्त दि.या गया है। ये अग्रलिखित हैं–

(अ) स्वतः प्रेरित आत्मकथा–इसके तहत व्यक्ति अपनी इच्छा शक्ति से भूत की बातों का स्मरण कर जीवन की घटनाओं का क्रमिक रूप से लिखता है।

(ब) ऐच्छिक आत्मलेख प्रमाण–इसके तहत व्यक्ति किसी प्रकाशक, मित्रों, शोधकर्त्ता अथवा सरकार से प्रेरणा मिलने अथवा उनके कहने पर आत्म कथा लिखता है।

(स) संकलित जीवन-वृत्त–संकलित जीवन-वृत्त ऐसी जीवनियाँ हैं जो व्यक्ति द्वारा स्वयं नहीं लिखी जाती हैं। उसके द्वारा दिए गए भाषण, प्रकाशित लेख, साक्षात्कार, प्रेस स्टेटमेंट इत्यादि को संकलित करके अन्य व्यक्तियों द्वारा उसके जीवन-इतिहास को तैयार किया जाता है। इन जीवन-कथाओं में विवरणात्मक सामग्री के साथ-साथ नाना तरह के रोचक हृदय-स्पर्शी दृष्टांत पढ़ने को मिलते हैं जो प्रायः बड़े महत्त्व के होते हैं। यह तत्कालीन सामाजिक, आर्थिक घटनाओं के संबंध में जानकारी प्राप्त करने का श्रेष्ठ साधन हैं। इन आत्मकथाओं के इतना महत्त्वपूर्ण होते हुए भी ये कुछ सीमाओं में बँधे हैं। ये सीमाएँ अग्रलिखित हैं–

(i) इसमें लेखक के व्यक्तित्त्व के विषय में विस्तृत जानकारी मिलती है, लेकिन अन्य घटनाओं का वर्णन संक्षेप में मिलता है। परिणामस्वरूप शोध सामग्री को आधार रूप में प्रयुक्त करने में अधिक कठिनाई होती है।

(ii) इसमें लेखक यह जानता हैं कि उसकी जीवन कथा प्रकाशित होगी। अतएव बहुत कम लोग अपने वास्तविक सामाजिक यथार्थ को वस्तुनिष्ठ ढंग से प्रस्तुत करते हैं। इस कारण जीवनी अथवा आत्मकथा का उद्देश्य ही विफल हो जाता है।

(iii) इसमें लेखक का राजनीतिक झुकाव उसके वस्तुनिष्ठ लेखन में बाधक हो जाता है। परिणामस्वरूप उसके द्वारा तथ्यों को उनके स्वाभाविक रूप में प्रस्तुत करना मुश्किल हो जाता है।

(iv) इसमें लेखक सामान्य रूप से उसी घटना को अधिक महत्त्वपूर्ण मानकर प्रस्तुत करता है जिसे वह अपनी नजर में महत्त्वपूर्ण समझता है। इसकी दृष्टि में जो कम महत्त्वपूर्ण घटना होती है वह उन्हें छोड़ देता है। परिणामस्वरूप शोधकर्त्ता को अपने शोधकार्य के लिए उन्हीं घटनाओं पर निर्भर रहना होता है जो उसने प्रस्तुत की है।

(v) इसमें प्रकाशक अपने स्वार्थवश अनेक घटनाओं को तोड़-मरोड़कर अथवा बढ़ा-चढ़ा कर प्रस्तुत करते हैं।

(2) डायरियाँ—कई लोगों को अपने दैनिक जीवन में डायरी लिखने की आदत होती है। इनमें वे अपने जीवन में घटने वाली घटनाओं एवं उनके प्रति अपनी भावनाओं एवं प्रतिक्रियाओं को लिखते हैं। जीवन के कटु अनुभव, विशेष परिस्थिति में स्वयं की मनःस्थिति, अचूक प्रतिक्रियाएँ, शेष, सुख-दुख, मनोभाव आदि के वर्णन प्रायः डायरियों में मिलते हैं। इनमें ऐसी बातों का भी उल्लेख होता है जो बहुत अधिक गोपनीय होता है। एक घटना अथवा व्यक्ति के संबंध में वह जो कुछ दिल से अनुभव करता है उसी की सुस्पष्ट अभिव्यक्ति उसकी डायरी में मिलती है। जॉन मेज (John Madge) के विचार में, "डायरियाँ सबसे अधिक रहस्योद्घाटन करने वाली होती हैं क्योंकि जनता के समक्ष प्रस्तुत किए जाने का भय न होने के कारण, तथ्यों को तोड़ा-मरोड़ा नहीं जाता। ये डायरियाँ लेखक के अनुभवों एवं क्रियाओं का निष्पक्ष तथा स्पष्ट रूप से वर्णन करती हैं।" ("Diaries are often the most revealing, especially when they are mumate journals, both because they are less consuicted by the fear of public showing and because they reveal with greatest clarity what experiences and actions seemed most seegnificant at the time of their occurrence.") इस तरह यह कहा जा सकता है कि क्रमबद्ध रूप से लिखी हुई डायरी जीवन इतिहास का सर्वाधिक महत्त्वपूर्ण एवं विश्वसनीय आधार है।

इन महत्त्वों के आलोक में यह कहा जा सकता है कि डायरियों की अपनी कुछ सीमाएँ या दोष होते हैं। जो अग्रलिखित हैं–

(i) डायरियों में सामान्य रूप से जीवन के संघर्ष पक्ष को बढ़ा-चढ़ा कर व्यक्त किया जाता है जबकि जीवन के सामान्य तथा शांतिपूर्ण पक्षों को ज्यादातर छोड़ दिया जाता है।

(ii) डायरियों में कभी-कभी कृत्रिमता आ जाती है क्योंकि डायरी लेखक सचेत रहते हैं कि एक दिन ये डायरियाँ प्रकाशित हो सकती हैं अथवा नहीं। इसलिए इसमें निष्पक्षता भी नहीं आ पाती।

(iii) इसका तीसरा अवगुण अथवा सीमा यह है कि डायरियों में प्रघटनाओं के विषय में क्रमबद्ध जानकारी भी प्रस्तुत नहीं होती चूँकि अनेक बार लेखक अपनी व्यक्तिगत समस्याओं, व्यक्तिगत बीमारी, उलझनों आदि में इतना परेशान रहता है कि वह लिख नहीं पाता है।

(iv) इसकी चौथी दोष अथवा सीमा यह है कि डायरियों को कई बार समझना कठिन हो जाता है। इसका कारण यह होता है कि कई बार लेखक सांकेतिक शब्दों अथवा प्रतीकात्मक भाषा का प्रयोग अपने लेखन के दौरान करता है।

(3) पत्र–पत्र व्यक्तिगत होते हैं और इसीलिए इनके माध्यम से हमें एक व्यक्ति के आंतरिक विचारों, दृष्टिकोणों एवं भावनाओं का ज्ञान होता है। सामाजिक जीवन जैसे–प्रेम, विवाह, तलाक अथवा यौन पर लिखे पत्र तो वार्स्ता
ही चित्रण करते हैं। राजनीतिज्ञों द्वारा लिखे गुप्त पत्र देश की विदेश नीति का रहस्योद्घाटन करते हैं। राष्ट्राध्यक्षों के बीच का पत्र-व्यवहार दोनों देशों के बीच के संबंध के विषय में जानकारी देता है। पत्र प्रशिक्षण व शिक्षा के भी अच्छे माध्यम हैं, जैसे–नेहरू द्वारा लिखित, "पुत्री के नाम लिखे गए पिता के पत्र।" इन गुणों के होते हुए भी पत्रों के कुछ दोष अथवा सीमा हैं जो निम्नलिखित हैं–

(i) इसका पहला दोष अथवा सीमा यह है कि इनमें घटनाओं का विस्तृत विवरण नहीं मिलता है, उसके लिए कल्पना का सहारा लेना पड़ता है।

(ii) इसका दूसरा दोष अथवा सीमा यह है कि पत्र प्रायः गोपनीय होते हैं, अतः यह आसानी से उपलब्ध नहीं होते हैं।

(iii) इसका तीसरा दोष अथवा सीमा यह है कि कई प्रमुख एवं शोध से संबंधित पत्र प्राप्त नहीं हो पाते क्योंकि अक्सर अथवा तो ये गुम हो जाते हैं अथवा ऐसी हालत में प्राप्त होते हैं जिन्हें पढ़ा भी नहीं जा सकता है।

(iv) इसका चौथा दोष अथवा सीमा यह है कि इनमें घटनाओं की क्रमिकता नहीं रह पाती है।

(v) इसका पाँचवाँ दोष अथवा सीमा यह है कि पत्र कई बार अविश्वसनीय भी होते हैं क्योंकि भावनाओं में बहकर अनेक बातें लिख दी जाती हैं जिन पर कि बाद में दुख व्यक्त किया जाता है।

(4) संस्मरण–द्वितीयक स्रोत की जानकारी प्राप्त करने का एक और प्रमुख आधार संस्मरण है। मुनष्यों के द्वारा जीवन-घटनाओं, यात्राओं तथा महत्त्वपूर्ण परिस्थितियों के विषय में लिए गए संस्मरण भी सामाजिक शोध में प्रमुख सामग्री प्रदान करते हैं। संस्मरण किसी देश व समाज की सांस्कृतिक, आर्थिक या शैक्षणिक परिस्थितियों के विषय में वास्तविक चित्रण प्रस्तुत करते हैं। प्राचीन काल में इस तरह के यात्रा-वर्णनों एवं संस्मरणों ने प्रमुख ऐतिहासिक सामग्री प्रदान करके तत्कालीन सामाजिक एवं सांस्कृतिक अवस्थाओं का विवरण प्रस्तुत करने में अत्यधिक मदद की है। फाह्यान, ह्वेनसाँग, इब्नबतूता के वर्णन भारतीय सभ्यता और संस्कृति के विषय में पहले स्तर की विशिष्ट जानकारी प्रदान करते हैं। इस प्रकार के विवरण हमें रहन-सहन, रीति-रिवाज, धर्म-वंश, भाषा एवं सामाजिक वातावरण, राजनीतिक परिस्थितियों आदि के विषय में उपयोगी सामग्री प्रदान करते हैं। आज के परिवेश में बड़े-बड़े राष्ट्र नेताओं जैसे–नेहरू, इंदिरा गांधी, चर्चिल आदि के संस्मरण अत्यधिक महत्त्वपूर्ण स्थान रखते हैं। संस्मरण के भी कुछ दोष या सीमाएँ निम्नलिखित हैं–

(i) इसका पहला दोष या सीमा यह है कि इनमें कई बार घटनाओं को बढ़ा-चढ़ाकर प्रस्तुत किया जाता है।

(ii) इसका दूसरा दोष या सीमा यह है कि ये अधिकांशत व्यक्ति प्रधान होते हैं।

(iii) इसका तीसरा दोष या सीमा यह है कि इन घटनाओं का कोई क्रम नहीं होता है।

(iv) इसका चौथा दोष या सीमा यह है कि इसमें साधारणतः भाषा की दृष्टि से सुंदर रूप में प्रस्तुत किए जाने का प्रयास रहता है।

व्यक्तिगत प्रलेखों का महत्त्व

सामाजिक शोध में व्यक्तिगत प्रलेखों का बहुत अधिक महत्त्व है। व्यक्तिगत जीवन व घटनाओं के विषय में ही नहीं अपितु सामाजिक प्रक्रियाओं को समझने में

भी इनकी मदद आवश्यक है। प्रलेखों के माध्यम से आवेगों, भावनाओं तथा दृष्टिकोणों का प्रमुख रूप से ज्ञान होता है। व्यक्तिगत दृष्टिकोणों एवं मनोभावों को ठीक से जान लेने से सामाजिक शोध में घटनाओं का मनोवैज्ञानिक विश्लेषण अत्यंत आसानी से किया जा सकता है। व्यक्तिगत प्रलेख के द्वारा हमें इस बात का मौका मिलता है कि हम अन्य व्यक्तियों को उसी रूप में देखने में सक्षम होते हैं जिस रूप में ये व्यक्तिगत प्रलेख जिनसे संबंधित होते हैं, स्वयं अपने आपको देखते हैं।

आल्पोर्ट ने व्यक्तिगत प्रलेखों की आवश्यकता पर प्रकाश डालते हुए कहा है कि विशिष्ट विवरणों से परिचय वैज्ञानिक या अन्य सभी तरह के ज्ञान का आरंभ है। मनोविज्ञान के तहत मानवीय प्रकृति में जिज्ञासा तथा इसके ज्ञान का आकार तथा आरंभ मूर्त व्यक्तियों से हमारे परिचय में निहित है। उन्हें उनकी प्राकृतिक जटिलता में जानना एक जरूरी पहला चरण है।

व्यक्तिगत प्रलेखों की सीमाएँ

उपर्युक्त महत्त्व के होते हुए भी व्यक्तिगत प्रलेख दोष-रहित नहीं होते हैं, इनकी भी अपनी कुछ सीमाएँ हैं। ये सीमाएँ निम्नलिखित हैं–

(i) इसका पहला दोष अथवा सीमा यह है कि व्यक्तिगत प्रलेखों में जो कुछ लिखा होता है वह सच है अथवा झूठ हैं" इस बात की जाँच करना एक कठिन कार्य है क्योंकि ये सभी पहले से घटी घटनाएँ होती हैं, साथ ही लेखक के आंतरिक जीवन से संबंधित रहती हैं।

(ii) इसका दूसरा दोष अथवा सीमा यह है कि व्यक्तिगत होने के कारण इनको आसानी से उपलब्ध नहीं कराया जा सकता है।

(iii) इसका तीसरा दोष अथवा सीमा यह है कि व्यक्तिगत प्रलेखों से प्राप्त सूचनाएँ संबंधित समाज अथवा समुदाय का उचित प्रतिनिधित्व नहीं कर पाती हैं क्योंकि इनका आधार मौलिक रूप में व्यक्तिगत होता है।

(iv) इसका चौथा दोष अथवा सीमा यह है कि कई प्रलेखों में घटनाओं को क्रमबद्ध रूप में नहीं लिखा जाता है क्योंकि लेखक की अपनी सीमाएँ होती हैं। अतः हमें पता नहीं चल पाता कि ये किस संदर्भ में लिखी गई हैं।

(v) इसका पाँचवाँ दोष अथवा सीमा यह है कि लेखक के स्वयं का दृष्टिकोण पक्षपातपूर्ण हो सकता है क्योंकि उसे यह चेतना रहती है कि इन्हें प्रकाशित किया जाएगा।

(vi) इसका छठा दोष अथवा सीमा यह है कि इनमें कल्पना तथा आदर्श को

अधिक स्थान मिलता है जिससे वास्तविकता छिप जाती है।

(vii) इसका सातवाँ दोष या सीमा यह है कि कभी-कभी सिर्फ विद्वता को दिखाने के लिए ये लिख दिए जाते हैं। अतः वास्तविक प्रयोजन गौण हो जाता है।

उपर्युक्त विवरणों के अध्ययन से कहा जा सकता है कि यदि शोधकर्त्ता अपने शोध के दौरान स्वयं कुछ सावधानी बरतें तो व्यक्तिगत प्रलेखों का विशिष्ट उपयोग कर सकते हैं।

सार्वजनिक प्रलेख

वे प्रलेख जो कई सार्वजनिक संस्था या समाज, जाति इत्यादि के विषय में, उनके कार्यकलापों के रिकार्ड हों या कंपनियों, सरकारी कार्यालयों के दस्तावेज हों सार्वजनिक प्रलेख कहलाते हैं। इसमें हम पत्र-पत्रिकाओं, जनगणना आयोग की प्रतिवेदन, नेशनल सेम्पल सर्वे द्वारा प्रकाशित दस्तावेज या अन्य नियमित रूप से प्रकाशित विभागीय प्रतिवेदन व विशेष प्रसारित दस्तावेज भी सम्मिलित करते हैं। हमारे देश में कृषि विभाग, रिजर्व बैंक ऑफ इंडिया, जनसंख्या विभाग, आर्थिक एवं सांख्यिकी-निदेशालय, अनेक उद्योगों के विभाग आदि भी अपनी रिपोर्टें प्रकाशित करती हैं। इसी प्रकार कुछ गैर-सरकारी संस्थाएँ जैसे चेम्बर ऑफ कॉमर्स, सूती कपड़ा मिल मालिक संघ आदि भी अपनी प्रतिवेदन तैयार करते हैं।

सार्वजनिक प्रलेखों को दो भागों में विभाजित किया गया है ये निम्नलिखित हैं–

(A) प्रकाशित प्रलेख–सिर्फ उन्हीं प्रलेखों को छापा जाता है जो आम जनता के लिए उपयोगी होते या उनके द्वारा प्रयोग किए जा सकते हैं। ये सार्वजनिक स्थानों जैसे सार्वजनिक वाचनालयों, स्कूल तथा कॉलेज पुस्तकालयों में उपलब्ध हो सकते हैं। सार्वजनिक प्रलेख निम्न प्रकार के होते हैं–

(i) रिकार्ड–अनेक सरकारी एवं गैर-सरकारी संस्थाओं को अपने प्रतिदिन के काम-काज के लिए या प्रशासकीय (Administrative) आवश्यकताओं की पूर्ति के हेतु अनेक सूचनाओं का रिकार्ड रखती हैं। इसके अध्ययन से विभिन्न सामाजिक घटनाओं के संबंध में जानकारी अर्जित की जा सकती है। अपराधियों, बदनाम चरित्रों व समाज-विरोधी तत्त्वों के रिकार्ड सरकार के पास उपलब्ध रहते हैं जिनकी जानकारी शोधकर्त्ता अपने अध्ययन हेतु प्राप्त कर सकता है। इस प्रकार के रिकार्डों के अतिरिक्त दस्तावेज, सभाओं, बहीखाता, कांफ्रेंसों व समितियों की प्रतिवेदन, लोकसभा एवं अन्य समितियों की कार्यवाहियों के रिकार्ड भी इसी श्रेणी

के तहत आते हैं और सामाजिक शोधकार्य में पर्याप्त सहयोगी सिद्ध होते हैं क्योंकि इनसे प्राप्त सूचनाएँ विश्वसनीय होती हैं।

(ii) प्रकाशित आँकड़े—गैर-सरकारी एवं सरकारी संस्थाएँ समय-समय पर आँकड़े प्रकाशित करती हैं। भारत सरकार के सूचना मंत्रालय द्वारा प्रतिवर्ष प्रकाशित आँकड़ों से यह ज्ञान होता है कि हमने विभिन्न क्षेत्रों में क्या उपलब्धियाँ प्राप्त की हैं। हम किस गति से प्रगति के पथ पर बढ़ रहे हैं। "भारत" 1973, 1974, 1975 प्रत्येक वर्ष प्रकाशित होता है जिससे महत्त्वपूर्ण आँकड़ों का संकलन देखने को मिलता है। प्रत्येक वर्ष प्रकाशित होने वाली Year Books में भी विविध विषयों पर आँकड़ों का उत्तम संकलन देखने को मिलता है।

(iii) पत्र-पत्रिकाओं की प्रतिवेदन—विभिन्न तरह के समाचार-पत्र एवं पत्रिकाओं में समय-समय पर सामाजिक जीवन एवं घटनाओं से संबंधित अनेक तरह की सूचनाएँ एवं रिपोर्टें प्रकाशित होती रहती हैं। शोधकर्त्ता इन सूचनाओं एवं रिपोर्टों का प्रयोग अपने शोधकार्य में कर सकते हैं। पत्र-पत्रिकाओं में छपने वाले संपादकीय लेख जनमत के झुकाव को जानने का एक अति उत्तम साधन है।

(iv) विविध सामग्री—पत्रिकाओं, पत्र, पुस्तकों, उपन्यासों में अनेक तरह की प्रकाशित सामग्री का लाभ शोधकर्त्ता अपने शोध में उठा सकता है। कई उपन्यास जिनका उद्देश्य सामाजिक समस्याओं को प्रस्तुत कर उनका समाधान बताना होता है, वे सामाजिक शोधकर्त्ता के लिए अत्यंत उपयोगी सिद्ध हो सकते हैं। कई चलचित्र सामाजिक बुराइयों को उद्घटित करने तथा उनमें सुधार करने के लिए किए गए प्रयासों को दर्शाते हैं। इनसे भी संबंधित जानकारी प्राप्त की जा सकती है।

(B) अप्रकाशित प्रलेख—इन प्रलेखों में निम्नलिखित प्रलेख सम्मिलित हैं—

(i) गोपनीय रिकार्ड—इस तरह के रिकार्ड जो सार्वजनिक होते हुए भी किसी कारण वश प्रकाशित नहीं किए जा सकते हैं उन्हें गोपनीय रिकार्ड कहते हैं। सार्वजनिक हित, कानून-व्यवस्था एवं सुरक्षा को ध्यान में रखते हुए, इनका प्रकाशन नहीं किया जाता है। न्यायालयों के रिकार्ड, सैनिक दफ्तरों के रिकार्ड, जो प्रतिरक्षा की दृष्टि से महत्त्वपूर्ण होते हैं, विश्वविद्यालयों एवं बोर्ड के परीक्षा फल रिकार्ड, विभिन्न बैंकों एवं कंपनियों के रिकार्ड जो गोपनीय प्रकृति के होते हैं, उन्हें प्रकाशित नहीं किया जाता है। संबंधित सूचना केवल उसी स्थिति में प्राप्त की जा सकती है जब संबंधित अधिकारी को आप यह भरोसा दिला दें कि उनके प्राप्त सूचना का प्रयोग केवल

शोध-कार्य के लिए है अथवा प्रमाणित प्रतिलिपियों, जैसे–जन्म तिथि, संसद् की कार्यवाही आदि के लिए इसकी आवश्यकता है।

(ii) दुर्लभ हस्तलेख–जो हस्तलेख विचारकों, विद्वान, प्रतिभाशाली साहित्यकारों तथा लेखकों द्वारा लिखे गए हैं, वे किसी कारणवश, जैसे अकस्मात् मृत्यु अथवा प्रकाशक द्वारा मुद्रित न करने के कारण अप्रकाशित रह जाते हैं। अनेक हस्त-लेख स्वयं द्वारा लिखे हुए होने का कारण अथवा तो पढ़ने योग्य नहीं रह जाते अथवा उनका स्वरूप विकृत हो जाता है। इन हस्तलेखों में अत्यधिक महत्त्वपूर्ण जानकारी होती है। अनेक दुर्लभ हस्तलेख विभिन्न संग्रहालयों में पाए जाते हैं जिनका प्रयोग शोध से जुड़े हुए कामों में किया जाता है।

(iii) शोध प्रतिवेदन–इस तरह की रिपोर्टें विद्यार्थियों द्वारा विश्वविद्यालयों में एम.ए. या पी-एच.डी. की डिग्री प्राप्त करने के लिए दी जाती हैं। इस प्रकार की रिपोर्टों का प्रकाशन अधिक कठिन से हो पाता है। व्यक्ति स्वयं इनका प्रकाशन आर्थिक परिस्थितियों के कारण नहीं करवा पाता है, और प्रकाशक बिना लाभ के इन शोध कार्यों को छापा नहीं करता है। इसका नतीजा यह होता है कि इन अप्रकाशित शोध-रिपोर्टों का उपयोग विश्वविद्यालयों तक ही सीमित रहता है।

द्वितीयक स्रोतों के गुण

द्वितीयक स्रोत के निम्नलिखित गुण हैं–

(i) इसका पहला गुण यह है कि इन स्रोतों से प्राप्त सामग्री के परिणामस्वरूप समय और धन की बचत होती है।

(ii) इसका दूसरा गुण यह है कि आत्मकथाओं से प्राप्त सूचना विश्वसनीय व लाभप्रद होती है क्योंकि इसके तहत विविध राजनीतिक, सामाजिक, आर्थिक एवं सांस्कृतिक पक्षों का वर्णन निष्पक्ष नजरिए से किया जाता है।

(iii) इसका तीसरा गुण यह है कि जो सूचना साधारणतः किसी शोधकर्त्ता को प्राप्त नहीं हो सकती वह सरकारी रिकार्ड के माध्यम से आसानी से प्राप्त हो जाती है।

(iv) इसका चौथा गुण यह है कि निजी संस्मरणों एवं डायरियों से व्यक्ति के मनोभावों, आंतरिक एवं प्रकृति की गहराइयों का पता स्पष्ट रूप से चलता है, अतः मनोवैज्ञानिक विश्लेषण के लिए इनसे प्राप्त सूचनाएँ अत्यंत विशिष्ट होती हैं।

(v) इसका पाँचवां गुण यह है कि ऐतिहासिक तथा भूतकालीन महत्त्व के तथ्य सिर्फ द्वितीयक स्रोतों से ही अर्जित किए जा सकते हैं।

द्वितीयक स्रोतों के दोष

द्वितीयक स्रोत के निम्नलिखित दोष हैं–

(i) इसका पहला दोष यह है कि व्यक्तिगत प्रलेखों में कई बार बातों को बढ़ा-चढ़ाकर लिखा जाता है जो निष्पक्ष व विश्वसनीय नहीं होती हैं।

(ii) इसका दूसरा दोष यह है कि व्यक्तिगत प्रलेखों द्वारा प्राप्त सामग्री व्यक्तित्त्व के विषय में विस्तृत जानकारी देती हैं न कि विशेष रूप से सामाजिक घटनाओं की।

(iii) इसका तीसरा दोष यह है कि अक्सर घटनाओं का जिक्र क्रमहीन होता है, अतः वे विशेष उपयोगी नहीं हो सकतीं।

(iv) इसका चौथा दोष यह है कि कई बार निंदा व आलोचना के भय से लेखक सत्य का उद्‌घाटन अपनी आत्मकथाओं व पत्रों में नहीं करता है, अतः इनसे वास्तविकता का पता नहीं लगता।

(v) इसका पाँचवाँ दोष यह है कि कई बार कई गोपनीय रिकार्ड उपलब्ध नहीं हो पाते, अतः सही जानकारी मिलना दुर्लभ हो जाता है।

(vi) इसका छठा दोष यह है कि सरकारी आँकड़ों पर पूर्ण विश्वास नहीं किया जा सकता। कई बार आँकड़ों व वास्तविकता के बीच अधिक फर्क पाया जाता है।

द्वितीयक स्रोतों की सावधानियाँ

शोधकर्त्ता को द्वितीयक स्रोतों से प्राप्त आँकड़ों का प्रयोग अत्यन्त सावधानीपूर्वक करना चाहिए। आँकड़ों को उपयोग में लाने से पहले उसकी विश्वसनीयता की जाँच कर लेना चाहिए। सरकारी आँकड़ों को ज्यों-का-त्यों नहीं मान लेना चाहिए क्योंकि वे काल्पनिक हो सकते हैं, अतः इनकी पुनःपरीक्षा कर लेनी चाहिए।

डॉ. बाउले के शब्दों में, ''प्रकाशित आँकड़ों को बिना उसका अर्थ एवं सीमाएँ समझे हुए ज्यों-का-त्यों स्वीकार कर लेना जोखिम से मुक्त नहीं है और यह सदैव जरूरी है कि उन पर आधारित किए जाने वाले तर्कों की आलोचना कर ली जाए।'' शोधकर्त्ता को इस संबंध में निम्न सावधानियाँ बरतनी चाहिए–

प्रो. चौपिन (Chapin) के अनुसार प्रलेखों की आलोचनात्मक परीक्षा निम्न तरहों से की जा सकती है–

बाह्य विशेषताओं की आलोचना

(i) स्रोतों का आलोचनात्मक वर्गीकरण करना चाहिए।

(ii) शोधकर्त्ता को अत्यंत सूक्ष्म दृष्टिकोण से बचना चाहिए।

(iii) लेखक की आलोचनात्मक परीक्षा उसकी विचारधारा, व्यक्तित्त्व, रचनाएँ आदि से की जानी चाहिए।

आंतरिक विशेषताओं की आलोचना

(i) लेखक पर कथन को असत्य लिखने में दबाब का प्रयोग किया गया है अथवा नहीं।

(ii) लेखक के कथन का वास्तविक अर्थ मालूम करना।

(iii) कथन में निष्ठा की मात्रा का पता लगाना।

(iv) लेखक की निरीक्षण-क्षमता।

(v) कथन में यथार्थता की मात्रा।

(vi) लेखक के सूचना-स्रोतों की प्रामाणिकता की जाँच।

(vii) लेखक-मूलक दर्शक अथवा प्रशिक्षित निरीक्षक के रूप में।

(viii) लेखक की लापरवाही अथवा उदासीनता।

इन आधारों पर जाँच कर लेने से आँकड़ों की विश्वसनीयता के विषय में निश्चित हुआ जा सकता है। शोध में निरपेक्षता, परिशुद्धता और यथार्थता तभी संभव है, जब आँकड़ों एवं तथ्य-सामग्री के स्रोतों को अच्छी प्रकार जाँच अथवा परीक्षा की जाए।

6

तथ्यों का वर्गीकरण

सामाजिक सर्वेक्षण अथवा शोध का आधार अध्ययन विषय से जुड़े वास्तविक तथ्य होता है। इन तथ्यों का संग्रहण वास्तविक निरीक्षण, अनुसूची, साक्षात्कार, प्रश्नावली आदि की मदद से किया जाता है। इस तरह प्राप्त तथ्यों के ढ़ेर से किसी भी तरह का निष्कर्ष नहीं निकाला जा सकता और न ही विषय के संबंध में किसी तरह की जानकारी अर्जित की जा सकती है। तथ्यों का भंडार कुछ नहीं कहता जब तक उसे एक व्यवस्थित रूप न दे दिया जाए और उसके लिए तथ्यों का सारणीयन व वर्गीकरण जरूरी होता है। जब तथ्यों को उनमें पाई जाने वाली समानता अथवा विभिन्नता के आधार पर अनेक श्रेणियों में व्यवस्थित रूप में वितरित किया जाता है तो वह वर्गीकरण कहलाता है और जब वर्गीकृत तथ्यों को एक तालिका के रूप में कुछ पंक्तियों तथा स्तम्भों में व्यवस्थित किया जाता है तो वह सारणीयन कहलाता है। ये दोनों ही जरूरी हैं क्योंकि इनके अभाव में न तो तथ्यों का व्यवस्थित रूप संभव होता है और न ही उनके पारस्परिक संबंधों को सही ढंग से समझा जा सकता है। यही वजह है कि तथ्यों का वितरण व सारणीयन सामाजिक शोध का एक जरूरी अंग बन गया है। आगे इनके विषय में व्यापक विवेचना की जा रही है।

वर्गीकरण

आज के युग में सांख्यिकीय विज्ञान (Statistics) का अत्यधिक महत्त्व है। इसका प्रयोग दुनिया के सभी वैज्ञानिक कामों में होता है। सामान्य व्यक्ति भी अपने

जीवन में इसका प्रयोग किसी-न-किसी रूप में प्रयोग करता है। रोजमर्रा के जीवन में प्रयोग में लाने के बाद भी ज्यादातर व्यक्तियों को इस विज्ञान का अल्प ज्ञान भी नहीं है। सांख्यिकी का प्रमुख कार्य किसी भी विषय में सांख्यिकीय तथ्यों को इकट्ठा करना और इन तथ्यों को क्रमशः प्रदर्शित करना होता है जिससे विषय का विवेचन वैज्ञानिक ढंग से किया जा सके। इस तरह के विश्लेषण के लिए वर्गीकरण प्रथम चरण है। पर इस संबंध में और सब विवेचना करने से पहले यह जरूरी है कि हम वर्गीकरण के अर्थ को अच्छे से जान जाएँ।

वर्गीकरण का आशय व परिभाषा

किसी विषय पर सर्वेक्षण काम के समय संग्रहित की हुई सामग्री अधिकाशतः बड़ी मात्रा में और बिखरी हुई दशा में होती है। इसमें किसी भी तरह की व्यवस्था देखने को नहीं मिलती है। अतः विश्लेषण काम के लिए उन्हें सीधे तौर पर प्रयोग नहीं किया जा सकता है। उन्हें उपयोगी बनाने के लिए समस्त संग्रहित तथ्यों को उनकी समानता, भिन्नता अथवा अन्य किसी आधार पर कुछ निश्चित श्रेणियों में व्यवस्थित करना जरूरी हो जाता है। यही प्रक्रिया वर्गीकरण कहलाता है। दूसरे शब्दों में तथ्यों में पाई जाने वाली विभिन्नता या समानता के आधार पर उनको व्यवस्थित रूप से अनेक श्रेणियों में वर्गीकृत करने का वर्गीकरण कहा जाता है। जैसे, यदि किसी कॉलेज के 300 विद्यार्थियों के समाजशास्त्र में प्राप्तांक लिए जाएँ तो उनसे किसी तरह का निष्कर्ष निकालना असंभव है। हाँलाकि किसी विश्लेषण, तुलना व व्याख्या के लिए सामग्री का संक्षिप्त रूप में होना जरूरी है इसलिए समान लक्षण वाले तथ्यों को एक समूह के अंतर्गत व भिन्न लक्षण वाले तथ्यों को दूसरे समूह के अन्तर्गत रखना जरूरी होता है। उपर्युक्त उदाहरण में सभी 300 विद्यार्थियों को प्रथम दो वर्गों सफल और असफल वर्गों में रखा जाएगा। इसके पश्चात् भी सफल होने वाले विद्यार्थियों को प्रथम, द्वितीय और तृतीय श्रेणी के अन्तर्गत वर्गीकृत किया जा सकता है। इसी तरह भिन्नता और समानता के आधार पर विभिन्न श्रेणियों के अन्तर्गत तथ्यों व मनुष्यों को वर्गीकृत करने की प्रक्रिया को वर्गीकरण कहते हैं।

वर्गीकरण को विभिन्न विद्वानों ने अपने-अपने शब्दों में परिभाषित किया है।

श्री एलहान्स (Elhance) ने 'Fundamentals of Statistics' के मत अनुसार, "सादृश्यताओं व समानताओं के अनुसार तथ्यों को समूह एवं वर्गों में व्यवस्थित करने की प्रक्रिया पारिभाषिक दृष्टि से वर्गीकरण कहलाती है।" ("The process of arranging data in groups or classes according to resemblances and similarities is technically called classification.")

श्री कोनोर (Connor) ने 'Statistics in Theory and Practice' के मत के अनुसार, "वर्गीकरण तथ्यों को उनकी समानता तथा निकटता के आधार पर समूहों अथवा वर्गों में क्रमबद्ध करने अथवा व्यक्तिगत इकाइयों की भिन्नता के मध्य पाए जाने वाले गुणों की एकात्मकता को प्रकट करने की एक प्रक्रिया है।" ("Classification is the process of arranging things (either actually or rationally) in groups and classes according to their resemblances and affinities and gives expression to the unity of attributes that may subsist amonst a diversity of individuals.")

ऊपर दी गई परिभाषाओं के आधार पर कहा जा सकता है कि वर्गीकरण एक ऐसी प्रणाली है जो संकलित तथ्यों को स्पष्ट, संक्षिप्त व सरलतम बनाने के साथ-साथ उन्हें उनकी समानता एवं भिन्नताओं के आधार पर कुछ निश्चित समूहों या वर्गों में व्यवस्थित करता है।

वर्गीकरण की विशेषताएँ

ऊपर दी गई परिभाषाओं के आधार पर वर्गीकरण की निम्नलिखित विशेषताओं का उल्लेख किया जा सकता है–

(i) वर्गीकरण की प्रथम विशिष्टता यह है कि यह तथ्यों के व्यापक ढेर को कुछ सुनिश्चित समूह अथवा वर्गों में वितरित कर देता है जिससे कि अनेक बिखरे हुए आँकड़ों कें समूह असमानता व समानता के आधार पर सजातीय वर्गों में सज जाती हैं।

(ii) वर्गीकरण की दूसरी विशिष्टता यह है कि इसका आधार संग्रहित तथ्यों में पाई जाने वाली भिन्नताएँ व समानताएँ हैं। समान गुण वाले तथ्यों को एक श्रेणी में तथा अलग गुण वाले तथ्यों को दूसरे समूह में सुव्यवस्थित करना वर्गीकरण का कार्य है।

(iii) वर्गीकरण की तीसरी विशिष्टता यह है कि यह तभी किया जाता है जब तथ्यों की इकाइयों में असमानता पाई जाती है। यदि सभी इकाइयाँ समान हैं तो वर्गीकरण की जरूरत नहीं होती क्योंकि उन इकाइयों को अनेक इकाइयों में रखना संभव नहीं होगा। इस तरह किसी-न-किसी तरह की असमानता होना वर्गीकरण की पहली शर्त है।

वर्गीकरण के लक्ष्य

सामाजिक शोध के तहत वर्गीकरण काफी विशिष्ट माना जाता है। इसका वजह यह है कि इसके द्वारा कई तरह के लक्ष्यों की पूर्ति होती है। इनमें मुख्य लक्ष्य निम्नलिखित हैं–

(i) संक्षिप्त तथा बोधगम्य समूहीकरण (Brief and Tangible Grouping)–वर्गीकरण का पहला लक्ष्य जटिल, परस्पर असंबद्ध, बिखरे हुए तथ्यों को थोड़े से, तर्कसंगत तथा समझने योग्य समूह में रखना है।

(ii) समानता तथा असमानता का स्पष्टीकरण (Clarification of Similarity and Dissimilarity)–वर्गीकरण का दूसरा लक्ष्य इकाइयों की समानता तथा भिन्नता को स्पष्ट करना होता है। इस तरह का स्पष्टीकरण अन्य जुड़े बातों की जानकारी में मददगार सिद्ध होता है।

(iii) तुलनात्मक अध्ययन की सुविधा (To Afford Comparative Study)– वर्गीकरण का तीसरा लक्ष्य दो वर्गों के तुलनात्मक अध्ययन के कार्य को आसान बनाना है। वर्गीकरण के द्वारा कुछ समान गुणों के आधार पर अनेक इकाइयाँ भिन्न-भिन्न श्रेणियों में विभक्त की जाती हैं और उन श्रेणियों के आधार पर तुलनात्मक अध्ययन संभव होता है।

(iv) तथ्यों के महत्त्व का ज्ञान (Knowledge of Importance of Facts)– वर्गीकरण का चौथा लक्ष्य तथ्यों की वास्तविकता को प्रस्तुत करना होता है। बिखरे हुए तथ्यों को समझकर उनके महत्त्व के विषय में स्पष्ट ज्ञान अर्जित नहीं किया जा सकता है। पर वर्गीकरण के माध्यम से जब वही तथ्य थोड़े से वर्गों में वितरित हो जाते हैं तो उनकी वास्तविकता अपने आप ही प्रकट हो जाती है।

(v) विश्लेषण व व्याख्या में सरलता (Convenience in Analysis and Interpretation)–वर्गीकरण का पाँचवाँ लक्ष्य तथ्यों को व्याख्या व विश्लेषण के लिए आसान बनाना है। तथ्यों का सांख्यिकीय व्याख्या तभी संभव होता है जब उनको तर्कसंगत रूप में कुछ श्रेणियों में विभाजित कर दिया जाए। माध्य, मूल, विचलन तथा सहसंबंध आदि को जानने के लिए वर्गीकरण अत्यधिक जरूरी है।

(vi) परिशुद्ध निष्कर्ष निकालने के कार्य को आसान बनाना (To Make Easy Valid Generalization)–वर्गीकरण का छठा लक्ष्य परिशुद्ध निष्कर्ष निकालने के काम को आसान बनाना है। वर्गीकरण के माध्यम से संकलित तथ्य संक्षिप्त तथ बोधगम्य हो जाते हैं जिससे उचित निष्कर्ष निकालना सरल हो जाता है।

आदर्श वर्गीकरण के गुण

वर्गीकरण के लिए कोई स्थाई नियम नहीं अपनाया जाता है। वर्गीकरण जिस तरह से किया जाता है वह अध्ययन विषय के सर्वेक्षण, स्वभाव के लक्ष्य एवं उद्देश्य पर निर्भर करता है। फिर भी एक आदर्श वर्गीकरण के कुछ गुणों का उल्लेख किया जा सकता है जो निम्न प्रकार हैं—

(i) वर्गीकरण में निश्चितता एवं स्पष्टता का होना जरूरी है (Classification should be Clear and Unambiguous)—वर्गीकरण का काम ही असीमित तथ्यों को सीमित एवं स्पष्ट रूप प्रदान करना है अतः अगर वर्गीकरण अस्पष्ट व अनिश्चित हुआ तो वर्गीकरण के लक्ष्य की पूर्ती ही नहीं होती है। हर साफ, वर्ग, स्पष्ट, शंकारहित होना चाहिए और हर इकाई किसी-न-किसी वर्ग में स्पष्ट रूप से सम्मिलित होनी चाहिए। यह कार्य आसान नहीं है, इसके लिए विषय के संबंध में पर्याप्त जानकारी का होना जरूरी होता है। जैसे— हमें किसी स्थान की जनता का वर्गीकरण उच्च, माध्यम अथवा निम्न वर्गों में करना है तो यह जरूरी है कि हमें उन आधारों का पूर्ण ज्ञान हो जिनके तहत एक व्यक्ति को इनमें किसी एक वर्ग में सुनिश्चित रूप से रखा जा सकता है।

(ii) वर्गीकरण में स्थायित्व हो (Classification should be Stable)—वर्गीकरण में स्थायित्व का होना अत्यधिक जरूरी है। वर्गीकरण के अस्थाई होने का तात्पर्य यह है कि संग्रहित तथ्यों का वर्गीकरण एक बार एक तरीके से किया गया है तो दूसरी बार दूसरे तरीके से। तुलनात्मक अध्ययन के लिए इस तरह का वर्गीकरण उपयुक्त नहीं होता है।

(iii) वर्गीकरण परिवर्तनशील होना चाहिए (Classification should be Flexible)—वर्गीकरण के स्थाई होने का अर्थ यह नहीं है कि एक बार जो वर्गीकरण कर दिया गया है वह हमेशा के लिए स्थाई होगा। एक अच्छे वर्गीकरण के लिए जरूरी है कि उसमें नवीन परिवर्तित परिस्थितियों के साथ अनुरूप करने की क्षमता निहित हो। कोई भी वर्गीकरण हमेशा के लिए स्थाई नहीं रह सकता क्योंकि समयानुसार वर्गीकरण के आधारों में परिवर्तन होता रहता है।

(iv) शोध के अनुकूल (In According with the Enquiry)—वर्गीकरण ऐसा होना चाहिए जो शोध के लक्ष्य के साथ पूर्णतया मेल रखे यानि की शोध के लक्ष्य के अनुकूल होना चाहिए। यदि शोध का लक्ष्य उत्तीर्ण-अनुत्तीर्ण के आधार पर छात्रों की तुलना करना है तो उनका वर्गीकरण धर्म के आधार पर करने से कोई लाभ नहीं होगा। वर्गीकरण उत्तीर्ण-अनुत्तीर्ण के आधार पर करने से ही इस शोध के लक्ष्य की पूर्ति होगी।

(v) सांख्यिकी शुद्धता (Statistical Accuracy)—वर्गीकरण सांख्यिकीय नजरिये से भी प्रमाणित होना चाहिए। कहने का अर्थ यह है कि किसी शोध के समय जितनी इकाइयों का वर्गीकरण करना है वे समस्त इकाइयाँ वर्गीकरण के तहत किसी-न-किसी वर्ग अथवा समूह के तहत जरूर सम्मिलित कर ली जानी चाहिए। वर्गीकरण के अनेक वर्गों में सम्मिलित इकाइयों का योग यदि अध्ययन की जाने वाली सभी इकाइयों के बराबर है तो वर्गीकरण को सांख्यिकीय नजरिये से प्रमाणित माना जाएगा।

(vi) वर्गीकरण के वर्गों का आकार पर्याप्त होना चाहिए (Size of the Classes should be Adequate)—वर्गीकरण करते समय इस बात का ख्याल रखना जरूरी होता है कि इसके तहत सम्मिलित किए गए वर्ग न तो ज्यादा बड़े हों और न ज्यादा छोटे। तथ्यों की संख्या देखकर ही वर्गों का आकार निश्चित किया जाना चाहिए।

वर्गीकरण का आधार

संग्रह किए गए तथ्यों का वर्गीकरण तथ्यों की प्रकार व प्रकृति तथा अध्ययन के लक्ष्य पर निर्भर करता है। फिर भी वर्गीकरण के कुछ आधार हैं। जिनका जिक्र नीचे किया जा रहा है—

(i) गुणात्मक आधार (Qualitative Basis)—जो तथ्य गुण प्रधान होते हैं उनका वर्गीकरण इस आधार पर किया जाता है। इस तरह के तथ्यों को अंकों में प्रस्तुत नहीं किया जा सकता है। इस तरह के वर्गीकरण में एक गुण विशेष वाली इकाइयों को एक वर्ग में तथा दूसरे गुण वाली इकाइयों को दूसरे वर्ग में रखा जाता है। उदाहरण के लिए विश्वविद्यालय के छात्रों के उनके माध्यम से अध्ययन किए जाने वाले विषयों के आधार पर वितरित किया जाए।

(ii) गणनात्मक आधार (Quantitative Basis)—जिन तथ्यों प्रकृति संख्यात्मक होती है उनका वर्गीकरण इस आधार पर किया जाता है। उदाहरण के लिए, विश्वविद्यालय के छात्रों का उनके माता-पिता की आमदनी के आधार पर वर्गीकरण।

(iii) सामयिक आधार (Periodical Basis)—जो तथ्य सामयिक होते हैं उनका वर्गीकरण इस आधार पर किया जाता है। अर्थात् इसमें तथ्यों का वर्गीकरण समय के तहत किया जाता है। इस आधार पर वर्गीकरण करना अत्यधिक सरल होता है क्योंकि अनेक समय अथवा अवधि के तहत तथ्यों को रखना मुश्किल नहीं होता।

(iv) भौगोलिक आधार (Geographical Basis)–जो तथ्य भौगोलिक होते हैं उनका वर्गीकरण इस आधार पर किया जाता है। उदाहरण के लिए, अनेक द्वीप समूहों की जनसंख्या अथवा भारत के अनेक राज्यों की जनसंख्या का वर्गीकरण।

वर्गीकरण के प्रकार

साधारणतः यह कहा जा सकता है कि ऊपर दिये गये आधारों पर किए गए वर्गीकरण ही वर्गीकरण का एक-एक प्रकार बन जाते हैं, पर इन चार प्रकारों को भी कई उप-प्रकारों में बाँटा गया है। जो निम्न प्रकार हैं–

(1) गुणात्मक वर्गीकरण (Qualitative Classification)–यदि वर्गीकरण गुणों के आधार पर किया गया हो तो उसे गुणात्मक वर्गीकरण कहते हैं। जैसे 100 व्यक्तियों का वर्गीकरण वैवाहिक स्थिति (Maital Status) के आधार पर किया जाए तो वह निम्न प्रकार होगा–

अविवाहित	40
विवाहित	35
विधुर	10
विधवा	8
तलाक प्राप्त	7
कुल	100

गुणात्मक वर्गीकरण को भी दो भागों में विभाजित किया गया है।

(a) सरल या विभेदात्मक वर्गीकरण (Simple or Dichotomous Classification)–यदि वर्गीकरण में तथ्यों के वर्गीकरण का आधार सिर्फ गुण ही होता है किंतु गुण की अनुपस्थिति और उपस्थिति के केवल दो ऐसे समूह या वर्ग बनाए जाते हैं जिससे कि उन तथ्यों के अन्तर्निहित विभेद साफ हो जाएँ। जैसे अशिक्षित, शिक्षित, स्त्री-पुरुष, देशी-विदेशी, आदि।

(b) बहुगुणी वर्गीकरण (Manifold Classification)–इस प्रकार के वर्गीकरण में तथ्यों को उनके गुणों के आधार पर दो से अधिक वर्गों में विभाजित किया जाता है तो वह बहुगुणी वर्गीकरण कहलाता है। जैसे 200 व्यक्तियों का धर्म के आधार पर वर्गीकरण।

बहुगुणी वर्गीकरण का एक उदाहरण जो शिक्षा के आधार पर निम्न प्रकार किया जा सकता है–

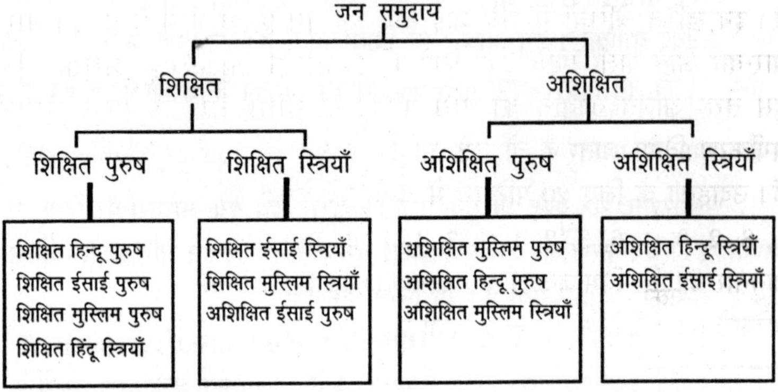

गुणात्मक वर्गीकरण का कोई निर्धारित नियम नहीं होता है। शोधकर्त्ता इसे अपनी इच्छा से अथवा शोध के लक्ष्य को ध्यान में रखकर वर्गीकृत कर देते हैं। गुणात्मक वर्गीकरण के समय कभी-कभी ऐसी स्थिति पैदा हो जाती है जहाँ यह तय करना मुश्किल हो जाता है कि किस इकाई को किस समूह में रखा जाए। उदाहरण के लिए—जो पति-पत्नी तलाक (Divorce) के लिए अदालत में मुकदमा लड़ रहे हैं उन्हें विवाहित समूह के तहत रखा जाए अथवा तलाक प्राप्त वर्ग के तहत। इस तरह यह पता चलता है कि गुणात्मक वर्गीकरण कर संपादन अत्यधिक सावधानीपूर्वक करना चाहिए।

(2) गणनात्मक वर्गीकरण (Quantitative Classification)—संख्याओं या अंकों के आधार पर किया गया वर्गीकरण गणनात्मक वर्गीकरण कहलाता है। व्यय, आय, भार, उत्पादन, लम्बाई, आयु, चौड़ाई आदि से जुड़े तथ्यों का वर्गीकरण गुणात्मक विभाजन ही होता है। इस तरह का वर्गीकरण आवृत्ति वितरण (Frequency Distribution) पर आधारित होता है जो कि तथ्यों के वृद्धि (Magnitude) के अनुसार किया जाता है। गणनात्मक वर्गीकरण को निम्नलिखित प्रकारों में वितरित किया गया है—

(i) खंडित श्रेणी के अनुसार वर्गीकरण (Classification According to Descrete Service)—वह तथ्य जिन्हें कि पूरे-पूरे संख्या अथवा अंक में व्यक्त किया जा सकता है का वर्गीकरण खंडित श्रेणी के अनुसार किया जाता है। उदाहरण के लिए—बच्चों अथवा परिवारों की संख्या। बच्चों की संख्या, 1, 2, 3, 4 आदि पूरे अंक में ही होगी, न कि 1.5, 2.3, 4.3 आदि में। इस तरह के अंकों को खंडित माला अथवा खंडित श्रेणी (Discrete Series) कहा जाता

है। इन खंडित श्रेणियों में यदि कोई तथ्य बार-बार प्रस्तुत होती है तो इस तरह बार-बार आने वाली संख्या उस श्रेणी की आवृत्ति (Frequency) कहलाती है। इस तरह अर्जित आवृत्ति को तथ्य की किसी खंडित श्रेणी के समक्ष रखकर वर्गीकरण किया जाता है तो उसे आवृत्ति सारणी (Frequency table) कहते हैं। उदाहरण के लिए 20 परिवारों में बच्चों की संख्या 5, 2, 2, 7, 7, 2, 3, 5, 1, 8, 2, 3, 4, 6, 3, 2, 1, 4, 7, 1, 1, 2, 3, 5, 6 है तो खंडित श्रेणियों के अनुसार आवृत्ति विभाजन (Frequency Distribution) के आधार पर इन 25 परिवारों का वर्गीकरण इस तरह किया जा सकता है–

बच्चों की संख्या	परिवारों की संख्या (आवृत्ति)
1	4
2	6
3	4
4	2
5	3
6	2
7	3
8	1
कुल	**25**

(ii) अखंडित श्रेणियों अथवा वर्गान्तर के अनुसार वर्गीकरण (Classification According to Continuous Series of Class Intervals)–जब एकत्रित तथ्यों की कुल गणना काफी ज्यादा अधिक हो साथ ही सबसे छोटे व सबसे बड़े पद का अन्तर भी ज्यादा हो तो ऐसी दशा में तथ्यों को एक-एक समूह के रूप में दर्शाया जाता है। ऐसी स्थिति में तथ्यों की सीमाओं का निर्णय अपनी इच्छा से कर लिया जाता है तथा उन्हीं सीमाओं में रहकर तथ्यों को विभिन्न वर्गों में विभाजित किया जाता है। इसमें एक उच्च सीमा (Upper Limit) तथा दूसरी निम्न सीमा (Lower limit) का निश्चय किया जाता है। फिर इन दोनों सीमाओं के बीच कुछ वर्ग अपने आशा से या सुविधानुसार बना लिए जाते हैं। हरेक वर्ग के निम्नतम और उच्चतम सीमा के मध्य का अन्तर वर्गान्तर या वर्ग विस्तार (Class Interval) कहलाता है। इस वर्गान्तर को निम्नलिखित चार प्रकार से प्रस्तुत किया जा सकता है जो निम्नलिखित हैं–

1	2	3	4
0 तथा 200 से कम	000 - 200	100	000 - 190
200 तथा 400 से कम	200 - 400	300	200 - 390
400 तथा 600 से कम	400 - 600	500	400 - 590
600 तथा 800 से कम	600 - 800	700	600 - 790
800 तथा 1000 से कम	800 - 1000	900	800 - 990

ऊपर दिए गए प्रकारों में से पहली व तीसरी प्रणाली ज्यादा लोकप्रिय है। कहने का अर्थ यह है कि वर्गान्तर के आधार पर भी तथ्यों का विभाजन किया जा सकता है। जैसे–40 छात्रों को 50 नम्बर के पेपर में प्राप्त नम्बर निम्न हैं–22, 45, 13, 9, 26, 16, 24, 39, 37, 35, 2, 10, 28, 45, 44, 23, 28, 27, 26, 32, 34, 36, 21, 38, 41, 40, 14, 16, 19, 28, 32, 35, 6, 40, 46, 15, 9, 12, 28 और 39। इन प्राप्तांकों को वर्गान्तर के अनुरूप वर्गीकरण करने से परिणाम इस निम्न प्रकार होगा–

प्राप्तांक (वर्ग)	छात्रों की संख्या (आवृत्ति)
0 - 5	1
5 - 10	3
10 - 15	4
15 - 20	4
20 - 25	4
25 - 30	6
30 - 35	3
35 - 40	8
40 - 45	4
45 - 50	3
कुल योग	**40**

उपर्युक्त उदाहरण में यह स्पष्ट रूप से देखा जा सकता है कि 40 छात्रों को 10 वर्गों में प्राप्तांक के आधार पर विभक्त किया गया है। साधारणतया समूहों अथवा वर्गों की मात्रा 20/25 से अधिक अथवा 6/8 से कम नहीं होनी चाहिए। फिर भी

वर्गों की कुल मात्रा संकलित तथ्यों की कुल मात्रा पर निर्भर करती है। वर्गों की मात्रा कम रहने पर वर्गीकरण का रूप आसान हो जाता है लेकिन इस बात की संभावना होती है कि संग्रहित तथ्यों की कुछ विशेषता अथवा कुछ गुण पर्याप्त रूप में प्रस्तुत नहीं होंगे। उसी तरह वर्गों की संख्या बहुत अधिक रहने पर वर्गीकरण की उपयोगिता की कम हो जाती है। अतः वर्गों की मात्रा का निर्धारण काफी समझदारी से करना चाहिए।

(3) सामयिक वर्गीकरण (Periodical Classification)—इस तरह का वर्गीकरण समय पर आधारित होता है। इसमें समय अथवा अवधि (Period) की प्रमुखता होती है। जब एकत्रित तथ्यों को महीनों, दिनों, वर्षों अथवा किसी ऐतिहासिक क्रम के तहत व्यवस्थित व वर्गीकृत किया जाता है तो वह वर्गीकरण सामयिक वर्गीकरण कहलाता है। निम्नलिखित उदाहरण में पटना विश्वविद्यालय में सन् 1945 से 1951 तक के छात्रों की संख्या का वर्गीकरण किया जा रहा है—

पटना विश्वविद्यालय के छात्रों की संख्या

वर्ष	साइन्स के छात्र	आर्ट्स के छात्र	कामर्स के छात्र	लॉ के छात्र	कुल छात्र
1945-46	590	1783	401	391	3165
1946-47	650	2057	532	478	3717
1947-48	723	2096	640	438	3897
1948-49	848	2252	689	394	4183
1949-50	900	2267	726	554	4447
1950-51	1218	2613	749	486	5066

(4) स्थानानुसार वर्गीकरण (Classification According to Place)—इस प्रकार के वर्गीकरण तथ्यों को भौगोलिक या स्थान स्थिति के आधार पर विभाजित किया जाता है तो इस तरह का विभाजन स्थानानुसार वर्गीकरण कहलाता है। इसका एक उदाहरण के लिए—

संसार के विभिन्न महाद्वीपों का क्षेत्रफल

महाद्वीप	क्षेत्रफल (100) वर्ग किलोमीटर में
एशिया	41,900
दक्षिणी अमेरिका	40,687

अफ्रीका	29,946
उत्तरी अमेरिका	19,653
यूरोप	11,426
ओसीनिया	8,550
अन्य	2,764
कुल योग	1,54,926

7

सारणीयन

सामाजिक शोध में आँकड़ों के सारणीयन का अति महत्त्वपूर्ण स्थान है। यह प्रक्रिया वर्गीकरण प्रक्रिया के उपरांत सामग्री को और भी स्पष्ट अथवा बोधगम्य करने के लिए किया जाता है। हालांकि ही सारणीयन वर्गीकरण के बाद विश्लेषण कार्य में अगला कदम होता है। इसके जरिए से तथ्यों में स्पष्टता और सरलना तथा साथ ही गणनात्मक तथ्य ज्यादा व्यवस्थित होकर प्रदर्शन के योग्य बन जाते हैं। अत्यन्त सरल तथा सामान्य शब्दों में सारणीयन का अर्थ उपलब्ध आँकड़ों के विभिन्न स्तम्भों (Columns) एवं पंक्तियों (Rows) में व्यवस्थित करके उन्हें क्रमबद्ध रूप से प्रस्तुत करना होता है। इस तरह सारणीयन का तात्पर्य तालिका या सारणी (Table) बनाने से है। ड्यूट्श, सर्वश्री जहोदा, कूक आदि (Duetsch, Jahoda and Cook) द्वारा भी लिखा गया है कि "जिस तरह संकेतन (Coding) को तथ्यों के श्रेणीबद्ध करने की प्राविधिक पद्धति कहलाता है, उसी तरह सारणीयन सांख्यिकीय तथ्यों के विश्लेषण की प्रविधि प्रक्रिया का महत्त्वपूर्ण अंग माना जाता है" ("Just as coding is thought of as the technical procedure for the categorization of data, so tabulation may be considered as a part of the technical process in the statistical analysis of data.")

सारणीयन को अनेक विद्वानों ने अपने-अपने शब्दों में परिभाषित किया है। इनमें कुछ मुख्य हैं–

श्री एलहांस (Elhance) ने 'Fundamentals of Statistics' में सारणीयन को परिभाषित करते हुए लिखा है, "व्यापक अर्थ में सारणीयन तथ्यों की पंक्तियों

तथा स्तम्भों में व्यवस्थित व्यवस्था है। यह एक ओर तथ्यों के संग्रहण और दूसरी तरफ तथ्यों के अन्तिम विश्लेषण के मध्य की एक प्रक्रिया है।" ("In the broadest sense tabulation is an orderly arrangement of data in columns. It is a process between the collection of data on the one hand and its final analysis on other.")

डॉ. चतुर्वेदी (Chaturvedi) ने 'Mathematical Statistics' में लिखा है, दो दिशाओं में पढ़ा जा सके इस रूप में कुछ पंक्तियों तथा स्तम्भों में तथ्यों को एक क्रमबद्ध तौर पर व्यवस्थित करने की प्रणाली को सारणीयन कहा जाता है।" ("The process of arranging the data in an orderly manner into rows and columns capable of being read into two directions is called a tabulation.")

घोष एवं चौधरी (Ghosh and Chaudhary) ने "Theory and Practice' में सारणीयन को परिभाषित करते हुए लिखा है कि, "सारणीयन के माध्यम से गणनात्मक तथ्यों का इस तरह व्यवस्थित एवं वैज्ञानिक प्रदर्शन करना है कि विचाराधीन समस्या हल हो जाए।" ("Tabulation stands for the systematic and scientific presentation of quantitative data in such a form as to elucidate the problem under consideration.")

एल. आर. कॉनर (L. R. Conor) ने 'Statistics in Theory and Practice' में लिखा है, "सारणीयन किसी विचाराधीन समस्या को स्पष्ट करने के लक्ष्य से संख्यात्मक तथ्यों को सुव्यवस्थित और क्रमबद्ध रूप से प्रकट करने की एक प्रणाली है।"

सी. ए. मोजर (C. A. Moser) ने 'Survey Methods in Social Investigation' में लिखा है, "मौलिक रूप से सारणीकरण अनेक कार्यों में से प्रत्येक के तहत पाए जाने वाले उत्तरदाताओं की संख्या की गणना से ज्यादा और कुछ नहीं है।"

उपर्युक्त परिभाषाओं से स्पष्ट है कि जब संग्रहित तथ्यों का समुचित वर्गीकरण करके उन वर्गीकृत तथ्यों को एक तालिका के तहत कुछ स्तम्भों (Columns) तथा पंक्तियों (Rows) में इस तरह व्यवस्थित तरीके से सजा दिया जाता है कि तथ्यों की तुलनात्मक महत्त्व व विशेषताएँ और भी स्पष्ट हो जाए है, तो इस प्रणाली को सारणीयन कहते हैं।

सारणीयन के लक्ष्य

सामाजिक शोध-कार्य में सारणीयन का अत्यधिक महत्त्व है क्योंकि इससे कुछ निर्धारित लक्ष्यों की पूर्ति होती है। ये लक्ष्य निम्नलिखित हैं–

(i) तथ्यों को सुस्पष्ट तथा बोधगम्य बनाना (To Make the Data Clear and Understandable)—सारणीयन का प्रथम उद्देश्य एक तालिका के रूप में तथ्यों को इस तरह व्यवस्थित ढंग से प्रस्तुत करना है जिससे वह सुस्पष्ट तथा बोधगम्य हो जाए। तथ्यों के संबंध में वर्णनात्मक विवरण प्रस्तुत करने पर तथ्यों की वास्तविकताओं को समझना कठिन हो जाता है। सारणीयन की प्रक्रिया के जरिये इसी काम को आसान बनाया जाता है। तथ्यों की सारणी बनाने से तथ्य स्वतः ही सुस्पष्ट तथा बोधगम्य हो जाते हैं।

(ii) विशेषताओं का प्रदर्शन करना (To Exhibit the Characteristics)—सारणीयन का द्वितीय लक्ष्य विशेषताओं का प्रदर्शन करना है। सारणीयन कर लेने के पश्चात् तथ्य कुछ सुनिश्चित स्तम्भों अथवा पंक्तियों में व्यवस्थित हो जाते हैं। फलस्वरूप इन तथ्यों की विशेषताएँ स्वतः प्रकट हो जाती हैं।

(iii) तथ्यों को तुलना योग्य बनाना (To Make Data Comparable)—सारणीयन का तृतीय लक्ष्य तथ्यों का तुलना के योग्य बनाना है। सारणीयन के जरिये तथ्यों को इस तरह व्यवस्थित किया जाता है जिससे उनका तुलनात्मक अध्ययन संभव हो जाता है। वास्तविकता तो यह है कि तथ्यों को जैसे ही एक सारणी के रूप में प्रकट किया जाता है तो भिन्न-भिन्न तथ्यों का तुलनात्मक महत्त्व अपने आप ही स्पष्ट होने लगता है।

इस विषय में सेक्रिस्ट (Secrist) ने अपनी किताब 'Social Survey and Research' में लिखा है, "सारणी वह साधन है जिससे वर्गीकरण द्वारा की गई विवेचना को स्थायी स्वरूप प्रदान किया जाता है तथा समान व तुलनात्मक इकाइयों को उचित स्थान पर रखा जाता है।" ("Tables are a mean of recording in permanent form the analysis that is made through classification and of placing in the right position things the are similar and should be compared.")

(iv) तथ्यों को संक्षिप्त रूप प्रदान करना (To Summarize the Data)—सारणीयन का चतुर्थ लक्ष्य तथ्यों को संक्षिप्त रूप प्रदान करना है। इसके तहत तथ्यों के गुणों को छिपाये बिना इसका संक्षेपीकरण किया जाता है। यही वजह है कि 40 हजार छात्रों के प्राप्तांक को प्रथम, द्वितीय, तृतीय व फेल के श्रेणी में विभक्त कर किसी कागज या किताब की सिर्फ अपनी पुस्तक कुछ पंक्तियों में प्रदर्शित किया जा सकता है। श्रीमती यंग (Young) ने 'Scientific Social Survey and Reserch' में लिखा है, "सांख्यिकीय सारणी को सांख्यिकी की

आशुलिपि (Shorthand) कहा गया है।" ("Statistical tables have been referred to as the shorthand of statistics.")

एक उत्तम सारणी के गुण

सारणी एकत्रित तथ्यों को आसान, बोधगम्य अथवा आकर्षक बनाने का एक साधन है। एक साधन होने के वजह से इसके भीतर कुछ गुणों का पाया जाना जरूरी है। ये गुण निम्न प्रकार हैं–

(i) आकर्षकता (Attractiveness)--एक अच्छी सारणी का प्रथम गुण आकर्षकता है। उत्तम सारणी वही कहलाएगी जो हमारे ध्यान को अपने आप सुंदर कर ले। सारणी को सुंदर बनाने के लिए उसके खानों को समानुपातिक रखना, साफ-सुंदर लिखावट आदि तत्त्वों को शामिल किया जाना चाहिए।

(ii) समुचित आकार (Adequate Size)–सारणी का दूसरा गुण उसका समुचित आकार होता है। अधिक बड़ा अथवा अधिक छोटा स्वरूप सारणी के महत्त्व को कम कर देता है। तथ्यों के व्यापक होने पर एक से ज्यादा सारणी का प्रयोग किया जा सकता है।

(iii) तुलना की सुविधा (Comparability)–सारणी का तीसरा गुण तुलना की सुविधा देना होता है। सारणी के तहत आँकड़ों को अनेक पंक्तियों और खानों में इस तरह व्यवस्थित करके प्रस्तुत किया जाता है कि विषय के अनेक पक्षों का तुलनात्मक अध्ययन करना संभव हो जाता है।

(iv) स्पष्टता तथा सरलता (Clarity and Simplicity)–सारणी का चौथा गुण इसका स्पष्टता तथा सरलता है। वही सारणी विशिष्ट कहलाएगी जो सरल तथा स्पष्ट होगी। सारणी इतनी स्पष्ट व सरल होनी चाहिए जिससे एक सामान्य व्यक्ति भी उसे देखकर समझ सके अर्थात् तथ्यों की महत्त्वपूर्ण विशेषताएँ उसके लिए स्पष्ट हो जाएँ।

(v) लक्ष्य के अनुकूल (In Accordance with the Purpose)–सारणी का पाँचवाँ गुण लक्ष्य के अनुकूल होना है। सारणी का निर्माण इस तरीके से किया जाना चाहिए जिससे अध्ययन के उस लक्ष्य की पूर्ति हो सके जिस लक्ष्य से सारणी को निर्मित करना जरूरी समझा गया है।

(vi) वैज्ञानिकता (Scientificness)–सारणी का छठा गुण वैज्ञानिकता है। सारणी को मनमाने तरीके से न बनाकर इसे वैज्ञानिक नियमों, तरीकों का पालन करते हुए बनाना चाहिए। बिना क्रमबद्ध और असंबद्ध सारणी हमें किसी तरह का

लाभ प्रदान नहीं करती है। इसमें न तो तथ्यों की विशेषताएँ स्पष्ट होती हैं और न ही उनका तुलनात्मक अध्ययन किया जा सकता है। अतः इस बात की जरूरत है कि सारणी की रचना सोच-समझकर और वैज्ञानिक तरीके को अपनाकर किया जाए।

सांख्यिकीय सारणियों के प्रकार

सांख्यिकीय सारणी को दो वर्गों में विभक्त किया जा सकता है–

(1) उद्देश्य के आधार पर (On the Basis of Objective),

(2) रचना के आधार पर (On the Basis of Construction).

(1) उद्देश्य के आधार पर (On the Basis of Objective)–उद्देश्य के आधार पर सारणी के दो प्रकारों का जिक्र किया जा सकता है–

(i) सामान्य उद्देश्यीय सारणी (General Purpose Table)

(ii) विशिष्ट उद्देश्यीय सारणी अथवा संक्षिप्त सारणी (Summary Table)

(i) सामान्य उद्देश्यीय सारणी (General Purposeable)–इस सारणी को मौलिक (Original) अथवा प्रासंगिक (Reference) अथवा प्राथमिक (Primary) सारणी के नाम से भी जाना जाता है। सर्वश्री क्राक्सटन तथा काउडेन (Croxten and Cowdon) ने साधारण उद्देश्यीय सारणी को सन्दर्भ सारणी (Reference Table) के नाम से पुकारा है क्योंकि उनके मताअनुसार इस तरह की सारणियों से हमें सिर्फ कुछ विषयों के सन्दर्भ का जानकारी होती है और किसी भी इकाई के बारे में जानने में व्यवस्था होती है। इनके अनुसार, "सन्दर्भ सारणी का प्राथमिक अथवा प्रायः एकमात्र लक्ष्य तथ्यों (Data) को इस ढंग से प्रकट करना है कि व्यक्तिगत मदों (Individual Items) को पाठक एकदम ढूँढ़ सके।" ("The primary and usually the sole purpose of a reference table is to present the data in such a manner that individual items may be found readily by the reader.") इस तरह की सारणियों का कोई विशिष्ट लक्ष्य नहीं रहता और किसी विषय का सन्दर्भ ढूँढ़ने में सरलता हो। इस लक्ष्य से इस प्रकार की सारणियों को किसी प्रकाशित प्रतिवेदन के आखिर में लगा दिया जाता है।

(ii) संक्षिप्त सारणी (Summary Table)–इन्हें सारांशात्मक, विश्लेषणात्मक (Summary), व्युत्पत्तीय, विवेचनात्मक (Derivative) अथवा द्वितीयक सारणियों के नाम से भी पुकारा जाता है। सर्वश्री क्राक्सटन तथा काउडेन (Croxten and Cowden) के मताअनुसार है, "सक्षिप्त सारणी जो प्रायः आकार में छोटी होती है, किसी एक निष्कर्ष अथवा कुछ निकट संबंध वाले निष्कर्षों को अधिक-से-अधिक प्रभावपूर्ण ढंग से रखने के लिए तैयार की जाती है।" इस तरह संक्षिप्त सारणी

साधारणतः उद्देश्यीय सारणी का एक संक्षिप्त रूप होती है जिसको कुछ तथ्यों की विशेषताओं को विशिष्ट रूप से प्रस्तुत करने के उद्देश्य से बनाया जाता है।

(2) रचना के आधार पर (On the Basis of Construction)–इस आधार पर भी सारणी को दो वर्गों में वर्गीकृत किया जा सकता है–

(i) सरल सारणी (Simple Table),

(ii) जटिल सारणी (Complex Table)।

(i) सरल सारणी (Simple Table)--इन्हें एक-दिशायी (One-way) तथा एक गुण दर्शाने वाली (Single Purpose) तथा प्रथम क्रम (First Order) की सारणी के नाम से भी जाना जाता है। इस सारणी में तथ्यों के सिर्फ एक लक्षण या गुण को ही प्रस्तुत किया जाता है। बाह्य रूप में ये सारणियाँ आसान श्रेणी जैसी दिखाई देती हैं। इस तरह की सारणी एक या उससे ज्यादा प्रश्नों का आसानी से उत्तर दे सकती है जो एक-दूसरे से निर्भर नहीं वरन् स्वतंत्र होते हैं। कहने का मतलब यह है कि इसके द्वारा किसी एक वर्ग से संबंधित एक ही स्वतंत्र कारक का प्रस्तुतीकरण होता है। एकगुणीय सारणी का एक उदाहरण निम्न प्रकार है–

गणित में 100 विद्यार्थियों के प्राप्तांक

प्राप्तांक	*विद्यार्थियों की संख्या*
30 - 40	15
40 - 50	20
50 - 60	29
60 - 70	16
70 - 80	13
80 - 90	7
योग	**100**

उपर्युक्त सारणी की सहायता से 100 छात्रों के मात्र एक गुण का प्रदर्शन होता है अर्थात् गणित में उन्हें कितने अंक प्राप्त हुए हैं। इस सारणी के माध्यम से अन्य विषयों में प्राप्तांक के बारे में कोई जानकारी नहीं मिलती है। यही वजह है कि इन्हें एकगुणीय सारणी कहा जाता है।

(ii) जटिल सारणी (Complex Table)–वे सारणियाँ जिनमें तथ्यों का विभाजन किन्हीं दो अथवा अधिक चरों, लक्षणों, गुणों अथवा पक्षों के आधार पर किया जाता है जटिल सारणी कहलाती है। इस तरह की सारणी इसलिए जटिल होती है

क्योंकि इसमें एक साथ तथ्यों से जुड़े कई गुणों को प्रदर्शित किया जाता है। मोटे तौर पर इनके माध्यम से तीन तरह की सारणियों का निर्माण किया जा सकता है–

(अ) द्वि-पक्षीय अथवा द्वि-गुणीय सारणी (Bivariate or Two-way Table)–वे सारणियाँ जिनमें तथ्यों का वर्गीकरण किन्हीं दो गुणों, चरों अथवा लक्षणों पर आधारित होता है, द्वि-पक्षीय अथवा द्वि-गुणीय सारणी कहलाती है। शोध-कार्य के लिए यह जरूरी होता है कि एक ही तथ्य से दो पहलुओं का स्पष्टीकरण किया जाए। इस लक्ष्य की पूर्ति के लिए ही द्विगुणीय सारणी का प्रयोग किया जाता है। इस सारणी को एक उदाहरण के माध्यम से दिखाया जा रहा है।

गणित में 100 विद्यार्थियों के प्राप्तांक

		विद्यार्थियों की संख्या	
प्राप्तांक	*छात्र*	*छात्राएँ*	*योग*
30 - 40	5	3	8
40 - 50	9	16	25
50 - 60	18	12	30
60 - 70	10	10	20
70 - 80	4	6	10
80 - 90	4	3	7
योग	**50**	**50**	**100**

ऊपर 100 छात्रों का गणित विषय में प्राप्त अंकों को एक सारणी के माध्यम से प्रदर्शित किया गया है। इसमें छात्राओं और छात्र के प्राप्तांक को अलग-अलग स्पष्ट किया गया है। इस सारणी में यह स्पष्ट है कि 5 छात्र और 3 छात्राओं अर्थात् कुल 8 छात्रों ने 30 और 40 के बीच अंक हासिल किए। उसी तरह 50 और 60 के मध्य अंक हासिल करने वाले कुल 30 विद्यार्थियों में 12 छात्राएँ और 18 छात्र हैं। इस तरह उपर्युक्त सारणी से हमें दो संबंधित घटनाओं के संबंध में जानकारी प्राप्त होती है।

(ब) त्रि-पक्षीय अथवा त्रि-गुणीय सारणी (Trivariate or Three-way Table)–जैसा कि नाम से ही जाहिर है कि इस तरह की सारणी के जरिए किसी तथ्य या घटना के तीन गुणों की जानकारी मिलती है। इस तरह की सारणी तभी बनाई जाती है जब किसी तथ्य से संबंधित तीन लक्षणों को एक साथ प्रस्तुत करने की जरूरत होती है। नीचे त्रिगुणीय सारणी का एक उदाहरण प्रदर्शित किया जा रहा है।

गणित में 100 विद्यार्थियों के प्राप्तांक

(छात्रावास में रहने, न रहने के आधार पर)

प्राप्तांक	विद्यार्थियों की संख्या								
	छात्र			छात्राएँ			कुल योग		
	क	ख	ग	क	ख	ग	क	ख	ग
30 - 40	3	2	5	1	2	3	4	4	8
40 - 50	5	4	9	7	9	16	12	13	25
50 - 60	12	6	18	5	7	12	17	13	30
60 - 70	8	2	10	7	3	10	15	5	20
70 - 80	2	2	4	4	2	6	6	4	10
80 - 90	3	1	4	1	2	3	4	3	7
योग	**33**	**17**	**50**	**25**	**25**	**50**	**58**	**42**	**100**

क–छात्रावास में रहने वाले
ख–छात्रावास में नहीं रहने वाले
ग–कुल योग

उपर्युक्त सारणी की सहायता से तीन सूचनाएँ–(i) छात्रों की संख्या, (ii) छात्रावास में छात्र व छात्राओं की संख्या, तथा (iii) छात्रावास में रहने और न रहने वालों की भिन्न-भिन्न संख्या स्पष्ट होती है। इसलिए उपर्युक्त सारणी को तीन गुणों से परिपूर्ण त्रिगुणीय सारणी कहा जा सकता है।

(स) बहुगुणीय अथवा बहु-पक्षीय सारणी (Manifold or Higher Order or Multivariate Table)–वैसी सारणी जिसमें एक ही तथ्य अथवा घटना के तीन से ज्यादा परस्पर आश्रित अथवा जुड़े लक्षणों अथवा गुणों को प्रस्तुत किया जाता है बहुगुणीय अथवा बहु-पक्षीय सारणी कहलाती है। सारणी का यह प्रकार सबसे मुश्किल माना जाता है लेकिन सामाजिक अनुसंधान में, मुख्यतः गहन अध्ययन के लिए इस तरह की सारणी का निर्माण जरूरी हो जाता है। इसके माध्यम से एक तथ्य से जुड़े अनेक पक्षों के बारे में जानकारी हासिल होती है। बहुगुणीय सारणी का एक उदाहरण नीचे प्रस्तुत किया जा रहा है।

गणित में 100 विद्यर्थियों के प्राप्तांक

(लिंग, रहने की दशा और वैवाहिक स्थिति के अनुसार)

विद्यार्थियों की संख्या									
	छात्र			*छात्राएँ*			*योग*		
प्राप्तांक	*वि.*	*अवि.*	*योग*	*वि.*	*अवि.*	*योग*	*वि.*	*अवि.*	*योग*
30 - 40	2	1	3	1	0	1	3	1	4
40 - 50	2	3	5	3	4	7	5	7	12
50 - 60	8	4	12	4	1	5	12	5	7
60 - 70	3	5	8	4	3	7	7	8	15
70 - 80	0	2	2	2	2	4	2	4	6
80 - 90	1	2	3	1	0	1	2	2	4
योग	16	17	33	15	10	25	31	27	58
छात्रावास में रहने वालों की स्थिति									
30 - 40	1	1	2	2	0	2	3	1	4
40 - 50	1	3	4	4	5	9	5	8	13
50 - 60	2	4	6	5	2	7	7	6	13
60 - 70	2	0	2	0	3	3	2	3	5
70 - 80	1	1	2	0	2	2	1	3	4
80 - 90	0	1	1	0	2	2	0	3	3
योग	7	10	17	11	14	25	18	24	42
छात्रावास में न रहने वालों की स्थिति									
30 - 40	3	2	5	3	0	3	6	2	8
40 - 50	3	6	9	7	9	16	10	15	25
50 - 60	10	8	18	9	3	12	19	11	30
60 - 70	5	5	10	4	6	10	9	11	20
70 - 80	1	3	4	2	4	6	3	7	10
80 - 90	1	3	4	1	2	3	2	5	7
कुल योग	23	27	50	26	24	50	49	51	100

आवृत्ति के आधार पर सारणीयन (Tabulation on the Basis of Frequency)–आवृत्ति के आधार पर भी सारणी को दो भागों में विभक्त किया गया है।

(i) आवृत्ति सारणी (Frequency Table),

(ii) सचंयी आवृत्ति सारणी (Cumulative Frequency Table)।

(i) आवृत्ति सारणी (Frequency Table)–जब खंडित श्रेणियों (Discrete Series) अथवा अखंडित श्रेणियों (Continuous Series) को किसी सारणी में स्पष्ट किया जाता है तो इस तरह की सारणी को आवृत्ति सारणी कहा जाता है। आवृत्ति सारणी को एक उदाहरण द्वारा दिखलाया जा रहा है।

पटना कॉलेज के 100 छात्रों के समाजशास्त्र में प्राप्तांक

प्राप्तांक	*आवृत्ति*
0 - 10	5
10 - 20	11
20 - 30	2
30 - 40	6
40 - 50	5
50 - 60	4
60 - 70	5
70 - 80	3
80 - 90	6
90 - 100	3
योग	**100**

उपर्युक्त सारणी में अखंडित श्रेणियों (Continuous Series) के आधार पर सारणीयन किया गया है। इसी तरह खंडित श्रेणियों को लेकर भी आवृत्ति सारणी का रचना किया जा सकता है। आगे खंडित श्रेणी को लेकर आवृत्ति सारणी का एक उदारहण दिया जा रहा है।

50 हिन्दू परिवारों में स्त्रियों की संख्या

स्त्रियों की संख्या	*आवृत्ति*
1	2
2	6
3	8
4	7
5	10
6	5
7	7
8	5
योग	50

(ii) संचयी आवृत्ति सारणी (Cumulative Frequency Table)—इस तरह की सारणी में हरेक समूह या वर्ग की आवृत्ति को अलग-अलग प्रस्तुत न करके पिछली आवृत्ति में जोड़कर प्रस्तुत किया जाता है। जैसे— यदि पहले वर्ग की आवृत्ति 6, दूसरे की 10, तीसरे की 20 हो तो पहले वर्ग के आगे 6, दूसरे के आगे (6 + 10) = 16 और तीसरे के आगे (16 + 20) = 36 लिखा जाएगा। इस तरह नीचे के वर्गों की आवृत्ति बढ़ती जाती है एवं आखिरी वर्ग की आवृत्ति कुल योग के बराबर होती है। संचयी आवृत्ति सारणी का उदाहरण निम्न प्रकार है।

पटना कॉलेज के 100 विद्यार्थियों के राजनीति विज्ञान में प्राप्तांक

प्राप्तांक	*संचयी आवृत्ति*
10 से कम	5
20 से कम	17
30 से कम	34
40 से कम	56
50 से कम	70
60 से कम	78
70 से कम	85
80 से कम	93
90 से कम	97
100 से कम	100

उपर्युक्त के उदाहरण में मेरठ कॉलेज के 100 विद्यार्थियों के दर्शनशास्त्र में प्राप्त अंकों को प्रस्तुत करते हुए जो आवृत्ति सारणी पहले तैयार की गई है उसी को संचयी आवृत्ति के रूप में प्रदर्शित किया गया है। कभी-कभी इस आवृत्ति का विपरीत क्रम (Reverse Order) में भी संचयन किया जाता है। इस स्थिति में नीचे की ओर बढ़ने पर आवृत्ति कम होती जाती है। इसे सारणी के जरिए प्रस्तुत किया जा रहा है।

संचयी आवृत्ति सारणी (विपरीत क्रम)

पटना कॉलेज के 100 विद्यार्थियों के दर्शनशास्त्र में प्राप्तांक

प्राप्तांक	*संचयी आवृत्ति*
0 से अधिक	100
10 से अधिक	95
20 से अधिक	83
30 से अधिक	60
40 से अधिक	44
50 से अधिक	31
60 से अधिक	19
70 से अधिक	11
80 से अधिक	5
90 से अधिक	1

सारणी निर्माण के जरूरी नियम एवं सावधानियाँ

सारणी निमाण आसान काम नहीं है अपितु एक ऐसा काम है जो कि शोधकर्त्ता के कार्यकुशलता, अनुभव और उसके विशुद्ध ज्ञान पर आधारित होता है। यही वजह है कि सारणी का निर्माण मनमाने तरीके से नहीं किया जा सकता है। इसकी रचना करते समय कुछ नियमों का पालन करना जरूरी है साथ ही कुछ सावधानियों का रखना भी जरूरी है। इन सावधानियों एवं नियमों को नीचे प्रस्तुत किया जा रहा है–

(i) सारणी का शीर्षक (Heading of the Table)–सारणी का एक उपयुक्त तथा संक्षिप्त शीर्षक का होना जरूरी होता है। शीर्षक को मोटे और साफ

अक्षरों में लिखा जाना चाहिए। शीर्षक ऐसा होना चाहिए जो सारणी के विषय, वर्गीकरण के आधार आदि को प्रस्तुत कर सके। वास्तव में सारणी को देखकर ही यदि उसका लक्ष्य स्पष्ट हो जाए तो शीर्षक की सार्थकता प्रमाणित हो जाती है।

(ii) स्तम्भों का आकार (Size of Columns)—स्तम्भों के आकार को निश्चित करते समय उस कागज के स्वरूप का ध्यान रखना चाहिए जिस पर सारणी को रचा जाता है। गैर-जरूरी रूप से स्तम्भों का स्वरूप न तो अधिक बड़ा रखना चाहिए और न ही अधिक छोटा। स्तम्भों की लम्बाई-चौड़ाई का निश्चय तथ्यों के विवेचन के आधार पर किया जाना चाहिए।

(iii) अनुशीर्षक (Captions)—प्रत्येक कॉलमों व स्तम्भों का अनुशीर्षक होता है जिसे कि बहुत साफ और स्पष्ट रूप से लिखा जाना चाहिए जिससे यह स्पष्ट हो जाए कि एक कॉलम विशेष में किन तथ्यों अथवा आँकड़ों को प्रकट किया गया है।

(iv) पंक्तियों में सूचना लिखना (Writing in Rows)—तथ्यों में उपलब्ध संख्याओं का निरूपण पंक्तियों में कई तरह से लिखा जा सकता है। शोध के लक्ष्य को दृष्टि में रखकर इनका चयन किया जाना चाहिए।

(v) स्तम्भों का क्रम (Sequence of Columns)—लाइनों के समान ही कॉलमों को भी कई तरह के क्रमों में लिखा जा सकता है। कॉलमों की रचना करते समय नीचे दी गई बातों को ध्यान में रखना जरूरी होता है—(i) तुलनीय संख्याओं को पास-पास प्रस्तुत करना चाहिए जैसे शिक्षित-अशिक्षित, पुरुष-स्त्री आदि। (ii) संख्याओं के प्रतिशत माध्य तथा अनुपात को संख्याओं के पास में ही रखा जाना चाहिए। (iii) पहले कॉलम में प्रायः विवरण लिखा जाना चाहिए जिससे सामने लिखी संख्याओं का परिचय हासिल हो सके। (iv) ज्यादा महत्त्वपूर्ण सूचना को यथासंभव बाईं ओर के कॉलमों में लिखना चाहिए।

(vi) स्तम्भों का विभाजन (Division of Columns)—यदि आँकड़ों या तथ्यों को कई वर्गों तथा उपवर्गों में वर्गीकृत किया जाना जरूरी हो तो कॉलमों का वर्गीकरण भी उसी तहत किया जाना चाहिए। पर यह वर्गीकरण इस तरह का होना चाहिए कि एक वर्ग को दूसरे वर्ग से सरलतापूर्वक अलग किया जा सके।

(vii) योग (Total)—यदि कॉलमों को कई उपवर्गों में वर्गीकृत किया गया हो तो हरेक उपवर्ग का योग पृथक् दिया जाना चाहिए।

(viii) टिप्पणियाँ (Notes)—यदि सारणी में उल्लेखित संख्याओं अथवा फिर सारणी के विषय में कोई विशेष बात बतलानी हो तो उसे सारणी के नीचे एक या एक से अधिक टिप्पणियों द्वारा प्रस्तुत कर दिया जाना चाहिए। यदि टिप्पणी किसी विशेष संख्या से संबंधित हो तो उसे कोई चिह्न लगाकर साफ कर देना चाहिए

कि उपर्युक्त टिप्पणी उपर्युक्त आँकड़े से संबंधित है। कभी-कभी ऐसा भी होता है कि मुद्दों से संबंधित कुछ आँकड़े उपलब्ध नहीं हो पाते हैं ऐसी स्थिति में उस कॉलम को रिक्त न रखकर किसी चिह्न द्वारा भर दिया जाना चाहिए तथा इसका उल्लेख नीचे कर देना चाहिए। इससे अध्ययनकर्त्ता के मन में उस कॉलम के प्रति आशंका खत्म हो जाता है।

सारणीयन के लाभ या उपयोगिता

संकलित तथ्यों का वैज्ञानिक विश्लेषण करने के लिए उन तथ्यों को सारणी के रूप में प्रदर्शित करना अति आवश्यक हो जाता है। क्योंकि सारणीयन में निम्न लाभ या उपयोगिता हमें प्राप्त होते हैं–

(i) सारणीयन का द्वितीय लाभ अथवा उपयोगिता यह है कि इसके द्वारा कठिन व अव्यवस्थित तथ्यों को एक आसान व स्पष्ट रूप मिल जाता है। जिससे विश्लेषणात्मक कार्य में सहायता मिलती है।

(ii) सारणीयन का तृतीय लाभ यह है कि इससे समय एवं स्थान (Space) की बचत होती है। कम समय और कम स्थान में ही तथ्यों की विशेषताओं का निचोड़ मिलता है।

(iii) सारणीयन का प्रथम लाभ या उपयोगिता यह है कि इसमें समस्त संकलित तथ्य एक तर्कपूर्ण ढंग से व्यवस्थित हो जाते हैं जिसके परिणामस्वरूप तथ्यों के ढेर को क्रमबद्ध एवं सजा रूप मिल जाता है और हमारे लिए वह आकर्षक बन जाता है।

(iv) सारणीयन का चौथी उपयोगिता या लाभ यह है कि यह वैज्ञानिक विवेचना अथवा व्याख्या के कार्य को आसान बना देती है। इसके अतिरिक्त वैज्ञानिक व्याख्या व विश्लेषण के लिए विचलन, माध्य, सह-संबंध आदि प्रमुख होते हैं और सारणी इस दिशा में सहायक प्रमाणित होती है।

(v) सारणीयन का पाँचवाँ लाभ अथवा उपयोगिता यह है कि यह तुलनात्मक अध्ययन कार्य को अत्यन्त आसान बना देती है। इसकी वजह यह है कि सारणी में आँकड़ों को इस तरीके से सजाया जाता है कि इसका तुलनात्मक विशिष्टता स्पष्ट हो जाती है।

सारणीयन की सीमाएँ

उपर्युक्त फायदों के होते हुए भी सारणीयन की कुछ सीमाएँ भी हैं। ये सीमाएँ निम्नलिखित हैं–

(i) इसकी प्रथम सीमा यह है कि इसके माध्यम से मात्र संख्यात्मक तथ्यों का प्रदर्शन ही संभव है। गुणात्मक तथ्यों का प्रदर्शन सारणी के माध्यम से संभव नहीं है।

(ii) इसकी दूसरी सीमा यह है कि यह सामान्य व्यक्तियों के लिए बहुधा व्यर्थ प्रमाणित होती है। सारणियों को समझने के लिए अंकों का उच्च ज्ञान होना जरूरी है। यही वजह है कि सामान्य-ज्ञान वाले सामान्य लोगों के लिए सारणी के 'अंकों के मेले' को समझना बहुत मुश्किल हो जाता है।

(iii) इसकी तीसरी सीमा यह है कि इसके तहत किसी भी एक इकाई (Unit) अथवा मद (item) के महत्त्व को अलग से स्पष्ट करना संभव नहीं होता चाहे शोध के नजरिये से उसका महत्त्व कितना भी क्यों न हों।

(iii) इसकी चौथी सीमा यह है कि यह सामान्य पाठकों के लिए बोझ बन जाती है क्योंकि इसे जानने के लिए अधिक विवेक लगाने की आवश्यकता होती है।

उपर्युक्त सीमाओं के रहते हुए भी सारणीयन का परित्याग संभव नहीं है। सच्चाई तो यह है कि इसकी सीमाएँ, इसके महत्त्व से कहीं अधिक गौण हैं। वस्तुनिष्ठ परीक्षण की कल्पना तब तक संभव नहीं हो सकती जब तक परीक्षण के कार्य में सारणीयन को उपयुक्त स्थान न दिया जाए।

प्रो. थॉमसन (Thomson) ने सही ही कहा है कि—एक 'जंगल' को साफ करके उसके स्थान पर एक 'महानगरी' बनाने से संस्कृति व सभ्यता के तत्त्वों (Elements) को जिस तरह सुनिश्चितता व सुस्पष्टता प्राप्त होती है उसी तरह संग्रहित तथ्यों के भंडारों का सारणीयन कर लेने से उनके अन्तर्निहित गुण स्पष्ट हो जाते हैं और समस्त विषय के संबंध में एक साधारण ज्ञान प्राप्त होता है। निष्कर्षतः वैज्ञानिक परीक्षण में सारणीयन जरूरी ही नहीं; अनिवार्य है।

8

प्रश्नावली

साधारणतया किसी विषय से जुड़े व्यक्तियों से सूचना अर्जित करने के लिए बनाए गए प्रश्नों की सुव्यवस्थित सूची को प्रश्नावली कही जाती है। अर्थात् प्रश्नावली कई प्रश्नों से परिपूर्ण एक ऐसी सूची होती है जिसमें अध्ययन विषय से संबंधित विभिन्न पक्षों के बारे में पहले से तैयार किए गए प्रश्नों का समावेश रहता है। शोधकर्त्ता इस सूची को डाक से उत्तरदाताओं के पास भेजता है। उत्तरदाता खुद उसे पढ़कर, समझकर तथा उसमें पूछे गए सवालों के उत्तर भरकर पुनः डाक से उसे शोधकर्त्ता के पास वापस भेज देता है।

जब अध्ययन विषय व्यापक क्षेत्र में फैले हुए व्यक्तियों से जुड़ा होता है तथा जिनसे प्रत्यक्षतः मिलकर सूचनाएँ प्राप्त करना मुश्किल कार्य होता है तो ऐसी स्थिति में प्रश्नावली ही एक ऐसी प्रविधि रह जाती है जिसको डाक द्वारा भेजकर उन मुश्किलों का निवारण कर लिया जाता है। इस रूप में प्रश्नावली को साक्षात्कार प्रविधि का एक विकल्प कहा जा सकता है। परिणामस्वरूप यह कहा जा सकता है कि विषय समस्या से जुड़े तथ्यों को इकट्ठा करने के लक्ष्य से निर्मित क्रमबद्ध प्रश्नों की वह सूची जिसका उपयोग डाक द्वारा किया जाता है, प्रश्नावली कहलाती है।

सर्वेक्षण एवं सामाजिक शोध के क्षेत्र में वस्तु एकत्रित करने के लिए जिन प्रणालियों का उपयोग किया जाता है उनमें प्रश्नावली भी एक है। इसका महत्त्व तथ्य एकत्रित करने एवं आँकड़े एकत्र करने के लिए अत्यधिक होता है। यह प्रमुख रूप से प्राथमिक तथ्यों को संकलित करने में बहुत अधिक योगदान देती है।

प्रश्नावली में विषय समस्या से जुड़े हुए प्रश्न रहते हैं। सर्वेक्षण तथा सामाजिक शोध के क्षेत्र में तथ्य एकत्रित करने के लिए प्रश्नावली के अतिरिक्त अनुसूची का भी उपयोग किया जाता है। हालाँकि दोनों का ही उपयोग तथ्य संकलन के लिए ही किया जाता है लेकिन जहाँ प्रश्नावली में प्रश्नों की सूची को डाक के माध्यम से उत्तरदाता के पास भेजा जाता है। उत्तरदाता उसे भरकर वापस कर देते हैं, वहीं अनुसूची के माध्यम से तथ्य संकलन करने में शोधकर्त्ता को खुद उत्तरदाता के सामने उपस्थित होकर प्रश्न पूछना पड़ता है एवं उत्तरदाता जो उत्तर देते हैं उसे उन्हें खुद भरना पड़ता है। ज्यादातर अनुसूची का प्रयोग साक्षात्कार के दौरान किया जाता है। चूँकि प्रश्नावली के जवाब को उत्तरदाताओं द्वारा स्वयं भरा जाता है इसलिए उनका शिक्षित होना अनिवार्य होता है।

अनुसूची एवं प्रश्नावली दोनों ही एक तरह के सिद्धांतों पर आधारित होती हैं। इसी आधार पर लुण्डबर्ग (Lundberg) ने प्रश्नावली को एक विशेष तरह की अनुसूची माना है जो उपयोग के जरिये से अपनी निजता स्थापित करती है। पी. वी. यंग (P.V. Young) ने भी प्रश्नावली एवं अनुसूची को परस्पर का पूरक मानते हुए अपनी पुस्तक 'Scientific Social Suvery and Research' में मात्र प्रयोग के जरिये से इसकी भिन्नता को स्वीकार किया है। लुण्डबर्ग (Lundberg) ने जहाँ एक तरफ प्रश्नावली को एक विशेष प्रकार की अनुसूची माना है वहीं दूसरी ओर उन्होंने अपनी पुस्तक 'Social Research' में लिखा है, "प्रश्नावली के निर्माण के दौरान अन्य विभिन्न बातों का ध्यान रखना पड़ता है, विशेषकर इसलिए कि इसमें प्रश्नों का उत्तर शोधकर्त्ता के प्रत्यक्ष व्यक्तिगत अनुरोध तथा बिना सहायता के भरना होता है।" ("There are, however, a number of additional considerations which should be kept in mind in the construction of Questionnaires, especially when they are to be filled out without the direct personal solicitation and aid of an investigator.") लुण्डबर्ग के इस कथन से प्रश्नावली की सीमाओं का ज्ञान होता है। लेकिन जैसा कि गुड्डे एवं हॉट (Goode and Hatt) ने 'Methods in Social Research' में लिखा है, "इन दोषों के अलावा भी डाक के माध्यम से प्रेषित स्वयं भरी जाने वाली प्रश्नावली समाजशास्त्रीय शोध में एक उपयोगी पद्धति है। जब तक इस पद्धति का प्रयोग उपयुक्त प्रकार से किया जाता रहेगा, इसमें वास्तविक लाभ मिल सकेगा।" ("Inspite of many abuses, the mailed self-administering Questionnaire remains a useful technique in Sociological Research. Administering Questionnaire remains a useful technique in Sociological Research. So long as this method is employed in appropriate research designs, it can frequently be rewarding.") वास्तविकता यह है कि सामाजिक अध्ययनों से जुड़े तथ्यों की संख्या इतनी है कि समस्या की प्रवृत्ति के अनुरूप एवं सही तथ्यों का संकलन ही वैज्ञानिक शोध का मुख्य आधार होता है। निष्कर्षों की सत्यता इस बात पर निर्भर करती है कि शोधकर्त्ता किस सीमा तक विश्वसनीय एवं सही तथ्यों का संकलन कर पाता है। यही कारण है कि सामाजिक शोधों में तथ्य संकलन का विशिष्ट स्थान होता है। इस विषय में जॉन गाल्टुंग (John Galtung) ने 'Theory and Methods of Social Research' में लिखा है कि सामाजिक अध्ययनों में सामग्री संकलन का तात्पर्य मात्र उन्हीं तथ्यों को एकत्रित करने से है, जिन्हें अवलोकन के माध्यम से प्राप्त किया जा सके, वे तथ्य चाहे दृश्य हो या निहित। समाजशास्त्र में तथ्य संकलन के लिए जिन प्रविधियों का प्रयोग किया जाता है उसमें प्रश्नावली भी एक है। सामग्री संकलन के प्रमाणित तरीकों को ही अध्ययन की प्रविधि कहा जाता है।

सी.ए. मोजर (C.A. Moser) ने इस विषय में 'Survey Methods in Social Investigation' में लिखा है, "समाज वैज्ञानिक के लिए प्रविधियाँ वे मान्य और सुव्यवस्थित तरीके हैं जिन्हें वह अपने अध्ययन विषय से जुड़े विश्वसनीय तथ्यों को प्राप्त करने के लिए उपयोग में लाता है।" इस तरह प्रविधि के माध्यम से प्राथमिक तथ्यों का संकलन किया जाता है। प्रश्नावली भी एक ऐसी प्रविधि है जिसके माध्यम से प्राथमिक तथ्यों का संकलन किया जाता है। मोटे तौर पर प्रश्नावली का तात्पर्य सुव्यस्थित तालिका से होता है जो विषय के संबंध में सूचनाएँ प्राप्त करने में मददगार है। आर्थिक, सामाजिक तथा राजनीतिक सर्वेक्षणों में तथ्यात्मक जानकारी अर्जित करने के लिए प्रश्नावली को अत्यंत विशिष्ट पद्धति माना जाता है।

प्रश्नावली को कई तरह से विद्वानों ने प्रमाणित किया है। इन विद्वानों द्वारा प्रस्तुत परिभाषाओं के आधार पर कहा जा सकता है कि प्रश्नावली की अवधारणा के संबंध में प्रमुखतः दो तरह की अवधारणाएँ पाई जाती हैं। इसमें पहली अवधारणा के अनुसार 'प्रश्नावली शोध का एक यंत्र है' (Questionnaire is a Tool of Research)। दूसरी अवधारणा के अनुसार 'प्रश्नावली शोध की एक प्रणाली है' (Questionnaire is a Method of Research)। पहली अवधारणा के समर्थक जे.डी. पोप (J.D. Pope) हैं एवं दूसरी अवधारणा के सर्मथकों में सिन पाओ यंग (Hsin Pao Yang), विलसन गी (Wilson Gee) तथा गुड्डे एवं हॉट (Goode and Hatt) का नाम प्रमुख है। यहाँ विभिन्न विद्वानों द्वारा प्रस्तुत अनेक परिभाषाओं का उल्लेख किया जा सकता है जो निम्नलिखित हैं–

प्रश्नावली को परिभाषा देते हुए हुए जे.डी. पोप (J.D. Pope) ने 'Research Method and Procedure in Agriculture Economics' में लिखा है, "एक प्रश्नावली को प्रश्नों के एक समूह के रूप में परिभाषित किया जा सकता है जिसका जवाब सूचनादाता के बिना एक शोधकर्त्ता अथवा प्रगणक (Enumerator) की व्यक्तिगत सहायता से देना होता है।" ("A Questionnaire may be defined as a set of questions to be answered by the informan without the personal aid of an investigator or enumerator.") इस परिभाषा से यह जानकारी मिलती है कि प्रश्नावली प्रश्नों का एक सेट (Set) है एवं इस प्रश्नों के सेट (Set) का उत्तर उत्तरदाता स्वयं भरता है। प्रश्नों का उत्तर भरने में उत्तरदाता शोधकर्त्ता से कोई मदद नहीं लेता है। पोप (Pope) के विचारों का समर्थन बोगार्डस (Bogardus) एवं लुण्डबर्ग (Lunderg) आदि विद्वानों ने भी किया है।

बोगार्डस (Bogardus) ने 'Sociology' में प्रश्नावली की परिभाषा देते हुए लिखा है, "प्रश्नावली अनेक व्यक्तियों को जवाब देने के लिए दी गई प्रश्नों की एक सूची है।" ("A questionaire is a list of questions to a number of persons for them to answer. It secures standardised results than can be tabulated and treated statistically.")

प्रश्नावली की परिभाषा देते हुए लुण्डबर्ग (Lundberg) ने 'Social Research' में लिखा है, "मूलतः प्रश्नावली प्रेरणाओं का एक समूह है जिसे शिक्षित लोगों के सम्मुख, उन प्रेरणाओं के अंतर्गत उनके मौखिक व्यवहारों का निरीक्षण करने के लिए प्रस्तुत किया जाता है।" ("Fundamentally, the Questionnaire is a set of stimuli to which literate people are exposed in order to observe their verbal behaviour under these stimuli.")

सिन पाओ यंग (Hsin Pao Yang) ने प्रश्नावली को एक पद्धति के रूप में परिभाषित करते हुए 'Fact Finding with Rural People' में लिखा है, "अपने सरलतम रूप में प्रश्नावली सवालों की एक अनुसूची है जो कि अनुसूचित या सर्वेक्षण निदर्शन के रूप में निर्वाचित लोगों के पास डाक के माध्यम से भेजी जाती है।" ("The Questionnaire provides the quickest and easiest method of gathering data from large and widely scattered groups of people. In its simplest form the Questionnaire consists of a schedule of questions sent by mail to on a list or in a survey sample.")

विलसन गी (Wilson Gee) ने प्रश्नावली को परिभाषित करते हुए 'Social Science Research Method' में उल्लिखित किया है, "प्रश्नावली एक बड़ी

संख्या में लोगों या छोटे चुने हुए एक समूह से, जिसके सदस्य व्यापक क्षेत्र में फैले हुए हैं, सीमित मात्रा में सूचना अर्जित करने की एक सुविधाजनक प्रणाली है।" ("It does constitute a convenient methods of obtaining a limited amount of information from a large number of persons or from a small selected group which is widely scattered.")

प्रश्नावली को परिभाषित करते हुए गुड्डे एवं हॉट (Goode and Hatt) ने 'Methods in Social Research' में उल्लिखित किया है, "सामान्य रूप से प्रश्नावली से आशय सवालों के उत्तर प्राप्त करने की उस प्रणाली से है जिसमें एक पत्रक का प्रयोग किया जाता है जिसे उत्तरदाता खुद भरता है।" ("In general, the word Questionnaire refers to a device for seciring answer to questions by using a form which the respondent fills in himself.")

इस परिभाषा से यह ज्ञात होता है कि प्रश्नावली तथ्य इकट्ठा करने की एक प्रविधि है। एक प्रविधि द्वारा तथ्य एकत्रित करने के लिए प्रश्नों की एक सूची का निर्माण किया जाता है एवं प्रश्नों की इस सूची का उत्तर उत्तरदाता खुद भरता है। चूँकि इस पद्धति द्वारा सूचना एकत्रित करने के लिए उत्तरदाताओं को ही प्रश्नों की सूची को भरना पड़ता है इसलिए इस प्रणाली द्वारा सिर्फ शिक्षित व्यक्तियों से ही सूचना एकत्रित की जा सकती है।

एफ.एन. कर्लिंजर (F.N. Kerlinger) ने प्रश्नावली को परिभाषित करते हुए 'Foundation of Behavioural Research' में लिखा है, "प्रश्नावली का अभिप्राय किसी भी ऐसे उपकरण से है, जिसके तहत प्रश्न अथवा पद पाए जाते हैं तथा जिनका उत्तर व्यक्ति प्रदान करते हैं, किंतु प्रश्नावली शब्द मुख्यतः स्वप्रशासित उपकरणों से संबंधित हैं, जिनके अंतर्गत प्रायः बंद अथवा निश्चित विकल्प प्रकार के मद पाए जाते हैं।"

प्रश्नावली को परिभाषित करते हुए पी.वी. यंग (P.V. Young) ने 'Scientific Social Survey and Research' में लिखा है, "सामाजिक वैज्ञानिक प्रश्नावली को प्रमुख तथा माप योग्य सामाजिक घटना के अध्ययन के एक सहयोगी संयंत्र के रूप में प्रयोग करते हैं।"

सी.ए. मोजर (C.A. Mosr) ने प्रश्नावली को परिभाषित करते हुए लिखा है, "निःसंदेह डाक प्रश्नावली अन्य प्रश्नावलियों की अपेक्षा साधारण तथा शीघ्रतर एवं सस्ती प्रणाली है।"

उपर्युक्त परिभाषाओं के आधार पर यह कहा जा सकता है कि प्रश्नावली प्रश्नों का ऐसा समूह होता है जिसे अध्ययन से संबंधित प्राथमिक तथ्यों को एकत्रित करने

के लिए डाक द्वारा अथवा अन्य किसी मानवीय संस्था के द्वारा उत्तरदाताओं के पास भेजा जाता है। उत्तरदाता स्वयं प्रश्नावली में निहित प्रश्नों को जानकर एवं उनके प्रत्युत्तरों को भरकर शोधकर्त्ता को लौटाता है। प्रश्नावली द्वारा आँकड़ों को इकट्ठा करने में उत्तरदाता तथा शोधकर्त्ता के बीच कोई प्रत्यक्ष संपर्क नहीं रहता है। प्रश्नावली का उपयोग विशेषकर उन शोधों के अंतर्गत किया जाता है जिसमें बड़ी संख्या में योगात्मक एवं परिमापनीय आँकड़ों की जरूरत होती है। प्रश्नावली का उपयोग व्यापक एवं विस्तृत क्षेत्र में फैले हुए उत्तरदाताओं के अध्ययन के लिए अत्यन्त उपयोगी होता है, क्योंकि इसे डाक द्वारा उत्तरदाताओं के पास भेजा जाता है। इस तरह यह कहा जा सकता है कि प्रश्नावली प्रश्नों का वह महत्त्वपूर्ण प्रपत्र होता है जिसे निर्देशित उत्तरदाताओं को डाक के माध्यम से प्रेषित किया जाता है एवं उसका उत्तर प्राप्त करके विषय समस्या संबंधी तथ्यों को संकलित किया जाता है।

प्रश्नावली की विशेषताएँ

प्रश्नावली की प्रथम विशिष्टता यह है कि यह किसी विषय की समस्या से संबंधित प्रश्नों की एक व्यवस्थित सूची या प्रपत्र होता है।

प्रश्नावली की द्वितीय विशिष्टता यह है कि इसके माध्यम से अप्रत्यक्ष विधि से प्राथमिक सामग्री इकट्ठा की जाती है जिसमें आमने-सामने के संपर्क का कोई महत्त्व नहीं होता है। अर्थात् इसमें उत्तरदाता एवं शोधकर्त्ता के बीच किसी तरह का प्रत्यक्ष संबंध नहीं पाया जाता है।

प्रश्नावली की तृतीय विशिष्टता यह है कि इसको निर्देशित उत्तरदाताओं के पास डाक के माध्यम से प्रेषित किया जाता है एवं उत्तरदाता खुद प्रश्नों का उत्तर भरकर फिर से इसे शोधकर्त्ता के पास डाक के माध्यम से भेजता है।

प्रश्नावली की चौथी विशिष्टता यह है कि इसके माध्यम से मात्र शिक्षित व्यक्तियों से ही सूचना इकट्ठी की जा सकती है। चूँकि प्रश्नावली के प्रश्नों को भरने का उत्तरदायित्व उत्तरदाता का होता है इसलिए उसका शिक्षित होना अनिवार्य होती है। दूसरे शब्दों में यह कहा जा सकता है कि केवल शिक्षित वर्ग के उत्तरदाताओं के अध्ययन के लिए प्रश्नावली उपयोगी होती है।

प्रश्नावली की पाँचवीं विशिष्टता यह है कि इसके द्वारा प्रमुखतः व्यापक क्षेत्र में फैले निर्देशित उत्तरदाताओं से तथ्य प्राप्त किए जाते हैं। चूँकि उसे डाक से उत्तरदाताओं के पास भेजा जाता है एवं डाक से ही उत्तरदाता भी इसे शोधकर्त्ता के पास वापस भेजता है इसलिए व्यापक एवं फैले क्षेत्रों में भी अध्ययन किया जा सकता

है जो तथ्य इकट्ठी करने की अन्य प्रणाली, साक्षात्कार, अनुसूची, एवं निरीक्षण के द्वारा नहीं किया जा सकता है।

प्रश्नावली की छठी विशिष्टता यह है कि इसमें प्रश्नों की भाषा आसान होती है। भाषा न सिर्फ सरल होती है, बल्कि सुस्पष्ट भी होती है। ऐसा इसलिए किया जाता है ताकि उत्तरदाता उन्हें ठीक से समझकर उत्तर दे सकें। इसमें सवालों को समझाने के लिए शोधकर्त्ता उपस्थित नहीं रहता है। ऐसी स्थिति में ऐसा करना और ज्यादा जरूरी हो जाता है।

प्रश्नावली की सातवीं विशिष्टता यह है कि इसके द्वारा सीमित श्रम, सीमित समय एवं सीमित धन में तथ्य एकत्रित हो जाते हैं। चूँकि प्रश्नावली द्वारा तथ्य इकट्ठा करने में शोधकर्त्ता को क्षेत्र में नहीं जाना पड़ता है इसलिए श्रम के साथ-साथ समय एवं धन की भी बचत होती है।

एक आदर्श प्रश्नावली की विशिष्टताएँ

प्रश्नावली पद्धति द्वारा तथ्य एकत्रित करने के लिए यह जरूरी होता है कि एक उत्तम प्रश्नावली का निर्माण किया जाए। इसकी वजह यह है कि इस प्रविधि द्वारा तथ्य इकट्टा करते समय उत्तरदाता एवं शोधकर्त्ता का आमना-सामना नहीं होता, ऐसी परिस्थिति में यह जरूरी हो जाता है कि प्रश्नावली दोषमुक्त हो। साथ ही वह इस तरह के गुणों से परिपूर्ण हो ताकि ज्यादा-से-ज्यादा उत्तर प्राप्त हो सकें। एक उत्तम प्रश्नावली के आधार पर ही विभिन्न समस्याओं से-संबंधित ज्यादा-से-ज्यादा आँकड़े एकत्र किए जा सकते हैं। एक अच्छी प्रश्नावली के जो गुण होते हैं, वह अधिक-से-अधिक तथ्य एकत्रित करने में मदद देते हैं। प्रश्नावली के यही गुण इसे अच्छा बनाने के लिए जिम्मेदार हैं। प्रश्नावली के इन्हीं गुणों को एक अच्छी प्रश्नावली की विशिष्टता कही जा सकती है, जो निम्नलिखित हैं।

आर. स्लेटो (R. Sletto) तथा ए.एल. बाउले (A.L. Bowley) के शब्दों में, एक अच्छी प्रश्नावली की पहली विशिष्टता यह है कि इसमें प्रश्नों की संख्या तुलनात्मक रूप से कम होनी चाहिए। इसका मुख्य कारण यह है कि यदि प्रश्नावली में अधिक प्रश्नों का समावेश रहेगा तब उत्तरदाता सवालों के उत्तर देने से चिढ़ सकता है। इससे कम मात्रा में उत्तर प्राप्ति की संभावना ज्यादा रहती है। यदि प्रश्नावली का आधार योग्य होगा तब प्रश्नावली भरने में समय कम लगेगा। ऐसी स्थिति में ज्यादा-से- ज्यादा प्रश्नों का उत्तर प्राप्त करने के लिए प्रश्नावली में कम प्रश्नों का होना नितांत जरूरी होता है।

ए. एल. बाउले (A.L. Bowley) के शब्दों में, एक अच्छी प्रश्नावली की दूसरी विशेषता यह है कि उसमें ऐसे प्रश्नों का समावेश होना चाहिए जिनका उत्तर 'संख्या में' अथवा 'हाँ' या 'नहीं' में अथवा 'सहमति' अथवा 'असहमति' में दिया जा सके। संख्या में सवालों के होने से अध्ययन संख्यात्मक (Quantitative) बन जाता है। साथ ही 'हाँ' अथवा 'नहीं' के रूप में प्रश्नों के उत्तर होने से तथ्यों के सारणीयन का कार्य सरल हो जाता है।

ए.एल. बाउले (A.L. Bowley) के शब्दों में, एक अच्छी प्रश्नावली की तीसरी विशिष्टता यह है कि इसमें एक अर्थक एवं सरल अवधारणाओं एवं प्रश्नों का समावेश होना चाहिए। प्रश्नावली में यदि कठिन प्रश्नों का समावेश रहेगा या इस प्रकार के प्रश्नों का समावेश रहेगा जो असाधारण,अस्पष्ट एवं भ्रामक हों तो संभव है कि अनेक उत्तरदाता अनेक रूपों में इसका अर्थ लगाकर इसका उत्तर देंगे। परिणामस्वरूप यह होगा कि संपूर्ण अध्ययन ही गलत जो जाएगा। एक अर्थक प्रश्नों के समावेश रहने के कारण उत्तरदाता द्वारा गलत उत्तर दिए जाने की संभावना कम रहती है। साथ ही प्रश्नावली में सरल प्रश्नों का समावेश होने के कारण प्रत्येक उत्तरदाता उसे अच्छी तरह समझ सकता है एवं उत्तर दे सकता है। इस तरह प्राप्त उत्तरों में भरोसा बना रहता है।

ए.एल. बाउले (A.L. Bowley) के अनुसार एक बढ़िया प्रश्नावली की चौथी विशेषता यह है कि उसमें इस प्रकार के प्रश्नों का समावेश होना चाहिए जो उत्तरदाताओं की भावनाओं को दुख पहुँचाने वाला न हो। क्योंकि अगर इस प्रकार के प्रश्न प्रश्नावली में होंगे तो संभव है कि उत्तरदाता प्रश्नों का उत्तर न दे और यदि दे भी तो गलत उत्तर प्राप्त होने की संभावना बनी रहेगी।

ए.एल. बाउले (A.L. Bowley) के अनुसार एक बढ़िया प्रश्नावली की पाँचवीं विशेषता यह है कि यदि प्रश्नावली में सूखे प्रश्नों का समावेश हो तो हर एक प्रश्न के सामने पर्याप्त खाली जगह होना चाहिए ताकि उत्तरदाता अपने मूल विचारों को लिख सके या व्यक्त कर सके। एक बढ़िया प्रश्नावली की एक विशेषता उसके भौतिक पक्ष से संबंधित होती है।

एक बढ़िया प्रश्नावली की छठी विशेषता ए.एल. बाउले (A.L. Bowley) के अनुसार यह है कि प्रश्न परस्पर एक-दूसरे की पुष्टि करने वाले हों। अर्थात् सवाल इस प्रकार के होने चाहिए जिससे एक-दूसरे की पुष्टि हो सके। क्रमानुसार प्रश्नों का होना अधिक उत्तम होता है।

एक विशिष्ट प्रश्नावली की सातवीं विशेषता ए.एल. बाउले (A.L. Bowley) के अनुसार यह है कि प्रश्न इस तरह के होने चाहिए जिनसे इच्छित जानकारी प्रत्यक्ष

रूप से अर्जित की जा सके। कहने का आशय यह है कि अगर सवाल अच्छे होंगे तो सही तरीके से सूचनाओं को अर्जित किया जा सकेगा।

एक उपयुक्त प्रश्नावली की आठवीं विशेषता ए.एल. बाउले (A.L. Bowley) के अनुसार यह है कि प्रश्नों की संरचना इस तरह की जानी चाहिए जिनका जवाब देते समय किसी तरह की पक्षपात की संभावना न रहे।

एक उपयुक्त प्रश्नावली की नौवीं विशेषता ए.एल. बाउले (A.L. Bowley) के अनुसार यह है कि परीक्षात्मक एवं अशिष्टतापूर्व प्रश्नों का समावेश प्रश्नावली में नहीं होना चाहिए।

एक अच्छी प्रश्नावली की उपर्युक्त विशेषताओं के साथ-साथ एगल बर्नर (Eigel Berner) ने 'The Investigation of Business Problems' में एक अच्छी प्रश्नावली के निम्नलिखित गुणों अथवा विशेषताओं की चर्चा की है–

(i) एक अच्छी प्रश्नावली का पहला गुण अथवा विशेषता यह है कि प्रश्नावली में किस प्रकार की सूचनाएँ संकलित करनी हैं, इसे निश्चित करने के लिए विषय की व्यापक व्याख्या की जानी चाहिए।

(ii) एक अच्छी प्रश्नावली को दूसरी विशेषता अथवा गुण यह है कि इसमें हर एक सवाल के सामने जरूरत के मुताबिक रिक्त स्थान छोड़ा जाना चाहिए जिससे वहाँ प्रश्नों का उत्तर लिखा जा सके।

(iii) एक अच्छी प्रश्नावली की तीसरी विशेषता अथवा गुण यह है कि प्रश्नावली में ऐसे प्रश्नों का समावेश होना चाहिए जिसका उत्तर देने में उत्तरदाता को कोई आपत्ति नहीं हो।

(iv) एक अच्छी प्रश्नावली की चौथी विशिष्टता अथवा गुण यह है कि सवालों को तार्किक दृष्टिकोण से व्यवस्थित किया जाना चाहिए।

(v) एक अच्छी प्रश्नावली की पाँचवीं विशेषता अथवा गुण यह है कि इसमें लंबे-लंबे प्रश्नों के निर्माण से बचा जाना चाहिए।

(vi) एक अच्छी प्रश्नावली की छठी विशिष्टता अथवा गुण यह है कि प्रश्नावली यथासंभव संक्षिप्त होनी चाहिए।

(vii) एक अच्छी प्रश्नावली की सातवी विशिष्टता अथवा गुण यह है कि इसमें समावेश किए गए प्रश्नों की भाषा स्पष्ट एवं सरल होनी चाहिए।

(viii) एक अच्छी प्रश्नावली की आठवीं विशिष्टता अथवा गुण यह है कि इसमें प्रश्नों की रचना पक्षपात रहित होकर की जानी चाहिए। संबंधित उत्तर की ओर कोई संकेत नहीं किया जाना चाहिए।

(ix) एक उत्तम प्रश्नावली की नवीं विशिष्टता अथवा गुण यह है कि प्रश्नावली की रचना करते समय भौतिक पक्ष पर भी ध्यान दिया जाना चाहिए। अर्थात् प्रश्नावली का आकार न बहुत ज्यादा छोटा हो और न बहुत बड़ा हो। साथ ही कागज भी आकर्षक हो एवं छपाई सुंदर तथा स्पष्ट हो।

(x) एक अच्छी प्रश्नावली की दसवीं विशिष्टता अथवा गुण यह है कि इसमें उत्तरदाता की भावनाओं को चोट पहुँचाने वाले सवालों का समावेश नहीं होना चाहिए।

प्रश्नावली के प्रकार

प्रश्नावली प्रश्नों के एक ऐसे समूह को कहा जाता है इसका लक्ष्य सामाजिक घटनाओं का अध्ययन करना होता है। सामाजिक घटनाओं में विविधता एवं जटिलता पाई जाती है। उसको ध्यान में रखते हुए विविध तरह की प्रश्नावली का निर्माण करना पड़ता है। सभी प्रश्नावली की प्रकृति समान नहीं होती है। प्रश्नों के प्रकार, अध्ययन की प्रकृति तथा उत्तरदाताओं की विशेषताओं के नजरिए से एक-दूसरे से अलग अनेक तरह की प्रश्नावलियाँ बनाई जा सकती हैं। प्रश्नावली को रचना के आधार पर, प्रश्नों की प्रकृति या तथ्यों की प्रकृति के आधार पर भिन्न-भिन्न प्रकारों में विभाजित किया जाता है। इस प्रकार यह पता चलता है कि अनेक आधारों पर प्रश्नावली के अनेक प्रकार होते हैं।

लुण्डबर्ग (Lundberg) ने 'Social Research' में प्रश्नावली के दो प्रकारों की व्याख्या की है जो निम्नलिखित हैं–

(i) तथ्य संबंधी प्रश्नावली (Questionnaire of Fact),

(ii) मत तथा मनोवृत्ति संबंधी प्रश्नावली (Questionnaire of Opinion and Attitude)।

(i) तथ्य संबंधी प्रश्नावली (Questionnaire of Fact)–तथ्य संबंधी प्रश्नावली का प्रयोग सामाजिक तथ्यों से संबंधित सामग्री को इकट्ठी करने के लिए किया जाता है। दूसरे शब्दों में यह कहा जा सकता है कि किसी समूह की आर्थिक एवं सामाजिक दशाओं से संबंधित तथ्यों को इकट्ठी करने के लिए इस तरह के प्रश्नावली का उपयोग किया जाता है।

(ii) मत तथा मनोवृत्ति संबंधी प्रश्नावली (Questionnaire of Opinion and Attitude)–मत अथवा मनोवृत्ति संबंधी प्रश्नावली का प्रयोग उत्तरदाता की विचार अथवा अभिरुचि से संबंधित सूचनाओं को ग्रहण करने के लिए किया जाता

है। दूसरे शब्दों में यह कहा जा सकता है कि इस तरह की प्रश्नावली का लक्ष्य एक विशेष विषय पर उत्तरदाताओं की विचारों, रुचियों तथा मनोवृत्तियों को जानना होता है।

पी.वी. यंग (P.V. Young) ने प्रश्नावली के प्रकारों की चर्चा करते हुए अपनी पुस्तक 'Scientific Social Survey and Research' में प्रश्नावली के दो प्रकारों की व्याख्या की है जो निम्नलिखित हैं–

(ii) संरचित प्रश्नावली (Structured Questionnaire),

(i) असंरचित प्रश्नावली (Non-structured Questionnaire)।

(ii) संरचित प्रश्नावली (Structured Questionnaire)–पी.वी. यंग (P.V. Young) के अनुसार, संरचित प्रश्नावली उस प्रश्नावली को कहा जाता है जिसकी रचना शोध प्रारंभ करने से पहले ही कर ली जाती है। इसमें बाद में कोई परिवर्तन नहीं किया जाता है। इस संबंध में पी.वी. यंग (P.V. Young) ने 'Scientific Social Survey and Research' में लिखा है, "संरचित प्रश्नावली वह होती है जिसमें कि निश्चित, ठोस तथा पूर्व निर्धारित प्रश्नों के अतिरिक्त ऐसे आवश्यक सीमित प्रश्न भी रहते हैं जो अपर्याप्त उत्तरों के स्पष्टीकरण करने या अधिक विस्तृत प्रत्युत्तर पाने के लिए आवश्यक होते हैं। प्रश्नों का प्रकार चाहे अप्रतिबंधित अथवा प्रतिबंधित हो महत्त्वपूर्ण बात तो यह है कि उन प्रश्नों को पहले से ही, न कि साक्षात्कार के दौरान लिखित रूप दे दिया जाता है।" ("Structured Questionnaires are those in which there are definite, concrete and pre-ordained questions with additional questions limited to those necessary to clarify inadequate answers or to elicit a more detailed respones.") जहोदा एवं कुक (Jahoda and Cook) ने 'Research Methods in Social Relations' में संरचित प्रश्नावली को 'मानक प्रश्नावली' का नाम दिया है।

इसी तरह सेलिटज एवं अन्य (Selltiz and Others) ने भी संरचित प्रश्नावली को 'मानकीकृत प्रश्नावली' की संज्ञा दी है। इस तरह की प्रश्नावलियों का प्रयोग उस समय किया जाता है जब अध्ययन क्षेत्र बहुत व्यापक होता है। साथ ही प्राथमिक सूचनाओं को इकट्ठा करने के लिए अथवा संकलित सूचनाओं का पुनःपरीक्षण करने के लिए भी एकत्रित प्रश्नावली का प्रयोग किया जाता है। संरचित प्रश्नावली में जिन सवालों का समवेश किया जाता है वे अत्यधिक निश्चित, क्रमबद्ध एवं स्पष्ट होते हैं। साथ ही प्रत्येक उत्तरदाता के लिए इनकी प्रकृति समान होती है।

इसके फलस्वरूप ऐसी प्रश्नावली से प्राप्त उत्तरों का वर्गीकरण करना अधिक आसान हो जाता है।

साधारणतया इस तरह की प्रश्नावली का उपयोग किसी समूह की सामाजिक, आर्थिक विशिष्टता का अध्ययन करने या प्रशासनिक स्तर पर परिवर्तन हेतु व्यक्तियों के सुझाव जानने के लिए किया जाता है। साथ ही किसी प्रशासकीय नीति अथवा परिवर्तन के विषय में अध्ययन करना भी इस तरह की प्रश्नावली का लक्ष्य होता है। उद्देश्य चाहे जो भी हो लेकिन व्यापक क्षेत्र से पूर्व निर्धारित योजना के अनुसार सूचना एकत्रित करने के लिए संरचित प्रश्नावली का प्रयोग करना अत्यधिक उपयोगी होता है। इस तरह की प्रश्नावली के प्रयोग का एक लाभ यह होता है कि इसमें पहले से सवालों का निर्माण कर लिए जाने के कारण वे क्रमबद्ध एवं सुनिश्चित होते हैं। साथ ही वे सभी उत्तरदाताओं के लिए समान भी होते हैं जिसके परिणामस्वरूप प्राथमिक सूचनाओं को प्राप्त करना सरल हो जाता है। डॉ. डी. एन. मजूमदार (Dr. D.N. Majumdar) के माध्यम से कानपुर नगर के सामाजिक सर्वेक्षण 'Social Contours of an Industrial City–Kanpur' में इसी प्रकार की प्रश्नावली का प्रयोग किया गया था।

(i) असंरचित प्रश्नावली (Non-structured Questionnaire)– असंरचित प्रश्नावली उस प्रश्नावली को कहा जाता है जिसमें किसी प्रकार के सवालों का निर्माण पहले से नहीं किया जाता है। इसमें सिर्फ उन विषयों का उल्लेख होता है जिनके विषय में उत्तरदाताओं से सूचना प्राप्त करनी होती है। इस प्रकार यह कहा जा सकता है कि असंरचित प्रश्नावली एक साक्षात्कार निर्देशिका (Interview-guide) के समक्ष होती है।

इस प्रकार की प्रश्नावली विषय में कैण्ट (Cant) का कहना है कि "असंरचित प्रश्नावली वह है जिसमें कुछ निश्चित विषय-क्षेत्रों का समावेश होने के साथ उन लोगों की संख्या भी निर्धारित रहती है जिनसे साक्षात्कार करना होता है, लेकिन इस पद्धति में सवालों के स्वरूप और उनके क्रम का निर्धारण करने में अध्ययनकर्त्ता को अत्यधिक स्वतंत्रता प्राप्त होती है।" अध्ययनकर्त्ता इस तरह की प्रश्नावलियों की सहायता से शुरू में यह ज्ञात करने का प्रयत्न करता है कि सर्वोत्तम सूचनाएँ किस तरह के सवालों एवं उनके विशेष क्रम के माध्यम से प्राप्त हो सकती हैं। इस तरह की प्रश्नावली का प्रयोग सीमित अध्ययन क्षेत्र के लिए किया जाता है। साथ ही इसके द्वारा प्रत्येक उत्तरदाता से संपर्क स्थापित किया जा सकता है। चूँकि इस प्रकार की प्रश्नावली में साक्षात्कार के लिए कोई जगह नहीं होता है,

इसलिए कुछ विद्वान इसे प्रश्नावली का एक प्रकार न मानकर साक्षात्कार की विधि के एक विशिष्ट स्वरूप के रूप में देखते है।। हालाँकि पी.वी. यंग (P.V. Young) इसे प्रश्नावली का ही एक प्रकार अथवा स्वरूप मानते हैं।

पी.वी. यंग (P.V. Young) ने अपनी पुस्तक 'Scientific Social Survey and Research' में ''प्रश्नों की प्रकृति के आधार पर खुली तथा बंद प्रश्नावली तथा प्रश्नावली की संरचना के आधार पर असंरचित तथा संरचित प्रश्नावली की व्याख्या की है।'' पी.वी. यंग ने इसी पुस्तक में लिखा है, 'प्रश्नों के बंद (अर्थात् श्रेणीबद्ध) या खुला (अर्थात् स्वतंत्र प्रत्युत्तर आमंत्रित करने वाला) रूप हो सकता है। प्रमुख बात यह है कि इनका वर्णन पहले से हो जाता है। इन्हें साक्षात्कार के दौरान नहीं बनाया जाता है।'' ("The from of the questions may be either closed (i.e. categorical) or open (*i.e.* inviting free response), the improtant point is that they are stated in advance, not constructed during the interview.") इस तरह पी.वी. यंग के विचारों से पता चलता है कि संरचना के आधार पर प्रश्नावली के दो प्रकार संरचित प्रश्नावली तथा असंरचित प्रश्नावली होते हैं। इसी तरह प्रश्नों की प्रकृति के आधार पर प्रश्नावली के दो प्रकार हैं जो निम्नलिखित हैं–

(i) बंद प्रश्नावली (Closed Questionnaire),

(ii) खुली प्रश्नावली (Open Questionnaire)।

असंरचित प्रश्नावली एवं संरचित प्रश्नावली का वर्णन ऊपर किया जा चुका है। यहाँ बंद प्रश्नावली एवं खुली प्रश्नावली का वर्णन किया जा रहा है।

(i) बंद प्रश्नावली (Closed Questionnaire)–बंद प्रश्नावली वह प्रश्नावली है जिस प्रश्नावली में प्रत्येक प्रश्न के साथ-साथ संभावित सही उत्तर भी दिए जाते हैं तथा उत्तरदाता को उत्तरों में से सही उत्तर देना होता है। इसे बंद प्रश्नावली इसलिए भी कहा जाता है क्योंकि उत्तरदाता को संभावित प्रश्नों के अलावा अन्य उत्तर देने की संभावना नहीं रहती है। अर्थात् इसमें सब विकल्प बंद रहते हैं। इसलिए इसे प्रतिबंधित प्रश्नावली भी कहा जाता है। इसमें उत्तरदाता को अपने मन से उत्तर देने के लिए छूट नहीं रहती हैं, बल्कि दिए हुए उत्तरों में से ही उन्हें सही उत्तर देना पड़ता है। दूसरे शब्दों में यह कि उत्तरदाता पहले से निर्धारित उत्तरों में से ही किसी एक उत्तर के साथ अपना मत प्रकट करता है। इस तरह की प्रश्नावली का मुख्य लाभ यह होता है कि प्राप्त सूचनाओं का सरलता से सारणीयन कर उनका वर्गीकरण किया जा सकता है। इस तरह की

प्रश्नावली में Multiple Choice Question तथा Item Ranking Question का उपयोग किया जाता है। इस प्रश्नावली के संबंध में सिन पाओ यंग (Hsin Pao Yang) ने 'Face Finding with Rural People' में लिखा है, "प्रतिबंधित (बंद) प्रश्नावली से प्रायः पूछे गए प्रश्नों के प्रकरणतः उत्तर दिए जाते हैं।" ("The closed form quetionnaire usually contains itemised answers to the questions being asked.") एक उदाहरण के आधार पर इसे अधिक स्पष्ट किया जा सकता है, कि बंद प्रश्नावली में किस प्रकार के प्रश्नों का समावेश होता है। ये प्रश्न निम्नलिखित हैं–

(a) क्या आप अंतर्जातीय विवाह से सहमत हैं?

(सहमत/असहमत)

(b) क्या आप परिवार नियोजन के पक्ष में हैं?

(हाँ/नहीं)

(c) आत्महत्या मुख्यतया किन वजहों से पैदा होती है?

(सामाजिक/आर्थिक/जैवकीय/असफल प्रेम)

इन सवालों को देखने से ज्ञात होता है कि इसमें विकल्प सीमित हैं और उत्तरदाताओं को उन्हीं विकल्पों में से किसी एक का चुनाव करना है। वे अपने मन से जवाब देने के लिए आजाद नहीं हैं। इस प्रकार के सवालो का समावेश जिस प्रश्नावली में रहता है उसे ही बंद या प्रतिबंधित प्रश्नावली कहा जाता है। इस प्रकार की प्रश्नावली के कुछ गुण अथवा दोष होते हैं। इसका पहला गुण यह है कि इस तरह की प्रश्नावली के आधार पर कम-से-कम समय एवं धन में अधिक-से-अधिक लोगों से तथ्य इकट्ठे किए जा सकते हैं। साथ ही एकत्रित तथ्यों के सारणीयन एवं वर्गीकरण का कार्य बहुत सरल हो जाता है। जहाँ तक दोषों का सवाल है, यह कहा जा सकता है कि इस प्रकार की प्रश्नावली के आधार पर उत्तरदाताओं के असल विचारों को नहीं जाना जा सकता है क्योंकि उत्तरदाताओं को संभावित जवाबों के अलावा अन्य जवाब देने की आजादी नहीं रहती है।

(ii) खुली प्रश्नावली (Open Questionnaire)–खुली प्रश्नावली उस प्रश्नावली को कहते हैं जिस प्रश्नावली में उत्तरदाताओं को अपने जवाब को व्यक्त करने की पूर्ण आजादी रहती है। इस तरह की प्रश्नावली में संभावित उत्तर नहीं दिए जाते हैं, बल्कि उत्तरदाताओं से यह अपेक्षा की जाती है कि वे अपनी इच्छानुसार अपने जवाबों को प्रकट करें। इसलिए सवालों के सामने कुछ भी नहीं लिखा जाता, मात्र कुछ खाली जगह छोड़ दी जाती है। इस प्रकार की प्रश्नावली में खुले प्रश्नों (Open end Questions) का प्रयोग किया जाता है। चूँकि उत्तरदाताओं को जवाब देने की आजादी रहती है इसलिए वे अपने जवाबों को स्वतंत्र रूप में रिक्त स्थान पर लिखता है। इस प्रकार की प्रश्नावली में जिस तरह के सवालों का समावेश किया जाता है वे निम्नलिखित हैं–

(A) छात्रों में बढ़ रही अनुशासनहीनता के क्या-क्या प्रमुख कारण हैं?

(a) ______________________________

(b) ______________________________

(c) ______________________________

(B) छात्र की अनुशासनहीनता का निवारण करने के लिए आप क्या राय प्रकट करेंगे?

(a) ______________________________

(b) ______________________________

(c) ______________________________

इस प्रकार की प्रश्नावली में उत्तरदाता को यह अवसर प्राप्त हो जाता है कि वह अपनी वास्तविक अंदर की भावनाओं को स्वतंत्रतापूर्वक प्रकट कर सके। इससे उत्तरदाता के व्यक्तित्त्व का हर प्रकार के गुण जो विषय से संबंधित होता है, अपने सही रूप में प्रकट हो जाता है। इस प्रकार की प्रश्नावली का उपयोग गुणात्मक तथ्यों की जानकारी प्राप्त करने के लिए किया जाता है। इस प्रश्नावली का प्रमुख लाभ यह है कि इसके आधार पर उत्तरदाताओं के सही विचारों को समझने में मदद मिलती है क्योंकि उत्तरदाता को अपने विचारों की अभिव्यक्ति की स्वतंत्रता रहती है। लाभ के साथ-साथ इस प्रश्नावली के कुछ अवगुण भी हैं। इसका एक मुख्य अवगुण यह है कि इसके आधार पर एकत्रित तथ्यों के वर्गीकरण तथा सारणीयन का कार्य जटिल होता है। पी. वी. यंग (P.V. Young) द्वारा बताए गए प्रश्नावली के उपर्युक्त प्रकारों के अलावा इसके कुछ अन्य प्रकारों की भी चर्चा की जा सकती है जो निम्नलिखित हैं–

(i) चित्रमय प्रश्नावली (Pictorial Questionnaire)–चित्रमय प्रश्नावली उस प्रश्नावली को कहते हैं जिसमें प्रश्नों के संभावित उत्तर चित्र के द्वारा दिए रहते हैं। उत्तरदाता को उसी प्रकार चित्रों को देखकर उत्तर देना होता है। आज का मानव अतिव्यस्त है। उसके पास पर्याप्त समय नहीं है कि वह अध्ययनकर्त्ता के बड़े -बड़े प्रश्नों का उत्तर दे सके। इसी कारण प्रश्नावली में आकर्षण तथा नवीनता लाने की माँग लगातार बढ़ती जा रही है। ऐसा इसलिए हो रहा है क्योंकि इससे उत्तर मिलने

की पूरी संभावना बढ़ जाती है। इसमें बहुत अधिक व्यस्त आदमी भी इन चित्रों की ओर आकर्षित होकर उत्तर देने के लिए प्रेरित हो जाता है क्योंकि इसमें बहुत कम समय तथा प्रयत्न करने की आवश्यकता होती है। चूँकि इस प्रकार की प्रश्नावली में प्रश्नों के उत्तर चित्रों के द्वारा प्रदर्शित किए जाते हैं इसलिए इसके माध्यम से बच्चे, अशिक्षित तथा कम बुद्धिमान व्यक्तियों से भी सूचनाएँ एकत्रित की जा सकती हैं। ऐसी प्रश्नावलियाँ बच्चों की मनोवृत्तियों अथवा रुचियों का अध्ययन करने के लिए अत्यंत उपयोगी सिद्ध होती हैं।

प्रश्नावली के अन्य प्रकारों के माध्यम से केवल शिक्षित व्यक्तियों का ही अध्ययन किया जाता है, लेकिन चित्रमय प्रश्नावली के माध्यम से अशिक्षित तथा शिक्षित दोनों ही तरह के व्यक्तियों से सूचनाएँ इकट्ठी की जा सकती हैं। इस तरह की प्रश्नावली में हर तरह के प्रश्न को बहुत सरल ढंग से प्रकट किया जाता है एवं उसके संभावित उत्तरों के स्थान पर कई प्रकार के चित्र इस तरह प्रदर्शित किए जाते हैं जिससे उत्तरदाता चित्रों के आधार पर अपने उत्तर को सरलता से हल कर सके। उदाहरणस्वरूप—यदि शोधकर्त्ता को परिवार के आकार का अध्ययन करना हो तो प्रश्नावली में यह प्रश्न चित्रित किया जा सकता है कि आप परिवार का कितना बड़ा आकार पसंद करते है? प्रश्नों के बीच में दो, तीन. चार, पाँच बच्चों एवं स्त्री-पुरुष का चित्र अंकित रहता है। उत्तरदाता अपनी इच्छा के अनुसार उस चित्र को चिह्नित करता है जो उसके इच्छित परिवार का आकार होता है। इस तरह चित्रों के द्वारा ही उत्तरदाताओं का उत्तर प्राप्त हो जाता है। चित्रों की भाषा समझना, सभी के लिए सरल होता है। साथ ही इस प्रकार की प्रश्नावलियों के उत्तरों की जाँच का कार्य भी अत्यंत सरल होता है।

(ii) मिश्रित प्रश्नावली (Mixed Questionnaire)—मिश्रित प्रश्नावली उस प्रश्नावली को कहते हैं जिसमें अनेक तरह के सवालों का समावेश होता है। अर्थात् शोध के लिए मिश्रित प्रश्नावली वह प्रश्नावली होती है जिसमें सवालों की प्रकृति किसी एक स्वरूप तक सीमित न होकर अनेक तरह के सवालों से जुड़ी होती है। इस तरह की प्रश्नावली में प्रायः खुले एवं बंद दोनों ही तरह के सवालों का समावेश होता है। एक विशेष प्रकार की सूचना प्राप्त करने के लिए जिस तरह के प्रश्नों को सबसे अधिक उपयोगी समझा जाता है वैसे ही प्रश्नों का इस प्रश्नावली में समावेश किया जाता है।

आजकल सामाजिक शोध के क्षेत्र में इस तरह की प्रश्नावली का उपयोग बढ़ता जा रहा है। क्योंकि विभिन्न प्रकार के सामाजिक तथ्यों के संबंध में सूचनाएँ किसी एक निश्चित तरह के सवालों के माध्यम से प्राप्त करना संभव नहीं होता है।

सामाजिक तथ्य उलझे होते हैं। इनकी जटिलताओं के कारण किसी एक तरह का प्रश्न बनाना संभव नहीं होता है। अतः विषय के व्यापक एवं गहन अध्ययन के लिए इस प्रश्नावली में सभी तरह के प्रश्नों का समावेश किया जाता है तथा सूचनाएँ प्राप्त की जाती हैं। इस तरह की प्रश्नावली द्वारा अधिक शिक्षित एवं कम शिक्षित दोनों ही प्रकार के व्यक्तियों का अध्ययन किया जा सकता है। इसके द्वारा उत्तरदाताओं के स्वतंत्र विचारों को जानने में भी मदद मिलती है। इस प्रश्नावली में जरूरत के अनुसार असीमित एवं सीमित सवालों के साथ-साथ चित्रमय सवालों का भी समावेश किया जाता है।

उपर्युक्त विवरणों के आधार पर प्रश्नावली के निम्नलिखित भेद कहे जा सकते हैं–

(i) संरचित प्रश्नावली (Structured Questionnaire),

(ii) तथ्य संबंधी प्रश्नावली (Questionnaire of Fact),

(iii) मत तथा मनोवृत्ति संबंधी प्रश्नावली (Questionnaire of Opinion and Attitude),

(iv) मिश्रित प्रश्नावली (Mixed Questionnaire),

(v) चित्रमय प्रश्नावली (Pictorial Questionnaire),

(vi) बंद प्रश्नावली (Closed Questionnaire),

(vii) खुली प्रश्नावली (Open Questionnaire),

(viii) असंरचित प्रश्नावली (Non-structured Questionnaire)।

इन प्रश्नावलियों में से सवालों की प्रकृति के आधार पर प्रश्नावली के निम्नलिखित भेद हैं–

(i) मिश्रित प्रश्नावली (Mixed Questionnaire),

(ii) चित्रमय प्रश्नावली (Pictorial Questionnaire),

(iii) खुली प्रश्नावली (Open Questionnaire),

(iv) बंद प्रश्नावली (Closed Questionnaire)।

संरचना के आधार पर प्रश्नावली के निम्नलिखित भेद हैं–

(i) असंरचित प्रश्नावली (Non-stsuctured Questionnaire),

(ii) संरचित प्रश्नावली (Structured Questionnaire)।

प्रश्नावली की निर्माण-विधियाँ

प्रश्नावली प्रविधि तथ्य इकट्ठी करने की एक मुख्य प्रविधि है। इसलिए यह आवश्यक होता है कि प्रश्नावली का निर्माण इस प्रकार से किया जाए कि वे

उपयोगी सिद्ध हों। अर्थात् प्रश्नावली के निर्माण में बहुत सावधानी बरती जाती है। प्रश्नावली का निर्माण जितना व्यवस्थित एवं सावधानीपूर्वक किया जाता है शोध के लिए सामग्री को एकत्रित करना उपयोगी हो जाता है। प्रश्नावली में सूचनादाताओं को स्वयं ही प्रश्नों को समझकर उनका उत्तर देना रहता है। इसलिए प्रश्नावली के निर्माण के समय सूचनादाताओं के ज्ञान के आधार क्षेत्र को विस्तृत करना होता है। इसमें उत्तरदाता को बिना शोधकर्त्ता के सहायता के ही प्रश्नों का उत्तर देना होता है इसलिए प्रश्नावली में यदि कभी भी कोई कमी या अस्पष्टता रह जाती है तो उत्तर भी अपूर्ण एवं अस्पष्ट हो जाता है। ऐसी स्थिति में यह अनिवार्य हो जाता है कि प्रश्नावली का निर्माण इस प्रकार से किया जाए ताकि वह इतनी स्पष्ट एवं सरल हो सके कि अनेक प्रकार के उत्तरदाता उसे बिना किसी सहायता के समझ सकें एवं वांछित उत्तर को लिखकर भेज सकें। चूँकि क्षेत्र में कई तरह के उत्तरदाता ऐसे होते हैं जो बौद्धिक दृष्टि से अधिक या कम स्तर वाले हो सकते हैं। ऐसी स्थिति में प्रश्नावली के निर्माण में बहुत अधिक सावधानी बरतने की आवश्यकता होती है।

प्रश्नावली की रचना को तीन प्रकार से वितरित किया जा सकता है जो निम्नलिखित हैं–

(i) अध्ययन की समस्या (Problem of Study),

(ii) प्रश्नों की उपयुक्ता (Suitability of Questions), तथा

(iii) बाह्य आकार (External Appearance)।

इन्हीं तीनों निर्माण प्रक्रिया से प्रश्नावली का निर्माण होता है।

(i) अध्ययन की समस्या (Problem of Study)–प्रश्नावली का निर्माण करते समय सबसे पहले यह अनिवार्य होता है कि अध्ययन की समस्या को अच्छी तरह समझा जाए। न केवल इसे समझना बल्कि इसका विश्लेषण करना भी आवश्यक होता है। इसमें तीन बातों पर अधिक अध्ययन करने की आवश्यकता होती है। अर्थात् अध्ययन की समस्या का निर्माण करते समय इन बातों का ध्यान रखना आवश्यक होता है–

(a) पूरी जानकारी (Full Knowledge),

(b) क्षेत्र एवं सूचनादाता (Area and Informants),

(c) अध्ययन की इकाई (Unit of Study)।

(a) पूरी जानकारी (Full Knowledge)–प्रश्नावली का निर्माण करते समय अध्ययन समस्या की समस्त जानकारी अर्जित कर लेनी चाहिए। इसे न

केवल समझ लेना चाहिए अपितु पूर्णतया देख-परख भी लेना चाहिए। यदि ऐसा नहीं किया जाता है तो अध्ययनकर्त्ता को प्रश्न-निर्माण के समय अनेक समस्याओं का सामना करना पड़ सकता है। इसलिए अध्ययनकर्त्ता को समस्या के विभिन्न पक्षों से परिचित होना जरूरी होता है। अध्ययनकर्त्ता को चाहिए कि वह विषय से जुड़े विशेषज्ञों से भी पूर्ण जानकारी प्राप्त कर ले। ऐसा करने पर ही प्रश्नावली का निर्माण उचित चरणों में पूरा हो सकेगा।

(b) क्षेत्र एवं सूचनादाता (Area and Informants)—प्रश्नावली का निर्माण करते समय क्षेत्र एवं सूचनादाताओं के बारे में जानकारी प्राप्त करना जरूरी होता है। अर्थात् क्षेत्र का विस्तार कितना है एवं सूचनादाताओं की संख्या कितनी है इन बातों का ध्यान रखना जरूरी होता है। उदाहरणस्वरूप—यदि भौगोलिक क्षेत्र अत्यधिक बड़ा हो एवं समस्या की प्रकृति सामान्य हो तो सूचनादाताओं की संख्या ज्यादा होती है। इसमें निदर्शन-प्रणाली के माध्यम से सूचनादाताओं की संख्या का निर्धारण करना पड़ता है।

(i) अध्ययन की इकाई (Unit of Study)—प्रश्नावली को बनाते समय यह स्पष्ट करना जरूरी होता है कि अध्ययन की इकाई क्या है? ऐसा करना इसलिए जरूरी होता है ताकि उत्तरदाता इन इकाइयों को एक ही अर्थ में समझ सके तथा उनसे एक ही प्रकार की सूचनाएँ प्राप्त की जा सकें। उदाहरणस्वरूप—यदि बालकों का अध्ययन करना हो तो प्रश्नावली में बालकों की उम्र (18 वर्ष) का स्पष्ट वर्णन होना चाहिए।

(ii) प्रश्नों की उपयुक्तता (Suitability of Questions)—सवालों की उपयुक्तता से आशय यह है कि प्रश्नावली में किसी भी सवाल को शामिल करने से पहले यह देखना चाहिए कि वह विषय से संबंधित सूचनाओं का संकलन करने में किस हद तक मददगार होगा। अनुपयुक्त प्रश्नों के शामिल होने से धन, समय एवं श्रम का दुरुपयोग होता है एवं अपेक्षित सफलता नहीं मिल पाती है। इसलिए सवालों का उपयुक्त होना अत्यंत जरूरी होता है। सवाल का निर्माण सटीक, सरल एवं व्यवस्थित तरीके से होना चाहिए, क्योंकि प्रश्नावली का निर्माण करते समय हमेशा इस बात का ध्यान रखा जाना चाहिए कि उत्तरदाता को बिना शोधकर्त्ता के मदद के ही सवालों का उत्तर देना रहता है। अर्थात् प्रश्न हर तरीके से उपयुक्त हों। उपयुक्त प्रश्नों की अपनी अलग महत्ता होती है।

प्रश्नों की उपयुक्तता के विषय में पी.वी. यंग (P.V. Young) ने 'Scientific Social Survey and Research' में स्पष्ट किया है, "एक प्रश्नावली का बिना

एक क्षेत्र के कार्यकर्त्ता के सहयोग अथवा निगरानी के दूर से ही उत्तर देना होता है इसलिए उन कारकों को मस्तिष्क में निरंतर रखना जरूरी है जो यथार्थ उत्तरों को देने के लिए अधिक उपयुक्त हैं।'' इस तरह यह पता चलता है कि सवालों की उपयुक्तता का प्रश्नावली निर्माण में ध्यान रखना जरूर होता है। सवालों की उपयुक्तता के दृष्टिकोण से निम्नलिखित बातें आवश्यक होती हैं–

(a) प्रश्नों की स्पष्टता एवं विशिष्टता (Clarity and Speciality of Questions)–प्रश्नावली को बनाते समय शोधकर्त्ता को एदैव इस बात का ध्यान रखना पड़ता है कि प्रश्न विशिष्ट एवं स्पष्ट हों। अर्थात् ऐसे प्रश्नों के निर्माण करने से हमेशा बचा जाना चाहिए जो अनिश्चित एवं अस्पष्ट उत्तर वाले हों अथवा भ्रामक हों। अगर इस प्रकार प्रश्नों का समावेश प्रश्नावली में होगा तो प्रश्नावली दोषपूर्ण बन जाएगी तथा शोध का उद्देश्य भी पूरा नहीं हो पाएगा। इसके साथ ही दोषपूर्ण, अस्पष्ट, द्विअर्थक एवं अप्रचलित प्रश्नों के उपयोग से भी बचना चाहिए। प्रश्नों के निर्माण में विशिष्ट शब्दावली का भी उपयोग नहीं किया जाना चाहिए।

(b) आसान प्रश्न (Simple Questions)–अगर प्रश्नावली में सरल प्रश्नों का समाहित होंगे तो प्रश्नों की उपयुक्तता सिद्ध होगी। अगर प्रश्न आसान होंगे तो सामान्य बुद्धि वाला व्यक्ति भी उसे अच्छी तरह से समझेगा एवं उसका सही-सही जवाब देगा। साथ ही प्रश्नों के आसान रहने से अध्ययनकर्त्ता की अनुपस्थिति में भी उत्तरदाता अपेक्षित अर्थ लगाकर प्रश्नों का सही-सही जवाब देगा। सरल प्रश्नों का होना इसलिए भी आवश्यक होता है क्योंकि प्रश्नों का उत्तर लिखते समय शोधकर्त्ता उत्तरदाता के सम्मुख उपस्थित नहीं रहता है।

(c) संक्षिप्त एवं श्रेणीबद्ध उत्तर (Brief and Categorised Answers)–प्रश्नावली का निर्माण करते वक्त इस बात का ध्यान रखना चाहिए कि प्रश्नावली में प्रश्न छोटे हों। अगर प्रश्न छोटे होंगे तो प्रश्नावली भरते समय उत्तरदाता प्रश्नों का उत्तर देने में नहीं ऊबेगा। उसे किसी प्रकार की दिक्कत भी नहीं होगी। इसके विपरीत यदि प्रश्न बड़े होंगे तो उत्तरदाता को प्रश्नों का जवाब देने में हिचकिचाहट होगी तथा वे प्रश्नावली को करने में ऊब भी जाएँगे। प्रश्न न केवल छोटे होने चाहिए बल्कि उनमें क्रमबद्धता भी होनी चाहिए। यदि प्रश्न का उत्तर 'हाँ' या 'नहीं' में रहता है तो यह प्रश्न अधिक उपयुक्त माना जाता है। साथ ही बहुविकल्पात्मक प्रश्न भी सही होते हैं क्योंकि इसमें उत्तरदाता को अपने मन से विकल्प चुनने की छूट रहती है। अगर प्रश्नों में संक्षिप्तता एवं क्रमबद्धता या क्रमबद्धता रहती है तो उत्तरदाता भी अच्छे ढंग से स्वतंत्र होकर प्रश्नों का उत्तर देते हैं।

(d) वैषयिक प्रश्न (Objective Questions)–प्रश्नावली का निर्माण करते वक्त प्रश्नावली की उपयुक्तता इस बात पर भी निर्भर करती है कि विषयिक प्रश्नों का समावेश प्रश्नावली में किया जाए। हमेशा इस बात का प्रयास किया जाना चाहिए कि प्रश्नों में किसी तरह का निजी झुकाव न हो तथा उनके उत्तर निष्पक्षता लिए हुए होने चाहिए। अगर इस तरह के प्रश्नों का समावेश प्रश्नावली में होगा तब उत्तरदाताओं से सही एवं वास्तविक उत्तर निकलवाए जा सकेंगे। साथ ही अध्ययन में भी निश्चितता आएगी। इस तरह वैषयिक प्रश्नों का प्रश्नावली में होना आवश्यक होता है।

(e) कम प्रश्न (Few Questions)–प्रश्नावली का निर्माण करते समय इस बात का ध्यान रखा जाना चाहिए कि प्रश्नावली में कम-से-कम प्रश्नों का शामिल हो। कम प्रश्नों के होने से प्रश्नावली जल्द भरेगी एवं उत्तरदाताओं की इच्छा प्रश्नावली भरने में बनी रहेगी। साथ ही कम प्रश्नों के रहने से प्रश्नावली भी भरकर जल्दी से वापस आएगी। अधिक प्रश्नों का समावेश प्रश्नावली में होने से समय, श्रम एवं धन तीनों की बर्बादी होती है। इसलिए कम प्रश्नों का प्रश्नावली में होना अधिक उपयुक्त होता है।

(f) बचाव वाले सवाल (Safe Gurad Questions)–प्रश्नावली को बनाते समय इस बात का ध्यान रखा जाना चाहिए कि उसमें ऐसे सवालों को शामिल नहीं किया जाए जो उत्तरदाताओं के गोपनीय जीवन से जुड़े हों। गहन एवं गोपनीय सूचनाओं वाले सवालों से हमेशा बचा जाना चाहिए क्योंकि ऐसे सवालों से प्रश्नों के जवाब देने में उत्तरदाता बचता है। उदाहरणस्वरूप-अपराधी प्रवृत्ति एवं यौन व्यवहार से संबंधित प्रश्न इसी तरह के होते हैं। इसी प्रकार वैयक्तिक प्रश्न, प्रतिष्ठा एवं भावनात्मक उत्तर वाले प्रश्नों से भी बचा जाना चाहिए। जहाँ तक संभव हो सके पक्षपातपूर्ण सवाल एवं रूढ़ियुक्त सवाल का समावेश भी प्रश्नावली में नहीं किया जाना चाहिए। इस प्रकार यह पता चलता है कि प्रश्नावली में बचाव वाले प्रश्नों का समावेश किया जाना चाहिए।

(g) स्पष्ट भाषा (Clear Language)–प्रश्नावली का निर्माण करते समय न सिर्फ प्रश्नों के चुनाव में सावधानी बरती जानी चाहिए बल्कि भाषा की स्पष्टता पर भी ध्यान दिया जाना चाहिए। अर्थात् प्रश्नावली की भाषा इस तरह की होनी चाहिए जिसे उत्तरदाता स्पष्ट रूप से समझ सके। इसमें अस्पष्ट, कठिन, दुरूह ,अप्रचलित एवं क्लिष्ट शब्दों का प्रयोग नहीं किया जाना चाहिए। बहुअर्थक, अनुमानित एवं अप्रचलित सूचना वाले शब्दों का भी प्रयोग नहीं किया जाना चाहिए।

स्पष्ट भाषा के साथ-साथ प्रश्नावली की इकाइयाँ भी स्पष्ट होनी चाहिए। उदाहरणस्वरूप—यदि प्रश्नावली में इस सवाल का समावेश हो कि आपकी आयु क्या है? तो इससे यह ज्ञात नहीं होता है कि इस प्रश्न के द्वारा अनुमानित आयु पूछी जा रही है अथवा निश्चित आयु। कहने का अर्थ यह है कि इस तरह के सवाल अस्पष्ट भाषा वाले होते हैं। इसके बदले अगर इस भाषा का प्रयोग कर यदि यह प्रश्न पूछा जाए कि आपकी जन्मतिथि क्या है? तो इसे स्पष्ट सवाल कहा जाएगा।

(h) क्रमबद्ध (Systematic)—प्रश्नावली का निर्माण करते समय सवालों को स्वाभाविक रूप से व्यवस्थित एवं क्रमबद्ध करने पर ध्यान दिया जाना चाहिए। साथ ही सवालों में परस्पर अंतःसबंद्धता का भी गुण होना चाहिए। इससे सवालों में तारतम्यता बनी रहेगी एवं प्रत्येक प्रश्न का उत्तर अगले सवाल के उत्तर के लिए पूरक कार्य करेंगे। सवालों की संख्या अधिक होने से उन्हें शीर्षकों एवं उपशीर्षकों में विभाजित किया जा सकता है। सवालों की उपयुक्तता के क्रम में उपर्युक्त बातों का ध्यान रखने के साथ-साथ इस बात का भी ध्यान रखा जाना चाहिए कि सवाल किसी भी तरह से गलत न हों। साथ ही व्यंग्यात्मक, दकियानूसी, कल्पनात्मक एवं भावनात्मक तथा प्रभावशील सवालों को भी प्रश्नावली में शामिल नहीं किया जाना चाहिए। बहुत गंभीर सूचना वाले तथा पथ-प्रदर्शन सवालों के निर्माण से भी बचा जाना चाहिए। इस प्रकार यह कहा जा सकता है कि प्रश्नों की उपयुक्तता में अनेक बातों का ध्यान रखना जरूरी होता है।

(iii) बाह्य आकार (External Appearance)—प्रश्नावली में सवालों के निर्माण के साथ-साथ उसमें भौतिक बनावट की भी विशेषता होती है। इसलिए प्रश्नावली भरते समय उत्तरदाता के पास शोधकर्त्ता नहीं रहता है इसलिए उत्तरदाता का ध्यान आकर्षित करने के लिए प्रश्नावली की बाहरी आकृति जैसे—उसका आकार, कागज, छपाई तथा रूप-रंग आदि पर भी ध्यान दिया जाना आवश्यक होता है। प्रश्नावली के बाह्य आधार के अंतर्गत निम्नलिखित बातों पर ध्यान देना अनिवार्य होता है—

(a) आकार (Size)—प्रश्नावली का निर्माण करते समय इसे आकर्षक आकार में निर्मित किया जाना चाहिए। इसे सामान्यतया फुलस्केप (8"×12") तथा (9"×11") के आकार के कागज पर निर्मित किया जाना चाहिए। लम्बे लिफाफों में मोड़कर रखने के कारण फुलस्केप आकार अधिक उपयोगी होता है। यदि प्रश्नावली कम पृष्ठों की होगी तो डाक व्यय भी कम आएगा। छोटे आकार की प्रश्नावलियों को डाक के माध्यम से उत्तरदाता के पास भेजना आसान होता है एवं उत्तरदाता भी इसे आसानी से भरकर वापस लौटाते हैं।

(b) कागज (Paper)–प्रश्नावली का निर्माण करते समय उसके बाह्य आकार के अंतर्गत कागज पर ध्यान देने की आवश्यकता होती है। अर्थात् कागज चिकना ,कड़ा एवं टिकाऊ होना चाहिए। साथ ही कागज का आकर्षक होना भी प्रश्नावली को आकर्षक बनाता है। खुरदरे कागज का प्रयोग प्रश्नावली में बिल्कुल नहीं किया जाना चाहिए क्योंकि वह जल्दी फट जाता है एवं उस पर छपाई भी सही तरह से नहीं होती है। अतः उत्तरदाताओं का ध्यान आकृष्ट करने के लिए बढ़िया कागज का प्रयोग करना चाहिए। अगर एक शोध के लिए उत्तरदाताओं के पास विभिन्न प्रश्नावलियाँ भेजी जानी हों तो इसका कागज एक-दूसरे से भिन्न होना चाहिए।

(c) छपाई (Printing)–प्रश्नावली को बहुधा या तो छाप दिया जाता है या साइक्लोस्टाइल करवाया जाता है। छपाई की जाए या साइक्लोस्टाइल, दोनों में ही इस बात का ध्यान रखा जाता है कि छपाई स्पष्ट एवं शुद्ध हो ताकि इसे पढ़ने में उत्तरदाता किसी प्रकार की जटिलता का अनुभव न करे। अगर वह प्रश्नों को पढ़ने में जटिलता का अनुभव करेगा तो सही उत्तर मिलना मुश्किल हो जाएगा। उत्तर लिखते समय स्याही भी नहीं फैले इस बात का भी ध्यान रखा जाना चाहिए। साथ ही शुद्धता पर भी पूरा ध्यान देने की आवश्यकता होती है।

(d) हाशिया छोड़ना–प्रश्नावली का निर्माण करते वक्त बायीं और 3/8" का हाशिया छोड़ना चाहिए तथा दाईं ओर 1/6" या 1/7" का हाशिया छोड़ना चाहिए। ताकि उस पर कुछ टिप्पणी लिखी जा सके। साथ ही प्रश्नावली को छापते समय शब्दों के बीच तथा दो प्रश्नों के बीच स्थान छोड़ा जाना चाहिए ताकि पढ़ने एवं उत्तर लिखने में कठिनाई न हो।

(e) प्रश्नावली की लम्बाई (Length of Questionnaire)–प्रश्नावली का निर्माण करते समय इस बात का ध्यान दिया जाना चाहिए कि इसमें प्रश्नों की संख्या इतनी ज्यादा नहीं हो कि पूरी प्रश्नावली कई पृष्ठों में छप सके। ज्यादा लंबी प्रश्नावली को भरने में उत्तरदाता का बहुत ज्यादा समय लगता है। इसलिए प्रश्नावली इतनी बड़ी नहीं होनी चाहिए कि उत्तरदाता उसे भरने में ऊब जाए। कम-से-कम एवं छोटी प्रश्नों वाली प्रश्नावली अधिक उपयुक्त मानी जाती है। अभी तक पचास पृष्ठों तक वाली प्रश्नावली उपयोग की जा चुकी है। लेकिन ज्यादा लंबी प्रश्नावली उपयोगी नहीं होती। प्रश्नावली की लंबाई इतनी होनी चाहिए कि ज्यादा-से-ज्यादा उसे आधे घंटे में भरा जा सके। इस प्रकार की प्रश्नावली को उत्तम प्रश्नावली की संज्ञा दी जा सकती है।

(f) रूप-रंग—प्रश्नावली बनाते समय उसके रूप-रंग का भी ध्यान देना चाहिए। प्रश्नावली देखने में आकर्षक होनी चाहिए ताकि उत्तरदाता उस पर जवाब लिखने को बेताब हो जाए। इसके लिए अक्षर स्पष्ट होने चाहिए एवं कागज मोटा एवं अच्छा होना चाहिए जिससे वह जल्द न फट सके। यदि रंगीन कागज का प्रयोग किया जाता है तो वह और अधिक सुंदर हो जाता है। इस प्रकार यह पता चलता है कि प्रश्नावली का निर्माण करते समय उसके रूप-रंग एवं बाहरी आकर्षण पर ध्यान दिया जाना चाहिए।

(g) मदों की व्यवस्था (Arrangement of Items)—प्रश्नावली को बनाते समय इस बात का ध्यान रखा जाना चाहिए कि इसमें एक विषय से जुड़े सभी सवालों को एक साथ एक क्रम में लिखा जाए। आवश्यकतानुसार सवालों को अनेक उपसमूहों में भी वर्गीकृत किया जा सकता है। प्रश्नावली में शीर्षक, उपशीर्षक एवं सारणियाँ आदि सही क्रम में छपे होने चाहिए जिससे अध्ययन करने में सुविधा प्रतीत हो।

उपर्युक्त विवरणों से यह पता चलता है कि प्रश्नावली का निर्माण करने में न सिर्फ प्रश्नों के निर्माण पर ध्यान देने की आवश्यकता होती है बल्कि इसके बाहरी आकार पर भी ध्यान देने की जरूरत होती है।

प्रश्नावली के निर्माण में सावधानियाँ

प्रश्नावली के माध्यम से प्राथमिक तथ्यों को संकलन किया जाता है। प्रारंभिक तथ्यों को अर्जित करने का यह एक उत्तम साधन है। इसकी सफलता का सारा दारोमदार इस बात पर होता है कि इसके निर्माण में क्या-क्या साबधानियाँ बरती गई हैं। अगर इसके निर्माण में सावधानियाँ नहीं बरती जाएँगी तो इसका शुरुआती लक्ष्य ही निरर्थक हो जाएगा, इसलिए प्रश्नावली का निर्माण करते समय सावधानी रखनी चाहिए। प्रश्नावली बनाने के लिए निम्नलिखित सावधानियाँ बरतने की जरूरत होती है—

(i) विषय का पूर्ण विश्लेषण (A Through Analysis of the Subject)—प्रश्नावली को बनाते समय प्रथम सावधानी यह बरतनी चाहिए कि इसमें विषय का पूर्ण विश्लेषण किया जाना चाहिए। प्रायः समस्या के अनेक पक्ष होते हैं, जिनमें कुछ अधिक महत्त्व के होते हैं तो कुछ कम महत्त्व के। इसलिए प्रश्नावली का बनाते ममय शोधकर्त्ता को इस बात का ध्यान रखना चाहिए कि प्रश्नावली संतुलित हो ताकि सभी पक्षों का प्रतिनिधित्व प्रश्नावली में हो सके। इसके

लिए यह अपने अनुभव, मित्रों की सहायता एवं अन्य साहित्य स्रोत आदि को काम में ला सकता है। अतः सभी पक्षों का उचित व्याख्या करने के बाद ही प्रश्नावली को तैयार किया जाना चाहिए।

(ii) उपयोगिता (Utility)–प्रश्नावली के निर्माण में दूसरी सावधानी यह करनी चाहिए कि किसी भी प्रश्न को प्रश्नावली में स्थान देते समय यह देखना चाहिए कि अध्ययन के संबंध में यह उपयोगी है या नहीं। निरर्थक प्रश्नों को प्रश्नावली में नहीं रखना चाहिए, क्योंकि इससे धन एवं समय की बर्बादी तो होती ही है साथ ही उद्देश्य की प्राप्ति नहीं होती है।

प्रश्नावली की विश्वसनीयता

प्रश्नावली में इसकी विश्वसनीयता का भी अत्यधिक महत्त्व होता है। यहाँ यह देखना अनिवार्य होता है कि उत्तरदाताओं ने जो उत्तर दिए हैं वे किस हद तक विश्वसनीय हैं। विश्वसनीयता का पता तब लगता है जब अधिकांश प्रश्नों का अर्थ अलग-अलग लगाए गए हों। ऐसी स्थिति में शंका उत्पन्न हो जाती है। अविश्वसनीयता की समस्या निम्नलिखित कारणों से उत्पन्न होती है–

(i) गलत एवं असंगत प्रश्न (Wrong and Irrelevant Questions)–जब प्रश्नावली में असंगत एवं गलत प्रश्न होते हैं तब उसका उत्तर भी उत्तरदाता अपने-अपने विचार से देते हैं। ऐसी स्थिति में उत्तरदाताओं द्वारा दी गई सूचनाएँ पूर्ण रूप से सही नहीं हो सकती हैं।

(ii) पक्षपातपूर्ण निदर्शन (Biased Sample)–प्रश्नावली की विश्वसनीयता तभी बनी रहती है जब निदर्शन का चयन करते समय सावधानी की जाए। यदि ऐसा नहीं होता है तो उसके परिणामों में विश्वसनीयता नहीं आ पाती है। यदि उत्तरदाताओं का चयन करने में शोधकर्त्ता कहीं से प्रभावित होता है तो निश्चित रूप से प्राप्त सूचना प्रतिनिधित्वपूर्ण नहीं हो सकती है।

(iii) नियंत्रित एवं पक्षपातपूर्ण उत्तर (Controlled and Biased Responses)– प्रश्नावली की विश्वसनीयता इस बात पर निर्भर करती है कि उसके माध्यम से प्राप्त उत्तर किस हद तक सही एवं विश्वसनीय हैं। इस प्रणाली के माध्यम से प्राप्त उत्तरों में बहुत कम ऐसे उत्तर होते हैं जो सही होते हैं। इसका कारण यह है कि व्यक्तिगत एवं गोपनीय सूचनाओं को प्रकट करने में उत्तरदाता संकोच का अनुभव करते हैं। वे अपने आप उस जवाब को प्रश्नावली में नहीं भरते। इससे उत्तरों में पक्षपात की संभावनाएँ बढ़ जाती हैं। या तो उनके उत्तरों में तीव्र

आलोचना देखने को मिलती है या फिर पूर्ण सहमति देखने को मिलती है। संतुलित उत्तर प्राप्त नहीं होते हैं।

(iv) अनुपयुक्त प्रश्न (Inappropriate Questions)–जब प्रश्नावली में अस्पष्ट एवं भ्रामक प्रश्नों का समावेश किया जाता है तो इनकी भाषा क्लिष्ट, दुरूह एवं बहुअर्थक हो जाती है। इससे प्रश्नावली की विश्वसनीयता अल्प हो जाती है क्योंकि उत्तरदाता ऐसी स्थिति में अपनी प्रतिष्ठा बनाए रखने के लिए गलत उत्तर ही भर देते हैं। अतः अनुपयुक्त प्रश्नों के कारण प्रश्नावली की विश्वसनीयता अल्प हो जाती है।

(v) कम विश्वसनीयता की समस्या (Problem of Less Reliability)–प्रश्नावली में प्रायः कम विश्वसनीयता दिखती है। इसका कारण है कि इसमें न तो अवलोकनकर्त्ता खुद क्षेत्र में जाकर अवलोकन करता है और न ही शोधकर्त्ता सूचना भरते समय उत्तरदाता के सामने उपस्थित रहता है। इसलिए अगर प्रश्नावली जरूरी भी होती है तो भी इसकी विश्वसनीयता पर एक सवालिया निशान लग जाता है।

प्रश्नावली की विश्वसनीयता प्रावं प्रमाणिकता की जाँच

उपर्युक्त विवरणों से ज्ञात होता है कि प्रश्नावली पद्धति द्वारा संग्रह किए गए उत्तरों की विश्वसनीयता संदिग्ध होती है। कम विश्वसनीयता के बावजूद अध्ययन इसी मंत्र पर आधारित होता है इसलिए प्रश्नावली को पुनः परखना जरूरी होता है। इससे इसकी विश्वसनीयता की जाँच हो जाती है। प्रश्नावली की प्रमाणिकता एवं विश्वसनीयता की जाँच के लिए निम्नलिखित तरीके हैं–

(i) प्रश्नावली पुनः भेजना (Sending Questionnaire Again)– प्रश्नावली की प्रमाणिकता एवं विश्वसनीयता की जाँच के लिए उन्हीं उत्तरदाताओं के पास फिर से भेजा जाता है जिनके पास पहले उस प्रश्नावली को भेजा गया था। यदि उत्तरदाता पुनः वही जवाब देता है तो प्रश्नावली को प्रामाणिक एवं विश्वसनीय माना जाता है। यदि उत्तरों में अधिक अंतर नजर आता है तो उसे अविश्वसनीय माना जाता है। फिर उत्तरदाता के पास प्रश्नावली को उसी स्थिति में भेजना चाहिए जब जवाब देने की सामाजिक, मानसिक एवं आर्थिक स्थितियों में कोई विशेष अंतर नहीं हुआ हो।

(ii) समान वर्ग का अध्ययन (Study of Similar Group)–उत्तरदाताओं से अर्जित भरी हुई प्रश्नावली को समान विशिष्टता वाले किसी अन्य समूह को देकर उन्हें फिर से भरवाया जाता है। यदि पुनः वही उत्तर प्राप्त होता है तो प्रश्नावली को

प्रमाणिक एवं दिश्वसनीय माना जाता है। यदि पिछली सूचनाओं की तुलना में दूसरे समान वर्ग को दी गई प्रश्नावलियों से प्राप्त उत्तर भिन्नता लिए हुए होता है तो प्रश्नावली अप्रामाणिक एवं अविश्वसनीय मानी जाती है।

(iii) उप-निदर्शन का प्रयोग (Using of Sub-sample)—प्रश्नावली की प्रमाणिकता एवं विश्वसनीयता की जाँच का यह भी एक प्रणाली है। प्रमुख निदर्शन में से एक उप-निदर्शन का चयन कर प्रश्नावली की परख की जा सकती है। उप-निदर्शन से प्राप्त प्रमुख निदर्शन एवं सूचनाओं से प्राप्त सूचनाओं में यदि बहुत अंतर पाया जाता है तो प्रश्नावली को अविश्वसनीय माना जाता है। यदि दोनों में बहुत कम भिन्नता पाई जाती है तो प्रश्नावली को प्रमप्रणिक एवं विश्वसनीय माना जाता है।

(iv) अन्य शोध विधियों का प्रयोग (Use of Other Research Methods)—अन्य शोध विधियों का प्रयोग कर भी प्रश्नावली की विश्वसनीयता एवं प्रामाणिकता की जाँच की जा सकती है। इन विधियों में प्रत्यक्ष साक्षात्कार, अवलोकन एवं अनुसूची आदि विधियाँ है। अगर इन विधियों द्वारा भी यही उत्तर मिलता है जो प्रश्नावली से प्रात हुआ है तो प्रश्नावली को विश्वसनीय एवं प्रामाणिक माना जाता है।

(v) प्रचलित सामान्य ज्ञान स्तर (Prevailing Common Knowledge)—जो तथ्य सामान्यतः ऊपरी रूप से मालूम हो जाते हैं, प्रश्नावली की सूचनाएँ यदि उनसे भिन्न होती हैं तो प्रश्नावली वास्तविक नहीं मानी जाती है। अर्थात् प्रश्नावली की सत्यता के लिए सवालों को अपने सामान्य ज्ञान से जांचने पर प्रचलित ज्ञान के विपरीत जवाब प्राप्त होने पर उन्हें अविश्वसनीय माना जाता है।

प्रश्नावली के प्रयोग की विधि

प्रश्नावली को बना लेने से ही शोध में सही तथ्य अर्जित नहीं हो जाते हैं, वरन् वास्तविक तथ्य प्राप्त होना इस बात पर बहुत हद तक आश्रित करता है कि इसका प्रयोग किस तरीके से हो रहा है। अर्थात् प्रश्नावली के प्रयोग की विधियों पर शोध कार्य अथवा सही तथ्यों का संकलन बहुत हद तक आश्रित करता है। प्रश्नावली के प्रयोग की सारी प्रक्रिया को निम्नलिखित चार भागों में वितरित किया जा सकता है—

(i) पूर्व-परीक्षण (Pre-testing),

(ii) सहगामी पत्र (Covering Letter),

(iii) डाक द्वारा प्रेषण (Despatch by Mail), तथा

(iv) अनुगामी-प्रत्र (Follow-up Letter)।

(i) पूर्व-परीक्षण (Pre-testing)–प्रश्नावली का निर्माण हो जाने के उपरांत तथा डाक द्वारा इसे उत्तरदाताओं के पास प्रेषित करने से पहले एक छोटे निदर्शन के द्वारा इसकी परख कर लेनी चाहिए जिससे इसके विषय में किसी तरह का संदेह नहीं रहे। इससे यह जानकारी मिल जाएगी कि उत्तरदाता सवालों के सही उत्तर समझ रहे हैं एवं अपेक्षित अर्थ ही लगा रहे हैं। साथ ही भाषा–शैली एवं विषय-वस्तु आदि की आसानी के बारे में भी पूर्व जानकारी हो जाएगी। ऐसी करना इसलिए जरूरी होता है क्योंकि कई बार प्रश्नावली उत्तरदाता के पास भेज देने पर यह पता चलता है कि उसमें कुछ गलतियाँ रह गई हैं। पूर्व-परीक्षण कर लेने से इन गलतियों से बचा जा सकता है। इस विषय में स्लेटो (Sletto) का कथन है कि, "संक्षेप में पूर्व जाँच की प्रणाली आवश्यक रूप से डाक परीक्षण एवं त्रुटि की प्रणाली है जिसमें कामयाब परीक्षणों की पुनरावृत्ति की जाती है तथा जब अंतिम रूप से प्रश्नावली अंतिम समूह को भेजी जाती है तो गलतियाँ निकल आती हैं।" इस तरह यह कहा जा सकता है कि प्रश्नावली का प्रयोग करने से पहले पूर्व-परीक्षण कर लेना जरूरी होता है। पूर्व-परीक्षण में कुछ बातें ध्यान देने योग्य होती हैं जो निम्नलिखित हैं–

(d) परीक्षण प्रणाली वास्तविक प्रणाली से पूर्णतया मिलती-जुलती होनी चाहिए।

(c) इसे समग्र के प्रतिनिधियों अथवा निदर्शन-समूह के सदस्यों को भेजा गया हो।

(b) इसे कम समूह में छपवाया गया हो।

(a) निदर्शन-समूह के उत्तरों एवं कठिनाइयों के आधार पर इसमें सुधार किया गया हो।

(c) यदि इसमें अधिक बदलाव किए गए हैं तो उसका पुनः पूर्व-परीक्षण कर लिया जाए।

पूर्व-परीक्षण के माध्यम से उत्तरदाताओं के उत्तर देने की योग्यता निरंतरता एवं उत्सुकता का भी बोध हो जाता है। साथ ही सवालों की अनावश्यकता एवं असंबद्धता की भी परीक्षा हो जाती है।

पूर्व-परीक्षण की उपयोगिता–पूर्व-परीक्षण की कुछ उपयोगिताएँ होती हैं जो निम्नलिखित हैं–

(a) पूर्व-परीक्षण की पहली उपयोगिता यह है कि उसके माध्यम से ऐसे सवालों के संबद्ध में पूर्व जानकारी हो जाती है जिनके विषय में उत्तरदाता 'पता नहीं'

अथवा 'मैं नहीं जानता' आदि बातों को लिखते हैं। पहले जानकारी हो जाने पर इस कमी को उपयुक्त सवाल लिखकर दूर किया जा सकता है।

(b) पूर्व-परीक्षण की दूसरी उपयोगिता यह है कि इसके द्वारा गैर-जरूरी एवं असंबद्ध प्रश्नों का सुधार हो जाता है। ज्यादातर ऐसा देखा जाता है कि प्रश्नावलियों में कुछ गैर-जरूरी एवं असंबद्ध उत्तर लिखे होते हैं जिनके कारण दोषपूर्ण सवालों का निर्माण होता है। इन असंबद्ध उत्तरों के आधार पर प्रश्नों में सुधार लाया जा सकता है।

(c) पूर्व-परीक्षण की तीसरी उपयोगिता यह है कि इसके आधार पर सवालों के क्रम की कमी का ज्ञान हो जाता है।

(d) पूर्व-परीक्षण की चौथी उपयोगिता यह है कि इसके द्वारा उन प्रश्नों का सुधार हो जाता है जिन सवालों को उत्तरदाता सरलता से नहीं समझते हैं। ज्यादातर ऐसा देखा जाता है कि जिन सवालों को उत्तरदाता नहीं समझ पाते हैं उनका उत्तर नहीं देते हैं। वे रिक्त स्थान छोड़ देते हैं। पूर्व-परीक्षण के द्वारा इसका पता सरलता से चल जाता है एवं समय रहते इस कमी को दूर कर लिया जाता है।

(e) पूर्व-परीक्षण की पाँचवीं उपयोगिता यह है कि इसके माध्यम से इस बात का पता चलता है कि सवालों में कम विकल्प दिए गए हैं। इस प्रकार की जानकारी हो जाने पर अन्य विकल्पों को जोड़ा जा सकता है।

(f) पूर्व-परीक्षण की छठी उपयोगिता यह है कि इसके माध्यम से प्रश्नावली की प्रामाणिकता एवं विश्वसनीयता की बढ़ोतरी होती है।

(g) पूर्व-परीक्षण की सातवीं उपयोगिता यह है कि इससे उत्तरदाताओं की योग्यता एवं उत्सुकता का ज्ञान होता है।

(h) पूर्व-परीक्षण की आठवीं विशिष्टता यह है कि इसके द्वारा ऐसे प्रश्नों की जानकारी प्राप्त हो जाती है जो अनावश्यक आलोचनाओं वाले होते हैं।

उपर्युक्त बातों से पता चलता है कि पूर्व-परीक्षण के कई उपयोग हैं। इससे अनेक जरूरी तथ्यों की जानकारी प्राप्त हो जाती है। इस विषय में गुड्डे एवं हॉट (Goode and Hatt) का मत है कि पूर्व-परीक्षण के दौरान यदि उत्तरदाता 5 प्रतिशत की दर से भी किसी प्रश्न को इनकार कर दे तो उन प्रश्नों का पुनः अध्ययन करना आवश्यक होता है।

(ii) सहगामी पत्र (Covering Letter)—प्रश्नावली का पहले परीक्षण कर लेने के बाद तथा उसे प्रयोग योग्य बना देने के बाद उत्तरदाताओं के पास भेजा जाना उपयुक्त होता है। प्रत्येक प्रश्नावली के साथ एक सहगामी पत्र संलग्न रहता

है जो छपा हुआ होता है। इस पत्र में जिस लक्ष्य से अध्ययन आयोजित किया जाता है उस पर एवं उत्तरदाताओं के सहयोग पर रोशनी डाली गयी है। साथ ही इसमें उत्तरदाताओं से यह आग्रह भी किया जाता है कि वे प्रश्नावली को भरकर अतिशीघ्र लौटा दें। इस पत्र में शोधकर्त्ता का नाम, उसका विभाग, संबंधित व्यक्तियों का वर्णन एवं अध्ययन के उद्देश्य आदि का विवरण दिया जाता है। इसके अलावा इस पत्र में उत्तरदाता से अपने प्रति सहानुभूति प्राप्त करने वाली भावना का उपयोग भी किया जाता है। साथ ही इसका भी वर्णन रहता है कि उत्तरदाताओं से प्राप्त सूचनाएँ गोपनीय रखी जाएँगी एवं उसे न तो सार्वजनिक किया जाएगा एवं न ही उसका किसी तरह का दुरुपयोग किया जाएगा। पत्र के अंत में उत्तरदाताओं के सहयोग के लिए आभार भी व्यक्त किया जाता है। हालाँकि सहगामी-पत्र में इतनी बातें रहती हैं लेकिन फिर भी उसे आकर्षक, छोटा एवं प्रभावशाली बनाना अति आवश्यक होता है। शीघ्र प्रत्युतर पाने के उद्देश्य से साथ में जवाबी लिफाफा भी भेजा जाता है जिससे उत्तरदाता पर मनोवैज्ञानिक प्रभाव पड़ता है और वह जल्द से जल्द प्रश्नावली को भरकर लौटाता है। इस तरह सहगामी-पत्र अति महत्त्वपूर्ण होता है।

(iii) डाक द्वारा प्रेषण (Despatch by Mail)—डाक के माध्यम से प्रश्नावली भेजने के पहले प्रश्नावली एवं सहगामी-पत्र के साथ शोधकर्त्ता का पता लिखा हुआ टिकटयुक्त लिफाफ भी लगाना चाहिए है, जिससे उत्तरदाता प्रश्नावली को भरकर शीघ्रातिशीघ्र भेज सके। इससे समय एवं धन के बचत के साथ-साथ उत्तरदाता भी रुचिपूर्वक कार्य पूर्ण करता है। डाक के माध्यम से प्रेषित करने में निम्नलिखित बातों पर ध्यान देना आवश्यक होता है–

(a) एक क्षेत्र की प्रश्नावलियों को एक जगह भेजा जाना चाहिए जिससे उस क्षेत्र के उत्तरदाताओं के उत्तर एक साथ मिलने की संभावना रहती है। इससे एक फायदा यह भी होता है कि एक क्षेत्र के अनेक उत्तरदाताओं के पास प्रश्नावली एक साथ पहुँचने से उन्हें किसी प्रकार की शंका नहीं होती है।

(b) उत्तरदाताओं के नाम एवं पते पिन कोड के साथ सही-सही लिखे जाने चाहिए ताकि प्रश्नावली सही से ठीक समय पहुँच सके।

(c) इस बात का भी ध्यान रखा जाना चाहिए कि प्रश्नावली उत्तरदाताओं के पास उस समय पहुँचे जिस समय वे साप्ताहिक अवकाश आदि पर हों। इसका लाभ यह होगा कि वे इसे भरकर समय पर वापस कर सकेंगे।

(d) प्रश्नावली के साथ अपना पता लिखा व टिकट लगा लिफाफा अवश्य संलग्न करना चाहिए जिससे उत्तरदाता को कोई कठिनाई न हो।

(iv) अनुगामी पत्र (Follow-up Letter)—अनुगामी पत्र का प्रयोग उस समय किया जाता है जब उत्तरदाता समय पर प्रश्नावली को भरकर नहीं वापस करते हैं। अक्सर यह देखा जाता है कि उत्तरदाता लापरवाही बरतते हैं एवं प्रश्नावली को भरकर भेजने में कोई रुचि नहीं दिखाते हैं। इसलिए शोधकर्त्ता का यह दायित्व होता है कि वे सहगामी पत्रों के माध्यम से उत्तरदाताओं को प्रश्नावली भेजकर ही संतोष नहीं कर लेना चाहिए। इस संबंध में विण्डले ने एक सूची प्रस्तुत की है कि कितने-कितने दिनों के बाद अनुगामी पत्रों को भेजा जाना चाहिए। उनके द्वारा प्रस्तुत सूची इस प्रकार है–

(a) प्रथम अनुगामी पत्र 16 दिनों के बाद भेजा जाना चाहिए।

(b) द्वितीय अनुगामी पत्र प्रथम अनुगामी पत्र के एक सप्ताह उपरांत भेजा जाना चाहिए। इसके साथ प्रश्नावली की एक और प्रति भेजी जानी चाहिए।

(c) तृतीय अनुगामी पत्र द्वितीय अनुगामी-पत्र के दो सप्ताह उपरांत भेजा जाना चाहिए।

उपर्युक्त प्रयत्नों के उपरांत अगर उत्तरदाता प्रश्नावली भरकर नहीं भेजता है तो उसका नाम ही सूची से निकाल दिया जाना चाहिए। यथासंभव दूरभाष से अथवा तार से उत्तरदाताओं से यह निवेदन किया जा सकता है कि वे प्रश्नावली को भरकर भेजें। इस प्रकार यह पता चलता है कि प्रश्नावली निर्माण के साथ-साथ उसके प्रयोग-विधि की भी विशिष्टता है। अर्थात् उसे किस तरह से प्रयोग में लाया जाए ताकि ज्यादा-से-ज्यादा उत्तर प्राप्त हो सकें, इसका ध्यान रखना जरूरी होता है।

प्रश्नावली प्रविधि के गुण या महत्त्व

प्रश्नावली प्रविधि के माध्यम से प्राथमिक तथ्यों का संग्रह किया जाता है। इसके माध्यम से सामाजिक अध्ययनों में बहुत लाभ प्राप्त होता है। इसके कुछ गुण तथ्यों को इकट्ठा करने के कार्य को आसान बना देते हैं। इसके गुणों अथवा महत्त्व पर रोशनी डालते हुए सिन पाओ यंग (Hsin Pao Yang) ने लिखा है, "प्रश्नावली एक विशाल और व्यापक क्षेत्र में बिखरे हुए व्यक्तियों से तथ्य-संकलन करने की एक शीघ्रतम और सरल विधि है।" यंग के इस कथन से पता चलता है कि प्रश्नावली के द्वारा व्यापक क्षेत्र में फैले हुए व्यक्तियों से सरलापूर्वक शीघ्रातिशीघ्र तथ्य एकत्रित किए जाते हैं, जो इस प्रविधि का एक गुण अथवा महत्त्व है।

इसी तरह कैथराईन गोर्डन कैप्ट ने भी लिखा है, "प्रश्नावली के माध्यम से वस्तुपरक तथा परिणामात्मक तथ्यों के साथ-साथ गुणात्मक प्रवृत्ति की सूचनाओं के

विकास की जानकारी को भी एकत्रित किया जा सकता है।'' इस तरह यह पता चलता है कि इसके माध्यम से अनेक तरह के तथ्यों के बारे में सूचनाएँ एकत्रित की जा सकती हैं जो इसके गुणों या महत्त्व को दर्शाता है।

प्रश्नावली प्रविधि के निम्नलिखित गुण अथवा विशिष्टता कहे जा सकते हैं।

प्रश्नावली प्रविधि का प्रथम गुण या महत्त्व यह है कि इसके द्वारा विस्तृत भौगोलिक क्षेत्र में फैली हुई विस्तृत जनसंख्या का अध्ययन करना संभव है। अन्य किसी भी प्रणाली के माध्यम से विशाल जनसंख्या का अध्ययन करना संभव नहीं होता है। अन्य प्रविधियों जैसे—साक्षात्कार आदि के द्वारा सूचना इकट्ठा करने के लिए शोधकर्त्ता को प्रत्येक उत्तरदाता के साथ शारीरिक संपर्क बनाना पड़ता है और तब जाकर आकड़े एकत्रित होता है। इसके अलग प्रश्नावली प्रविधि द्वारा सूचनादाताओं के पास प्रश्नावली को भेजा जाता है और वे डाक के माध्यम से प्रश्नावली को भरकर वापस शोधकर्त्ता के पास भेज देते हैं। इसमें शोधकर्त्ता तथा उत्तरदाता के लिए एक-दूसरे का सामना करना आवश्यक नहीं होता है। इसलिए विस्तृत क्षेत्रों में फैली हुई विस्तृत जनसंख्या का अध्ययन इस प्रविधि द्वारा कर पाना संभव होता है। इस संबंध में विलसन गी (Wilson Gee) ने 'Social Science Research Method' में लिखा है, ''यह व्यक्तियों के एक बड़े समूह या बिखरे हुए व्यक्तियों के एक छोटे से चुने हुए समूह से कुछ सीमित सूचनाएँ प्राप्त करने की एक सुगम विधि है।'' इस तरह यह पता चलता है कि प्रश्नावली प्रविधि द्वारा विशाल जनसंख्या का अध्ययन किया जा सकता है जो इसका एक महत्त्व या गुण है।

प्रश्नावली प्रविधि का दूसरा गुण या महत्त्व यह है कि इसके माध्यम से अध्ययन करने में कम व्यय (Minimum Expenses) होता है। यह विधि अन्य विधियों की तुलना में कम खर्चीली होती है। चूँकि तथ्य संग्रह करने के लिए शोधकर्त्ता को क्षेत्र में नहीं जाना पड़ता है इसलिए कम खर्च पड़ता है। साथ ही तथ्य इकट्ठा करने एवं निरीक्षण करने के लिए भी इसमें निरीक्षकों की कोई आवश्यकता नहीं होती है। अतः बहुत कम खर्च में तथ्य इकट्ठे हो जाते हैं जो इस प्रविधि का एक महत्त्व कहा जा सकता है। इसमें जो भी खर्च लगता है वह प्रश्नावली को छपवाने में एवं इसे सूचनादाताओं के पास भेजने में डाक व्यय के रूप में लगता है। अन्य प्रविधियों में अध्ययन क्षेत्र में बझोतरी के साथ-साथ खर्च जिस अनुपात में बढ़ता है उसकी तुलना में प्रश्नावली प्रविधि में बझोतरी नाम मात्र की होती है। इस तरह यह पता चलता है कि यह तुलनात्मक रूप से कम व्यय करने वाली प्रविधि है जो इसका एक गुण या महत्त्व कहा जा सकता है।

प्रश्नावली प्रविधि का तीसरा गुण या महत्त्व यह है कि इसके माध्यम से न्यूनतम समय में अध्ययन संपन्न कर दिया जाता है। इसका कारण यह है कि प्रश्नावली को छपवाकर उत्तरदाता के पास भेजा जाता है जो अतिशीघ्र हो जाता है एवं एक निर्धारित समय में यह उत्तरदाता के पास से भरकर लौट जाती है। इसके विपरीत साक्षात्कार, ज्यादा एवं धन अधिक व्यय होता है। इस तरह यह प्रविधि बहुत कम समय साध्य है। प्रश्नावली के इस गुण या महत्त्व की चर्चा करते हुए सिन पाओ यंग (Hsin Pao Yung) ने लिखा है, ''प्रश्नावली एक व्यापक और विशाल क्षेत्र में बिखरे हुए व्यक्तियों से ही तथ्य संकलन करने की एक शीघ्रतम और आसान विधि है।'' ("The Questionnaire provides the quickest and easiest method of gathering data from large and widely scattered groups of people.")

प्रश्नावली प्रविधि का चौथा गुण अथवा विशिष्टता यह है कि इसके माध्यम से न्यूनतम श्रम (Minimum Labour) में तथ्य एकत्रित हो जाते हैं। चूँकि इस प्रविधि के माध्यम से अध्ययन करने में अधिक अध्ययनकर्त्ता की आवश्यकता नहीं होती है इसलिए उनका सारणीयन, वर्गीकरण एवं विवरण नहीं होता है। इसलिए इस प्रविधि को न्यूनतम श्रम साध्य कहा जा सकता है।

प्रश्नावली प्रविधि का पाँचवाँ गुण या महत्त्व यह है कि इस प्रविधि के माध्यम से सूचना की पुनरावृत्ति संभव होती है। ऐसा इसलिए होता है क्योंकि इस प्रविधि के द्वारा एक से अधिक बार तथ्यों का संकलन करना संभव होता है। बहुत से अध्ययन विषय ऐसे होते हैं जिनमें एक बार में ही तथ्यों का संकलन करना पर्याप्त नहीं होता है। इस स्थिति में इस प्रविधि द्वारा अध्ययनकर्त्ता को कुछ व्यक्तियों से बार-बार तथ्य प्राप्त करने की सुविधा मिल जाती है। इसमें सिर्फ कुछ अधिक प्रतियों की जरूरत पड़ती है जो छपवा ली जाती हैं तथा समय-समय पर उसका उपयोग किया जाता है।

प्रश्नावली प्रविधि का छठा महत्त्व अथवा गुण यह है कि इसके द्वारा आसान एवं सुविधाजनक ढंग से तथ्य एकत्रित किए जाते हैं। इसका प्रमुख कारण यह है कि प्रश्नावली डाक द्वारा उत्तरदाता के पास सूचना एकत्र करने के लिए भेजी जाती है। शोधकर्त्ता को प्रत्येक उत्तरदाता के साथ शारीरिक संबंध स्थापित कर प्रश्नों का उत्तर पूछकर खुद प्रश्नों का उत्तर नहीं भरना पड़ता है। अतः तथ्य संग्रह की यह बहुत आसान प्रविधि है जिसे इस प्रविधि की एक विशिष्ट उपयोगिता कहा जा सकता है। साथ ही यह एक सुविधाजनक विधि है क्योंकि इसमें उत्तरदाता को एक निश्चित

निर्देश देने के बाद अध्ययनकर्त्ता को प्रश्न के स्पष्टीकरण के लिए कोई परिश्रम करने की जरूरत नहीं होती है। साथ ही प्रश्नावलियों को सूचनादाताओं के पास डाक द्वारा भेजने में किसी विशेष प्रशिक्षण की भी आवश्यकता नहीं होती है। साथ ही उसमें समय-निर्धारण करने की भी कोई जरूरत नहीं होती है। इस तरह यह कहा जा सकता है कि प्रश्नावली तथ्य इकट्ठा करने के लिए सरल एवं सुविधाजनक प्रविधि है। प्रश्नावली के इस गुण अथवा महत्त्व को सिन पाओ यंग (Hsin Pao Yang) तथा विलसन गी (Wilson Gee) आदि विद्वानों ने भी स्वीकार किया है।

प्रश्नावली प्रविधि का सातवाँ गुण अथवा विशिष्टता यह है कि इसके द्वारा पक्षपात रहित, विश्वसनीय तथा प्रमाणित सूचनाओं को प्राप्त करने की संभावना ज्यादा रहती है। इसका मुख्य कारण यह है कि इस प्रविधि में शोधकर्त्ता स्वयं क्षेत्र में उपस्थित नहीं रहता है। इससे उत्तरदाता निर्भीक एवं स्वतंत्र होकर उत्तर देता है। प्रो. किंग्सले डेविस (Prof. Kingslay Davis) ने भी प्रश्नावली के इस विशिष्टता को स्वीकार किया है, एवं बताया है कि व्यक्तिगत साक्षात्कार के दौरान स्त्रियाँ अपने यौन जीवन से जुड़ी सूचनाएँ देने में प्रायः संकोच करती हैं पर प्रश्नावली के द्वारा उन्हीं सूचनाओं को अर्जित करना मुश्किल नहीं होता है। इस विषय में प्रश्नावली की उपयोगिता साक्षात्कार की तुलना में अधिक प्रतीत होती है। साथ ही ए. एलिस (A. Ellis) ने वैवाहिक तथा प्रेम संबंधों से संबंधित शोधों में तथ्यों को इकट्ठा करने में प्रश्नावली प्रविधि को भी उतना ही महत्त्व दिया है जितना साक्षात्कार को।

प्रश्नावली प्रविधि का आठवाँ गुण या महत्त्व यह है कि इसके माध्यम से वस्तुनिष्ठ सूचना प्राप्त होने की ज्यादा संभावना रहती है। ऐसा इसलिए होता है क्योंकि इस प्रविधि में उत्तरदाता की स्थिति पूरी तरह अज्ञात रहती है। उत्तरदाता उत्तर देते समय आश्वस्त रहता है कि अध्ययनकर्त्ता उसे व्यक्तिगत रूप से नहीं जानता है। साथ ही वह इस संबंध में भी आश्वस्त रहता है कि उसके द्वारा प्राप्त सूचनाएँ गोपनीय रखी जाएँगी। इसलिए प्रश्नावली प्रविधि के माध्यम से एकत्रित उत्तर तुलानात्मक रूप से वस्तुनिष्ठ होते हैं। इस तथ्य की पुष्टि करते हुए पी.वी. यंग (P.V. Yang) ने 'Scientific Social Survey and Research' में लिखा है, "प्रश्नावली द्वारा परिमाणात्मक, वस्तुनिष्ठ अथवा गुणात्मक सामग्री का संकलन करना तुलनात्मक रूप से अधिक सरल होता है।"

प्रश्नावली प्रविधि का नौवाँ गुण या महत्त्व यह है कि इसके माध्यम से सांख्यिकीय विश्लेषण में आखिरी होती है। इस प्रविधि के माध्यम से प्राप्त तथ्यों

का वर्गीकरण, सारणीयन एवं सांख्यिकीय विशिष्टता कुशलता के साथ किया जा सकता है। इस तथ्य की पुष्टि करते हुए बोगार्डस (Bogardus) ने 'Sociology' में लिखा है, "इसके द्वारा मानक परिणाम प्राप्त होते हैं जिनका सांख्यकीय एवं सारणीयन विवेचन किया जा सकता है।" चूँकि प्रश्नावली कुछ निर्धारित भागों में विभाजित होती है इसलिए इससे व्यवस्थित सूचनाएँ प्राप्त होती हैं। इस तरह यह कहा जा सकता है कि साख्यिकीय विश्लेषण में सहायक होना प्रश्नावली का एक मुख्य महत्त्व या गुण है।

प्रश्नावली का दसवाँ महत्त्व या गुण यह है कि यह विधि स्व-प्रशासित होती है। इसमें न तो किसी अध्ययन दल के संगठन की अनिवार्यता होती है और न ही क्षेत्रीय कार्यकर्त्ताओं की। साथ ही इस विधि में शोधकर्त्ता को भी क्षेत्र में जाने की आवश्यकता नहीं रहती है। इस प्रकार सूचना इकट्ठी करने के लिए संगठनात्मक प्रक्रिया से शोधकर्त्ता बच जाता है।

प्रश्नावली प्रविधि का ग्यारहवाँ महत्त्व या गुण यह है कि इसके माध्यम से तुलनात्मक अध्ययन (Comparative Study) किया जा सकता है। ऐसा इसलिए संभव हो पाता है क्योंकि शोध के समय शोधकर्त्ता उपस्थित नहीं रहता है। इस कारण अनेक परिणामों की तुलना आसानी से की जा सकती है। सूचना इकट्ठी करने की अन्य प्रविधियों के माध्यम से ऐसा कर पाना संभव नहीं होता है। अतः तुलनात्मक अध्ययन करना इसका एक गुण या महत्त्व है।

प्रश्नावली के दोष

प्रश्नावली के उपर्युक्त गुणों को देखने से यह पता चलता है कि यह प्रविधि अत्यधिक उपयोगी अथवा महत्त्वपूर्ण है। लेकिन अनेक गुणों अथवा उपयोगिताओं के अलावा इस प्रविधि को दोषों एवं सीमाओं से पूर्णतया मुक्त नहीं कहा जा सकता है। इस विषय में एफ.एल. विटनी (F.L. Whitney) ने 'The Elements of Research' में लिखा है, "प्रश्नावली सबसे ज्यादा दोषपूर्ण प्रविधि है।" विटनी के इस कथन से यह पता चलता है कि इस प्रविधि के अनेक दोष हैं। इस प्रणाली के निम्नलिखित कमियाँ कहीं जा सकती हैं–

प्रश्नावली प्रविधि का पहला दोष अथवा सीमा यह है कि इसके द्वारा सिर्फ एक समूह अर्थात् शिक्षित समूह से ही सूचना प्राप्त की जा सकती है। इसका तात्पर्य है कि अशिक्षितों से सूचना प्राप्त करने में यह प्रविधि असमर्थ होती है। चूँकि इस प्रविधि के माध्यम से सूचना एकत्र करने में प्रश्नावली को उत्तरदाताओं के पास भेजा

जाता है एवं उत्तरदाता खुद उसे भरते हैं इसलिए उनका शिक्षित होना जरूरी होता है। अनपढ़ एवं अशिक्षित व्यक्ति प्रश्नों के उत्तर को भरने का कार्य नहीं कर सकते हैं। सामाजिक समस्याएँ दोनों तरह के व्यक्तियों (शिक्षित एवं अशिक्षित) से जुड़ी होती हैं। लेकिन इस प्रविधि से सिर्फ शिक्षित व्यक्तियों से ही सूचना एकत्रित की जा सकती है, अशिक्षितों से नहीं जो इसका एक प्रमुख दोष कहा जा सकता है। प्रश्नावली की इस सीमा अथवा दोष की पुष्टि लुण्डबर्ग (Lundberg), जे.डी. पोप (J.D. Pope), बोगार्डस (Bogardus) एवं गुड्डे एवं हॉट (Goode and Hatt) के द्वारा दी गई परिभाषाओं के आधार पर भी की जा सकती है। इस प्रकार यह कहा जा सकता है कि प्रविधि के माध्यम से प्रतिनिधित्वपूर्ण निदर्शन संभव नहीं हो पाता है क्योंकि सिर्फ एक समूह-शिक्षित समूह का ही अध्ययन इसके द्वारा संभव हो पाता है। प्रतिनिधित्वपूर्ण निदर्शन के लिए अशिक्षित एवं शिक्षित दोनों ही समूहों का अध्ययन किया जाना चाहिए।

प्रश्नावली प्रविधि का दूसरा सीमा अथवा दोष यह है कि इसके द्वारा अपूर्ण सूचनाओं की संभावना (Pssibility of Incomplete Information) बनी रहती है। प्रश्नावली को भरने में उत्तरदाता अधिकांशतः रुचि नहीं दिखाते हैं क्योंकि उससे उनकी कोई स्वार्थसिद्धि नहीं होती है। साथ ही शोधकर्त्ता भी उनके सामने उपस्थित नहीं रहता है। इसलिए उसका भी कोई प्रभाव शोधकर्त्ता पर पड़ने की कोई संभावना नहीं रहती है। इसलिए वे प्रश्नावली को अपने ऊपर बोझ समझते हैं एवं बला टालने के लक्ष्य से वे आधे-अधूरे मन से इसे भर देते हैं। इसका प्रतिफल यह होता है कि प्रश्नावली अपूर्ण एवं अस्पष्ट रह जाती है। दूसरे शब्दों में यह कहा जा सकता है कि उत्तर अधिकांशतः अधूरे रह जाते हैं और प्राप्त उत्तरों के आधार पर यह पता लगाना मुश्किल हो जाता है कि उत्तरदाता क्या कहना चाहते हैं। यही कारण है कि प्रो. एलमर (Prof. Elmer) ने प्रश्नावली प्रविधि को सामाजिक शोध की एक अधूरी प्रविधि की संज्ञा दी है।

प्रश्नावली के सवालों को समझने के लिए शोधकर्त्ता उत्तरदाता के सम्मुख उपस्थित नहीं रहता है। ऐसे में संभावना यह बन जाती है कि उत्तरदाता कुछ प्रश्नों को न समझे एवं उसका उत्तर न दे। ऐसी परिस्थिति में अर्जित सूचना अपूर्ण एवं अधूरी समझी जाती है। अधूरी सूचना के आधार पर निकाले गए निष्कर्ष अप्रामाणिक एवं अविश्वसनीय होते हैं। प्रो. अब्राहम फ्लेसनर (Prof. Abraham Flasner) ने भी लिखा है कि यह एक वैज्ञानिक प्रविधि नहीं है बल्कि गैर-सूचना या सूचना (कोई नहीं जानता कि इसमें से किसकी प्राप्ति

होती है) प्राप्त करने की एक सुलभ, सस्ती एवं तीव्रगामी प्रविधि है। इस तरह यह कहा जा सकता है कि प्रश्नावली प्रवधि से अपूर्ण सूचनाओं की संभावना बनी रहती है।

प्रश्नावली प्रविधि का तीसरा सीमा या दोष यह है कि इसमें प्रत्युत्तर प्राप्ति की समस्या (Problems of Response) बनी रहती है। बहुधा यह देखा जाता है कि पत्र के माध्यम से कई बार याद दिलाने पर भी भेजी गई प्रश्नावलियों में से कम संख्या में प्रश्नावलियाँ उत्तर सहित लौटकर आती हैं जिसके परिणामस्वरूप प्रत्युत्तर की समस्या इसलिए पैदा हो जाती है कि उत्तर पाने के लिए पत्र लिखने के अलावा शोधकर्त्ता के पास और कोई रास्ता नहीं बचता है। शोध के लक्ष्यों में कोई दिलचस्पी नहीं होने के कारण बहुत से उत्तरदाता अनुगामी पत्र (Follow-up Letters) के बाद भी प्रश्नावली भरकर नहीं लौटाते हैं।

इसका परिणाम यह होता है कि शोध की अन्य प्रविधियों की तुलना में इसके माध्यम से प्राप्त उत्तरों की मात्रा अत्यन्त कम रहती है जो निश्चित रूप से प्रश्नावली प्रविधि का एक दोष कहा जा सकता है। बहुत से पहले में किए गए अध्ययनों के आधार पर यह कहा जा सकता है कि प्रश्नावली प्रविधि में प्रत्युत्तर पाने की संभावना अत्यन्त कम रहती है। इसका एक उदाहरण प्रकट किया जा रहा है। प्रो. राव (Prof. Rao) ने राष्ट्रीय आय संबंधी सूचना प्राप्त करने के लिए कई हजार प्रश्नावलियाँ भेजीं लेकिन अनुगामी पत्रों के बावजूद अत्यन्त कम प्रश्नावलियाँ उत्तर सहित लौटकर आईं। इस तरह यह पता चलता है कि प्रश्नावली प्रविधि में प्रत्युत्तर प्राप्ति की संभावना बहुत कम रहती है जो इस प्रणाली का एक सीमा या दोष कही जा सकती है।

प्रश्नावली प्रविधि का चौथा दोष या सीमा यह है कि यह सूक्ष्मतम अध्ययन के लिए अनुपयोगी (Inappropriate for Intensive Study) है। इस प्रविधि द्वारा सामान्य समस्याओं का अध्ययन अच्छी तरह किया जा सकता है लेकिन सूक्ष्मतम अध्ययन के लिए इस विधि से सूचनाएँ प्राप्त करना संभव नहीं होता है। इस संबंध में पार्टन (Parten) का कथन है कि, "इनमें तनिक भी शंका नहीं है कि सबसे उत्तम प्रश्नावली की अपेक्षा उत्तम साक्षात्कार के द्वारा अधिक सूक्ष्मतम अध्ययन किया जा सकता है।" ("On the matter there can be little doubt that good interview can prove for more deeply than the best questionnaire.") पार्टन के इस कथन से पता चलता है कि प्रश्नावली की अपेक्षा साक्षात्कार में सूक्ष्मतम सूचनाएँ आसानी से मिल जाती हैं लेकिन इस प्रविधि में

अध्ययनकर्त्ता एवं सूचनादाता के बीच प्रत्यक्ष संपर्क नहीं होने से अध्ययन संभव नहीं होता है। साथ ही सूक्ष्मतम अध्ययन के लिए यह अनिवार्य है कि एक समस्या के अनेक पहलुओं से संबंधित अत्यधिक प्रश्नों का प्रश्नावली में समावेश हो। किंतु प्रश्नावली का आधार छोटा रखा जाता है क्योंकि एक तो यूँ ही प्रश्नावली भरने का कार्य उत्तरदाता अपने ऊपर एक थोपा हुआ कार्य समझता है जिससे उसके व्यक्तिगत स्वार्थ की पूर्ति का कोई संबंध नहीं होता है। यदि प्रश्नावली का आकार बड़ा रखा जाए तो प्रत्युत्तर प्राप्ति की मात्रा बहुत अल्प हो जाएगी। अतः प्रश्नावली का आकार छोटा रखा जाता है। छोटे आकार एवं कम-से-कम सवालों के आधार पर गहन अध्ययन कर पाना असंभव हो जाता है जो इस प्रणाली का एक दोष कहा ज्ञा सकता है।

प्रश्नावली प्रविधि का पाँचवाँ सीमा अथवा दोष यह है कि इसमें अस्पष्ट एवं खराब लेख (Illegible and Bad Handwriting) के कारण प्रश्नावली त्रुटिपूर्ण हो जाती है। चूँकि प्रश्नावलियों को उत्तरदाता स्वयं भरते हैं इसलिए इसमें खराब एवं अस्पष्ट लेख की संभावनाएँ बराबर बनी रहती हैं। कई बार उत्तरदाताओं की लिखावट इतनी अस्पष्ट, दोषपूर्ण एवं अस्वच्छ होती है कि अनेक विशिष्ट सूचनाएँ एवं तथ्य पढ़ने में नहीं आ पाते हैं एवं इससे अध्ययन में निष्कर्ष निकालना अत्यधिक कठिन होता है। कभी-कभी पुनर्लेखन, शीघ्रता से लिखा जाना एवं काट-छाँट आदि भी उपयोगी सूचनाओं को पढ़ना असुविधाजनक बना देती है। यह इस विधि का एक दोष कहा जा सकता है। कुछ लोग तो उत्तर भरने में पेंसिल का ही प्रयोग करते हैं जो समय व्यतीत होने पर अस्पष्ट हो जाते हैं एवं उनको पढ़ना मुश्किल हो जाता है। इस प्रकार यह कहा जा सकता है कि अस्पष्ट एवं खराब लेख प्रश्नावली प्रविधि का एक दोष अथवा सीमा है।

प्रश्नावली प्रविधि का छठा दोष या सीमा यह है कि इसमें व्यक्तिगत संपर्क का अभाव (Absence of Personal Contact) पाया जाता है। इस प्रविधि में उत्तरदाता एवं शोधकर्त्ता के मध्य कोई प्रत्यक्ष संपर्क नहीं होता है। इससे शोधकर्त्ता को उत्तरदाता में अपने अध्ययन विषय के प्रति रुचि पैदा करने का अवसर नहीं मिल जाता है। इस विषय में जॉन गाल्टुँग (John Galtung) ने कहा है कि, "उत्तरदाता से अध्ययनकर्त्ता का प्रत्यक्ष संपर्क एक ऐसी संगीत लय के समान है जिसमें एक-दूसरे से संबद्ध अनेक ध्वनियाँ श्रोता को स्वयं ही सम्मोहित कर लेती हैं। इसके विपरीत प्रश्नावली किसी चित्र को समझने की एक ऐसी प्रविधि के समान है, जिसमें दर्शक के समक्ष चित्र एक बार में दिखाकर, मात्र रंगों की कला की बारीकियों और

उद्देश्यों को अलग-अलग रूप से स्पष्ट किया जाता सकता है।" इस प्रकार प्रश्नावली का यह दोष स्पष्ट होता है कि इसमें निजी संपर्क का अभाव पाया जाता है।

प्रश्नावली प्रविधि का सातवाँ दोष या सीमा यह है कि इसमें सार्वभौमिक प्रश्नों का अभाव पाया जाता है। सभी उत्तरदाता शिक्षा, स्वभाव, संस्कृति, विचारधारा,पारिवारिक, आर्थिक एवं पृष्ठभूमि–स्थिति आदि में एक समान नहीं होते हैं। उनमें एक-दूसरे से भिन्नता पाई जाती है। इसलिए प्रश्नावली में दिए गए सवालों का समान उत्तर मिलना कठिन होता है। एक ही प्रश्न के विविध उत्तरों में इतनी अधिक विविधता होती है कि उनके आधार पर कोई वैज्ञानिक निष्कर्ष निकाल पाना कठिन होता है।

प्रश्नावली प्रविधि का आठवाँ सीमा अथवा दोष यह है कि इसके द्वारा वास्तविक सूचनाओं को प्राप्त करना कठिन होता है। इसका मुख्य कारण यह है कि अधिकांश उत्तरदाता शोध के उद्देश्यों में दिलचस्पी नहीं लेते हैं। परिणामस्वरूप लापरवाह ढंग से सवालों का उत्तर भर देते हैं। यही कारण है कि ओ.ई. सीजर (O.G. Ceser) ने कहा है कि प्रश्नावली के माध्यम से प्राप्त उत्तरों से यह पता लगाना संभव नहीं है कि कौन-सा उत्तर सूचनादाता का लापरवाही पूर्व अनुमान है और किस प्रकार जान-बूझकर दी गई गलत सूचना। प्रो. फ्लेशनर (Prof. Fleshner) एवं सी. लूथर फ्राई (C. Luther Fry) ने भी बताया है कि इस प्रविधि द्वारा सही सूचनाओं को प्राप्त नहीं किया जा सकता है। सी. लूथर फ्राई (C. Luther Fry) ने इस संबंध में लिखा है कि, "उत्तरदाता बहुधा प्रश्नावली को एक व्यर्थ की चीज तथा उनके समय को खराब करने वाली समझते हैं और इसलिए इसके द्वारा वास्तविक सूचनाओं को प्राप्त नहीं किया जा सकता है। इस तरह यह मालूम होता है कि प्रश्नावली प्रविधि का एक दोष या सीमा वास्तविक सूचनाओं को प्राप्त करना है।

प्रश्नावली प्रविधि का नौवाँ सीमा या दोष यह है कि इसमें भावात्मक प्रेरणा का अभाव (Lack of Emotional Stimulation) पाया जाता है। इस प्रविधि में शोधकर्त्ता अथवा उत्तरदाता के बीच प्रत्यक्ष संबंध नहीं पाया जाता है। इसलिए इनमें भावात्मक प्रेरणा का अभाव पाया जाता है। वे एक-दूसरे के भावनाओं को, विचारों को एवं मनोवृत्तियों को नहीं समझ पाते हैं। अतः वे औपचारिकतावश प्रश्नावली को भरकर भेज देते हैं। इसका परिणाम यह होता है कि प्रश्नावली के माध्यम से अपर्याप्त तथा अपूर्ण सूचनाएँ प्राप्त होने की संभवनाएँ ज्यादा रहती हैं।

प्रश्नावली प्रवधि का दसवाँ सीमा या दोष यह है कि इसमें उत्तरदाताओं का संदेह (Respondent's Dilemma) पाया जाता है। प्रश्नावली से उत्तरदाता के मन में कई प्रकार की भ्रांतियाँ पाई जाती हैं। जैसे–उनके मन में यह शंका रहती है कि किसी विशेष उत्तर के लिए उनका नाम प्रयोग किया जा सकता है अथवा उनके उत्तरों को गोपनीय

नहीं रखा जाएगा। इस कारण प्रतिष्ठित व शिक्षित व्यक्ति भी समाज-विरोधी एवं असामान्य व्यवहारों से संबंधित सूचनाएँ नहीं देना चाहता है। कभी-कभी ऐसा भी होता है कि उत्तरदाताओं को प्रश्नावली का वास्तविक उद्देश्य मालूम नहीं होता है। ऐसी स्थिति में भी वे इसे संदेह की नजर से देखते हैं। इस तरह उत्तरदाताओं का संदेह प्रश्नावली में प्रविधि का एक सीमा या दोष कहा जा सकता है।

उपर्युक्त विवरणों से यह मालूम होता है कि जहाँ एक तरफ लुण्डबर्ग (Lundberg), सिन पाओ यंग (Psin Hao Yang), गुड्डे एवं हॉट (Goode and Hatt), बोगार्डस (Bogardus) एवं विलसन गी (Wilson Gee) आदि विद्वानों ने प्रश्नावली प्रविधि की कुछ उपयोगिताओं या महत्त्व की चर्चा की है वहीं दूसरी ओर एल्मर (Elmer), ओ.ई. सीजर (O.E. Ceser) ,ए. फ्लेशनर (A. Fleshner) तथा सी. लूथर फ्राई (C. Luther Fry) आदि अनेक विद्वानों ने इस प्रविधि के सीमाओं एवं दोषों का उल्लेख किया है।

दरअसल प्रश्नावली के बारे में विभिन्न. विद्वानों के विचार एक-दूसरे से भिन्न-भिन्न हैं। प्रश्नावली प्रविधि में विभिन्न कमियों के बावजूद हॉट एवं गुड्डे (Goode and Hatt) का कथन है कि यह तथ्य संकलन की सबसे सरल एवं कम व्यय तथा समय-साध्य प्रविधि है। इस विषय में गुड्डे एवं हॉट (Goode and Hatt) ने 'Methods in Social Research' में उल्लिखित है, "यदि प्रश्नावली में प्रश्नों का निर्माण तथा निदर्शन का चुनाव समुचित एवं उपयुक्त रूप से किया जाए तो इसके द्वारा प्राप्त सूचनाएँ निश्चित ही विश्वसनीय एवं प्रामाणिक होंगी।" उन्होंने आगे लिखा है, "अनेक दोषों के बाद भी, डाक के माध्यम से प्रेषित प्रश्नावली शोध में एक उपयोगी प्रविधि सिद्ध हुई है।" पर्याप्त सावधानी, वैज्ञानिक एवं लगन दृष्टिकोण को अपनाकर इस प्रविधि को अत्यधिक उपयोगी बनाया जा सकता है। इसलिए अपनी सभी कमियों के बावजूद यह तथ्य एकत्रित करने की एक लोकप्रिय विधि बन गई है। इसका कारण लुण्डबर्ग (Lundberg) ने यह बताया है कि इस प्रविधि में कम समय के भीतर कम-से-कम खर्च में अधिक व्यापक क्षेत्र का अध्ययन संभव है एवं साथ ही इसकी अवैयक्तिक प्रकृति के कारण यह शोधकर्त्ता की निजी उपस्थिति के परिणामस्वरूप पड़ने वाले गैर-जरूरी प्रभावों से उत्तरदाताओं की रक्षा करता है।

निष्कर्षतः यह कहा जा सकता है कि प्रश्नावली प्रविधि न तो पूर्णरूपेण दोषपूर्ण है और न पूर्णरूपेण दोषमुक्त अपितु कुछ रूपों में यह सामाजिक शोध की अन्य प्रविधियों की तुलना में प्रश्नावली अधिक उपयोगी एवं स्पष्ट है तो कुछ रूपों में सीमाओं में घिरी हुई स्पष्ट होती है।

9

अनुसूची

अनुसूची सामाजिक शोध के क्षेत्र में आंकड़े संकलन के लिए प्रयुक्त होने वाली प्रविधियों में से एक है। तथ्य संकलन की प्रमुख तथा दो प्रविधियाँ पाई जाती हैं। इनमें से पहला स्रोत प्राथमिक स्रोत कहलाता है एवं दूसरा स्रोत द्वितियक स्रोत कहलाता है। प्राथमिक स्रोत के अंतर्गत घटनाओं को स्वयं देखकर या सुनकर या संबंधित व्यक्तियों से मिलकर तथ्यों का एकत्रीकरण किया जाता है। द्वितीयक स्रोतों के अंतर्गत अध्ययनकर्त्ता अध्ययन विषय से संबंधित लिखित प्रलेखों का अध्ययन करके आंकड़े इकट्ठे किये जाते हैं। इसके आधार पर केवल भूतकाल के तथ्यों को ही जाना जा सकता है। वर्तमान घटनाओं का ज्ञान तो स्वयं निरीक्षण करके तथा संबंधित व्यक्तियों से तथ्य एकत्रित करके ही किया जाता है। संबंधित व्यक्तियों से सूचना प्राप्त करने के लिए किसी व्यवस्थित विधि की अनिवार्यता होती है जिससे तथ्य संकलन का कार्य संक्षिप्त एवं वास्तविक हो। इस उद्देश्य को पूरा करने के लिए जिन उपकरणों का प्रयोग शोध के क्षेत्र में किया जाता है उनमें से एक उपकरण 'अनुसूची' है।

समाजिक समस्याओं के अध्ययन के लिए सामाजिक शोध के क्षेत्र में अनुसूची एवं प्रश्नावली प्रणाली का बहुत अधिक महत्त्व होता है। हालाँकि दोनों में बहुत ज्यादा समानताएँ भी पाई जाती हैं लेकिन दोनों का एक समान अर्थ में प्रयोग किया जाना भ्रामक है। बाहरी रूप से ये दोनों एक-दूसरे से बहुत हद तक समानता रखते हैं लेकिन वास्तविक अर्थों में इन दोनों की आयोग एवं प्रकृति की प्रक्रिया एक-दूसरे से बहुत भिन्न है।

प्रश्नावली एवं अनुसूची दोनों का उपयोग सामग्री संग्रहण के लिए किया जाता है लेकिन अनुसूची एक ऐसे प्राथमिक क्षेत्र के रूप में विकास हुआ है जिसके अनुसार अध्ययनकर्त्ता स्वयं क्षेत्र में उपस्थित होकर सामग्री का संग्रहण करता है। यथार्थ सामग्री संकलन का उपयोग बहुत अधिक उपयोगी पद्धति है। सुप्रसिद्ध सामाजिक वैज्ञानिक लुण्डबर्ग (Lundberg) ने प्रश्नावली को विशिष्ट प्रकार की अनुसूची माना है। वास्तविकता यह है कि अनुसूची एवं प्रश्नावली में उपयोग की दृष्टि से अंतर होता है न कि संरचना में। इस तरह यह पता चलता है कि सही सामग्री के संकलन के लिए अनुसूची एक अत्यंत उपयोगी एवं उपयोगी प्रविधि है। अनुसूची के माध्यम से केवल उन्हीं तथ्यों का संग्रह किया जाता है जो अध्ययन-विषय की वास्तविकताओं को सही एवं संक्षेप में व्यक्त करता है एवं इससे व्यर्थ की सामग्री का ढेर एकत्रित नहीं हो पाता है। इस तरह अनुसूची तथ्य इकट्ठा करने की एक प्रमुख प्रविधि है।

सामाजिक शोध के जगत में तथ्य संकलन के लिए जिन यंत्रों का प्रयोग करते हैं उसमें से अनुसूची भी एक है। अनुसूची के विषय में समाज वैज्ञानिकों के विचारों में असमानता पाई जाती है। मुख्यतः दो तरह के विचार अनुसूची के विषय में दिए गए हैं। फलस्वरूप अनुसूची की अवधारणा एक विवादस्पद सवाल बना हुआ है। पहली अवधारणा के अनुसार अनुसूची एक सामान्य प्रविधि (Generalised Term) है एवं यह शोध की एक महत्त्वपूर्ण प्रविधि नहीं बन सकती है।

इस अवधारणा को मानने वाले लुण्डबर्ग (Lundberg) हैं। लुण्डबर्ग ने बताया है कि अनुसूची अनेक Items की एक सूची है। चाहे वे Items Statement के रूप में रहें या Question के रूप में। लुण्डबर्ग का मानना है कि अनुसूची का कार्य केवल शोधकर्त्ता की समस्याओं के आयोजित एवं व्यवस्थित अध्ययन में मदद करना है। दूसरी अवधारणा के अनुसार अनुसूची सामाजिक शोध की एक महत्त्वपूर्ण प्रविधि है। इस अवधारणा के समर्थकों में पी.वी. यंग (P.V. Young) तथा गुड्डे एवं हॉट (Goode and Hatt) आदि का नाम प्रमुख है। इन विचारकों का मानना है कि अनुसूची प्रश्नों की वह सूची है जिसका प्रयोग साक्षात्कार के समय सामाजिक समस्याओं के अध्ययन के लिए किया जाता है। इस तरह यह पता चलता है कि अनुसूची की अवधारणा के विषय में विवाद बना हुआ है। इसलिए अनेक समाज वैज्ञानिकों ने इसे अपने-अपने ढंग से परिभाषित किया है। ज्यादातर विचारक अनुसूची की दूसरी अवधारणा से अपनी सहमति व्यक्त करते हैं। यहाँ अनेक विद्वानों के माध्यम से अनुसूची की दी गई परिभाषाओं को प्रस्तुत किया जा रहा है जो निम्नलिखित हैं—

अनुसूची को परिभाषित करते हुए लुण्डबर्ग (Lundberg) ने स्पष्ट किया है, "The schedule insures that the observer makes note at the same items at information in all the cases, and yet makes it unnecessary for him to just his memory for the facts observed." इस परिभाषा से यह स्पष्ट होता है कि अनुसूची का प्रयोग उत्तरदाता से पूछे जाने वाले सवालों को याद रखने से शोधकर्त्ता को बचाता है क्योंकि शोधकर्त्ता के साथ प्रश्नों की सूची रहती है तथा वह उत्तरदाता से समान सवाल पूछता है। उन्होंने पुनः कहा है कि अनुसूची एक सामान्य अवधारणा है जिसका प्रयोग किसी भी प्रणाली के माध्यम से तथ्यों के संग्रह के लिए किया जा सकता है। यदि अवलोकन पद्धति के माध्यम से समस्याओं के अध्ययन में इस सवाल की सूची का प्रयोग किया जाता है तब उसे अवलोकन अनुसूची (Observation Schedule) कहा जाता है। यदि साक्षात्कार पद्धति के माध्यम से समस्याओं के अध्ययन में इसका प्रयोग किया जाएगा तब इसे साक्षात्कार अनुसूची (Interview Schedule) कहा जाएगा। यदि प्रश्नावली पद्धति के माध्यम से समस्याओं के अध्ययन में इसका प्रयोग किया जाएगा तब इसे प्रश्नावली अनुसूची (Questionnaire Schedule) कहा जाएगा।

पी.वी. यंग (P.V. Young) ने 'Scientific Social Survey and Research' में अनुसूची को परिभाषित करते हुए लिखा है, "अनुसूची मानव तथा औपचारिक शोधों में प्रयोग किए जाने वाला एक ऐसा उपकरण है, जिसका मुख्य उद्देश्य बहुस्तरीय गणनात्मक तथ्य संकलन करने में सहायता प्रदान करना है।" ("It is counting device, used in format and standardised inquiries the solve purpose of which is aiding in the collection of quantitative cross-sectional data.") इन्होंने फिर लिखा है 'The schedule is referred to as a form filled out during a personal interview' यंग की इस परिभाषा से यह पता चलता है कि अनुसूची के माध्यम से समस्याओं के अध्ययन में इसका उपयोग नहीं किया जा सकता है। अनुसूची प्रश्नों की वह सूची है जिसका प्रयोग साक्षात्कार के समय सामाजिक समस्याओं के अध्ययन के लिए किया जाता है। शोधकर्त्ता स्वयं अनुसूची को भरता है।

अनुसूची को परिभाषित करते हुए हॉट एवं गुड्डे (Goode and Hatt) ने 'Method in Social Research' में लिखा है, "अनुसूची उन प्रश्नों के एक समूह का नाम है, जो साक्षात्कारकर्त्ता के माध्यम से किसी दूसरे व्यक्ति के आमने-सामने की स्थिति में पूछे और भरे जाते हैं।" ("Schedule is the name usually applied to a set of question with another asked and filled in by an interviewer in a face to face situation with another person.") इस परिभाषा से यह मालूम होता है कि अनुसूची प्रश्नों की एक समूह है। इसका प्रयोग साक्षात्कार के समय किया जाता है। इन प्रश्नों को साक्षात्कारकर्त्ता दूसरे व्यक्तियों से पूछता है तथा अनुसूची स्वयं साक्षात्कारकर्त्ता के द्वारा पूरी भर दी जाती है।

अनुसूची को परिभाषित करते हुए बेगार्डस (Bagardus) ने 'Introduction to Social Research' में लिखा है, ''अनुसूची उन आंकड़ों को प्राप्त करने की औपचारिक प्रणाली का प्रतिनिधित्व करती है जो वैषयिक रूप में है, तथा आसानी से प्रत्यक्ष योग्य है।''("The schedule represents a formal mathod for securing facts that are in objective form and easily discernible...the schedule is filled out by the investigator himself.")

मैककोर्मिक (MacCormic) ने अनुसूची को परिभाषित करते हुए 'Elementary Social Statistics' में लिखा है, ''अनुसूची उन प्रश्नों की एक सूची से अधिक कुछ नहीं है जिनका उत्तर देना प्राकल्पनाओं या प्राकल्पना की जाँच के लिए अनिवार्य प्रतीत होता है।'' ("The schedule is nothing more than a list of the question which it seems necessary to answer in order to test the hypothesis or hypotheses.")

एम.एच. गोपाल (M.H. Gopal) ने अनुसूची को परिभाषित करते हुए 'An Introduction to Research Procedure in Social Science' में लिखा है, ''अनुसूची एक अर्थ में एक वर्गीकृत, विस्तृत, नियोजित तथा श्रेणीबद्ध पदों की सूची है, जिस पर सूचना अपेक्षित होती है।'' ("The schedule in a sense is a detailed, classified, planned and serialed list of items on which information is required.")

अनुसूची को परिभाषित करते हुए मोजर (Moser) ने लिखा है, ''जब तक यह साक्षात्कारकर्त्ताओं के माध्यम से संचालित होती है, यह स्पष्ट रूप से औपचारिक प्रलेख हो सकती है जिसमें आकर्षण की बजाय कुशल क्षेत्र संचालन का उद्देश्य ही कार्यरत विचार रहता है।''

उपर्युक्त परिभाषाओं के आधार पर यह कह सकते हैं कि अनुसूची एक तरह की सामग्री संग्रहण के हेतु बनाई गई सवालों की सूची है जिनके उत्तर खुद अध्ययनकर्त्ता अपने क्षेत्र में सूचनादाताओं के आमने-सामने के संपर्क द्वारा प्राप्त होता है। इस प्रकार यह कहा जा सकता है कि अनुसूची सूचनादाताओं से प्रत्यक्षतः पूछे जाने वाले जिन सवालों की एक वर्गीकृत एवं व्यवस्थित सूची है जिसका उपयोग सूचनाओं को पाने के लिए किया जाता है। अर्थात् अनुसूची एक ऐसा प्रपत्र है।

जिसमें सवालों को अत्यधिक विचार-विमर्श के बाद लिखा जाता है और यह अपेक्षा की जाती है कि उन प्रश्नों के आधार पर सही-सही सूचनाएँ प्राप्त हो सकेंगी। सही-सही सूचनाओं के मिल जाने पर यह कहा जा सकता है कि अध्ययन विषय की वास्तविकताओं का ज्ञान हो गया है। इस प्रपत्र को आवश्यकतानुसार एक ही साथ ज्यादा मात्रा में छपवा लिया जाता है एवं एक-एक अनुसूची का प्रयोग एक-एक उत्तरदाताओं के लिए किया जाता है। इस अनुसूची को लेकर शोधकर्त्ता स्वयं उत्तरदाता के पास जाता है और उनसे अनुसूची में दर्ज सवालों को पूछ-पूछकर स्वयं लिखता है। सभी उत्तरदाताओं से सवाल पूछकर दिए गए उत्तरों के आधार पर जो निष्कर्ष निकलता है उसी को अध्ययन समस्या का निचोड़ माना जाता है। इस तरह अनुसूची का महत्त्व सामाजिक शोध के क्षेत्र में बहुत ज्यादा है एवं यह अत्यधिक उपयोगी साबित होता है।

एक आदर्श अनुसूची की विशेषताएँ

अनुसूची सवालों के उत्तर के रूप में अर्जित सूचनाओं को इकट्ठा करने का एक साधन है। इसकी सफलता इसलिए उत्तर एवं प्रश्न पर निर्भर है अर्थात् सवाल इस तरह हो जिससे कि वास्तविक तथ्य मालूम किए जा सकें एवं उन प्रश्नों को सूचनादाता सही अर्थों में समझ सकें तथा सही उत्तर दे सकें। एक उत्तम अथवा अच्छी अनुसूची की प्रमुख रूप से दो विशिष्टताएँ होती हैं जो इस प्रकार से हैं–

(i) सही संदेशवाहन (Accurate Communication),

(ii) सही प्रत्युत्तर (Accurate Response)।

(i) सही संदेशवाहन (Accurate Communication)–एक अच्छी अथवा उत्तम अनुसूची की पहली विशेषता यह है कि इसमें सवालों को इस प्रकार पूछा जाता है ताकि उन प्रश्नों के संबंध में किसी भी उत्तरदाता के मन में कोई गलत धारणा न पनपे। अर्थात् शोधकर्त्ता जो कुछ सवाल पूछना चाहता है उत्तरदाता उसे उसी रूप में समझता है। यदि किसी अनुसूची के प्रश्नों में यह विशेषता पाई जाती है तो यह एक उत्तम अनुसूची कहलाती है। एक उत्तम या अच्छी अनुसूची की भाषा इतनी सुस्पष्ट, सरस, भ्रमरहित तथा एक अर्थक होती है कि किसी के लिए उसके वास्तविक अर्थ को जानने में किसी तरह की कठिनाई नहीं आती है। चूँकि अनुसूची वास्तविक तथ्यों को एकत्रित करने का एक साधन होती है इसलिए उसे वास्तविक भाव को वास्तविक रूप में व्यक्त करने योग्य भी होना चाहिए।

(ii) सही प्रत्युत्तर (Accurate Response)—एक अच्छी या उत्तम अनुसूची की दूसरी विशिष्टता सही प्रत्युत्तर को प्राप्त करना होता है। अर्थात् एक अच्छी या उत्तम अनुसूची की पहचान तब कायम होती है जब उस अनुसूची के आधार पर सूचनादाता सही उत्तर देता है जो शोधकर्त्ता के लिए आवश्यक तथा उपयोगी होता है। इसका अर्थ यह कभी नहीं है कि सूचनादाता केवल ऐसे ही सूचनाओं या तथ्यों को दे जो कि शोधकर्त्ता की प्राकल्पनाओं के अनुसार हों। इसका तात्पर्य केवल इतना है कि वे जो कुछ भी सूचना दें वह वास्तविक हो, दुविधायुक्त न हो और समस्याओं की वास्तविकताओं पर रोशनी डालने में सहायक हों चाहे उसकी वह सूचना शोधकर्त्ता की प्राकल्पना को ठीक प्रमाणित करे या गलत। उत्तर यदि अस्पष्ट, संदेहजनक या बहुअर्थक हुआ तो उससे शोधकर्त्ता के भटक जाने की संभावना रहती है। एक अच्छी या उत्तम अनुसूची में इस प्रकार के प्रश्न पूछे जाते हैं जिनसे संदेहरहित, स्पष्ट एवं एक अर्थक उत्तर प्राप्त किए जा सकें। एक उत्तम या अच्छी अनुसूची में निम्नलिखित गुणों का होना जरूरी होता है जिससे सही-सही या संदेशवाहन प्रत्युत्तर की स्थिति संभव हो सके—

(i) अनुसूची में प्रश्न सदैव आसान एवं स्पष्ट होने चाहिए जिससे कि उत्तरदाताओं को किसी प्रकार की परेशानी का सामना न करना पड़े एवं वे ठीक उत्तर दे सकें। ये प्रश्न संदेह में डालने वाले नहीं होने चाहिए।

(ii) अनुसूची में इस तरह की भाषा का प्रयोग कर प्रश्न का निर्माण करना चाहिए ताकि वे समझ में आ सकें। भाषा इस तरह की होनी चाहिए ताकि उससे एक ही अर्थ निकले। शोध कार्य में भ्रमित करने वाले वाक्यों का प्रयोग कदापि नहीं करना चाहिए। साथ ही बहुअर्थक शब्दों का भी प्रयोग नहीं करना चाहिए। दूसरे शब्दों में यह कहा जा सकता है कि अनुसूची में ऐसी भाषा एवं शब्दों का प्रयोग करना चाहिए जिसका एक ही अर्थ निकलता हो।

(iii) अनुसूची में प्रश्न इस तरह होने चाहिए जिनके उत्तर देने में उत्तरदाताओं को कोई असुविधा न हो।

(iv) अनुसूची का रूप एवं आकार आकर्षक होना चाहिए।

(v) अनुसूची में ऐसे प्रश्न होने चाहिए जो अध्ययन विषय के उद्देश्य एवं प्रकृति से संबंधित हों जिससे कि उनके उत्तरों के माध्यम से प्राक्कल्पनाओं में भी क्रमबद्धता बनी रहे।

(vi) अनुसूची में सामान्य एवं साधारण शब्दों का प्रयोग किया जाना चाहिए। अध्ययनकर्त्ता को अनुसूची में खड़ी बोली का प्रयोग नहीं करना चाहिए। हमेशा सीधे एवं साधारण शब्दों का प्रयोग किया जाना चाहिए।

(vii) अनुसूची में ऐसे सवालों का समावेश होना चाहिए जिनका जवाब देने में उत्तरदाता आनंद की अनुभूति कर सके। इससे आगामी अध्ययन कार्य भी ठीक से चल सकता है। साथ ही इससे अध्ययनकर्त्ता एवं उत्तरदाता दोनों के समय की भी बचत होती है।

(viii) अनुसूची में प्रश्न छोटे-मोटे होने चाहिए क्योंकि अगर प्रश्न लंबा होगा तो उत्तरदाता उबन का अनुभव करने लगेंगे। इस प्रकार उत्तम अनुसूची के प्रश्नों का निर्माण विशिष्ट उद्देश्यों को ध्यान में रखकर करना चाहिए। प्रश्न अगर छोटे होंगे तो उत्तरदाता शीघ्रता से उनका उत्तर दे सकेंगे।

(ix) अनुसूची में ऐसे प्रश्नों का समावेश होना चाहिए जो कि महत्त्वपूर्ण शोधों के लिए आवश्यक हों।

(x) अनुसूची में इस तरह के प्रश्नों की रचना होनी चाहिए जिसका सांख्यिकीय विवेचना संभव हो सके।

(xi) अनुसूची में ऐसे सवाल होने चाहिए जिससे उत्तरदाताओं को किसी भी प्रकार से आघात एवं अपमानित नहीं होना पड़े। प्रश्नों का निर्माण इस तरह से किया जाना चाहिए जो उत्तदाताओं को चोट पहुँचाने वाला न हो। कभी-कभी ऐसा देखने को मिलता है कि अनुसूची में ऐसे भी प्रश्न अंकित रहते हैं जो उत्तरदाताओं को चोट पहुँचाने वाले होते हैं। ऐसी परिस्थिति में अध्ययनकर्त्ता को यह चाहिए कि वह विकट शब्दों को ऐसे प्रयोग करे जिससे उत्तरदाताओं को इसका एहसास न हो।

अनुसूची के लक्ष्य

अनुसूची तथ्य संकलन की एक ऐसी विधि है जो अध्ययन विषय की सत्यता को स्पष्ट कर प्राकल्पनाओं की जाँच करने में मददगार होती है। अर्थात् अनुसूची का प्राथमिक लक्ष्य प्रश्नों के उत्तर के माध्यम से ऐसे तथ्यों को इकट्ठा करना है जो कि प्रत्यक्ष रूप से मिलकर आमने-सामने की स्थिति में उनसे सूचना इकट्ठा करना होता है। अनुसूची के इस पहले लक्ष्य के अतिरिक्त अन्य लक्ष्यों का भी उल्लेख किया जा सकता है जो निम्नलिखित हैं–

अनुसूची का प्राथमिक उद्देश्य वस्तुनिष्ठ एवं प्रामाणिक अध्ययन (Valial and Objective Study) करना होता है। अर्थात् अनुसूची का उद्देश्य निरीक्षण एवं अध्ययन को अधिकाधिक वस्तुनिष्ठ एवं प्रामाणिक बनाना होता है। अनुसूची प्रविधि में शोधकर्त्ता खुद ही निजी संपर्क स्थापित कर प्रत्यक्षतः सूचनादाताओं से सूचनाओं का संकलन करता है। इसलिए रहस्यात्मक एवं जटिल प्रश्नों के भी

प्रामाणिक एवं विश्वसनीय उत्तर प्राप्त हो जाते हैं। चूँकि इसमें अध्ययनकर्त्ता खुद उत्तदाताओं से व्यक्तिगत रूप से जाकर मिलता है, उन्हें अध्ययन-विषय एवं अध्ययन के लक्ष्यों से अवगत करवाता है इसलिए अनुसूची के प्रत्येक सवाल की व्याख्या एवं उसके सही उत्तर की याचना भी कर सकता है। इसमें अध्ययनकर्त्ता वही उत्तर प्राप्त करने का प्रयास करता है जो उसके नजरिए में उपयोगी एवं सार्थक होता है। इसलिए उत्तरदाताओं को अनेक अर्थ लगाने का समय नहीं मिलता है। इससे अध्ययन में प्रामाणिकता आती है। कहने का तात्पर्य यह है कि उत्तरदाताओं को ऐसा कोई मौका नहीं मिलता है जिससे वे कोई अलग अर्थ लगा सकें। इसलिए अनुसूची के द्वारा प्रामाणिक एवं वस्तुनिष्ठ अध्ययन होता है।

अनुसूची का दूसरा उद्देश्य सूचनाओं के अपूर्ण एवं अनुपयोगी संकलन से बचाव (Guard against useless and incomplete collection of information) कहा जा सकता है। अनुसूची का लक्ष्य विषय से संबंधित प्रश्नों का क्रमबद्ध उत्तर प्राप्त करना होता है। अनुसूची अपनी स्मरण-शक्ति पर अनिवार्य रूप से भरोसा करने के जोखिम से शोधकर्त्ता को बचाता है। ऐसा संभव है कि अगर शोधकर्त्ता बगैर अनुसूची का सहारा लिए साक्षात्कार करे तो वह कुछ महत्त्वपूर्ण प्रश्नों का उत्तर प्राप्त करना बिल्कुल भूल जाए या साक्षात्कारदाता के माध्यम से कही हुई बातों को याद न कर सके। इस दशा में उसे साक्षात्कारदाता के पास पुनः जाना पड़ेगा अथवा अपनी कल्पना पर भरोसा करना पड़ेगा। दोनों ही परिस्थितियों में अध्ययन में यथार्थता एवं विश्वसनीयता नहीं आ पाएगी। अनुसूची का प्रयोग इस तरह की स्थिति से बचाता है। इसलिए अनुसूची को 'याद दिलाने वाला' (Memory Tickler) भी कहा जाता है।

अनुसूची का तीसरा उद्देश्य अनुपयोगी संकलन से बचाव (Discarding Unnecessary Data) कहा जा सकता है। अनुसूची एक व्यवस्थित एवं नियोजित प्रश्नों की एक सूची होती है। इसलिए शोध की प्रक्रिया में अध्ययनकर्त्ता का पूरा ध्यान अनुसूची में निर्दिष्ट बातों पर ही केंद्रित रहता है। अतः वह असंबद्ध एवं अनावश्यक तथ्यों को उसमें शामिल नहीं कर पाता है। इस तरह यह मालूम होता है कि अनुसूची अध्ययनकर्त्ता को आवश्यक सूचनाओं के प्रति सचेष्ट भी रखती है।

अनुसूची का चौथा उद्देश्य सूचनाओं का व्यवस्थित संकलन (Systematic Collection of Data) कहा जा सकता है। अनुसूची में सभी प्रश्न सोच-समझकर क्रमबद्ध एवं व्यवस्थित रूप में प्रस्तुत किए जाते हैं, एवं शोधकर्त्ता स्वयं ही आंकड़ों का संकलन भी करता है। इसलिए जो भी सूचनाएँ प्राप्त होती हैं उनमें एक व्यवस्था

एवं क्रमबद्धता होती है। इससे आगे चलकर उनके विश्लेषण एवं वर्गीकरण में कोई समस्या नहीं होती है। इस प्रकार अनुसूची का एक मुख्य उद्देश्य सारणीयन, वर्गीकरण, व्याख्या एवं विश्लेषण के कार्य को आसान बनाना होता है। अगर बिना अनुसूची के अध्ययन किया जाता है तो उत्तरदाता अपनी-अपनी बातें अपने-अपने तरह से वर्णनात्मक या कहानी के रूप में कहता है। इस रूप में प्राप्त की गई सूचना को वर्गीकृत करने अथवा विवेचन करने में बहुत कठिनाई का सामना करना पड़ता है। अनुसूची का लक्ष्य इस परेशानी से बचना होता है।

अनुसूची का पाँचवाँ लक्ष्य संख्यात्मक आँकड़ों के संकलन में उपयोगी (Useful in Collecting Numerical Facts) कहा जा सकता है। यह प्रविधि संख्यात्मक सूचनाओं एवं आँकड़ों के संकलन में अधिक महत्त्वपूर्ण होती है। विचारात्मक सूचनाओं या भावनात्मक जानकारी के लिए यह प्रविधि उपयोगी नहीं होती है।

अनुसूची का छठा लक्ष्य मात्रात्मक मापन (Quantitative Measurment) कहा जा सकता है। अर्थात् अनुसूची का उद्देश्य गुणात्मक प्रपत्रों को मात्रात्मक प्रपत्रों के रूप में परिणत कर मापन योग्य बनाना होता है।

अनुसूची का सातवाँ उद्देश्य अध्ययनकर्त्ता पर नियंत्रण रखना कहा जा सकता है। अनुसूची अध्ययनकर्त्ता पर नियंत्रण बनाए रखने की एक महत्त्वपूर्ण प्रणाली है जिससे अध्ययनकर्त्ता अध्ययन-क्षेत्र में मनमाने ढंग से कार्य नहीं कर पाता है। इससे किसी भी प्रकार का पक्षपात होने की संभावना नहीं रहती है।

अनुसूची का आठवाँ उद्देश्य यह है कि इसमें अवलोकन के गुणों का भी समावेश होता है। इसमें अध्ययनकर्त्ता जो कुछ आँखों से देखता है अथवा महसूस करता है उसे वह अनुसूची में उसके बताए अनुसार लिख देता है।

अनुसूची का नौवाँ लक्ष्य उत्तरदाता को उसकी खुद की भाषा में उत्तर देने का अवसर प्रदान करना कहा जा सकता है। इसमें उत्तरदाता को अपनी ही भाषा में समुचित उत्तर देने का अवसर मिल जाता है। इस प्रकार इसमें सही स्थिति का स्पष्टीकरण एवं जानकारी प्राप्त होने की अधिक संभावना रहती है।

अनुसूची का दसवाँ लक्ष्य अध्ययन में प्रत्यक्ष संपर्क का होना कहा जा सकता है। अनुसूची का उपयोग स्वयं अध्ययनकर्त्ता द्वारा उत्तरदाता से प्रत्यक्ष संपर्क स्थापित कर इस प्रकार किया जाता है जिससे उत्तरदाता अध्ययन-विषय के अनेक पक्षों से संबंधित अधिक-से-अधिक सूचनाएँ प्राप्त कर सकें या अध्ययन-विषय की वांछित जानकारी प्राप्त कर सकें।

उपर्युक्त विवरणों से यह पता चलता है कि अनुसूची के कई लक्ष्य हैं। अनुसूची के लक्ष्यों को स्पष्ट करते हुए डॉक्टर गोपाल (Dr. Gopal) ने स्पष्ट किया है, ''अनुसूची का मुख्य लक्ष्य अनेक स्रोतों से प्रत्यक्ष रूप से निश्चित तौर पर परिमाणात्मक और वस्तुनिष्ठ सामग्री को प्राप्त करना होता है।'' सत्यता यह है कि अनुसूची द्वारा जहाँ एक ओर अधिक वस्तुनिष्ठ एवं प्रामाणिक सूचनाएँ प्राप्त की जा सकती हैं वहीं दूसरी तरफ इसकी सहजता से अपूर्ण सूचनाओं के दोष को दूर करके सूचनाओं का सत्यापन करना भी संभव हो जाता है।

अनुसूची का एक महत्त्वपूर्ण उद्देश्य जरूरी तथ्यों का बहिष्कार करके उपयोगी सूचनाओं का इस तरह आलेखन करना होता है जिससे तथ्यों का समुचित रूप से वर्गीकरण करके व्यवस्थित निष्कर्ष प्रस्तुत किया जा सके। ये सभी लक्ष्य इतने विशिष्ट हैं कि सामाजिक घटनाओं के अध्ययन में अनुसूची को अत्यधिक उपयोगी प्रविधि के रूप में देखा जाने लगा है।

अनुसूची तैयार करने की प्रक्रिया

अनुसूची सवालों की एक सूची होती है। इसका निर्माण सोच-विचार कर सावधानीपूर्वक किया जाता है। इसका निर्माण करना कोई आसान कार्य नहीं है। अनुसूची के निर्माण की प्रक्रिया में विभिन्न स्तर होते हैं एवं प्रत्येक स्तर में कुछ सावधानी बरतनी पड़ती है। इसके निर्माण में निम्नलिखित स्तर होते हैं–

अनुसूची निर्माण के प्रथम चरण में इसके निर्माण से संबंधित अनेक पक्षों पर विचार किया जाता है। अनुसूची निर्माण से पूर्व यह निश्चित करना चाहिए कि इसमें अध्ययन-विषय से संबद्ध किन-किन पक्षों को समायोजित किया जाएगा। इस स्तर में शोधकर्त्ता अध्ययन की कठिनाई के संबंध में जानकारी प्राप्त करता है। ऐसा करना इसलिए अनिवार्य होता है क्योंकि अगर अध्ययन की समस्या की प्रकृति का पूरा ज्ञान नहीं होगा तब तक उसके बारे में प्रश्नों का ज्ञान संभव नहीं हो सकेगा। इससे शोधकर्त्ता को यह पता चल जाता है कि विषय में कौन-कौन से पक्ष ज्यादा महत्त्वपूर्ण हैं और कौन-कौन से पक्ष कम महत्त्वपूर्ण हैं। साथ ही इससे यह भी पता चल जाता है कि अध्ययन की कठिनाई के कौन-कौन से प्रमुख पहलू हो सकते हैं, ताकि अनेक पहलुओं के संबंध में जानकारी प्राप्त की जा सके। प्रारंभ में ऐसा कर लेने से अनुसूची में प्रश्नों का एक संतुलित अनुपात बनाए रखना संभव हो पाता है। साथ ही अनुसूची में अनुपयोगी प्रश्नों का भी जमाव नहीं हो पाता है।

पूर्ववर्ती विचार एवं कठिनाई के संबंध में आवश्यक जानकारी इसलिए भी अनिवार्य होती है क्योंकि शोधकर्त्ता विषय के संबंध में एक संतुलित धारणा को

पनपाए बिना ही अनुसूची में उन सभी मदों एवं पहलुओं को सम्मिलित करना चाहते हैं जो उन्हें मुख्य एवं रुचिकर प्रतीत होते हैं। इस तरह की प्रवृत्ति शक्ति, समय एवं धन के अपव्यय का कारण बनती है। इस स्थिति से बचने के एक संतुलित प्रश्न सूची को बनाए रखना आवश्यक होता है। इसको बनाए बिना यह संभव है कि कुछ अनावश्यक पक्षों को अनुसूची में ज्यादा मान्यता मिल जाए एवं प्रमुख पक्ष अनुसूची से छूट जाएँ। इसलिए पूर्व ज्ञान के आधार पर अध्ययन समस्या के संबंध में जानकारी प्राप्त की जाती है।

अनुसूची निर्माण के दूसरे चरण में इसका आकार निश्चित किया जाता है। अर्थात् इस स्तर में शोधकर्त्ता यह निर्धारित करता है कि अनुसूची में कितने प्रश्न रखे जाएँ। अनुसूची का आकार अध्ययन क्षेत्र की प्रकृति, समस्या की प्रकृति, अध्ययन के लिए प्राप्त समय एवं धनराशि आदि बातों पर निर्भर करती है। अध्ययन विषय के अनेक पक्षों में विभाजित किया जाता है। साथ ही यह भी निर्धारित किया जाता है कि प्रत्येक उपविभाग के संबंध में सारे विषय स्पष्ट हों। इसके लिए दो बातों पर ध्यान देना आवश्यक होता है। इसमें पहली बात यह है कि इस प्रकार के प्रश्नों को अनुसूची में शामिल करने पर पहलू विशेष पर ज्यादा प्रकाश डाला जाए।

दूसरी बात यह है कि इस प्रकार के प्रश्नों के उत्तर से प्राप्त सूचनाओं का शोध के उद्देश्य को पूरा करने में बहुत अधिक उपयोग हो। इस प्रकार यह कहा जा सकता है कि इस स्तर में अध्ययन विषय के अनेक पक्षों के उपविभागों एवं उनसे संबंधित प्रश्नों के विस्तार, प्रकृति एवं उसकी उपयोगिता के विषय में निर्धारित कर लिया जाता है। अगर भावनाओं, मनोवृत्ति एवं विचारों आदि मनोवैज्ञानिक समस्याओं के अध्ययन के लिए अनुसूची का निर्माण किया जाता है तो इसका आकार बड़ा रखा जाता है। इसके विपरीत घरेलू दशा, साक्षरता, व्यवसाय तथा ड्रेस स्टाइल आदि समस्याओं के अध्ययन के लिए अनुसूची का निर्माण किया जाता है तो अनुसूची का आकार छोटा रखा जाता है। साथ ही अगर अध्ययन के लिए समय एवं धनराशि ज्यादा प्राप्त रहता है तब तुलनात्मक रूप में अनुसूची का आकार विस्तृत रखा जाता है एवं यदि धनराशि एवं समय कम रहता है तब अनुसूची का आकार सीमित रखा जाता है।

अनुसूची के निर्माण की प्रक्रिया का तीसरा स्तर सवालों के निर्माण से जुड़ा होता है। इस स्तर पर इस बात की सावधानी रखनी पड़ती है कि जल्दबाजी में सवालों का निर्माण न हो जाए। प्रश्नों की प्रकृति पर ही यह निर्भर करता है कि उत्तरदाता उन सवालों के सही अर्थ को समझकर सही उत्तर दे सकेगा या नहीं। इसलिए इस

बात का हमेशा ध्यान रखा जाना चाहिए कि प्रश्नों की भाषा अस्पष्ट, जटिल, बहुअर्थक एवं संदेहयुक्त न हो। साथ ही जिन सवालों से उत्तरदाताओं को कोई क्षोभ पहुँचे या उत्तर देने में किसी प्रकार का संकोच हो, ऐसे सवालों के निर्माण से भी बचा जाना चाहिए। सरल, स्पष्ट एवं ठीक ढंग से पूछे गए विनम्र सवाल उत्तरदाताओं से सही उत्तर को खुद ही प्राप्त कर लेता है। इसके विपरीत गलत ढंग से पूछे गए अटकलपच्चू सवाल उत्तरदाता के मन में झुंझलाहट पैदा कर देते हैं। इसलिए यह इधर-उधर की बातों को कहकर केवल खानापूर्ति कर देता है या उत्तर देने से इनकार कर देता है।

साथ ही इस बात का भी ध्यान रखा जाना जरूरी होता है कि अनुसूची में ऐसे प्रश्नों का समावेश न हो जाए जिनका अध्ययन विषय से कोई प्रत्यक्ष संबंध न हो। कहने का तात्पर्य यह है कि प्रश्नों के निर्माण में बहुत सावधानी रखनी पड़ती है ताकि प्रश्न विश्वसनीय तथ्य संग्रह करने में सक्षम हों। सवालों का निर्माण करते समय इस बात का ध्यान रखा जाता है कि समस्या के अनेक पहलुओं के संबंध में विस्तृत एवं विश्वसनीय आँकड़े इन प्रश्नों द्वारा प्राप्त हो सकें। हर संभव प्रयत्न किया जाना चाहिए कि अनुसूची में बहुअर्थक शब्दों, उत्तरदाताओं एवं टेक्नीकल धारणाओं को चोट पहुँचाने वाले सवालों का चयन न हो। साथ ही अनुसूची में अप्रचलित शब्दों का भी प्रयोग नहीं किया जाना चाहिए।

अनुसूची के निर्माण की प्रक्रिया के चौथे स्तर में सवालों को एक सिल सिलेवार तरीके से या क्रमबद्ध रूप से सजाया जाता है। एक समस्या से जुड़े समस्त प्रश्न को एक ही जगह रखा जाता है। साथ ही यह भी ख्याल रखा जाता है कि प्रश्नों को किस प्रकार क्रमबद्ध रूप से रखा जाए ताकि उत्तरदाताओं की दिलचस्पी बनी रहे। प्रश्नों को क्रमबद्ध रूप में रखते समय उत्तरदाता का नाम, लिंग, आयु, ज्ञान, धर्म वैवाहिक स्थिति, आमदनी एवं व्यवसाय, आदि से संबंधित शुरुआती जानकारियों से संबंधित सवाल को सबसे ऊपर तथा अन्य मुख्य प्रश्नों को उसके बाद रखा जाना चाहिए। लेकिन सबसे ऊपर अध्ययन की समस्या के विषय का जिक्र किया जाना चाहिए। यदि उसके नीचे संक्षेप में अध्ययन का उद्देश्य भी लिखा हो तो इसे और अच्छा समझा जाता है। लेकिन हर एक अनुसूची के लिए ऐसा आवश्यक नहीं होता है।

प्रश्नों को क्रम में बनाने से उत्तरों के माध्यम से तथ्यों की प्राप्ति उसी क्रम में होती है जिस क्रम में तथ्यों का विश्लेषण ,व्याख्या एवं प्रतिवेदन लिखनी होती है। क्रम से लगे प्रश्नों के द्वारा उत्तरदाता से भी उत्तर शीघ्रतापूर्वक मिल जाते हैं। सवालों का क्रम यदि सरल से जटिल की ओर होता है तो उत्तरदाता प्रारंभ में सरल

प्रश्नों के उत्तर देखकर मानसिक रूप से जटिल सवालों के उत्तर के लिए तैयार हो जाता है। प्रश्नों को क्रमबद्ध करते समय इस बात का भी ध्यान रखा जाना चाहिए कि ऐसा कोई भी सवाल शामिल न हो जिसका उत्तर ही न मिले। ऐसे प्रश्नों को निकाल देना चाहिए।

अनुसूची के निर्माण प्रक्रिया का पाँचवाँ स्तर अनुसूची की सार्थकता की जाँच करने से संबंधित होता है। अर्थात् प्रश्नों को क्रम के अनुसार रखने के बाद अनुसूची के दोषों की जानकारी ज्ञात करने के लिए पूर्व-परीक्षण या पूर्व-सर्वेक्षण किया जाता है। कुछ लोगों पर अनुसूची को लागू कर यह ज्ञात करने का प्रयास किया जाता है कि अनुसूची में अनावश्यक प्रश्न तो नहीं है। साथ ही पूर्व-परीक्षण के समय यह भी ज्ञात हो जाता है कि कुछ प्रमुख प्रश्न छूट तो नहीं गए हैं। प्रमुख बात यह है कि अनुसूची को दोषरहित अथवा अधिक सार्थक बनाने के लक्ष्य से पूर्व-सर्वेक्षण किया जाता है। पूर्व-सर्वेक्षण के अनुभव के आधार पर अनुसूची में सुधार किया जाता है एवं अंतिम रूप से अनुसूची के निर्माण किया जाता है। ऐसा कर लेने से आगे आने वाली कठिनाइयों का निराकरण हो जाता है।

अनुसूची की अंतर्वस्तु

अनुसूची की अंतर्वस्तु का भी अपना एक महत्त्व है। अनुसूची की अंतर्वस्तु का अर्थ यह है कि प्रारंभ से अंत तक अनुसूची में किन-किन विषयों या बातों का समावेश है। अनुसूची की अंतर्वस्तु में निम्नलिखित बातों को समाहित होना चाहिए—

(i) प्रारंभिक सूचनाएँ (Introductory Information)—अनुसूची के प्रारंभिक सूचनाओं के अंतर्गत इसका यह काम आता है जिसमें उत्तरदाताओं एवं शोध के संबंध में सामान्य जानकारी ज्ञात करने से संबंधित प्रश्नों को समाहित किया जाता है। अनुसूची का यह हिस्सा अधिकांशतः सभी अनुसूचियों में प्राप्त किया जाता है एवं लगभग एक समान ही होता है। इसके अंतर्गत अध्ययन करने वाले संगठन का नाम, अध्ययन विषय का नाम, क्रम संख्या, सूचनादाता का नाम, पता, आयु, लिंग, व्यवसाय, शिक्षा, जाति साक्षात्कार का तरीका ,स्थान एवं समय, आदि की जानकारी पूछी जाती है। इस तरह कहा जा सकता है कि अनुसूची के इस भाग में अनेक तरह की प्रारंभिक सूचनाओं से संबंधित प्रश्नों का समावेश होता है।

(ii) मुख्य प्रश्न एवं सारणियाँ (Main Questions and Tables)—अनुसूची के इस हिस्से में शोध के विषय से संबंधित अनेक प्रश्न एवं

सारणियों का समावेश होता है। यही अनुसूची की प्रमुख अंतर्वस्तु होती है। इन प्रश्नों को अध्ययनकर्त्ता उत्तरदाताओं से पूछकर भरता है। ये प्रश्न एवं सारणियाँ उन तथ्यों के संकलन में सहायक होती हैं जिनकी सहायता से प्राकल्पना की जाँच की जाती है।

(iii) शोधकर्त्ताओं के लिए निर्देश (Instructions for Researchers)—अनुसूची के अंत में या पृथक् रूप से शोधकर्त्ताओं के लिए कुछ ऐसे निर्देश दिए जाते हैं जिनकी सहायता से सही आकड़ों का संकलन आसान एवं एक तरह का हो सके। एक प्रकार से ये मार्गदर्शक का कार्य करते हैं। यद्यपि शोधकर्त्ता प्रशिक्षित होते हैं फिर भी लिखित तौर पर दिए गए निर्देश उनका हमेशा मार्ग प्रदर्शन करते रहते हैं।

अनुसूची का भौतिक स्वरूप

अनुसूची के भौतिक आकार की भी अपनी एक अलग विशिष्टता होती है। सूचनादाताओं से सूचना प्राप्त करने के लिए अनुसूची को उनके सामने प्रस्तुत करना होता है। इसलिए इसका भौतिक स्वरूप आकर्षक होना चाहिए। अगर इसका भौतिक आकार आकर्षक होगा तो सही लक्ष्यों की पूर्ति हो सकेगी। अनुसूची के निर्माण में अथवा इसके भौतिक आकार में निम्नलिखित बातों को ध्यान में रखना आवश्यक होता है—

(i) कागज (Paper)—अनुसूची के भौतिक आकार के तहत पहली बात यह आती है कि इसका कागज अच्छे किस्म का होना चाहिए जिससे लिखने में सुविधा हो। साथ ही अच्छे किस्म के कागज से अनुसूची की शोभा बढ़ जाती है। अगर कागज घटिया किस्म का होता है तो सवालों का उत्तर लिखते समय या तो स्याही फैल जाती है या लिखाई अस्पष्ट होती है। इससे आगे चलकर यह कठिनाई होती है कि उत्तरों को कुछ-का-कुछ समझा जाता है। मुख्यतः अगर संख्या में व्यक्ति सूचना को गलत समझ जाता है तो उसका प्रभाव अध्ययन के निष्कर्ष पर पड़ता है।

(ii) अनुसूची का स्वरूप (Size of Schedule)—अनुसूची का भौतिक आकार के तहत दूसरी बात इसके आकार से जुड़ी होती है। अनुसूची का आकार न तो बहुत छोटा होना चाहिए और न बहुत बड़ा। अगर अनुसूची का स्वरूप छोटा होगा तो वह देखने में अच्छा नहीं लगेगा। इसी तरह अनुसूची का आकार बड़ा होगा तो उसे साक्षात्कार के लिए बाहर ले जाने में समस्या होगी। साथ ही छोटा आकार

होने से उस पर लिखना असुविधाजनक होगा जबकि बड़ा स्वरूप होने पर उसे बहुत मोड़ना पड़ेगा। अधिकांशतः अनुसूची का प्रमाणित आकार 8"×11" माना जाता है।

(iii) जगह छोड़ना (Spacing)—अनुसूची के भौतिक आकार के तहत तीसरी बात यह आती है कि इसके सवालों को छपवाते समय उचित स्थान छोड़कर छपवाना चाहिए ताकि पढ़ने में स्पष्टता रहे। दो प्रश्नों के मध्य पर्याप्त जगह छोड़नी चाहिए जिससे उत्तर आसानी से उस स्थान पर लिखे जा सकें। अक्षर ज्यादा गिचपिच होने से पढ़ने में समस्या होती है।

(iv) हाशिया (Margin)—अनुसूची के भौतिक आकार के तहत हाशिया छोड़ना भी आता है। अनुसूची के बाईं ओर कम-से-कम 1/4" तथा दाईं ओर 1/5" अथवा 1/3" का हाशिया जरूर छोड़ना चाहिए। इससे अनुसूची अधिक सुंदर बन जाती है तथा जरूरत पड़ने पर टिप्पणी आदि भी हाशिए पर लिखी जा सकती है। इसके अतिरिक्त हाशिया रहने से कागजों को पंच करके फाईल करने में भी सरलता होती है।

(v) छपाई (Print)—अनुसूची के भौतिक स्वरूप के अंतर्गत छपाई भी आती है। जहाँ तक संभव हो अनुसूची को छपवा लेना चाहिए। छपाई सुंदर, साफ एवं स्पष्ट हो, यह भी जरूरी होता है। अगर धनाभाव हो तो साफ-साफ साइक्लोस्टाईल करवा लेना चाहिए। कहने का तात्पर्य यह है कि छपाई करवाया जाएगा अथवा साइक्लोस्टाईल, दोनों ही अवस्थाओं में छपाई साफ सुंदर होनी चाहिए।

(vi) चित्रों का उपयोग (Use of Pictures)—अनुसूची के भौतिक आकार के अंतर्गत प्रश्नों को ज्यादा बोधगम्य एवं आकर्षक बनाने के लिए कभी-कभी प्रश्नों के साथ चित्रों का भी प्रयोग किया जाता है। लेकिन इसमें इस बात का ख्याल रखा जाता है कि चित्रों से किसी तरह की अश्लीलता न दिखे। साथ ही इनसे उत्तरदाताओं को भी किसी तरह की ठेस नहीं पहुँचनी चाहिए, इस बात का भी ध्यान रखा जाना चाहिए। चित्रों को आकर्षक बनाने का अर्थ यह नहीं होता है कि अश्लीलता का सहारा लिया जाए। आजकल चित्रों में अनुसूची का प्रयोग दिनानुदिन बढ़ता जा रहा है।

अनुसूची के प्रश्न

अनुसूची प्रश्नों की एक सूची होती है लेकिन इसमें शामिल किए जाने वाले सभी प्रश्न एक तरह के नहीं होते हैं। दूसरे शब्दों में यह कहा जा सकता है कि अनुसूची में अनेक प्रकार के प्रश्नों का समावेश होता है। ये प्रश्न निम्नलिखित हैं—

(i) विमुक्त प्रश्न (Open-end Questions)—विमुक्त प्रश्न जैसा कि नाम से ही स्पष्ट है सब प्रकार बंधनों से मुक्त होता है। अर्थात् इसमें उत्तरदाता को किसी भी तरह से अपने विचार को व्यक्त करने की स्वतंत्रता रहती है। इसलिए इन प्रश्नों में भाषा से संबंधित कोई समानता नहीं होती है। ऐसे प्रश्नों का प्रयोग प्रायः उत्तरदाता से सुझाव माँगने के लिए किया जाता है। इसलिए इनके उत्तर बहुत अधिक लंबे तथा विभिन्न प्रकार के हो सकते हैं। इस प्रकार के प्रश्नों के उदाहरण निम्नलिखित हैं–

(a) भारत में एक आदर्श पत्नी को किस तरह होना चाहिए?

(b) भारत में अंतर्जातीय विवाह को ठीक क्यों नहीं माना जाता है?

(c) जाति-प्रथा की समाप्ति के क्या कारण हैं?

(d) आप हरिजनों की स्थिति को उन्नत करने के लिए क्या सुझाव देंगे?

(ii) संयोजित प्रश्न (Structured Questions)–संयोजित प्रश्न ऐसे प्रश्नों को कहते है जिनके संभावित उत्तरों को एक क्रम में प्रश्नों के सामने लिख दिया जाता है। उत्तरदाता को इनमें से एक उत्तर को चुनना होता है। इन संयोजित प्रश्नों का उत्तर एक वाक्यांश या निश्चित संख्या में होता है। इन प्रश्नों का सांख्यिकीय वर्गीकरण एवं सारणीयन आदि आसानी से हो सकता है। ऐसे प्रश्नों का उत्तर या तो एक निश्चित संख्या होती है या निश्चित वाक्यांश होता है। इस तरह के प्रश्नों की मुख्य विशेषता यह होती है कि उत्तर भी प्रश्नों के साथ रहते हैं। इसलिए उत्तरदाताओं को उत्तर देने में ज्यादा आसानी होती है। इस तरह के प्रश्नों के उदाहरण निम्नलिखित हैं–

(a) आपके कितने बच्चे हैं?

एक/दो/तीन/चार

(b) आपके बच्चे किस जगह पढ़ते हैं?

नर्सरी/प्राइमरी स्कूल/उच्च माध्यमिक स्कूल/कॉलेज

(c) आपके बच्चे किस तरह के परिवार के सदस्य हैं?

संयुक्त परिवार/एकाकी परिवार

(d) आपके परिवार में कितने सदस्य शिक्षित हैं?

एक/दो/तीन/चार

(iii) दोहरे प्रश्न (Dichotomous Questions)–दोहरे सवाल उन सवालों को कहा जाता है जिनके दो ही उत्तर होते हैं। इन उत्तरों को अनुसूची में सवालों के सामने लिख दिया जाता है। इन उत्तरों में से दूसरा सकारात्मक होता है

एवं एक नकरात्मक। उत्तरदाता इनमें से किसी एक उत्तर से सहमत होता है एवं उसी को सही मानकर शेष को काट देता है। इनका सारणीयन एवं वर्गीकरण भी संयोजित सवालों की भाँति आसानी से होता है। दोहरे प्रश्नों के कुछ उदाहरण इस तरह हैं–

(a) आप कहाँ की बनी चीजों को प्रयोग करना पसंद करते हैं? स्वदेशी/विदेशी

(b) क्या आप प्रतिदिन अखबार पढ़ते हैं? हाँ/नहीं

(c) आप दहेज-प्रथा को कैसा मानते हैं? अच्छा/बुरा

(d) क्या आप सहशिक्षा के पक्ष में हैं? हाँ/नहीं

(e) आप धूमपान को कैसा समझते हैं? अच्छा/बुरा

(f) क्या आप अनुसूचित जाति के सदस्या हैं? हाँ/नहीं

(iv) बहु-वैकल्पिक प्रश्न (Multiple Choice Questions)– बहु-वैकल्पिक सवाल जैसा कि नाम से ही स्पष्ट है वैसे सवालों को कहा जाता है जिनके साथ कई संभावित उत्तर दिए जाते हैं तथा उत्तरदाता को उनमें से कोई एक अथवा एकाधिक उत्तर छाँटना पड़ता है। इस तरह यह कहा जा सकता है कि इस तरह का प्रश्न संयोजित सवालों से बहुत कुछ मिलता-जुलता है। दोनों में सिर्फ इतना अंतर है कि संयोजित सवालों में उत्तरदाता को दिए हुए उत्तरों में से केवल एक को ही चुनना पड़ता है जबकि बहु-वैकल्पिक प्रश्नों के सभी संभावित उत्तरों को सावधानीपूर्वक लिख दिया जाता है एवं अंत में एक उत्तर 'अन्य कोई' के नाम से जोड़ दिया जाता है। चूँकि इस प्रकार के सवालों के कई संभावित उत्तर दिए रहते हैं एवं उत्तरदाता को उन्हीं उत्तरों में से किसी एक को अथवा अधिक को छाँटना पड़ता है इसलिए वैकल्पिक प्रश्नों के संभावित उत्तरों को सावधानीपूर्वक लिखा जाता है। इस प्रकार के सवालों के उदाहरण निम्न प्रकार से हैं–

(a) आपको अध्यापक की नौकरी क्यों पसंद है? छुट्टियाँ ज्यादा होती हैं। ट्यूशन मिल जाता है। बौद्धिक क्षमता में बढ़ोतरी होती है। भावी पीढ़ी को संस्कारित करने का मौका मिल जाता है। अन्य कोई....।

(b) आप अपने पेशे को क्यों अच्छा समझने हैं? आकर्षक वेतन/नौकरी की सुरक्षा/ऊपरी आमदनी/भविष्य में उन्नति की आशा/सुविधाओं का आकर्षण। अन्य कोई...।

(v) निर्देशक प्रश्न (Leading Questions)–निर्देशक प्रश्न ऐसे प्रश्नों को कहा जाता हैं जिन प्रश्नों में सूचनादाता को किसी निश्चित उत्तर प्रदान करने के लिए संकेत दिया जाता है। इस प्रकार के प्रश्न पक्षपात को बढ़ावा देते हैं।

इसलिए इस प्रकार के प्रश्नों के निर्माण से बचना चाहिए। इसमें साक्षात्कारकर्त्ता स्वयं ही अप्रत्यक्ष या प्रत्यक्ष रूप से उत्तर की तरफ संकेत करता है। इसलिए सूचनादाता का उस तरफ झुकना स्वाभाविक हो जाता है। इसके परिणामस्वरूप यह होता है कि ठीक सूचनाएँ नहीं मिल पाती हैं। इस प्रकार के प्रश्नों के उदाहरण निम्नलिखित हैं—

(a) क्या आप इस बात से सहमत हैं कि लड़कियाँ कॉलेज में ही फैशन करना सीखती हैं?

(b) क्या आजकल का संगीत आधुनिक विद्यार्थियों को पाश्चात्य संस्कृति की ओर नहीं ले जा रहा है?

(c) क्या सरकार के लिए यह उचित न होगा कि अनाज के भाव को अधिक होने से रोकने के लिए बड़े-बड़े गल्ला व्यापारियों पर ज्यादा चौकसी रखें।

(vi) संदिग्ध प्रश्न (Ambiguous Questions)—संदिग्ध प्रश्न उन प्रश्नों को कहते है जिसे उत्तरदाता अच्छी तरह नहीं समझ पाते हैं। जब प्रश्न की भाषा इस तरह की होती है कि प्रश्नों के संबंध में उत्तरदाता के मन में शंका उत्पन्न होता है या प्रत्येक सूचनादाता उसका अर्थ अपने-अपने ढंग से लगा सकता है तो उसे शंकापूर्ण प्रश्न कहा जाता है। इस तरह के प्रश्नों को अनुसूची में सम्मिलित नहीं किया जाना चाहिए। संदेहजनक प्रश्न संदेहजनक उत्तरों को इकट्ठा करता है एवं संदेहजनक उत्तरों से केवल संदेहजनक परिणाम ही निकल सकते हैं। उदाहरणस्वरूप—यदि केवल यह पूछा जाए कि आपकी आयु क्या है? तो यह प्रश्न शंकायुक्त प्रश्न होगा क्योंकि इस प्रश्न को लोग संभावित रूपों में समझकर उसका उत्तर दे सकते हैं—

(a) पिछले जन्मदिन पर व्यक्ति की आयु,

(b) पिछले जन्मदिन एवं वर्तमान समय के बीच एक अनुमानित आयु,

(c) वर्तमान वास्तविक आय।

इस तरह यह मालूम होता है कि इस प्रकार के प्रश्न को उत्तरदाता ठीक नहीं समझ पाता है। अतः उसका उत्तर अनुमानित ही होता है जिसे प्रामाणिक नहीं कहा जा सकता है।

(vii) अनिश्चित प्रश्न (Vague Questions)—अनिश्चित प्रश्न उन प्रश्नों को कहते हैं जिनका प्रायः कोई निश्चित उत्तर नहीं होता है। इस तरह के प्रश्नों को अस्पष्ट प्रश्न भी कहा जाता है। उदाहरणस्वरूप—यदि यह प्रश्न पूछा जाए कि 'क्या आप सुशिक्षित हैं?' तो इसे अस्पष्ट प्रश्न कहा जाएगा। उसकी अपेक्षा यह

सूचना अधिक उचित है कि 'आपने कहाँ तक शिक्षा प्राप्त की है?' इसी प्रकार यदि यह पूछा जाता है कि 'आपके घर की स्थिति कैसी है?' तो इसे एक अस्पष्ट प्रश्न कहा जाएगा। इसके बदले यह पूछा जाना चाहिए कि 'आपके मकान में रोशनी, हवा, आँगन, बरामदा, स्नानगृह एवं पाखाना आदि की व्यबस्था है अथवा नहीं?'

(viii) श्रेणीबद्ध प्रश्न (Ranking Item Questions)—श्रेणीबद्ध सवाल उस सवाल को कहा जाता है जब उत्तरदाता को किसी सवाल में दिए हुए संभावित उत्तर में से एक-दो उत्तरों को नहीं बल्कि सभी उत्तरों का चयन तथा अपनी पसंद के अनुसार, क्रम से लिखना होता है। इस प्रकार के सवालों में अनुसूची में छपे हुए उत्तरों के क्रम का बहुत प्रभाव पड़ता है। अनुसूची के सवालों का अध्ययन करने के बाद यह जान लेना भी जरूरी प्रतीत होता है कि इसमें किस तरह के सवालों को सम्मिलित किया जाना चाहिए एवं किस प्रकार के प्रश्नों को सम्मिलित नहीं किया जाना चाहिए। पहले अनुसूची में किस तरह के सवालों का समावेश किया जाना चाहिए इसका वर्णन किया जा रहा है एवं उसके बाद अनुसूची में किस तरह के सवालों का समावेश नहीं करना चाहिए इसका वर्णन किया जा रहा है।

अनुसूची में किस तरह के सवालों को सम्मिलित करना चाहिए?

अनुसूची में सवालों का बहुत ही महत्त्व होता है क्योंकि इसी के आधार पर समस्त अध्ययन निर्भर करता है। अनुसूची में किस प्रकार के प्रश्नों का समावेश किया जाएगा यह अध्ययन की प्रकृति, लक्ष्य, उत्तरदाताओं के कार्यकर्त्ताओं, स्वभाव की योग्यता एवं सूचनाओं की जाँच की सुविधाओं पर बहुत हद तक निर्भर करता है। पर सामान्यतः अनुसूची में किसी भी प्रश्न को स्थान देने से पूर्व यह सोच लेना आवश्यक होता है कि उससे अध्ययन के उद्देश्य के अनुकूल स्पष्ट, सांख्यिकीय विवेचना के प्रामाणिक एवं योग्य उत्तर ही प्राप्त हों। इस विषय में यह भी ध्यान देना चाहिए कि जिन प्रश्नों को अनुसूची में सम्मिलित किया जा रहा है उनमें कुछ विशिष्टताएँ भी होनी चाहिए।

पार्टन (Parton) ने सामान्यतया इसमें निम्नलिखित विशिष्टताओं का उल्लेख किया है—

(i) अनुसूची में उन सवालों को शामिल किया जाना चाहिए जिनका सारणीयन आसानी से किया जा सके। इससे अध्ययन में ज्यादा अधिक वैषयिकता पनपती है एवं वर्णनात्मक विवरण से बचा जा सकता है।

(ii) अनुसूची में सम्मिलित प्रश्न सूचनादाता के ज्ञान-स्तर से जुड़े होने चाहिए।

(iii) अनुसूची में उन प्रश्नों को शामिल किया जाना चाहिए जिनके विषय प्रत्यक्षतः अध्ययन समस्या से हो।

(iv) अनुसूची में सम्मिलित प्रश्न सरल एवं छोटे उत्तर देने में सहज होने चाहिए। पर प्रश्न इतना छोटा न हो कि उसका कोई अर्थ ही न निकले।

(v) अनुसूची में केवल उन प्रश्नों को शामिल किया जाना चाहिए जिनके उत्तर स्पष्टतया शुद्ध रूप से मिल सकें।

(vi) अनुसूची में इस तरह प्रश्नों को सम्मिलित करना चाहिए जो अध्ययन के लक्ष्य से संबंधित हो। जो प्रश्न इस तरह के नहीं हों उन्हें अनुसूची में सम्मिलत नहीं किया जाना चाहिए क्योंकि इस प्रकार के प्रश्नों से अनुसूची बोझिल हो जाती है एवं अनावश्यक सूचनाएँ इकट्ठी हो जाती हैं।

(vii) अनुसूची में यदि प्रत्यक्ष प्रश्नों से ठीक उत्तर पाने की आशा न हो तो अप्रत्यक्ष प्रश्नों को पूछना चाहिए। उदाहरणार्थ—'क्या आप नास्तिक हैं' के जगह पर यदि यह पूछा जाए कि 'क्या आप मंदिर जाते हैं' तो यह अधिक ठीक रहता है।

(viii) अनुसूची में केवल ऐसे प्रश्नों को सम्मिलित करना चाहिए जिनका संबंध तुलनात्मक सूचनाओं से हो।

(ix) अनुसूची में नये तथ्यों से संबंधित प्रश्नों को सम्मिलित करना चाहिए।

(x) अनुसूची में इस तरह के प्रश्नों को समाहित करना चाहिए जो एक-दूसरे से संबंधित हों एवं संपूर्ण क्रम में एक-दूसरे के पूरक हों।

(xi) अनुसूची में ऐसे प्रश्नों को समाहित करना चाहिए जिनका उत्तर देने में बहुत कम समय लगे। अर्थात् व्याख्यात्मक उत्तर देने वाले प्रश्न नहीं होने चाहिए।

(xii) अनुसूची में व्यक्तिगत जीवन से संबंधित प्रश्नों को सम्मिलित नहीं किया जाना चाहिए। साथ ही पक्षपातपूर्ण प्रश्नों को भी शामिल इसमें नहीं करना चाहिए। प्रत्येक व्यक्ति के जीवन में कुछ इस तरह के पक्ष होते हैं, जहाँ पर वह किसी बाहरी व्यक्ति का प्रवेश सहन नहीं कर पाता है। यदि इस तरह प्रश्न पूछे गए तो सूचनादाता यथार्थ स्थिति को छिपाने का प्रयास करेगा। इसलिए गुप्त जीवन से संबंधित सूचनाएँ जानने के लिए अप्रत्यक्ष प्रश्नों का प्रयोग करना चाहिए।

(xiii) अनुसूची में ऐसे प्रश्नों को सम्मिलित किया जाना चाहिए जिनसे एक प्रश्न के उत्तर की, दूसरे प्रश्न या प्रश्नों के उत्तर की सहायता से जाँच की जा सके। जैसे आय के साथ-साथ व्यय, ऋण संबंधी एवं बचत सूचनाएँ भी जानने करने के लिए प्रश्न पूछे जाने चाहिए।

(xiv) अनुसूची में ऐसे प्रश्नों को शामिल करना चाहिए जिनका उत्तर देने के लिए लिखने का काम कम-से-कम करना पड़े। अतः यदि उत्तरों में व्यवस्था एवं संक्षिप्तता लानी हो तो उत्तर क्रॉस मॉर्क (X), चेकमार्क (V) या संख्या में अथवा 'नहीं' या 'हाँ' में लिखने योग्य प्रश्न ही होने चाहिए।

(xv) जब भावनाओं या विचारों से संबंधित प्रश्न करना हो तो 'क्या', 'क्यों', 'कब', एवं 'कैसे' वाले प्रश्न भी करना चाहिए जिससे उस तरह भावनाओं या विचारों की पृष्ठभूमि का पता लग जाए।

किस प्रकार के प्रश्नों को अनुसूची में सम्मिलित नहीं करना चाहिए?

अनुसूची में सवालों का महत्त्व बहुत ज्यादा होता है इसलिए सोच-समझकर सवालों का समावेश इसमें किया जाता है। कुछ सवाल इस तरह के भी होते हैं जो शब्द अस्पष्ट अथवा अधूरी सूचनाओं को एकत्रित करते हैं। ऐसी सूचनाओं से कोई लाभ नहीं होता है अपितु भटक जाने की आशा होती है। अतः ऐसे सवालों से बचना चाहिए। अनुसूची में निम्नलिखित तरह के सवालों का समावेश नहीं किया जाना चाहिए–

(i) अनुसूची में उन सवालों को शामिल नहीं करना चाहिए जो शोध के लक्ष्य से स्पष्टतः संबंधित न हों क्योंकि इस प्रकार के अनावश्यक प्रश्नों के अध्ययन से कुछ भला नहीं होता है। इससे केवल समय, धन एवं परिश्रम का ही अपव्यय होता है।

(ii) यदि कोई सूचना अन्य निर्भर योग्य साधनों से प्राप्त हो सकती है तो उससे संबंधित सवालों को भी अनुसूची में शामिल नहीं किया जाना चाहिए क्योंकि निरीक्षण आदि के द्वारा प्राप्त सूचनाएँ अधिक विश्वास योग्य होती हैं।

(iii) अनुसूची में उत्तरदाताओं को असमंजस अथवा उलझन में डालने वाले सवालों का भी समावेश नहीं किया जाना चाहिए। उदाहरणस्वरूप–यदि किसी अधीनस्थ कर्मचारी से यह प्रश्न पूछा जाए कि 'क्या आपने ऑफिसर को घूस लेते हुए देखा?' तो वह असमंजस में पड़ जाएगा एवं यह निश्चित नहीं कर पाएगा कि सच कहना उचित होगा या नहीं।

(iv) अनुसूची में व्यक्ति के गुप्त जीवन से संबंधित सवालों को भी नहीं पूछा जाना चाहिए क्योंकि या तो उत्तरदाता ऐसे प्रश्नों का जवाब देने से साफ इनकार कर देगा या फिर वास्तविकता को छिपाकर उत्तर देगा। उदाहरणस्वरूप–'क्या आप वेश्यागामी हैं?', 'क्या आप घूस लेते हैं?' या 'क्या आपके परिवार में कोई अपराधी है?' आदि सवालों से बचना चाहिए।

(v) अनुसूची में प्राकल्पनात्मक सवालों (Hypothetical Questions) का भी समावेश नहीं किया जाना चाहिए। उदाहरणस्वरूप—यदि अनुसूची में यह प्रश्न पूछा जाता है कि 'क्या आप अपनी गिरी हुई आर्थिक स्थिति को उन्नत करना चाहेंगे तो यह प्रश्न व्यर्थ या प्राकल्पनात्मक प्रश्न कहलाएगा क्योंकि ऐसा कौन होगा जो अपनी आर्थिक दशा को उन्नत नहीं करना चाहेगा।

(vi) अनुसूची में बहुअर्थक प्रश्नों को भी शामिल नहीं किया जाना चाहिए क्योंकि ऐसे प्रश्नों के उत्तर से प्रामाणिकता की आशा नहीं की जा सकती है।

(vii) अनुसूची में निर्देशक प्रश्नों का भी समावेश नहीं किया जाना चाहिए क्योंकि ऐसे प्रश्नों में उत्तर का संकेत भी होता है एवं सूचनादाता उसी संकेत के अनुसार उत्तर देते हैं। इससे वास्तविकता का पता नहीं चलता है।

(viii) अनुसूची में अस्पष्ट एवं अनिर्दिष्ट प्रश्नों को शामिल नहीं किया जाना चाहिए।

(ix) अनुसूची में बहुत जटिल एवं लंबे प्रश्नों का समावेश नहीं किया जाना चाहिए क्योंकि ऐसे प्रश्नों को उत्तरदाता सरलता से नहीं समझ पाता है एवं वह जैसा समझता है उसी के अनुसार उत्तर देता है जो कि वास्तविक सूचना नहीं कही जा सकती है।

(x) अनुसूची में भ्रमपूर्ण (Ambiguous) प्रश्नों को सम्मिलित नहीं किया जाना चाहिए क्योंकि ऐसे प्रश्नों के उत्तर भ्रम उत्पन्न करने वाले होते हैं। साथ ही प्रत्येक उत्तरदाता का उत्तर भी अलग-अलग होता है।

(xi) अनुसूची में ऐसे प्रश्नों को सम्मिलित नहीं करना चाहिए जो समाज में सर्वमान्य या स्वीकृत आदर्शों से संबंधित हों क्योंकि इस तरह के प्रश्नों के उत्तर में लोग प्रायः वही ही कहते हैं जो सर्वमान्य आदर्शों के अनुकूल हैं। उदाहरण के अनुसार यदि अनुसूची में यह प्रश्न हो कि 'वेश्यावृत्ति समाज के लिए अच्छी है या बुरी?' तो उसके उत्तर में अधिकांश लोग वेश्यावृत्ति को खराब ही कहेंगे यही स्वीकृत आदर्श है।

उपर्युक्त विवरणों से यह मालूम होता है कि अनुसूची में जिस तरह के प्रश्नों को शामिल किया जाता है उनकी अपनी एक अलग पहचान होती है। प्रश्नों पर ही संपूर्ण अध्ययन निर्भर करता है। इसलिए यह आवश्यक होता है कि सोच-समझकर प्रश्नों को अनुसूची में शामिल किया जाना चाहिए। अर्थात् ऐसे प्रश्नों को अनुसूची में सम्मिलित नहीं करना चाहिए जिनसे सूचना इकट्ठी करने में किसी प्रकार की कठिनाई का अनुभव हो।

अनुसूची प्रयोग की विधि

सिर्फ अनुसूची का ठीक-ठीक निर्माण कर लेने से ही ठीक सूचनाएँ इकट्ठी नहीं हो जाती हैं बल्कि इसके लिए अनुसूची का उचित प्रयोग करना आवश्यक होता है। जिस तरह अनुसूची के निर्माण का कार्य एक तकनीकी कार्य है उसी तरह इसका उपयोग करना भी एक तकनीक है। इसके लिए आवश्यक संगठन एवं सावधानी बरतने की आवश्यकता होती है। एक अनुसूची द्वारा ठीक सूचनाएँ तभी प्राप्त हो सकती हैं जब उसका प्रयोग ठीक ढंग से किया जाए। अनुसूची का आवश्यकतानुसार ठीक प्रयोग करना एक मुश्किल कार्य होता है। इसके द्वारा सूचना ज्ञात करने के लिए सूचनादाता से साक्षात्कारकर्त्ता का साक्षात्कार सफल होना चाहिए। इस तरह यह कहा जा सकता है कि साक्षात्कार अनुसूची द्वारा सूचना जानने का एक आधार होता है। अनुसूची के माध्यम से सूचना प्राप्त करने के लिए कुछ स्तरों से होकर गुजरना अनिवार्य होता है। अनुसूची के प्रयोग की विधि को निम्नलिखित चरणों से होकर गुजरना पड़ता है–

(i) उत्तरदाताओं का चुनाव (Selection of Respondents)–अनुसूची का निर्माण कर लेने के बाद सबसे जरूरी यह होता है कि उत्तरदाताओं का चुनाव किया जाए क्योंकि इसका चुनाव करने के बाद ही अनुसूची के माध्यम से साक्षात्कार करना संभव होता है। उत्तरदाताओं के चयन में भी सावधानी बरतने की आवश्यकता होती है। यह चुनाव निदर्शन प्रणाली या जनगणना पद्धति के आधार पर किया जाता है। अगर अध्ययन क्षेत्र बड़ा होता है तो समग्र का अध्ययन किया जाता है। इन उत्तरदाताओं का चयन इसलिए किया जाता है ताकि उनका साक्षात्कार कर सूचनाओं को ग्रहण किया जा सके। चुने हुए व्यक्तियों के नाम, पते, अथवा उनके संबंध में प्राथमिक सूचनाओं को लिख लिया जाना चाहिए। साथ ही इस बात का भी ध्यान रखा जाना चाहिए कि कोई उत्तरदाता समय विशेष पर उपलब्ध हो पाता है या नहीं। इस जानकारी के लिए उत्तरदाताओं से संपर्क करके सभी जरूरी बातों की जानकारी ले लेनी चाहिए।

(ii) कार्यकर्त्ताओं का चयन (Selection of Investigators)–उत्तरदाताओं का चयन करने के उपरांत कार्यकत्ताओं का चुनाव करना भी आवश्यक होता है। यदि अध्ययन क्षेत्र छोटा है तो खुद शोधकर्त्ता साक्षात्कार लेने का कार्य करता है लेकिन यदि अध्ययन क्षेत्र बड़ा है तो साक्षात्कार के लिए कार्यकर्त्ताओं का चयन करना जरूरी होता है। इन कार्यकर्त्ताओं के चुनाव में अत्यधिक सावधानी बरतने की आवश्यकता होती है। ऐसे कार्यकर्त्ताओं का चुनाव किया जाना चाहिए

जो परिश्रमी, ईमानदार, सुशिक्षित, योग्य एवं अनुभवी हों। ऐसा करना इसलिए जरूरी होता है, क्योंकि लापरवाह कार्यकर्त्ता अनुसूची को स्वयं भर लेते हैं या साक्षात्कार करके सिर्फ आसान प्रश्नों को पूछकर शेष सवालों का उत्तर अपने मन से भर देते हैं। इस परिस्थिति में अध्ययन सत्यनिष्ठ एवं प्रामाणिक नहीं हो पाता है। इस प्रकार यह पता चलता है कि कार्यकर्त्ताओं के चुनाव में भी सावधानी बरतने की जरूरत होती है अन्यथा अध्ययन विश्वसनीय नहीं बन पाता है।

(iii) कार्यकर्त्ताओं का प्रशिक्षण (Training of Investigators)–सिर्फ कार्यकर्त्ताओं का चयन कर लेने से ही काम नहीं चलता है अपितु अध्ययन-क्षेत्र में कार्यकर्त्ताओं को भेजने से पहले उसे प्रशिक्षित करना भी जरूरी होता है। कार्यकर्त्ताओं को प्रशिक्षित करने के कई तरीके होते हैं। इनमें गोष्ठियों का आयोजन करना एवं अल्पकालीन प्रशिक्षण शिविर आदि लगाना विशिष्ट होता है। इस प्रशिक्षण प्रक्रिया के निम्नलिखित चरण होते हैं–

(a) सर्वप्रथम कार्यकर्त्ता को अध्ययन विषय एवं उसकी प्रकृति के बारे में समझाया जाता है। साथ ही उसे अध्ययन-क्षेत्र एवं अध्ययन में लक्ष्य से भी परिचित कराया जाता है।

(b) दूसरे चरण में कार्यकर्त्ताओं को जरूरी संख्या में अनुसूचियाँ दे दी जाती हैं।

(c) तीसरे चरण में प्रशिक्षण देने वाला खुद एक अनुसूची लेकर प्रारंभ से अंत तक के प्रश्नों को कार्यकर्त्ता को समझाता है एवं उसका स्पष्टीकरण भी करता जाता है।

(d) चौथे चरण में कार्यकर्त्ताओं को अनुसूची को भरने का प्रशिक्षण दिया जाता है। यदि अनुसूची में कोड संख्या आदि की व्यवस्था है तो उसे भी स्पष्ट किया जाता है।

(e) पाँचवें चरण में कार्यकर्त्ताओं को साक्षात्कार के दौरान आने वाली संभावित कठिनाइयों से परिचित कराया जाता है एवं उसे दूर करने के उपायों का उल्लेख किया जाता है।

(f) छठे चरण में साक्षात्कार से साधारणतया किस तरह की सूचनाएँ प्राप्त की जा सकती हैं इसके विषय में कार्यकर्त्ताओं को पूर्व ज्ञान करा दिया जाता है।

(g) सातवें चरण में कार्यकर्त्ताओं को अध्ययन-क्षेत्र में कार्य करने के लिए व्यावहारिक प्रशिक्षण दिया जाता है। साथ ही यह भी ध्यान दिया जाता है कि वे अपने काम में लापरवाही तो नहीं बरत रहे हैं। यदि ऐसा होता है तो उन्हें शुरू में ही निकाल देना श्रेयष्कर होता है।

(iv) सामग्री-संकलन (Collection of Data)—कार्यकर्त्ताओं को प्रशिक्षित करने के बाद उन्हें अध्ययन-क्षेत्र में सामग्री-संकलन के लिए भेजा जाता है। ये कार्यकर्त्ता उत्तरदाता से संपर्क स्थापित करते हैं एवं उनका साक्षात्कार लेते हैं। साक्षात्कार करके वे अनुसूची को भरने का कार्य करते हैं एवं इस तरह सामग्री संकलन किया जाता है। सामग्री-संकलन के लिए एक साक्षात्कारकर्त्ता या कार्यकर्त्ता को निम्नलिखित प्रक्रियाओं से होकर गुजरना पड़ता है—

(a) उत्तरदाता से संपर्क (Contacting the Respondent)—सामग्री-संकलन के लिए सबसे पहले उत्तरदाता से संपर्क किया जाता है। साक्षात्कार की सफलता भी इसी बात पर निर्भर करती है कि उत्तरदाता से किस तरह संपर्क स्थापित किया जाता है। यदि उत्तरदाता के मन में साक्षात्कार से पूर्व साक्षात्कारकर्त्ता के प्रति किसी तरह प्रतिकूल भावना पनप जाती है तो सूचना प्राप्त करना मुश्किल हो जाता है। इसलिए उत्तरदाताओं से प्रथम संपर्क का अत्यधिक महत्त्व होता है। पहले संपर्क में उत्तरदाताओं से कुशलतापूर्वक व्यवहार करना चाहिए ताकि वे प्रसन्नतापूर्वक प्रश्नों का उत्तर दे सकें। पहला साक्षात्कार खूब सोच-समझकर अवसर देखकर सही ढंग से करना चाहिए। अपनी व्यवहार कुशलता, नम्रता एवं प्रभावपूर्ण भाषा आदि के माध्यम से आरंभ में ही शोधकर्त्ता को ऐसी स्थिति उत्पन्न कर देनी चाहिए ताकि उत्तरदाता पहले साक्षात्कार में ही उत्तर देने से इनकार न कर सके। इसके लिए साक्षात्कारकर्त्ता को उत्तरदाताओं के पेशा, स्वभाव, कर्म-व्यस्तता एवं खाली समय आदि के बारे में प्रारंभिक जानकारी होना चाहिए। उत्तरदाताओं से प्रश्न तभी पूछना चाहिए जब वह घर में आराम न कर रहा हो, जब वह थका-माँदा न हो अथवा अपने विशिष्ट-इष्ट मित्रों से बातचीत न कर रहा हो। प्रसन्नचित्त हृदय, उससे अगर खाली समय एवं ऐसे ही किसी वक्त में साक्षात्कार किया जाएगा तो यह ज्यादा लाभदायक सिद्ध होगा। उत्तरदाता से पहले से समय तय कर लेने पर ठीक सहयोग मिल जाता है। इस तरह यह पता चलता है कि उत्तरदाताओं से संपर्क करने में कई प्रकार की सावधानी रखनी पड़ती है।

(b) साक्षात्कार (Interview)—उत्तरदाता से संपर्क स्थापित कर लेने के पश्चात् साक्षात्कार का कार्य आरंभ होता है। इसमें इस बात को ध्यान में रखा जाता है कि साक्षात्कारकर्त्ता लगातार प्रश्न नहीं पूछे बल्कि बीच-बीच में अन्य बातें करके उत्तरदाताओं की रुचि को जागृत रखे। अगर बीच-बीच में मनोरंजक बातें होती रहती हैं तो वे साक्षात्कार को कठिन बनाने से रोकती हैं। इसलिए साक्षात्कार को एक तकनीक कहा जाता है। जिसे कोई अनुभवी साक्षात्कारकर्त्ता ही अंजाम दे सकता है।

कोई-कोई साक्षात्कारकर्त्ता तो मौका देखकर हँसी-मजाक के बीच-बीच में प्रश्नों के उत्तर को ऐसी सफाई से जान लेता है कि उत्तरदाता के लिए साक्षात्कार एक बोझ न बनकर यादगार घटना बन जाती है एवं वे साक्षात्कारकर्त्ता को पुनः आने का अनुरोध करते हैं। हालाँकि हमेशा हँसी-मजाक अच्छा नहीं होता है लेकिन साक्षात्कारकर्त्ता जिस हद तक साक्षात्कार को सजीव बनाने में सफल होता है उस हद तक उसे ठीक उत्तर प्राप्त होते हैं।

(c) सूचना प्राप्ति (Getting Information)—साक्षात्कार के समय सबसे बड़ी परेशानी यह होती है कि सही उत्तर देने के लिए साक्षात्कारकर्त्ता को किस तरह आद्योपांत सचेत रखा जाए। अगर उत्तरदाता आद्योपांत सचेत रहता है तो सही तथ्यों का संकलन किया जा सकता है। ज्यादातर ऐसा देखा जाता है कि यदि उत्तरदाता के मन में साक्षात्कारकर्त्ता प्रारंभ में ही विश्वास जगाने में सक्षम होता है तो सही उत्तर प्राप्त करना मुश्किल नहीं होता है। फिर भी साक्षात्कारकर्त्ता को अत्यधिक सावधानी के साथ उत्तरदाता से कदम-से-कदम मिलाकर चलना चाहिए। अगर यह पता चले कि उत्तरदाता थक गया है अथवा सही उत्तर नहीं दे रहा है तो साक्षात्कारकर्त्ता को साक्षात्कार बंद कर देना चाहिए एवं कोई कारण बताकर फिर से साक्षात्कार का समय तय कर लेना चाहिए। किसी-न-किसी प्रश्न को उत्तरदाता ठीक से नहीं समझ पाता है इसलिए यह जरूरी होता है कि उत्तरदाताओं को सवालों को ज्यादा-से-ज्यादा स्पष्ट रूप में समझा देना चाहिए ताकि सही सूचनाएँ प्राप्त हो सकें।

(v) अनुसूचियों की जाँच (Checking of Schedules)—सूचना संकलन के उपरांत अनुसूचियों की जाँच की जाती है। जब किसी बड़े क्षेत्र में व बड़े पैमाने पर शोध का कार्य किया जाता है तो कार्यकर्त्ता अपनी-अपनी अनुसूचियों को पूरा करके शोधकर्त्ता के पास भेज देते हैं। इसके उपरांत उसकी विधिवत् जाँच की जाती है क्योंकि ऐसा करना जरूरी हो जाता है। शोधकर्त्ता कुछ अनुसूचियों को निदर्शन के हेतु छाँट लेता है तथा खुद अध्ययन-क्षेत्र में जाकर भरी हुई अनुसूचियों की जाँच करता है। यदि जाँच के समय संकलित तथ्यों में अधिक भिन्नता नजर आती है तो समस्त सूचना को रद्द करके पुनः तथ्य संकलन की व्यवस्था की जाती है। लेकिन यदि थोड़ा-बहुत अंतर दिखाई देता है तो समय बदलाव के कारण उस अंतर को मानकर उसे स्वीकार कर लिया जाता है। लेकिन पुनः जाँच में अधिक देर न हो जाए इस बात का सदैव ध्यान रखा जाना चाहिए। इसलिए कार्यकर्त्ताओं को चाहिए कि थोड़ा-थोड़ा सूचना एकत्रित करके मुख्य शोधकर्त्ता के पास भेजते रहें ताकि अनुसूचियों की जाँच होती रहे। बीच-बीच में शोधकर्त्ता का साक्षात्कारदाता के पास जाना भी अच्छा होता है जिससे काम सुचारु रूप से होता रहे।

(vi) अनुसूची का संपादन (Editing of Schedule)—अनुसूचियों की जाँच करने के उपरांत अनुसूचियों का संपादन किया जाता है जो किसी भी अर्थ में कम विशिष्ट नहीं होता है। संपादन कार्य में निम्नलिखित प्रक्रियाएँ होती हैं—

(a) अनुसूचियों का वर्गीकरण (Classification of Schedules)—जब भरी हुई अनुसूचियाँ वापस लौट आती हैं तो उन्हें व्यवस्थित तरीके से लगा लेना जरूरी होता है जिससे आगे चलकर तथ्यों का सारणीयन एवं वर्गीकरण आदि कार्यों में कामयाबी मिल सके। अनुसूचियों को व्यवस्थित करने के लिए उनका वर्गीकरण करना जरूरी होता है। यह वर्गीकरण कार्यकर्त्ताओं के आधार पर कर लिया जाता है एवं हर एक कार्यकर्त्ता के माध्यम से भेजी हुई अनुसूचियों की अलग-अलग फाइल बना ली जाती है एवं प्रत्येक फाइल पर एक चिट लगा दी जाती है जिस पर कार्यकर्त्ता का नाम, क्षेत्र के कुल उत्तरदाताओं की संख्या, जिन उत्तरदाताओं से मूल रूप में सूचना प्राप्त हुई है उनकी संख्या तथा जिनसे नहीं हुई है उनकी संख्या आदि लिख दी जाती है। जिन अनुसूचियों की पुनः जाँच की गई है उन्हें भी विशेष रूप से चिह्नित करके मूल अनुसूची के साथ लगा देना चाहिए।

(b) प्रविष्टियों की जाँच (Checking of Entries)—अनुसूची के संपादन में दूसरा कार्य प्रविष्टियों की जाँच करना होता है। इसमें यह देखना होता है कि प्रश्नों के उत्तरों के खाने ठीक तरह से भरे हैं या नहीं। कोई खाना छूटा तो नहीं हुआ है अथवा उसमें गलत जगह पर सूचनाएँ तो नहीं भर दी गई हैं? इन सभी त्रुटियों का सुधारना आवश्यक होता है। यदि कोई खाना छूट गया है या कोई उत्तर गलत जगह पर लिखा गया है या अन्य कोई गलती की गई है तो संपादक को आवश्यक कार्यवाही करके उस गलती को दूर करने का प्रयत्न करना होता है। यदि संपादक को अपने स्तर पर गलतियों का परिमार्जन करना संभव नहीं प्रतीत होता है तो अध्ययनकर्त्ता को उत्तरदाताओं से मिलकर वास्तविक आंकड़ों को प्राप्त करना होता है। साथ ही यदि अनुसूची पूरी तरह से भरी हुई नहीं होती है तो उसे दुबारा भरना होता है।

(c) गंदी एवं खराब लिखी हुई अनुसूचियों का पुनरुद्धार—आवश्यक सावधानी करने पर भी कुछ अनुसूचियाँ बहुत ही खराब लिखावट में लिखी होती हैं। साथ ही ज्यादा अनुसूचियाँ पेंसिल से लिखी होने के कारण स्पष्टतया पढ़ने में नहीं आती हैं। यह भी हो सकता है कि कार्यकर्त्ता ने स्वयं अपने संक्षिप्त शब्द लिखे हों एवं बाद में उन्हें ठीक करना भूल गया हो। इस प्रकार की सभी अनुसूचियों को पुनः लिखने की आवश्यकता होती है ताकि सारणीयन एवं वर्गीकरण में सुविधा हो। यदि कोई लिखावट ठीक से समझ में नहीं आ रही है या अनुसूची ज्यादा ही बुरी तरह

से फट गई है तो उसे कार्यकर्त्ता के पास फिर भेज दिया जाता है जिससे वास्तविक सूचना भली-भाँति प्राप्त की जा सके।

(d) संकेतन (Coding)–सारणीयन के कार्य को आसान बनाने के लिए संपादक को कोड या संकेतन नम्बर डालने का कार्य भी करना पड़ता है। इसके अंतर्गत समस्त उत्तरों का कुछ निश्चित भागों में वर्गीकरण करना आवश्यक हो जाता है। प्रत्येक वर्ग का एक नम्बर होता है जो उत्तर के जगह पर डाल दिया जाता है। उदाहरण के अनुसार–यदि किसी व्यक्ति से उसके व्यवसाय के संबंध में प्रश्न किया जाए तो वह उत्तर में (क) नौकरी, (ख) स्वतंत्र व्यापार, (ग) खेती-बारी, एवं (घ) स्वतंत्र पेशा इत्यादि का वर्णन कर सकता है। प्रत्येक प्रकार के उत्तर के लिए एक नम्बर निश्चित किया जा सकता है एवं संकेतन कार्य के अंतर्गत संपादक यही करता है।

अनुसूची की उपयोगिता या महत्त्व

सामाजिक शोध अथवा सर्वेक्षण के क्षेत्र में सामग्री-संग्रहण के लिए सबसे अधिक प्रयोग अनुसूची का किया जाता है। अनुसूची के माध्यम से संग्रहित सामग्री अत्यधिक विश्वसनीय मानी जाती है। यह सामग्री-संग्रहण की सीधी विधि है। इसका उपयोग साक्षात्कार एवं अवलोकन प्रणाली के साथ भी किया जाता है। कहने का मतलब यह है कि कई सामाजिक घटनाओं एवं समस्याओं के विषय में प्राथमिक सूचना इकट्ठा करने के लिए जिन यंत्रों का प्रयोग किया जाता है उसमें अनुसूची अत्यधिक विशिष्ट है। इस प्रविधि के कुछ गुण एवं दोष भी होती हैं। पहले इस प्रविधि के गुणों का उल्लेख किया जा रहा है जो इस प्रकार से हैं–

(i) व्यक्तिगत संपर्क एवं प्रत्यक्ष (Personal and Direct Contact)–अनुसूची की प्रविधि का प्रथम गुण अथवा महत्त्व यह है कि इसमें उत्तरदाता एवं शोधकर्त्ता के मध्य व्यक्तिगत एवं प्रत्यक्ष संपर्क होता है। इससे विशिष्ट सूचनाओं की प्राप्ति संभव हो पाती है। यदि शोधकर्त्ता एवं उत्तरदाता के बीच व्यक्तिगत एवं प्रत्यक्ष संपर्क नहीं होता है तो उत्तरदाता सूचनाओं को भेजने में आलस्य का परिचय देता है। उसकी अभिरुचि सूचना देने में नहीं रहती है। किंतु इस प्रविधि में दोनों एक-दूसरे के सम्मुख रहते हैं। यदि उत्तरदाता के मन में अध्ययन-विषय के प्रति किसी तरह का भय, भ्रम या संकोच होता है तो शोधकर्त्ता उसे दूर कर देता है एवं दोनों के बीच एक आत्मीयता उत्पन्न हो जाती है। इससे संकोच आदि का निवारण तो होता ही है साथ ही मूलभूत सूचनाओं को प्राप्त करना

भी सरल होता है। इस प्रकार यह कहा जा सकता है कि प्रत्यक्ष एवं व्यक्तिगत संपर्क अनुसूची प्रविधि की एक उपयोगिता या महत्त्व अथवा गुण है।

(ii) प्रमाणित सूचनाएँ (Valid Information)—अनुसूची की प्रविधि का दूसरा गुण अथवा महत्त्व अथवा उपयोगिता यह है कि इसके द्वारा प्रमाणित सूचनाओं को अर्जित करना संभव होता है। अनुसूची एक ऐसी प्रविधि है जिसमें अवलोकन, प्रश्नावली एवं साक्षात्कार इन तीनों के गुण संयुक्त रूप में देखने को मिलते हैं। इसमें शोधकर्त्ता को साक्षात्कार के साथ-साथ अवलोकन का भी समय मिल जाता है। इसलिए सूचनाओं की प्रामाणिकता हो जाती है एवं शोधकर्त्ता को विश्वसनीय सूचनाएँ मिल जाती हैं।

इस तथ्य की पुष्टि करते हुए लुण्डबर्ग (Lundberg) ने भी लिखा है, "अनुसूची अनेक अवलोकनकर्त्ताओं के अवलोकन को प्रामाणिक एवं यथार्थ करने का कार्य करती है।" इस प्रकार यह पता चलता है कि अनुसूची की एक उपयोगिता अथवा गुण प्रमाणित सूचनाओं को प्राप्त करना होता है।

(iii) गहन अवलोकन की सुविधा (Facility of Intense Observation)—अनुसूची की प्रविधि का तीसरा गुण अथवा उपयोगिता यह है कि इससे गहन निरीक्षण की सुविधा होती है। अलग-अलग इकाइयों का अलग-अलग अध्ययन करने से अवलोकन की प्रामाणिकता एवं गहनता में वृद्धि होती है। चूँकि शोधकर्त्ता घटनाओं का खुद भी अवलोकन करता है इसलिए कम समय में अधिक तथ्यों का संकलन विश्वसनीय तरीके से हो जाता है क्योंकि कोई भी वैज्ञानिक ज्ञान निरीक्षण के बिना संभव नहीं होता है। साथ ही शोधकर्त्ताओं द्वारा विभिन्न उत्तरदाताओं से उत्तर प्राप्त किया जाता है, इसलिए उनके निरीक्षण में उतनी ही गहनता आती है। इस विषय में लुण्डबर्ग (Lundberg) ने उल्लेख किया है, "अनुसूची एक समय में एक तथ्य को पृथक् करने का तरीका है एवं इस तरह हमारे अवलोकन को गहन बनाती है।" इस तरह अनुसूची हमारे वैषयिक एवं मार्गदर्शन सूचना प्राप्त करने का एक ठीक साधन है। इसके आधार पर शोध के क्षेत्र निर्धारित किए जाते हैं। पी.वी. यंग (P.V. Young) ने इस संबंध में लिखा है, "अनुसूची को वह (शोधकर्त्ता) एक पथ-प्रदर्शक, जाँच के क्षेत्र को निर्धारित करने का एक साधन, स्मरण शक्ति का संयंत्र, लेखबद्ध करने का तरीका बनाता है।" इस तरह यह पता चलता है कि सूक्ष्मतम अवलोकन की सुविधा अनुसूची की एक मुख्य उपयोगिता या गुण है।

(iv) प्रश्नों के वास्तविक उत्तर (Real Answers of Questions)—अनुसूची की प्रविधि का चौथा गुण या उपयोगिता यह है कि इसके माध्यम से प्रश्नों

के वास्तविक उत्तर प्राप्त होते हैं। चूँकि इसमें उत्तरदाताओं एवं शोधकर्त्ता के बीच सीधा संपर्क होता है इसलिए उत्तरदाता प्रश्नों के ठीक उत्तर देता है। साथ ही यदि उत्तरदाता किसी प्रश्न को नहीं समझता है तो वह शोधकर्त्ता से फौरन पूछकर उसका निराकरण कर लेता है। कहने का तात्पर्य यह है कि इसमें उत्तरदाताओं की सारी जिज्ञासाओं एवं शंकाओं का सही ढंग से तुरंत निराकरण हो जाता है। यही कारण है कि प्रश्नों के वास्तविक उत्तर प्राप्त होते हैं जो इस प्रविधि का एक उपयोगिता एवं गुण है।

(v) तथ्यों के आलेखन में एकरूपता (Uniformity of Inwriting Facts)—अनुसूची की प्रविधि का पाँचवाँ गुण या प्रयोग यह है कि इसके माध्यम से तथ्यों के आलेखन में एकरूपता आती है। अनुसूची के माध्यम से तथ्यों को क्रमबद्ध एवं सही ढंग आलेखित किया जा सकता है क्योंकि इसमें उत्तरों को सही समय पर लिख लिया जाता है। इससे एक लाभ यह होता है कि अध्ययनकर्त्ता को अपनी स्मरण-शक्ति पर आश्रित नहीं रहना पड़ता है तथा अन्य लाभ यह होता है कि तथ्यों को भूलने की संभावना नहीं रहती है। साथ ही उत्तरों को लिखने में अध्ययनकर्त्ता सांकेतिक शब्दों का भी उपयोग कर सकता है। इससे कम समय में ज्यादा कार्य हो जाता है एवं तथ्य-संकलन की प्रक्रिया संक्षिप्त हो जाती है।

(vi) शोधकर्त्ता के व्यक्तित्त्व का लाभ (Advantage of Researchers Personality)—अनुसूची की प्रविधि का छठा गुण या उपयोगिता यह है कि इसमें शोधकर्त्ता के व्यक्तित्त्व का लाभ मिलता है। शोधकर्त्ता अपने व्यक्तित्त्व का ऐसा उदाहरण पेश करता है कि उत्तरदाता के लिए किसी भी प्रकार की वास्तविकता को छिपाना मुश्किल होता है। अपने व्यक्तित्त्व के भरोसे पर उत्तरदाता को विश्वास में लेकर शोधकर्त्ता उनसे अनेक गोपनीय बातों का भी उत्तर पूछ लेता है। ऐसा करना सूचना एकत्र करने के किसी दूसरे साधनों के माध्यम से संभव नहीं हो पाता है।

(vii) अध्ययन में नमनीयता (Adorability in Study)—अनुसूची की प्रविधि का सातवाँ उपयोगिता या गुण यह है कि इसमें अध्ययन में नमनीयता पाई जाती है। साथ ही अध्ययन में लोच का भी गुण आ जाता है। हालाँकि अनुसूची में प्रश्न पहले से निर्धारित होते हैं लेकिन उनमें लोच एवं नमनीयता का गुण पाया जाता है। अथवा अगर अध्ययन-क्षेत्र में साक्षात्कार के वक्त शोधकर्त्ता को यह लगता है कि प्रश्न में किसी प्रकार के सुधार की आवश्यकता है या किसी प्रश्न को जोड़ने या निकालने की आवश्यकता है तो वह ऐसा कर सकता है। इस प्रकार यह पता चलता है कि नमनीयता एवं लोच के गुणों के कारण अनुसूची ज्यादा उपयोगी हो

जाती है एवं इसलिए इसके माध्यम से श्रेष्ठतम सूचनाओं का संकलन होता है। अतः अध्ययन में नमनीयता अनुसूची का एक गुण अथवा उपयोगिता कही जा सकती है।

(viii) निरीक्षण-शक्ति में वृद्धि (Increase in the Observation Power)—अनुसूची की प्रविधि का आठवाँ गुण अथवा उपयोगिता निरीक्षण-शक्ति में बढ़ोतरी कहा जा सकता है। अर्थात् अनुसूची के प्रयोग के माध्यम से शोधकर्त्ता की निरीक्षण-शक्ति में बढ़ोतरी होती है। इसका कारण यह है कि उसे एक ही प्रश्नों को अनेक उत्तरदाताओं से पूछने का मौका मिलता है एवं उनसे प्राप्त उत्तरों को लिखना होता है। इसलिए अध्ययन-विषय के संबंध में उसकी सूझ में वृद्धि होती है एवं निरीक्षण-शक्ति में भी वृद्धि होती जाती है। इस प्रकार यह पता चलता है कि निरीक्षण-शक्ति में वृद्धि अनुसूची का एक गुण या उपयोगिता है।

(ix) अधिकतम प्रत्युत्तर (Maximum Response)—अनुसूची की प्रविधि का नवाँ गुण अथवा उपयोगिता अधिकतम प्रत्युत्तर प्राप्त करना कहा जा सकता है। इस प्रविधि के माध्यम से सूचना इकट्ठा करने पर अन्य प्रविधियों की तुलना में अधिकतम प्रत्युत्तर प्राप्त होता है। इसका कारण यह है कि शोधकर्त्ता खुद उत्तरदाता के सामने उपस्थित होकर प्रश्न पूछता है तो उत्तरदाता इनकार नहीं करता है। वह अपने व्यस्ततय समयों में से भी कुछ समय उत्तर देने के लिए जरूर निकाल लेता है। इसमें शोधकर्त्ता का भी व्यक्तित्त्व बहुत हद तक कार्य करता है। इस प्रकार यह पता चलता है कि अनुसूची की प्रविधि के माध्यम से अधिकतम प्रत्युत्तर प्राप्त होता है जो इस प्रविधि का एक गुण अथवा उपयोगिता है।

(x) प्रतिचयन संबंधी दोषों का ज्ञान (Knowledge of Sample Error)—अनुसूची की प्रविधि का दसवाँ गुण अथवा उपयोगिता यह है कि इससे प्रतिचयन संबंधी दोषों का ज्ञान हो जाता है। अध्ययन करते समय कभी-कभी विषय से जुड़े व्यक्तियों की संख्या इतनी हो जाती है कि सभी से सूचना एकत्र करना मुश्किल हो जाता है। ऐसी स्थिति में समग्र में से कुछ प्रतिनिधि इकाइयों का चुनाव करके अध्ययन करना आवश्यक हो जाता है। अनुसूची की प्रविधि के माध्यम से यह ज्ञात करना सरल होता है कि निदर्शन सही अथवा उपयुक्त हुआ है या नहीं। इस तरह यह कहा जा सकता है कि अनुसूची की प्रविधि द्वारा प्रतिचयन संबंधी दोषों का ज्ञान हो जाता है जो इस प्रविधि की एक उपयोगिता अथवा गुण कही जा सकती है।

(xi) स्पष्टीकरण संभव (Clarification is Possible)—अनुसूची की प्रविधि का ग्यारहवाँ उपयोगिता अथवा गुण यह है कि इसके माध्यम से स्पष्टीकरण

संभव होता है। कभी-कभी ऐसा होता है कि किसी-किसी सवाल की संरचना अत्यधिक कठिन होती है जिसे समझ पाना उत्तरदाता के वश में नहीं होता है। इसलिए उत्तरदाताओं को उत्तर देने में कठिनाई होती है। चूँकि शोधकर्त्ता उत्तरदाता के सामने खुद उपस्थित रहता है इसलिए वह उत्तरदाताओं की सभी समस्याओं का तुरंत पूरी तरह से निराकरण कर देता है। इससे यह ज्ञात होता है कि अनुसूची प्रविधि का एक उपयोगिता या गुण स्पष्टीकरण संभव होना है।

(xii) मानवीय शोध बनाने में सहायक (Helpful in Creating Human Research)—अनुसूची प्रविधि का बारहवाँ उपयोगिता या गुण यह है कि इसके माध्यम से सामाजिक शोध को मानवीय शोध बनाने में मदद मिलती है। चूँकि अनुसूची में मानवीय तथ्य आद्योपांत छाया हुआ रहता है इसलिए सूचना-संकलन की प्रक्रिया अधिक सरल, आकर्षक एवं रोचक हो जाती है। साक्षात्कारदाता एवं शोधकर्त्ता के परस्पर प्रत्यक्ष संपर्क में आने के कारण आदान-प्रदान की प्रक्रिया होती है जो शोध को एक मानवीय शोध बनाने में सहायता प्रदान करती है।

(xiii) सभी वर्गों के लिए उपयोगी प्रणाली (Useful Method for all Classes)—अनुसूची प्रविधि का तेरहवाँ उपयोगिता या गुण यह है कि यह सभी वर्गों से सूचना इकट्ठी करने के लिए एक उपयोगी प्रणाली है। कहने का तात्पर्य यह है कि इसके माध्यम से अशिक्षित एवं शिक्षित सभी वर्गों से सूचनाएँ इकट्ठी की जा सकती हैं। अगर अध्ययन क्षेत्र छोटा हो तो अनुसूची का उपयोग करना अधिक लाभदायक होता है। अनुसूची प्रविधि के द्वारा शोधकर्त्ता स्वयं क्षेत्र में जाकर सूचना इकट्ठा करता है। अनुसूची स्वयं शोधकर्त्ता के द्वारा भरी जाती है। इसलिए उत्तरदाता का शिक्षित होना आवश्यक नहीं होता है जबकि तथ्य एकत्रित करने की अन्य प्रविधि प्रश्नावली के माध्यम से तथ्य इकट्ठा करने पर उत्तरदाताओं का शिक्षित होना आवश्यक होता है क्योंकि उत्तरदाता को खुद प्रश्नावली को पूरा करना पड़ता है।

इस तरह यह मालूम होता है कि अनुसूची की प्रविधि द्वारा अशिक्षित एवं शिक्षित हर प्रकार के व्यक्तियों का अध्ययन किया जा सकता है। साथ ही खास समस्या के संबंध में अशिक्षित एवं शिक्षित व्यक्तियों के मतों का तुलनात्मक अध्ययन भी संभव हो सकता है। वैज्ञानिक अध्ययन के लिए तुलनात्मक विवेचना अधिक महत्त्वपूर्ण मानी जाती है।

(xiv) यथार्थ एवं ठोस सूचनाओं की प्राप्ति—अनुसूची की प्रविधि का चौदहवाँ उपयोगिता या गुण यह है कि इसके माध्यम से ठोस सूचनाओं एवं यथार्थ की जानकारी होती है। इसका कारण यह है कि इसमें शोधकर्त्ता आंकड़े इकट्ठा करने के

साथ-साथ तथ्यों का वास्तविक निरीक्षण भी करता जाता है। अतः उसे सही को ढूँढ़ने एवं गलत को त्याग देने का अवसर मिलता है। इस प्रकार समग्र के बारे में शोधकर्त्ता को पूरी एवं सही सूचनाएँ प्राप्त हो जाती हैं। इस प्रकार ठोस एवं यथार्थ सूचनाओं को ही शोधकर्त्ता ज्ञात करता है जो इस प्रविधि का एक उपयोगिता या गुण है।

(xv) तथ्य-संग्रह की प्रक्रिया को संक्षिप्त करना—अनुसूची की प्रविधि का पंद्रहवाँ उपयोगिता या गुण यह है कि यह तथ्य-संग्रह की प्रक्रिया को छोटा करता है। अनुसूची को स्वयं शोधकर्त्ता पूरा करता है एवं उत्तर भरने के इस काम में वह सांकेतिक शब्दों का भी उपयोग कर सकता है। इससे अनेक प्रश्नों का उत्तर बहुत कम समय में मिल जाता है एवं आंकड़े संकलन की प्रक्रिया सूक्ष्मतम हो जाती है जो इस प्रविधि का एक गुण या उपयोगिता कही जा सकती है।

(xvi) लेखबद्ध सामग्री—अनुसूची की प्रविधि का सोलहवाँ उपयोगिता अथवा गुण यह है कि इसके माध्यम से लेखबद्ध सामग्री मौजूद होती है। दूसरे शब्दों में यह कहा जा सकता है कि इसके माध्यम से जो तथ्य एकत्रित किया जाता है वह सब लिखित रूप में सुरक्षित रहता है और किसी भी अवस्था में कल्पना अथवा स्मरण-शक्ति पर निर्भर नहीं रहना पड़ता है। साथ ही अनुसूची पहले से निर्मित होने के कारण कोई भी जरूरी सूचना छूट जाने का भी भय नहीं रहता है। अतः लेखबद्ध सामग्री अनुसूची प्रविधि का एक उपयोगिता अथवा गुण कही जा सकती है।

(xvii) तथ्यों के छूटने की संभावना नहीं—अनुसूची प्रविधि का सत्रहवाँ गुण या उपयोगिता यह है कि इसमें तथ्यों के छूटने की संभावना नहीं रहती है। इसका वजह यह है कि अनुसूची में पहले ही से वे प्रश्न क्रमबद्ध रूप में लिखे रहते हैं जिनका उत्तर प्राप्त करना रहता है। इसलिए किसी भी तथ्य के छूटने की संभावना नहीं रहती है जो इस प्रविधि का एक गुण या उपयोगिता है।

(xviii) खराब लिखावट से बचाव—अनुसूची की प्रविधि का अठाहरवाँ गुण अथवा उपयोगिता यह है कि इसमें खराब लिखावट से बचाव होता है। चूँकि अनुसूची शोधकर्त्ता खुद भरता है इसलिए खराब लिखावट की संभावना नहीं रहती है। प्रश्नावली प्रविधि में उत्तरदाता को खुद उत्तर भरना रहता है इसलिए ज्यादातर खराब लिखावट के कारण उसके उत्तर को समझना कठिन हो जाता है। लेकिन अनुसूची में ऐसा नहीं होता है जो इस प्रविधि का एक उपयोगिता अथवा गुण कही जा सकती है।

(xix) सारणीयन करने में सुविधा—अनुसूची की प्रविधि का उन्नीसवाँ गुण अथवा उपयोगिता यह है कि इसमें सारणीयन करने की सुविधा होती है। चूँकि इस

प्रविधि में सवाल क्रमबद्ध एवं वर्गीकृत होते हैं इसलिए सारणीयन आदि के माध्यम से उनका सांख्यकीय विश्लेषण करना इस प्रविधि का एक गुण या उपयोगिता कही जा सकती है।

(xx) अभिनति की संभावना नहीं (No Possibility of Bias)—अनुसूची का बीसवाँ गुण अथवा उपयोगिता यह है कि इसमें अभिनति की संभावना नहीं रहती है। इसमें सवाल स्पष्ट एवं पूर्व निर्धारित होते हैं। इसलिए सिर्फ उन्हीं सवालों के उत्तर प्राप्त करने होते हैं जिनका संबंध शोध से होता है। साक्षात्कार के समय उत्तरदाता सूचना देते हुए कभी-कभी इतना भाव-विभोर हो जाता है कि वह अपने विषय से हटकर अपने नजरिए को ही प्रस्तुत करने में संलग्न रहता है। शोधकर्त्ता खुद भी निष्पक्ष-सा ही रहता है क्योंकि उसको भी उन्हीं उत्तरों को प्राप्त करना रहता है जिनसे संबंधित सवाल अनुसूची में रहते हैं। वह अपनी तरफ से कुछ भी हेर-फेर करने की स्थिति में नहीं रहता है। इस तरह यह पता चलता है कि अनुसूची में विषय से हटकर उत्तरदाता उत्तर नहीं दे सकता है एवं न ही शोधकर्त्ता किसी प्रकार का हेर-फेर कर सकता है। इसलिए अनुसूची में अभिनति की संभावना नहीं रहती है जो इसकी एक गुण अथवा उपयोगिता है।

उपर्युक्त विवरणों से यह ज्ञात होता है कि अनुसूची प्रविधि के कई गुण होते हैं। जहाँ यह एक ओर ठोस तथ्यों को संग्रहित करने में मददगार होती है वहीं दूसरी ओर अलग-अलग अवलोकनकर्त्ताओं के अवलोकन को प्रमाणित करने का भी काम करती है।

अनुसूची अध्ययनकर्त्ता के लिए पथ-प्रदर्शक का काम करती है। इसके साथ अध्ययन-क्षेत्र को निर्धारित करने का भी एक उपकरण है। वास्तविकता यह है कि अनुसूची स्मरण-शक्ति के एक संयंत्र का काम करती है जिसके कारण उत्तरों को सही रूप में लिखना संभव हो जाता है। अनुसूची प्रश्नों की इस तरह की सूची होती है जो क्षेत्र में अध्ययनकर्त्ता का मार्गदर्शन एवं निर्देशन करती है। इस संबंध में पी. वी. यंग (P.V. Young) ने लिखा है, "अनुसूची को वह एक पथ-प्रदर्शक, जाँच के क्षेत्र को निर्धारित करने का एक माध्यम, स्मरण-शक्ति का एक लेखबद्ध एवं संयंत्र करने का एक तरीका बनाता है।" इस तरह हम यह कह सकते हैं कि अनुसूची प्रविधि के कई उपयोग या गुण हैं।

अनुसूची के दोष या सीमाएँ

जहाँ एक तरफ अनुसूची प्रविधि के अनेक उपयोगिताएँ या गुण हैं वही दूसरी तरफ इस प्रविधि के कई सीमाएँ या दोष भी हैं। दरअसल कोई भी प्रविधि पूरी तरह

गुणकारी नहीं होती है। जहाँ गुण हैं वहीं दोष भी हैं। अनुसूची प्रविधि भी इसका अपवाद नहीं है। अथवा इस प्रविधि के भी कई सीमाएँ या दोष हैं जो निम्नलिखित हैं–

(i) सीमित क्षेत्र का अध्ययन (Study of Limited Area)–अनुसूची प्रविधि का पहला सीमा या दोष यह है कि इसके माध्यम से सिर्फ सीमित क्षेत्र का ही अध्ययन किया जा सकता है। अर्थात् जब क्षेत्र छोटा होता है तभी इस प्रविधि का प्रयोग किया जा सकता है। व्यापक क्षेत्र के अध्ययन के लिए अनुसूची प्रणाली ठीक नहीं होती है। इसका कारण यह है कि व्यापक क्षेत्र में अध्ययनकर्त्ता सभी उत्तरदाताओं से संपर्क स्थापित नहीं कर सकता है। इसलिए अध्ययन-क्षेत्र व्यापक होने पर इस प्रविधि के माध्यम से अध्ययन करना संभव नहीं होता है। इस प्रकार हम यह कह सकते हैं कि अनुसूची प्रविधि के माध्यम से केवल सीमित क्षेत्रों में ही अध्ययन करना संभव होता है। अगर क्षेत्र बड़ा होगा तो उसमें खर्च भी ज्यादा लगेगा जिसे पूर्ण करना किसी भी शोधकर्त्ता के लिए संभव नहीं हो पाएगा। इसलिए सीमित क्षेत्र का अध्ययन करने के लिए ही इस प्रविधि का प्रयोग किया जा सकता है जिसे इसका एक दोष या सीमा कह सकते हैं।

(ii) सार्वभौमिक प्रश्नों की समस्या (Problem of Universal)–अनुसूची प्रविधि का दूसरा सीमा या दोष यह है कि इसमें सार्वभौमिक प्रश्नों को निर्मित करना संभव नहीं होता है। सार्वभौमिक प्रश्न उस प्रश्न को कहते हैं जिनका सभी उत्तरदाता एक समान अर्थ समझें अथवा उनका ठीक रूप में उत्तर दें। अधिकांशतः ऐसे प्रश्नों का निर्माण करना आसान कार्य नहीं होता है। सभी उत्तरदाताओं की बौद्धिक, शैक्षणिक एवं सांस्कृतिक पृष्ठभूमि एक तरह की नहीं होती है। इसलिए सभी से एक तरह की सूचनाएँ प्राप्त नहीं हो पाती हैं। अतः सार्वभौमिक प्रश्नों की समस्या उत्पन्न होती है जो इस प्रविधि का एक सीमा या दोष है।

(iii) अत्यधिक महँगी प्रणाली (Very Expensive Method)–अनुसूची प्रविधि का तीसरा दोष अथवा सीमा यह है कि यह अत्यधिक महँगी पद्धति है। यह प्रविधि अधिक धन साध्य विधि है। चूँकि इस प्रविधि का प्रयोग साक्षात्कार के समय ही किया जाता है एवं उत्तरदाताओं की संख्या के अनुरूप क्षेत्रीय कार्यकर्त्ताओं की संख्या भी निर्धारित करनी होती है जिनके वेतन एवं सुविधाओं पर अधिक खर्च पड़ जाता है। परिणामस्वरूप प्राथमिक सूचनाओं को संग्रहित करने के लिए यह एक खर्चीली प्रविधि है। इस तरह अनुसूची प्रविधि को अत्यधिक महँगी प्रणाली कहा जा सकता है जो इस प्रविधि का एक सीमा अथवा दोष है।

(iv) संपर्क की समस्या (Problem of Contact)—अनुसूची प्रविधि का चौथा सीमा अथवा दोष संपर्क की समस्या है। अनुसूची प्रविधि द्वारा संकलन तभी एकत्रित किया जा सकता है जबकि उत्तरदाताओं से प्रत्यक्ष संपर्क स्थापित हो सके। आज मानव का जीवन बहुत व्यस्त हो गया है। इस व्यस्त जिंदगी के मध्य व्यक्ति के पास इतना समय नहीं रहता है कि वह साक्षात्कार दे सके। इसलिए वह साक्षात्कार का समय देने में टाल-मटोल करता है। साथ ही साक्षात्कारकर्त्ता को भी उत्तरदाताओं से मिलने के लिए पूरा समय चाहिए जो उसके पास भी नहीं रहता है। इसलिए एक तरह से संपर्क की समस्या पैदा हो जाती है जो इस प्रविधि का एक सीमा अथवा दोष कही जा सकती है।

(v) प्रतिनिधित्वपूर्ण समूह में संदेह (Suspicion in Representative Group)—अनुसूची प्रविधि का पाँचवाँ दोष अथवा सीमा प्रतिनिधित्वपूर्ण समूह में संदेह का होना कहा जा सकता है। इसमें यह पता लगाना भी एक मुश्किल कार्य होता है कि उत्तरदाता अध्ययन के अंतर्गत आए समूह का प्रतिनिधित्व करता भी है या नहीं। इसका परिणाम यह होता है कि साधारणीकरण अज्ञात निदर्शन पर आधारित होता है। अतः प्रतिनिधित्वपूर्ण समूह में संदेह इस प्रविधि का एक सीमा अथवा दोष कही जा सकती है।

(vi) मिथ्या झुकाव की संभावना (Possibility of False Inclination)—अनुसूची प्रविधि का छठा दोष अथवा सीमा यह है कि इसमें असत्य की ओर झुकाव की संभावना रहती है। साक्षात्कार के समय कभी-कभी ऐसा होता है कि शोधकर्त्ता साक्षात्कारदाता पर ऐरा प्रभाव स्थापित कर देता है जिससे उसका झुकाव अध्ययनकर्त्ता की तरफ हो जाता है और वही सूचनाएँ वह देता है जो अध्ययनकर्त्ता प्राप्त करना चाहता है। इसके विपरीत कभी-कभी उत्तरदाता के तथ्यों की अवहेलना कर अध्ययनकर्त्ता अपनी इच्छा के उत्तर लिख लेता है। इसका प्रतिफल यह होता है कि सूचनाएँ पक्षपातपूर्ण हो जाती हैं एवं वस्तुनिष्ठ अध्ययन संभव नहीं हो पाता है। शोधकर्त्ता के सुझावों की तरफ अधिक झुक जाने के कारण मूलभूत सूचनाएँ प्राप्त नहीं हो पाती हैं एवं शोध के निष्कर्ष पथ-भ्रष्ट हो जाते हैं। इस प्रकार यह पता चलता है कि अनुसूची के प्रयोग से मिथ्या झुकाव की संभावना ज्यादा रहती है जो इस प्रविधि का एक दोष अथवा सीमा कही जा सकती है।

(vii) संगठनात्मक समस्याएँ (Organisational Problems)—अनुसूची प्रविधि का सातवाँ दोष अथवा सीमा यह है कि इसमें संगठनात्मक समस्याएँ भी आती हैं। शोधकर्त्ता भिन्न-भिन्न प्रकृतियों के होते हैं एवं उनकी भूमिकाएँ भी

अलग-अलग होती हैं। ऐसी स्थिति में उन्हें किस प्रकार प्रशिक्षित किया जाए इसके लिए बड़े समूह की जरूरत होती है एवं कार्यकर्त्ताओं के अनुसूचियों तथा निरीक्षण की जाँच के लिए भी एक बड़े संगठन की आवश्यकता होती है। अगर ऐसे संगठनों का संचालन ठीक तरह से नहीं किया जाए तो अनुसूची के माध्यम से ज्ञात सूचनाओं के आधार पर सही निष्कर्ष पाना अत्यंत मुश्किल हो जाएगा। इतने बड़े संगठन की व्यवस्था करना एक मुश्किल कार्य होता है। इस तरह यह मालूम होता है कि अनुसूची प्रविधि का उपयोग करने में कई तरह की संगठनात्मक कठिनाइयाँ आती हैं जो इस प्रविधि का एक सीमा या दोष कही जा सकती है।

(viii) जोखिम प्रविधि (Risky Technique)—अनुसूची प्रविधि का आठवाँ दोष या सीमा यह है कि यह एक जोखिम प्रविधि है। साक्षात्कार करते वक्त अनेक बार कुछ इस तरह की कठिनाइयों का सामना करना पड़ता है जिससे यह प्रविधि ज्यादा अधिक जोखिम जान पड़ती है। उदाहरण के अनुसार—जनजातियों की धार्मिक संस्थानों ,संस्कृति तथा चुनाव संबंधी मनोवृत्तियों के अध्ययन में कभी-कभी सूचनादाता प्रश्नों को अपने व्यक्तिगत जीवन से संबंधित समझ लेता है एवं उसका उत्तर देते वक्त अपनी असमर्थता व्यक्त करता है या विरोध करता है जिससे कभी-कभी विद्रोह की स्थिति उत्पन्न हो जाती है। इस तरह यह मालूम होता है कि जोखिम प्रविधि अनुसूची का एक दोष या सीमा है।

(ix) सभी स्तर के अध्ययन के लिए कठिन—अनुसूची प्रविधि का नौवाँ दोष या सीमा यह है कि इसके द्वारा सभी स्तर के अध्ययन के लिए कठिनाई होती है। अर्थात् इस प्रविधि द्वारा सभी स्तर के लोगों के लिए एक तरह अनुसूची का निर्माण करना संभव नहीं होता है जो इस प्रविधि का एक सीमा या दोष है।

(x) उत्तरदाताओं का पता लगाना कठिन—अनुसूची प्रविधि का दसवाँ अवगुण या सीमा यह है कि इसके प्रविधि के माध्यम से क्षेत्र के कार्यकर्त्ता के लिए अपने उत्तरदाताओं के घर का ठीक पता लगाना मुश्किल होता है। चूँकि इस प्रविधि में साक्षात्कार के लिए उत्तरदाताओं से समय लेना पड़ता है इसलिए सबसे पहले उनके घर का पता लगाना पड़ता है जो अगर असंभव नहीं तो एक मुश्किल कार्य अवश्य होता है। इस तरह यह मुश्किल है कि उत्तरदाताओं का पता लगाने में मुश्किल इस प्रविधि का एक दोष या सीमा है।

(xi) तनावपूर्ण स्थिति—अनुसूची प्रविधि का ग्यारहवाँ सीमा या दोष यह है कि इससे तनावपूर्ण माहौल भी पैदा हो जाती है। कभी-कभी ऐसा होता है कि साक्षात्कार के दौरान उत्तरदाता एवं शोधकर्त्ता के बीच तनावपूर्ण माहौल पैदा हो जाती

है। हालाँकि एक कुशल शोधकर्त्ता इतना वाक्पटु होता है कि वह स्थितियों के अनुसार उत्तरदाताओं को समझा-बुझाकर उत्तर देने के लिए राजी कर सकता है। लेकिन हर परिस्थिति में ऐसा संभव नहीं हो पाता है। इसलिए ऐसी स्थिति कभी-कभी बहुत ही नाजुक हो जाती है जिसके फलस्वरूप ठीक तथ्य प्राप्त करने की संभावना अध्ययनकर्त्ता के लिए अति अल्प रह जाती है। अगर शोधकर्त्ता परिस्थिति को संभालने में नाकामयाब रहता है तो उत्तरदाताओं द्वारा दुर्व्यवहार करने की समस्या भी आ जाती है जो अध्ययनकर्त्ता के लिए एक दुःखद घटना बन जाती है। इस तरह यह पता चलता है कि तनावपूर्ण स्थिति अनुसूची प्रविधि का एक सीमा या दोष है।

(xii) शोधकर्त्ताओं की लापरवाही—अनुसूची प्रविधि का बारहवाँ दोष अथवा सीमा शोधकर्त्ताओं की लापरवाही कहा जा सकता है। कई बार प्रगणक एवं शोधकर्त्ता अध्ययन के प्रति लापरवाही बरतते हैं, क्योंकि उनकी नियुक्ति अस्थाई तौर पर होती है। इसलिए वे शोध कार्यों में रुचि नहीं लेते हैं, एवं बहुत बार फर्जी तौर पर अनुसूचियों की खानापूर्ति कर देते हैं। इस प्रकार यह कहा जा सकता है कि शोधकर्त्ताओं की लापरवाही अनुसूची प्रविधि का एक दोष अथवा सीमा है।

उपर्युक्त बातों से पता चलता है कि अनुसूची प्रविधि के कई दोष एवं सीमाएँ हैं। लेकिन इन सीमाओं के उपरांत भी सामाजिक शोध तथा सर्वेक्षण में प्रमाणित, विश्वसनीय एवं वैषयिक तथ्यों के संकलन में इसकी उपादेयता अद्वितीय है एवं यह पद्धति सदैव महँगी ही नहीं कही जा सकती है। इसकी सफलता उपयुक्त शोधकर्त्ता एवं रचना की कुशलता पर बहुत हद तक निर्भर करती है। वर्तमान में बहुत सरकारी एवं गैर-सरकारी अध्ययनों में इसका प्रयोग ज्यादा-से-ज्यादा किया जाने लगा है। इस प्रकार यह कहा जा सकता है कि अनुसूची प्रविधि अनेक सीमाओं के बावजूद एक अच्छी प्रविधि है।

अनुसूची के प्रकार

सामाजिक सर्वेक्षण एवं सामाजिक शोध के क्षेत्र में सामाजिक वैज्ञानिकों ने तथ्य इकट्ठा करने के लिए कुछ यंत्रों का निर्माण किया है उनमें से अनुसूची भी एक है। अनुसूची सवालों की वह सूची है जिसका प्रयोग सामाजिक समस्याओं के विषय में प्राथमिक तथ्य एकत्रित करने के लिए किया जाता है। आधुनिक युग में अनुसूची की अवधारणा एक विवादास्पद सवाल बन गई है। इसके संबंध में विभिन्न विद्वानों के विचार भिन्न-भिन्न हैं। इसी प्रकार अनुसूची के अनेक प्रकारों के संबंध

में भी अनेक विद्वानों के विचार अलग-अलग हैं। मुख्य रूप से लुण्डबर्ग (Lundberg) एवं पी.वी. यंग (P.V. Young) ने अनुसूची के अनेक प्रकारों का जिक्र किया है। लुण्डबर्ग (Lundberg) ने अनुसूची के प्रमुख तीन प्रकारों का जिक्र किया है जिससे इसकी प्रकृति स्पष्ट होती है। जो निम्नलिखित हैं–

(i) सामाजिक संगठनों एवं संस्थानों की स्थिति एवं कार्यों को जानने से संबंधित अनुसूचियाँ,

(ii) वस्तुनिष्ठ तथ्यों को लिपिबद्ध करने वाली अनुसूचियाँ,

(iii) अभिवृत्तियाँ तथा मतों का निर्धारण एवं उनका परिमाप करने वाली अनुसूचियाँ, तथा

अनुसूची को पी.वी. यंग (P.V. Young) ने अपनी पुस्तक 'Scientific Social Survey and Research' में पाँच भागों में विभक्त किया है जो इस प्रकार से हैं–

(i) अवलोकन अनुसूची (Observation Schedule),

(ii) मूल्यांकन अनुसूची (Rating Schedule),

(iii) प्रलेख अनुसूची (Document Schedule),

(iv) साक्षात्कार अनुसूची (Interview Schedule),

(v) संस्था सर्वेक्षण अनुसूची (Institution Survey Schedule)।

अन्य विद्वानों ने भी अनुसूची के कई प्रकारों का वर्णन किया है। यहाँ अनुसूची के कई प्रकारों का उल्लेख किया जा रहा है जो इस प्रकार हैं–

(i) अवलोकन अनुसूची (Observation Schedule)–अवलोकन अनुसूची उस अनुसूची को कहते हैं जिसका प्रयोग अवलोकन के समय किया जाता है। अर्थात् अवलोकनकर्त्ता अवलोकन कर अवलोकनों को लिखने के लिए इस प्रकार की अनुसूची का उपयोग करता है। इससे अवलोकन का कार्य क्रमबद्ध एवं व्यवस्थित होता है। इस तरह की अनुसूची का प्रयोग किसी व्यक्ति या घटना या व्यवहार के अवलोकन हेतु किया जाता है। अवलोकन पद्धति के माध्यम से केवल वस्तुनिष्ठ आंकड़ों (Objective Facts) का ही अध्ययन किया जाता है। अतः वस्तुनिष्ठ कठिनाइयों (Objective Problems) के बारे में ही इस अनुसूची द्वारा सूचना प्राप्त की जा सकती है। इस प्रकार की अनुसूची में प्रश्नों का समावेश नहीं होता है लेकिन कुछ मोटी-मोटी बिंदुओं या बातों का समावेश होता है जो निरीक्षण के समय सामने आ सकती हैं जिनके बारे में घटनाओं के अवलोकन द्वारा सूचनाएँ सग्रहं की जा सकती हैं। इस प्रकार की अनुसूची के आधार पर सूचना संग्रह करने

के लिए शोधकर्त्ता व्यक्तियों से प्रश्न पूछकर सूचना संग्रह नहीं करता बल्कि जो कुछ वह खुद आँखों से देखता है अनुसूची में उसका वर्णन करता है। अर्थात् अनुसूची में घटनाओं के निरीक्षण से प्राप्त परिणामों को बिना उत्तरदाता की मदद से स्वयं लिखता है।

इस तरह की अनुसूची का प्रमुख लाभ यह होता है कि इसके आधार पर फर्स्ट हैंड सूचनाएँ (First Hand Information) ज्ञात होती हैं जो वैज्ञानिक अध्ययन के लिए ज्यादा महत्त्वपूर्ण होती है। जब उत्तरदाता के माध्यम से सूचनाएँ दी जाती हैं तो उसके माध्यम से दी गई सूचनाओं में कुछ अविश्वसनीयता एवं कृत्रिमता की झलक मिलती है। किंतु शोधकर्त्ता द्वारा घटनाओं के अवलोकन के आधार पर इकट्ठी सूचनाएँ ज्यादा विश्वसनीय होती हैं क्योंकि शोधकर्त्ता विश्वसनीय सूचनाओं को संग्रहित करने का विशेषज्ञ माना जाता है। अवलोकन के दौरान जिस अनुसूची का उपयोग किया जाता है उसे अवलोकन प्रदर्शक (Observation Guide) भी कह सकते हैं। यह अवलोकन प्रदर्शिका अध्ययनकर्त्ता के कई तथ्यों का अध्ययन करने के लिए मार्ग निर्धारित करती है एवं अवलोकनकर्त्ता को अध्ययन-विषय से दूर नहीं हटने देती है।

(ii) मूल्यांकन अनुसूची (Rating Schedule)—जब किसी समस्या या घटना से संबंधित विषयों के संबंध में उत्तरदाता की राय ,प्रकृति एवं पसंद आदि की सांख्यिकीय माप के लिए अनुसूची का उपयोग किया जाता है तो उसे मूल्यांकन अनुसूची कहा जाता है। समाजशास्त्र, मनोविज्ञान एवं समाज-कार्य आदि के क्षेत्र में इस प्रकार की अनुसूची का प्रयोग किया जाता है। इस प्रकार की अनुसूची के माध्यम से किसी समस्या या घटना को निर्धारित करने वाले कारकों का मूल्य निर्धारित किया जाता है या मूल्यांकन किया जाता है। इस तरह की अनुसूची में प्रश्नों के साथ-साथ संभावित उत्तर भी दिया रहता है। अध्ययनकर्त्ता उत्तरदाता से अनेक संभावित उत्तरों में से कोई एक उत्तर अथवा अनेक उत्तरों को अपनी पसंद बतलाते हुए क्रमबद्ध रूप में उत्तर देने को कहता है।

समाजशास्त्रियों एवं मनोवैज्ञानिकों ने मनोवृत्ति पैमाना (Attitude Scales) के रूप में इस प्रकार की अनुसूची को तैयार किया है। लिकर्ट एवं थर्सटन (Likert and Thurston) द्वारा निर्मित मनोवृत्ति माप पैमाना (Attitude Measurment Scale) तथा बोगार्डस (Bogardus) द्वारा निर्मित सामाजिक दूरी पैमाना (Social Distance Scale) अति विशिष्ट है। इस प्रकार की अनुसूची का प्रयोग जनमत संबंधी शोधों में अधिकाधिक होने लगा है। भारत में सामुदायिक विकास, सहकारिता एवं परिवार नियोजनों की असफलताओं का अध्ययन इस अनुसूची के जरिए किया जाता है। साथ

ही जाति-प्रथा को निर्बल बनाने वाले कारणों का मूल्यांकन करने में भी मूल्यांकन अनुसूची विशिष्ट भूमिका अदा करती है। दहेज-प्रथा को कमजोर बनाने वाले कारणों का अध्ययन भी इस विधि से किया जाता है। असफलता के कारणों के विषय में सूचनादाताओं की विचार एवं पसंद आदि को भी इस विधि से इकट्ठा किया जा सकता है।

(iii) प्रलेख अनुसूची (Document Schedule)—जब लिखित प्रलेखों जैसे—डायरी, आत्मकथा, पत्र, गैर-सरकारी एवं सरकारी रिकार्ड एवं ऐसे ही दूसरे लिखित स्रोतों से सूचना इकट्ठी करने के लिए अनुसूची का प्रयोग किया जाता है तब उसे प्रलेख अनुसूची (Document Schedule) कहा जाता है। इस प्रकार की अनुसूची के सवालों का उत्तर उत्तरदाता के माध्यम से पूछकर नहीं भरा जाता है, अपितु लिखित प्रलेखों से उसके उत्तर ढूँढ़े जाते हैं एवं अनुसूची में लिखे जाते हैं। अध्ययन-क्षेत्र की इकाइयों के विषय में शुरुआती जानकारी प्राप्त करने के लिए भी इस तरह की अनुसूची अत्यधिक उपयोगी सिद्ध होती है। इस तरह यह पता चलता है कि यह अनुसूची उत्तरदाताओं की सहायता से द्वितीयक सामग्री के स्रोतों को जानने का एक आसान माध्यम है।

इस संबंध में पी.वी. यंग (P.V. Young) ने 'Scientific Social Survey and Research' में लिखा है, "इन अनुसूचियों का उपयोग ऐसी सामग्री का आलेखन करने के लिए किया जाता है जिन्हें अनेक तरह के व्यक्तिगत जीवन इतिहासों, प्रलेखों तथा अन्य सामग्री से हासिल किया जाता है।" ("These are used for recording the data obtained from documents, case histories and other materials.") इस प्रकार यह पता चलता है कि प्रलेख अनुसूची के माध्यम से सूचना इकट्ठी की जाती है।

(iv) साक्षात्कार अनुसूची (Interview Schedule)—साक्षात्कार सामाजिक शोध कि एक प्रणाली है। साक्षात्कार के दौरान कुछ तथ्य ऐसे होते हैं जिन्हें याद रखना मुश्किल होता है। ऐसी स्थिति से बचने के लिए साक्षात्कार अनुसूची का उपयोग किया जाता है। सूचनाओं को पाने के लिए संग्रहित सामग्री की जाँच के लिए एवं अध्ययन को शुरू करने के लिए इस प्रकार की अनुसूची का प्रयोग किया जाता है। शोध को व्यवस्थित एवं क्रमबद्ध ढंग से संचालित करने के लिए भी इस अनुसूची का प्रयोग किया जाता है। इस तरह की अनुसूची का सबसे बड़ा लाभ यह है कि इसके माध्यम से तथ्यों का सारणीयन एवं वर्गीकरण किया जा सकता है।

लुण्डबर्ग (Lundburg), गुड्डे एवं हॉट (Goode and Hatt) तथा पी.वी. यंग (P.V. Young) के अनुसार जब साक्षात्कार के समय अनुसूची का उपयोग किया जाता है। तब उसे साक्षात्कार अनुसूची कहा जाता है। शोधकर्त्ता शोध के पूर्व प्रश्नों की सूची निर्मित करता है एवं साक्षात्कार के समय उत्तरदाता से शारीरिक संपर्क स्थापित कर प्रश्नों को पूछकर उसका उत्तर खुद नोट करता है। इस अनुसूची के आधार पर साक्षात्कारकर्त्ता सभी उत्तरदाताओं से एक तरह का प्रश्न पूछता है। फलस्वरूप उत्तरदाताओं के उत्तर में ज्यादा भिन्नता नहीं पाई जाती है। इस तरह की अनुसूची से सबसे ज्यादा लाभ यह होता है कि तथ्यों का संकलन अत्यन्त कम समय में हो जाता है। साथ ही तथ्यों के सारणीयन एवं वर्गीकरण में भी सरलता होती है।

साक्षात्कार अनुसूची के इन गुणों के साथ-साथ कुछ दोष भी हैं। इसका पहला दोष यह है कि साक्षात्कारकर्त्ता की उपस्थिति के कारण उत्तरदाता अपने व्यक्तिगत जीवन से संबंधित गोपनीय बातों को बताने में संकोच का अनुभव करते हैं। फलस्वरूप इस तरह की अनुसूची वास्तविक सूचना इकट्ठी करने में असफल सिद्ध होती है। इसका दूसरा दोष यह है कि इसमें प्रश्नों के साथ-साथ उसके संभावित उत्तर भी दिए रहते हैं। इससे उत्तरदाता मूल विचार व्यक्त नहीं कर पाता है। परिणामस्वरूप इस अनुसूची के आधार पर उत्तरदाता मूल विचार व्यक्त नहीं कर पाता है। फलस्वरूप इस अनुसूची के आधार पर ज्ञात की गई सूचनाओं की विश्वसनीयता संदिग्ध रहती है। इस तरह यह मालूम होता है कि जहाँ इस प्रकार की अनुसूची में कुछ गुण पाए जाते हैं वहीं इसके कुछ दोष भी पाए जाते हैं।

(v) संस्था-सर्वेक्षण अनुसूची (Institution Survey Schedule)– अनुसूची के इस तरह का प्रयोग किसी संस्था के सामने आने वाली कठिनाइयों के मूल्यांकन के लिए किया जाता है। इसलिए इस तरह की अनुसूचियों का निर्माण किसी विशेष संस्था अथवा एक संस्था विशेष पहलू के अध्ययन के लिए किया जाता है। दूसरे शब्दों में हम यह कह सकते हैं कि वे अनुसूचियाँ जिनकी सहायता से किसी संस्था का मूल्यांकन करने का प्रयास किया जाता है, संस्था-सर्वेक्षण अनुसूचियाँ कहलाती हैं। इन अनुसूचियों का प्रयोग किसी समुदाय के शिक्षा संबंधी या स्वास्थ्य विशेषताओं के अध्ययन के लिए किया जाता है। जब किसी संस्था से संबंधित संपूर्ण समस्याओं के मूल्यांकन करने के लिए किसी अनुसूची का निर्माण किया जाता है तो तुलनात्मक रूप से उसका आकार व्यापक हो जाता है क्योंकि उस संस्था से संबंधित प्रत्येक समस्या के प्रत्येक पक्ष के बारे में महत्त्वपूर्ण प्रश्नों को अनुसूची में शामिल करना पड़ता है।

इस सर्वेक्षण के संबंध में पी.वी. यंग (P.V. Young) ने अपनी पुस्तक 'Scientific Social Survey and Research' में लिखा है, "किसी संस्था के समक्ष उत्पन्न होने वाली या उसमें विद्यमान समस्याओं का निरीक्षण करने के लिए इस प्रकार की अनुसूचियों का उपयोग किया जाता है।" ("Shedules of this type are used to visualise the problems faced by or coherent in a given type of institutions.") इस अनुसूची के द्वारा धर्म, शिक्षा एवं परिवार आदि के अनेक पक्षों का अध्ययन किया जाता है।

10

साक्षात्कार

साक्षात्कार शब्द अंग्रेजी भाषा के 'Interview' का हिन्दी रूपान्तरण है। 'Interview' को दो भागों (Inter = अन्दर) तथा (View = दृष्टि) में विभाजित किया जा सकता है। इसका शाब्दिक अर्थ होता है अन्तर्दशन अर्थात् आन्तरिक रूप से देखना। इस तरह हम यह कह सकते हैं कि शाब्दिक रूप से आन्तरिक तथ्यों को समझने की प्रक्रिया को साक्षात्कार कहा जाता है। दूसरे शब्दों में यह भी कह सकते हैं कि जिन अप्रकट अथवा अदृश्य तथ्यों को बाह्य रूप से अवलोकन नहीं किया जा सकता है, उन तथ्यों की जानकारी अर्जित करना ही साक्षात्कार कहलाता है।

साक्षात्कार सामाजिक सर्वेक्षण एवं शोध के तहत तथ्य संग्रहण की एक मुख्य प्रविधि है। साधारणतः आम भाषा में अथवा दैनिक जीवन में जब 'साक्षात्कार' अथवा 'इण्टरव्यू' शब्द का प्रयोग किया जाता है तो इससे यह तात्पर्य लगाया जाता है कि किसी अधिकारी से मिलना, किसी नौकरी के लिए अथवा किसी प्रशिक्षण देने वाली संस्था में प्रवेश हेतु प्रत्याशियों की कार्यकुशलता, योग्यता एवं क्षमता की परख करना। कहने का अर्थ यह है कि आम भाषा में साक्षात्कार का अर्थ एक व्यक्ति के माध्यम से अन्य व्यक्ति से बातचीत के माध्यम से उसकी वरीयता, योग्यता एवं ज्ञान आदि की जानकारी हासिल करना है। लेकिन सामाजिक शोधों में साक्षात्कार का दूसरे अर्थों में प्रयोग किया जाता है। इसमें साक्षात्कार एक सुनिश्चित एवं विशिष्ट अवधारणा है। किसी भी विज्ञान का प्रगति इस बात पर निर्भर करता है कि उसके तथ्य-संकलन एवं शोध की विधियाँ के साधन कितने उन्नत हैं।

प्राकृतिक विज्ञानों में शोध की उपकरण एवं विधियाँ अत्यन्त उन्नत हो चुके हैं। राजनीति शास्त्र ,समाजशास्त्र, लोक-प्रशासन आदि सामाजिक विज्ञानें प्राकृतिक विज्ञानों की अपेक्षा इस क्षेत्र में अत्यधिक पीछे हैं। गुड्डे एवं हॉट (Goode and Hatt) ने इसकी वजह बताते हुए लिखा है, "सामाजिक विज्ञानों के अध्ययन की वस्तु मानव है; मानव खुद एक जटिल प्राणी है जिसका स्वभाव लगातार बदलता रहता है, अध्ययन-वस्तु (Subject-matter) एवं वैज्ञानिक (Scientist) दोनों मानव होने के कारण पक्षपात आदि की संभावना रहती है।" सामाजिक शोध में बहुत-सी विधियों का प्रयोग किया जाता है। इन विधियों में साक्षात्कार, अवलोकन, प्रश्नावली, अनुसूची, अनुमापन, पुस्तकायी पद्धति एवं सामाजमिति आदि मुख्य हैं। जहाँ तक साक्षात्कार प्रणाली का प्रश्न है, अपने अनेक प्रकारों एवं गुणों के कारण यह सामाजिक शोध के क्षेत्र में विशिष्ट स्थान रखता है। इसके द्वारा तथ्यों को एकत्रित किया जा सकता है जो अन्य प्रविधियों द्वारा एकत्रित करना संभव नहीं हो पाता है। यही वजह है कि पी.वी. यंग (P. V. Young) ने अपनी पुस्तक 'Scientific Social and Survey and Research' में इसके गुणों पर रोशनी डालते हुए कहा है कि साक्षात्कार प्रणाली के माध्यम से व्यक्तियों के आन्तरिक जीवन में प्रवेश कर तथ्य इकट्ठे किए जा सकते हैं। चूँकि इस प्रविधि के माध्यम से उत्तरदाताओं के आन्तरिक जीवन में भी प्रवेश करने की गुंजाइश रहती है इसलिए इस पद्धति को अत्यधिक महत्त्वपूर्ण कहा जा सकता है।

समाजशास्त्रीय नजरिये से साक्षात्कार एक ऐसी प्रणाली है जिसमें साक्षात्कारकर्त्ता एवं सूचनादाता के बीच किसी विशिष्ट लक्ष्य को लेकर आमने-सामने की स्थिति में वार्तालाप अथवा उत्तर-प्रत्युत्तर होता है। वह एक प्रकार की मनोवैज्ञानिक स्थिति है जिसमें साक्षात्कारकर्त्ता एवं सूचनादाता एक-दूसरे के नजदीक आते हैं एवं खुद विचार-विमर्श करते हैं। साक्षात्कार का लक्ष्य व्यक्ति के विश्वासों, विचारों, भावनाओं, मूल्यों, अतीत के अनुभवों तथा भविष्य के इरादों को जानना है। साक्षात्कार लोगों के विषय में हमारे अनुभव एवं ज्ञान में वृद्धि करता है तथा अन्य प्रविधियों द्वारा संग्रहित सामग्री के नियंत्रण एवं सत्यापन में मदद करता है। यह एक लचीला यंत्र होता है जिसमें समय एवं परिस्थिति के अनुसार परिवर्तन किया जा सकता है। इस प्रकार यह पता चलता है कि साक्षात्कार एक ऐसी प्रक्रिया है जिसके माध्यम से गुणात्मक एवं परिमाणात्मक सभी तथ्यों को जान करके सामाजिक शोध को वस्तुनिष्ठ बनाया जा सकता है। साक्षात्कार सामग्री-संग्रहण करने की मौखिक प्रविधि है जिसमें शोधकर्त्ता अपने अध्ययन की वस्तु अर्थात् व्यक्ति से आमने-सामने का संबंध स्थापित कर लेता है एवं वार्तालाप करता है क्योंकि व्यक्तियों का मौखिक व्यवहार ही उनके

वास्तविक व्यवहारों का महत्त्वपूर्ण आधार है। साक्षात्कार का प्रयोग मानवशास्त्र ,समाजशास्त्र एवं मनोविज्ञान में बहुत अधिक किया जाता रहा है। साथ ही मनोविश्लेषकों, मनोचिकित्सकों तथा चिकित्सकों द्वारा रोगियों से चिकित्सा से जुड़े साक्षात्कार भी लिए जाते रहे हैं।

मानवीय मनोवृत्तियों एवं मूल्यों को समझने में साक्षात्कार का महत्त्व बताते हुए आल्पोर्ट (Allport) ने लिखा है, "यदि हम जानना चाहते हैं कि लोग किस तरह का अनुभव करते हैं और वे क्या याद रखते हैं, उनके मनोवृत्तियाँ एवं संवेग किस तरह की हैं, तथा उस तरह से काम करने के कारण क्या हैं जिस तरह वे कार्य करते हैं, तो उनसे पूछ ही क्यों न लें? ("If you want to know how people feel what they experience and what they remember what their emotions and motives are like, and the reasons for acting as they do----why not ask them.?") आल्पोर्ट (Allport) के इस कथन से ज्ञात होता है कि साक्षात्कार एक ऐसी विधि है, जिसमें अध्ययनकर्त्ता किसी विषय से जुड़े व्यक्तियों के आमने-सामने का संबंध स्थापित करके उनकी मनोभावों एवं विचारों आदि को उन्हीं के शब्दों में समझने की कोशिश करता है। यह एक ऐसी व्यवस्थित पद्धति है जो परस्पर के संबंध पर आधारित है।

साक्षात्कार की परिभाषाएँ

सामाजिक सर्वेक्षण एवं शोध के जगत में साक्षात्कार एक परस्पर महत्त्वपूर्ण प्रविधि है। साक्षात्कार, जैसा कि नाम से ही स्पष्ट है अत्यधिक का संबंध स्थापित कर इसमें सूचनाएँ इकट्ठी की जाती हैं। साक्षात्कार को कई विद्वानों ने गरिभाषित किया है। अनेक विद्वानों द्वारा दी गई परिभाषाएँ निम्नलिखित हैं–

साक्षात्कार को परिभाषित करते हुए पी. वी. यंग (P. V. Young) ने 'Scientific Social Survey and Research' में लिखा है, "साक्षात्कार को एक ऐसी क्रमबद्ध पद्धति के रूप में माना जा सकता है जिसके माध्यम से एक व्यक्ति दूसरे व्यक्ति के अंदरूनी जीवन में थोड़ा-बहुत कल्पनात्मक रूप से प्रवेश करता है जो कि उसके लिए सामान्यतया तुलनात्मक रूप से अपरिचित है।" ("The interview may be regarded as a systematic method by which one person enters more or less imaginatively into the inner life of another who is generally a comparative strange to him.")

एम.एन. बसु (M. N. Basu) ने साक्षात्कार को परिभाषित करते हुए 'Field Methods in Anthropology and other Social Sciences' में लिखा

है, "एक साक्षात्कार को कुछ विषयों को लेकर व्यक्तियों के परस्पर का मिलन कहा जा सकता है।" ("An Interview can be defined as a meeting of persons face to face on some points.") इस परिभाषा से यह पता चलता है कि साक्षात्कार में व्यक्तियों के मध्य परस्पर का संबंध पाया जाता है। साथ ही यह परस्पर का संबंध यूँ ही नहीं होता है, अपितु उसके कुछ उद्देश्य होते हैं।

ऑक्सफोर्ड इंग्लिश डिक्शनरी (Oxford English Dictionary) में साक्षात्कार को "A meeting of persons face to face specially for the purpose of formal conference on some points." के रूप में परिभाषित किया गया है। इस परिभाषा के आधार पर प्रमुखतया चार बातें स्पष्ट होती हैं:–

(i) इस वार्तालाप का लक्ष्य किसी खास समस्या के संबंध में ज्ञान प्राप्त करना होता है।

(ii) इन व्यक्तियों में कुछ वार्तालाप होता है।

(iii) ये व्यक्ति आमने-सामने के रूप में संबंधित रहते हैं।

(iv) साक्षात्कार दो या दो से अधिक व्यक्तियों के बीच मिलना है।

सिन पाओ यंग (Hsin Pao Yang) ने साक्षात्कार को परिभाषित करते हुए लिखा है, "साक्षात्कार क्षेत्रीय कार्य की ऐसी प्रविधि है, जो कि एक व्यक्ति अथवा व्यक्तियों के व्यवहार की निगरानी करने, कथनों को अंकित करने व सामाजिक अथवा सामूहिक अन्तःक्रिया के मूलभूत परिणामों का निरीक्षण करने के लिए प्रयोग में लाई जाती है।" ("The Interview is a technique of field work, which is used to watch the behaviour of an individual or individuals, to record statements, to observe the concrete results of social or group interaction. It is, therefore, a social process, it usually involves interaction between two persons.") इस परिभाषा से यह ज्ञात होता है कि साक्षात्कार एक ऐसी पद्धति है जिसके माध्यम से व्यक्तियों की निगरानी की जाती है। साथ ही सामूहिक एवं सामाजिक अन्तःक्रिया के वास्तविक प्रतिफलों का अवलोकन भी किया जाता है।

जॉन मैडगे (John Madge) ने साक्षात्कार को परिभाषित करते हुए लिखा है कि, "Interview is a purposive conversation, whose purpose may, very widely to include, for example, a meeting to select from the condiditions for a vacancy, a meeting to arrange for a certain course of action, or a meeting undertaken to collect information." इस परिभाषा से यह स्पष्ट होता है कि साक्षात्कार का लक्ष्य अलग-अलग परिस्थितियों में

अलग-अलग होता है। साक्षात्कार एक लक्ष्य से परिपूर्ण वार्तालाप है एवं इस वार्तालाप के तीन लक्ष्य होते हैं, जो निम्नलिखित हैं–

(i) साक्षात्कार खाली स्थानों की पूर्ति के लिए एवं उस पर नई नियुक्ति के लिए किया जा सकता है।

(ii) साक्षात्कार कोई विशेष कार्यवाही (Action) लेने के लिए किया जा सकता है।

(iii) साक्षात्कार अनेक सामाजिक समस्याओं के संबंध में जानकारी अर्जित करने एवं सामग्री संग्रहण करने के लिए किया जा सकता है।

साक्षात्कार को परिभाषित करते हुए गुड्डे एवं हॉट (Goode and Hatt) ने 'Methods in Social Research' में लिखा है, "मौलिक रूप से साक्षात्कार सामाजिक अन्दरूनी क्रिया की एक प्रक्रिया है।" ("Interview is fundamentally a process of social interaction.") इस परिभाषा से यह ज्ञात होता है कि साक्षात्कार की अभिक्रिया मात्र अध्ययनकर्ता एवं विषयी के एक-दूसरे के संबंध से नहीं है अपितु इन दोनों पक्षों के मध्य जो एक उद्देश्यपूर्ण अथवा अर्थपूर्ण अन्तःक्रिया होती है उसी से है। अर्थात् इसी अंतर्क्रिया को साक्षात्कार कहा जाता है।

वी. एम. पालमर (V. M. Palmer) ने 'Field Studies in Sociology' साक्षात्कार को परिभाषित करते हुए लिखा है, "साक्षात्कार दो व्यक्तियों के मध्य एक सामाजिक स्थिति है, जिनमें अन्तर्निहित मनोवैज्ञानिक प्रणाली के तहत यह जरूरी होता है कि दोनों व्यक्ति परस्पर उत्तर–प्रति-उत्तर करते रहें, यद्यपि साक्षात्कार के सागाजिक शोध के लक्ष्य से जुड़े पक्षों से अध्ययन-विषय के संबंध में बहुत कुछ विभिन्न उत्तर प्राप्त होने चाहिए।" ("The interview constitutes a social situation between two persons by psychological process involved requiring both individuals mutually respond though the social research purpose of the interview calls for a very different response from the two parties concerned.")

साक्षात्कार को परिभाषित करते हुए मोजर (Moser) ने 'Survey Methods in Social Investigation' में लिखा है, "एक सर्वेक्षण, साक्षात्कारकर्त्ता ,साक्षात्कार तथा उत्तरदाता के बीच एक वार्तालाप है जिसका लक्ष्य उत्तरदाता से निश्चित सूचना अर्जित करना होता है।"

हैडर एवं लिंडमैन (Hader and Lindman) ने साक्षात्कार को परिभाषित करते हुए 'Dynamic Social Research' में लिखा है, "साक्षात्कार दो व्यक्तियों अथवा अनेक व्यक्तियों के मध्य संवाद और मौखिक प्रत्युत्तर है। जब ये प्रत्युत्तर

कर्म-विषयक अर्थ में मौखिक होते हैं तब वे अन्य विभिन्न कारकों द्वारा निर्धारित होते हैं, जिनमें से कुछ कर्म-विषयक होते हैं और कुछ वैषयिक।" इस परिभाषा से यह पता चलता है कि साक्षात्कारकर्त्ता और उत्तरदाता में सवाल और उत्तर मौखिक होने के कारण अनेक कारक इसे प्रभावित करते हैं जिसमें उत्तरदाता का प्रभाव ज्यादा पड़ता है क्योंकि यह बार-बार वस्तुपरक जानकारी देने लग जाता है। इनकी परिभाषा से साक्षात्कार के लक्ष्यों का भी पता चलता है।

साक्षात्कार को परिभाषित करते हुए लुथर फ्राई (Luther Fry) ने लिखा है, "साक्षात्कार सामग्री संग्रहण की एक विधा है यह किसी निश्चित लक्ष्य हेतु वार्तालाप के अलावा कुछ भी नहीं है। इसमें दो अथवा अधिक व्यक्ति परस्पर एक-दूसरे से प्रेरणा पाते हुए उत्तर-प्रत्युत्तर करते हैं।"

उपर्युक्त परिभाषाओं के आधार पर यह कहा जा सकता है कि साक्षात्कार एक ऐसी व्यवस्थित विधा है जिसमें दो अथवा दो से अधिक व्यक्ति किसी महत्त्वपूर्ण लक्ष्य को सामने रखकर परस्पर आमने-सामने होकर संवाद, वार्तालाप एवं उत्तर-प्रत्युतर करते हैं। यह एक मनोवैज्ञानिक पद्धति है जिसमें साक्षात्कारकर्त्ता उत्तरदाताओं की भावनाओं, मनोवृत्तियों ,विचारों, एवं अंदरूनी जीवन का अध्ययन करता है। यह सामाजिक प्रणाली भी है। दूसरे शब्दों में यह कहा जा सकता है कि साक्षात्कार निजी संपर्क के द्वारा सूचना एकत्रित करने एवं उन्हें लिखने की एक ऐसी क्रमबद्ध प्रविधि है जिसमें दो अथवा दो से अधिक व्यक्ति किसी महत्त्वपूर्ण उद्देश्य को सामने रखकर परस्पर होकर बातचीत, संवाद या उत्तर–प्रति-उत्तर करते हैं। साक्षात्कार में दो व्यक्तियों का होना जरूरी होता है। जिनमें से एक को साक्षात्कारकर्त्ता (Interviewer) एवं दूसरे को साक्षात्कारदाता (Interviewee) कहा जाता है।

साक्षात्कार पद्धति के माध्यम से कुछ विषयों को लेकर व्यक्तियों के मध्य आमने-सामने का संबंध स्थापित होना जरूरी होता है। साक्षात्कार पद्धति द्वारा साक्षात्कारकर्ता साक्षात्कारदाता से वार्तालाप करता है एवं अध्ययन की समस्याओं के विषय में साक्षात्कारदाता से जानकारी लेता है तथा सामग्री संग्रहण करता है। इस पद्धति द्वारा तथ्य संग्रह करना हर एक व्यक्ति के लिए संभव नहीं है। साक्षात्कार एक कला है एवं इस कला से परिचित रहने वाला व्यक्ति ही मूलभूत सूचना संग्रह करने में समर्थ हो सकता है।

पी. वी. यंग (P. V. Young) ने इस विचार का समर्थन किया है एवं बताया है कि साक्षात्कार प्रणाली द्वारा ही एक व्यक्ति अपरिचित व्यक्ति से अंदरूनी जीवन की जानकारी प्राप्त करना चाहता है एवं तथ्य एकत्रित करना चाहता है। यह कार्य हर एक व्यक्ति के लिए संभव नहीं हो पाता है। इसलिए यह कहा जा सकता है

कि साक्षात्कार की कामयाबी शोधकर्त्ता अथवा साक्षात्कारकर्त्ता की योग्यता एवं क्षमता पर बहुत हद तक निर्भर करता है।

साक्षात्कार की विशिष्टताएँ

साक्षात्कार प्रविधि की बहुत-सी विशिष्टताएँ होती हैं जो निम्नलिखित हैं—

1. साक्षात्कार प्रविधि की पहली विशिष्टता यह है कि इसमें आमने-सामने का संबंध रहने के कारण प्राथमिक संबंध (Primary Relations) स्थापित किए जाते हैं। अर्थात् प्राथमिक संबंधों की स्थापना करना इस प्रविधि की एक विशिष्टता है।

2. साक्षात्कार प्रविधि के तहत, शोधकर्त्ता सामाजिक अध्ययन हेतु सामग्री संग्रहित करने का प्रयास करता है जो इसकी दूसरी विशिष्टता है। अर्थात् सामग्री का संग्रह इस प्रविधि की एक विशिष्टता कही जा सकती है।

3. साक्षात्कार प्रविधि की तीसरी विशिष्टता यह है कि इसमें दो अथवा दो से अधिक व्यक्ति किन्हीं महत्त्वपूर्ण उद्देश्यों की पूर्ति के लिए आमने-सामने का संबंध स्थापित करते हैं। अर्थात् महत्त्वपूर्ण उद्देश्य साक्षात्कार प्रविधि की एक विशिष्टता कही जा सकती है।

4. साक्षात्कार पद्धति की चौथी विशिष्टता यह है कि इसमें दो व्यक्तियों के मध्य आमने-सामने का संबंध रहता है अर्थात् दो व्यक्तियों के मध्य पारस्परिक संबंध का स्थापित होना इस पद्धति की एक विशिष्टता है।

5. साक्षात्कार पद्धति की पांचवीं विशिष्टता यह है कि इसके माध्यम से सामाजिक जीवन एवं सामाजिक घटनाओं के बारे में जानकारी अर्जित की जाती है। कहने का अर्थ यह है कि इस प्रविधि द्वारा अनेक तरह की सामाजिक घटनाओं एवं सामाजिक समस्याओं के बारे में अध्ययन कर तथ्य संग्रहित किए जाते हैं।

6. साक्षात्कार प्रविधि की छठी विशेषता यह है कि यह सामाजिक परीक्षण की एक प्रणाली है। अर्थात् सामाजिक शोध में सामग्री संकलित करने के लिए इस विधि का प्रयोग किया जाता है।

7. साक्षात्कार प्रविधि की सातवीं विशेषता यह है कि इसमें दो या दो से अधिक व्यक्ति नजदीकी संबंध स्थापित कर वार्तालाप करते हैं। अर्थात् दो अथवा दो से अधिक व्यक्तियों का निकटतम संबंध स्थापित होना इस प्रविधि की एक विशिष्टता कही जा सकती है।

साक्षात्कार के लक्ष्य

साक्षात्कार प्रविधि के कुछ लक्ष्य होते हैं जो इसे लक्ष्यपूर्ति प्रविधि के रूप में प्रतिस्थापित करता है। इस प्रविधि के लक्ष्यों की चर्चा करते हुए एम. एच. गोपाल

(M. H. Gopal) ने 'An Introduction to Research Procedure in Science' में लिखा है, "साक्षात्कार एक ऐसा वार्तालाप है जिसका कुछ लक्ष्य होता है। तथापि यह सूचनाओं के आदान-प्रदान.से भी कुछ ज्यादा है।" सामाजिक जीवन में साक्षात्कार के निम्नलिखित लक्ष्य कहे जा सकते हैं–

साक्षात्कार प्रविधि का पहला लक्ष्य व्यक्तिगत सूचनाएँ (Personal Informations).स्थापित करना कहा जा सकता है। अर्थात् इस प्रविधि के माध्यम से व्यक्तिगत संपर्क स्थापित किया जाता है एवं एक-दूसरे के भावनाओं एवं विचारों में प्रवेश करने का प्रयत्न किया जाता है। इस प्रकार यह पता चलता है कि इस प्रणाली के माध्यम से सरलता एवं सुविधा के साथ निजी सूचनाएँ एकत्रित की जा सकती हैं।

साक्षात्कार प्रविधि का दूसरा लक्ष्य प्राकल्पनाओं का प्रमुख साधन (Main Source of Hypothesis) कहा जा सकता है। साक्षात्कार का एक लक्ष्य प्राकल्पनाओं के निर्माण के लिए जरूरी सामग्री एकत्रित करना है। साक्षात्कार करने से शोधकर्त्ता को अनेक व्यक्तियों के विचारों, भावनाओं एवं मनोवृत्तियों आदि के विषय में जानकारी प्राप्त करने का अवसर मिलता है। साथ ही सामाजिक एवं व्यक्तिगत जीवन के बारे में भी अनुभव प्राप्त होता है। सामाजिक व्यक्तिगत एवं क्रियाओं अन्तर्क्रियाओं के विषय में प्राकल्पना निर्माण करने के लिए साक्षात्कार सबसे ज्यादा सहायक होती है। साक्षात्कार के अलावा अन्य कोई भी प्रविधि उतनी मददगार नहीं होती है।

साक्षात्कार प्रविधि का तीसरा लक्ष्य प्रत्यक्ष संपर्क एवं आमने-सामने के संपर्क द्वारा सूचना (Information through direct and face to face contact) एकत्र करना कहा जा सकता है। इस प्रविधि में दो अथवा दो से अधिक व्यक्तियों का प्रत्यक्ष अथवा आमने-सामने का संपर्क स्थापित किया जाता है। वास्तव में इस तरह के प्रत्यक्ष संपर्क के द्वारा व्यक्ति से उसकी आन्तरिक भावनाओं, बातें, मनोवृत्तियों एवं उद्देश्यों आदि का भी अध्ययन किया जा सकता है। यह सामाजिक शोध के कार्यों में विशिष्ट भूमिका अदा करता है। आमने-सामने के प्रत्यक्ष, व्यक्तिगत एवं घनिष्ठ संपर्क के कारण अधिक विश्वसनीय सूचनाएँ प्राप्त की जा सकती हैं।

साक्षात्कार प्रविधि का चौथा लक्ष्य यह है कि इसके द्वारा अवलोकन संभव (Observation Possible) हो पाता है। तथ्य इकट्ठा करने की अन्य प्रविधि जैसे–प्रश्नावली में अवलोकन संभव नहीं हो पाता है जबकि साक्षात्कार के माध्यम से सूचना इकट्ठा करते समय अवलोकन संभव हो पाता है। साक्षात्कार प्रणाली में

शोधकर्त्ता उत्तरदाताओं का साक्षात्कार लेने उनके समक्ष उपस्थित होता है। इसलिए साक्षात्कार के साथ-साथ अवलोकन भी संभव हो पाता है। अगर कोई अपरिचित व्यक्ति किसी के पास पहुँच जाए तो थोड़ा बुरा लगता है। लेकिन साक्षात्कार के बहाने शोधकर्त्ता को उत्तरदाता के घर पर जाकर उसके परिवार, स्वयं एवं आस-पड़ोस उसका अवलोकन एवं निरीक्षण करने का मौका मिल जाता है। इस प्रकार साक्षात्कारकर्त्ता को साक्षात्कार तथा अवलोकन दोनों का ही सुअवसर एक साथ प्राप्त हो जाता है।

साक्षात्कार प्रविधि का पाँचवा लक्ष्य यह है कि इसके द्वारा समस्याओं के अनेक पहलुओं की जानकारी (Knowledge of the diverse aspects of the problems) प्राप्त हो जाती है। इस पद्धति में सामाजिक शोधकर्त्ता किसी सामाजिक समस्या के बारे में कई तरह के व्यक्तियों से संपर्क स्थापित करता है एवं खुलकर बातचीत करता है। इससे उस सामाजिक समस्या के अनेक पहलुओं के बारे में जानकारी प्राप्त हो जाती है।

साक्षात्कार प्रविधि का छठा लक्ष्य यह है कि इसके द्वारा व्यक्तिगत एवं आन्तरिक सूचनाएँ (Internal and Personal Informations) प्राप्त होती हैं। इस प्रविधि के माध्यम से बहुत से व्यक्तिगत एवं आन्तरिक सूचनाएँ अर्जित की जा सकती हैं। चूँकि इसमें उत्तरदाता एवं साक्षात्कारकर्त्ता एक-दूसरे के आमने-सामने मौजूद रहते हैं इसलिए बहुत से व्यक्तिगत एवं आन्तरिक सूचनाओं को अपने व्यक्तिगत प्रभाव से साक्षात्कारकर्त्ता जानने में कामयाब हो जाता है।

साक्षात्कार प्रविधि का सातवाँ लक्ष्य यह है कि इसके द्वारा गुणात्मक तथ्यों (Qualitative Informations) को भी संग्रहीत किया जा सकता है। साक्षात्कार प्रणाली का लक्ष्य लोगों के जीवन से जुड़े गुणात्मक प्रकृति की आन्तरिक एवं व्यक्तिगत सूचनाओं, जैसे—मूल्य, आदर्श, अभिरुचियाँ, विशेष स्वभाव, मनोवृत्तियाँ, भावनाएँ, उद्वेग, विचार, बुराई, अच्छाई, अमूर्त तथा व्यवहारों तथा अदृश्य गुणों का ज्ञान प्राप्त करना है।

साक्षात्कार प्रविधि का आठवाँ लक्ष्य शोध की अन्य प्रविधियों से अर्जित सूचनाओं का सत्यापन (Verification of informations received from other methods) करना कहा जा सकता है। इसका लक्ष्य शोध की अन्य प्रविधियों, जैसे—प्रश्नावली एवं निरीक्षण आदि से अर्जित सूचनाओं का सत्यापन करना होता है। कभी-कभी शोध की अन्य प्रणालियों से अर्जित तथ्य स्पष्ट नहीं होते हैं तथा उनकी विश्वसनीयता संदेहास्पद होती है। ऐसी स्थिति साक्षात्कार के माध्यम से उन सूचनाओं का सत्यापन किया जाता है।

उपर्युक्त विवरणों से यह ज्ञात होता है कि साक्षात्कार प्रविधि के बहुत से लक्ष्य होते हैं जो इसे अत्यधिक उपयोगी बनाते हैं। विशेषकर इसमें साक्षात्कार के साथ-साथ निरीक्षण का भी मौका मिलता है जो इसे और अधिक महत्त्वपूर्ण बना देता है। संभवतः इसलिए बेंजामिन पॉल (Benjamin Paul) ने अवलोकन एवं साक्षात्कार को एक-दूसरे का पूरक कहा है। इन्होंने लिखा है, "ये (अवलोकन व साक्षात्कार) पूरक पद्धतियाँ भी हैं किसी एक प्रणाली को अकेले ही प्रयोग करने की अपेक्षा, इनका मिला-जुला प्रयोग महत्त्वपूर्ण ज्ञान का नजरिया प्रदान करता है।"

साक्षात्कार के प्रकार

साक्षात्कार के कई प्रकार के कहे जा सकते हैं। इसे अनेक आधारों पर विभक्त किया जा सकता है। ये आधार निम्नलिखित हैं—

(a) लक्ष्य के आधार पर वर्गीकरण (Classification on the Basis of Purpose)—लक्ष्य के आधार पर साक्षात्कार को निम्नलिखित भागों में वर्गीकृत किया जा सकता है—

(i) निदानात्मक साक्षात्कार (Diagnostic Interview)—लक्ष्य के आधार पर साक्षात्कार प्राथमिक प्रकार निदानात्मक साक्षात्कार है। जब साक्षात्कार का लक्ष्य किसी सामाजिक घटना के उसके लक्षणों एवं कारणों का पता लगाना होता है तो इस प्रकार के साक्षात्कार को निदानात्मक साक्षात्कार कहा जाता है। अर्थात् इस तरह के साक्षात्कार का आयोजन इसलिए किया जाता है ताकि गम्भीर सामाजिक घटनाओं अथवा समस्याओं के कारणों का पता चल सके। सामान्य तथा इस प्रकार के साक्षात्कार का प्रयोग किसी व्यापक सर्वेक्षण का आयोजन करने के लिए किया जाता है। उदाहरण के लिए—भिक्षावृत्ति के कारकों का पता लगाने के लिए भिखारियों से किया गया साक्षात्कार निदानात्मक साक्षात्कार कहलाता है।

(ii) उपचारात्मक साक्षात्कार (Treatment Interview)—जब किसी साक्षात्कार का लक्ष्य किसी सामाजिक समस्या को दूर करने के उपचार से जुड़े सुझावों की खोज करना होता है तो उसे उपचारात्मक साक्षात्कार कहा जाता है। इस प्रकार के साक्षात्कार में जुड़े व्यक्तियों से ऐसे सुझाव प्राप्त करने का प्रयत्न किया जाता है. जिनकी मदद से समाज में फैली किन्हीं विकट समस्याओं का निदान किया जा सके। समस्या के कारकों की खोज के पश्चात् इन कारणों को दूर करने के उपाय खोजने एवं उसके संबंध में सुझाव देने के उद्देश्य से आयोजित साक्षात्कार निदानात्मक साक्षात्कार कहलाता है।

(iii) शोधात्मक साक्षात्कार (Research Interview)—शोधात्मक साक्षात्कार उस साक्षात्कार को कहा जाता है जो किसी महत्त्वपूर्ण विषय अथवा घटना के संबंध में शोध करने के लक्ष्य से किया जाता है। इस तरह के साक्षात्कार का आयोजन अक्सर शोध कार्यों के लिए किया जाता है। अधिकाशतः शोध से जुड़े हुए साक्षात्कार को प्राकल्पना की परीक्षा की एक प्रमुख विधि के रूप में जाना जाता है। कभी-कभी इस तरह के साक्षात्कार का उद्देश्य प्रमुख व्यक्तियों अथवा समूहों की सामाजिक एवं मनोवृत्तियों-मूल्यों आदि का अध्ययन करना भी होता है।

(b) सूचनादाताओं की संख्या के आधार पर वर्गीकरण (Classification on the Basis of Respondents)—सूचनादाताओं की संख्या के आधार पर साक्षात्कार को दो प्रकारों में वर्गीकृत किया जा सकता है जो निम्नलिखित हैं—

(i) व्यक्तिगत साक्षात्कार (Personal Interview)—जब साक्षात्कारकर्त्ता एक अवधि में एक ही व्यक्ति से साक्षात्कार लेता है तो उसे व्यक्तिगत साक्षात्कार कहा जाता है। इस साक्षात्कार को सबसे महत्त्वपूर्ण माना जाता है क्योंकि इसके माध्यम से वास्तविक एवं निष्पक्ष सूचनाएँ हासिल की जा सकती हैं। साथ ही गोपनीय सूचनाओं को भी इसके द्वारा प्राप्त किया जा सकता है। इस प्रकार के साक्षात्कार में मात्र दो व्यक्तियों के मध्य आमने-सामने की स्थिति में साक्षात्कार होता है। इनमें से एक व्यक्ति साक्षात्कारकर्त्ता एवं दूसरा व्यक्ति साक्षात्कारदाता कहा जाता है। साक्षात्कारकर्त्ता साक्षात्कारदाता को साक्षात्कार के बीच-बीच में प्रोत्साहित कर सही जानकारियाँ प्राप्त करने का प्रयत्न करता है।

इस साक्षात्कार का मुख्य लाभ यह होता है कि इसमें उत्तरदाता स्वतंत्रतापूर्वक अपना विचार प्रकट करता है तथा इस तरह अधिक सही एवं विश्वसनीय सूचनाएँ सग्रंहित हो सकती हैं। इस तरह के साक्षात्कार में अस्पष्ट एवं गलत उत्तरों को उसी समय स्पष्ट कराया जा सकता है। इसी प्रकार ऐसे सवालों को जो जटिल हों एवं उत्तरदाताओं की समझ में न आते हों उन सवालों को स्पष्ट कर समझाया जा सकता है।

उत्तरदाताओं के व्यवहार एवं हाव-भाव से भी यह समझ में आ सकता है कि वह किस मुद्दे पर ज्यादा संवेदनशील हो सकता है। इसलिए ऐसे सवालों को इस तरीके से पूछा जा सकता है ताकि उत्तरदाताओं को भावनाओं को ठेस भी नहीं पहुँचे एवं सही जवाब भी प्राप्त हो जाए। ये सभी बातें साक्षात्कारकर्त्ता के कौशल एवं चतुरता पर निर्भर करता है। अगर साक्षात्कारकर्त्ता चतुर एवं कौशल है तो इस प्रकार के साक्षात्कार के माध्यम से अधिक प्रामाणिक सूचनाएँ इकट्ठी कर सकता है। साथ

ही संवेदनशील प्रश्नों के जवाब भी इस प्रकार के साक्षात्कार माध्यम से प्राप्त किए जा सकते हैं। इस तथ्य की पुष्टि करते हुए बोगार्डस (Bogardus) ने लिखा है, "व्यक्तिगत साक्षात्कार के द्वारा लोगों की मनोवृत्तियों तथा उनमें होने वाले परिवर्तनों को विशेष रूप में समझा जा सकता है।"

निजी साक्षात्कार के उपर्युक्त गुणों के साथ-साथ कुछ सीमाएँ भी हैं। सर्वप्रथम यह है कि इसमें धन, समय एवं श्रम ज्यादा लगता है। साथ ही अध्ययन का क्षेत्र भी सीमित हो जाता है। इसके अलवा इसमें व्यक्तिगत पूर्वाग्रहों के समन्वय की भी संभावना रहती है। इन सभी सीमाओं के अलावा व्यक्तियों के नजरिये तथा उनमें होने वाले बदलाव की सही स्थिति ज्ञात करने के लक्ष्य से यह साक्षात्कार अधिक उपयुक्त माना जाता है।

(ii) सामूहिक साक्षात्कार (Group Interview)—सामूहिक साक्षात्कार उस साक्षात्कार को कहा जाता है जिसमें एक साक्षात्कारकर्त्ता एवं कई उत्तरदाता होते हैं। अर्थात् इसमें उत्तरदाताओं की मात्रा एक से ज्यादा होती है। चूँकि उत्तरदाता समूह में होते हैं इसलिए इसे सामूहिक साक्षात्कार कहा जाता है। इसमें साक्षात्कारकर्त्ता अथवा तो उत्तरदाताओं से बारी-बारी से एक ही स्थान पर प्रश्न पूछकर जवाब प्राप्त करता है अथवा उत्तरदाताओं की प्रकार से केवल एक व्यक्ति उत्तर देता है एवं शेष चुप रहकर उसका समर्थन करते हैं अथवा असहमत होने पर अपनी विचार प्रकट करते हैं। संपूर्ण समूह के विषय में जानकारी प्राप्त करने के उद्देश्य से ऐसे साक्षात्कारों का आयोजन किया जाता है। साक्षात्कार के इस तरह की विशेषता यह है कि इसके द्वारा अध्ययनकर्त्ता प्रत्येक उत्तरदाता से निजी रूप में उत्तर प्राप्त नहीं करता है, अपितु उत्तरदाताओं के एक समूह का एक ही साथ अध्ययन करता है। इस तरह के साक्षात्कार को वाद-विवाद की भी संज्ञा दी गई है। आधुनिक युग में इस प्रकार के साक्षात्कार का प्रचलन बढ़ता जा रहा है।

सामूहिक साक्षात्कार की कुछ विशेषता भी होती हैं। इसकी पहली विशेषता यह है कि इसके माध्यम से विश्वसनीय सूचनाएँ प्राप्त की जा सकती हैं। समूह के एक साथ अनेक व्यक्ति उपस्थित रहते हैं इसलिए सूचनादाता गलत सूचनाएँ नहीं दे पाता है। सामूहिक साक्षात्कार की दूसरी विशेषता यह है कि इसके माध्यम से बड़ी संख्या में एवं व्यापक क्षेत्र में उत्तरदाताओं से सूचनाएँ एकत्रित की जा सकती हैं। साथ ही इसमें एक ही समय में अनेक व्यक्तियों के विषय के संबंध में साथ-साथ स्पष्टीकरण प्राप्त किए जा सकते हैं। इस साक्षात्कार की एक और विशेषता यह है कि इसमें कम समय एवं कम खर्च में अध्ययन हो जाता है। साथ ही निजी पक्षपात आने की भी संभावना

भी बहुत कम रहती है। जहाँ सामूहिक साक्षात्कार में उपर्युक्त विशेषताएं होती हैं वहीं इसकी कुछ सीमाएँ भी होती हैं। ये सीमाएँ निम्न प्रकार हैं–

सामूहिक साक्षात्कार की पहली सीमा यह है कि इसमें एक ही समय में एक ही जगह सभी लोगों को एकत्रित करना मुश्किल होता है। इसकी दूसरी सीमा यह है कि समूह के लोगों के द्वारा प्राप्त सूचनाओं का सामान्य विवेचन करना भी कठिन होता है। इसकी तीसरी सीमा यह है कि अधिक व्यक्तियों के बीच गोपनीय एवं व्यक्तिगत सूचनाओं को एकत्रित करना भी कठिन होता है। इसकी चौथी सीमा यह है कि समूह के सभी सदस्य साक्षात्कारकर्त्ता के सवालों को भली-भाँति समझ नहीं पाते हैं। इसकी पाँचवीं सीमा यह है कि व्यापक एवं गहन अध्ययन की दृष्टि से यह पद्धति उपयुक्त नहीं है। इस प्रकार यह पता चलता है कि सामूहिक साक्षात्कार पद्धति की कई सीमाएँ भी हैं।

(c) औपचारिकता के आधार पर वर्गीकरण (Classification on the Basis of Formality)–औपचारिकता के आधार पर साक्षात्कार को दो मुख्य भागों में बांटा किया जा सकता है जो निमन प्रकार से हैं–

(i) औपचारिक साक्षात्कार (Formal Interview)–औपचारिकता के आधार पर साक्षात्कार के पहले प्रकार को औपचारिक साक्षात्कार कहते हैं। इस साक्षात्कार को संरचित साक्षात्कार (Structured Interview) या नियंत्रित साक्षात्कार (Controlled Interview) भी कहा जाता है। यह साक्षात्कार की एक ऐसी प्रविधि है जिसमें पहले से ही निर्धारित सवालों की एक सूची रहती है। इस सूची की मदद से उत्तरदाताओं से संपर्क स्थापित कर उनका साक्षात्कार लिया जाता है एवं ज्ञात उत्तरों को उसी समय नोट कर लिया जाता है। इसमें साक्षात्कारकर्त्ता को सवालों को घटाने अथवा बढ़ाने की अनुमति नहीं रहती है। इतना ही नहीं, बल्कि साक्षात्कारकर्त्ता को अनुसूची की भाषा या शब्दावली आदि में भी बदलाव करने की अनुमति नहीं दी जाती है।

यह कह सकते हैं कि साक्षात्कारकर्त्ता के ऊपर एक तरह से नियंत्रण रहता है। उसे पूर्व योजना के तहत ही साक्षात्कार के कार्यों को करना पड़ता है। इसी वजह से इसे औपचारिक अथवा संरचित या नियंत्रित साक्षात्कार की संज्ञा दी गई है। इस प्रकार के साक्षात्कार का लक्ष्य सभी उत्तरदाताओं से एक सवाल करना होता है।

इसमें मुख्यतया दो प्रकार के प्रश्नों का समावेश रहता है–पहला बन्द प्रवृत्ति के सवाल एवं दूसरा वैकल्पिक सवाल। उत्तरदाता इन प्रश्नों के आगे सही (√) का निशान लगा देता है जिन्हें वह ठीक समझता है। बन्द प्रवृत्ति के सवाल उन सवालों

को कहा जाता है जिसमें हर सवाल के सामने कुछ जवाबों (सामान्यतया उपाय) को लिख दिया जाता है जिनमें से उत्तरदाता जिस उत्तर को ठीक समझता है उसके आगे (√) का चिह्न लगा देता है। अगर कुछ विशेष परिस्थितियाँ रहती हैं तो उत्तरदाता को अपनी इच्छानुसार जवाब देने की छूट भी दी जाती है। इस प्रकार के साक्षात्कार का प्रमुख लक्ष्य अध्ययन में एकरूपता बनाए रखना कहा जा सकता है। इस प्रकार के साक्षात्कार से जो जवाब प्राप्त होते हैं उनका वैज्ञानिक आधार पर सारणीयन करके अर्थ निकाला जाता है।

(ii) अनौपचारिक साक्षात्कार (Informal Interview)–औचारिकता के आधार पर साक्षात्कार के दूसरे प्रकार का है। अनौपचारिक साक्षात्कार कहा जा सकता है। इस साक्षात्कार को अनियंत्रित साक्षात्कार (Uncontrolled Interview) अथवा असंरचित साक्षात्कार (Unstructured Interview) भी कहा जाता है। इसे अनौपचारिक साक्षात्कार इसलिए कहते हैं क्योंकि इसमें बिना किसी पूर्व अनुसूची की मदद से साक्षात्कारकर्त्ता कुछ मुख्य प्रश्नों को पूछता है एवं उत्तरदाता स्वतंत्रतापूर्वक उन सवालों के उत्तर देता है। इसमें साक्षात्कारकर्त्ता को प्रश्नों को घटाने अथवा बढ़ाने अथवा आवश्यकतानुसार बदलाव करने की स्वतंत्रता होती है। इसमें सूचनादाताओं के माध्यम से प्रदत्त लम्बी-लम्बी कहानियों एवं सूचनाओं को साक्षात्कारकर्त्ता सुनता है एवं उसके आधार पर सूचनाओं को अंकित करता है। इस तरह के साक्षात्कार में सवाल का तरीका, सवालों की क्रमबद्धता तथा साक्षात्कार की प्रक्रिया सभी कुछ अनिश्चित तथा असंरचित होती है। उत्तरदाता भी अपनी इच्छानुसार उत्तर देने के लिए स्वतंत्र रहते हैं। वे अपने मनोवृत्तियों एवं विचारों को स्वतंत्र रूप में प्रस्तुत कर सकते हैं। इसका प्रतिफल यह होता है कि अध्ययनकर्त्ता के सामने अनेक ऐसे महत्त्वपूर्ण तथ्य स्पष्ट हो जाते हैं जिनकी पूर्व में कोई कल्पना नहीं की गई होती है। इस तरह के साक्षात्कार का प्रयोग विशेषकर मनोवैज्ञानिक अध्ययनों के लिए किया जाता है। इसमें साक्षात्कारकर्त्ता को ज्यादा बुद्धिमानीपूर्वक सवाल पूछना पड़ता है। साथ ही इसके लिए अधिक ईमानदारी एवं कुशलता की जरूरत होती है।

(d) अवधि के आधार पर वर्गीकरण (Classification on the Basia of Duration)–समय के आधार पर साक्षात्कार को दो भागों में विभक्त जा सकता है जो निम्न प्रकार से हैं–

(i) दीर्घकालीन साक्षात्कार (Long-term Interview)–समय के आधार पर साक्षात्कार के पहले प्रकार को दीर्घकालीन साक्षात्कार कहते हैं। दीर्घकालीन

साक्षात्कार उस साक्षात्कार को कहते हैं जो सामान्य समय से बहुत लम्बे समय तक चलता है। इस प्रकार के साक्षात्कार का आयोजन गहन तथा विस्तृत अध्ययनों के लिए किया जाता है। ऐसे साक्षात्कार लम्बी अवधि अर्थात् कई-कई दिनों तक चलते रहते हैं।

(ii) अल्पकालीन साक्षात्कार (Short-term Interview)—समय के आधार पर साक्षात्कार के दूसरे प्रकार का अल्पकालीन साक्षात्कार कहते हैं। अल्पकालीन साक्षात्कार उस साक्षात्कार को कहते हैं जो अध्ययन-विषय से जुड़ी थोड़ी-सी बातों की जानकारी प्राप्त करने के लिए थोड़े-से समय के लिए आयोजित किए जाते हैं। इसमें थोड़े-से गिने-चुने सवालों के आधार पर ही सूचनादाताओं से सूचनाएँ एकत्रित की जाती हैं। चूँकि ऐसे साक्षात्कार कम समय के लिए आयोजित किए जाते हैं इसलिए इन्हें अल्पकालीन साक्षात्कार कहा जाता है।

(e) अध्ययन-पद्धति के आधार पर वर्गीकरण (Classification on the Basis of Methodology)—अध्ययन-पद्धति के आधार पर साक्षात्कार को निम्नलिखित भागों में बांटा जा सकता है—

(i) केन्द्रित अथवा निर्देशित साक्षात्कार (Focussed or Directed Interview)—केन्द्रित अथवा निर्देशित साक्षात्कार के सर्वप्रथम अनुयायी डब्ल्यू. एफ. आगबर्न (W. F. Ogburn) हैं। इन्होंने इस प्रकार के साक्षात्कार का उपयोग सार्वजनिक संदेशवाहन के साधनों जैसे— रेडियो आदि का प्रभाव जानने के लिए किया था। इन्होंने रेडियो के 150 प्रभावों की चर्चा की है। केन्द्रित साक्षात्कार उस साक्षात्कार को कहते हैं जिसके तहत अध्ययनकर्त्ता को किसी पूर्व निर्धारित विषय पर केन्द्रित रहकर ही अनेक प्रकार के प्रश्न करने पड़ते हैं। साक्षात्कारकर्त्ता जिन समाजशास्त्रीय प्राकल्पनाओं का निर्माण करता है उनसे जुड़े अध्ययन के पक्षों को ध्यान में रखकर किसी भी क्रम में किसी तरह के सवाल पूछने के लिए स्वतंत्र रहता है। इस तरह के साक्षात्कार में उत्तरदाता को भी अपने विचारों को एक विशेष तरीके से व्यक्त करने की पूर्ण आजादी रहती है। लेकिन साक्षात्कारकर्त्ता के माध्यम से इस बात का भरसक कोशिश की जाती है कि उत्तरदाता अध्ययन-विषय पर केन्द्रित रहते हुए ही सवालों का जवाब दें। इस साक्षात्कार का आयोजन वही साक्षात्कारकर्त्ता कर सकता है जो विषय से पहले से परिचित हैं। साथ ही इसके द्वारा सूचना भी उन्हीं सूचनादाताओं से संग्रहीत की जा सकती है जो किसी-न-किसी रूप में विषय अथवा घटना से जुड़े हो। उदाहरणस्वरूप गरीबी के दुष्परिणाम के अध्ययन में सूचना उन्हीं लोगों से अर्जित की जा सकती है जो गरीबी से परिचित हों।

इसमें किसी घटना विशेष अथवा पक्ष विशेष पर ध्यान केन्द्रित किया जाता है। इसलिए इसे केन्द्रित साक्षात्कार कहा जाता है। इस तरह के साक्षात्कारों में साक्षात्कार निर्देशिका का भी उपयोग किया जाता है। इसमें घटना अथवा पक्ष विशेष से जुड़े पूर्व निर्धारित सवाल ही पूछे जाते हैं। इस तरह के साक्षात्कार का प्रयोग ज्यादातर नए आविष्कारों का समाज पर क्या प्रभाव पड़ा के अध्ययन के लिए किया जाता है। इस प्रकार के साक्षात्कार का उपयोग करने वालों में मर्टन एवं उनके सहयोगी तथा पेट्रीसिया केंडाल आदि के नाम महत्त्वपूर्ण हैं। इन्होंने इसका प्रयोग जन-समुदाय तथा व्यक्तियों पर फिल्में, रेडिया अथवा पत्रिकाओं का सामाजिक मनोवैज्ञानिक प्रभाव मापने के लिए 1946 में किया था। इस विशेष तरह के साक्षात्कार के पक्ष में उन्होंने निम्नलिखित मत प्रस्तुत किए–

(i) इसका प्रयोग उन लोगों पर होता है जो एक विशेष निर्धारित परिस्थितियों से पूरा संबंध रखते हैं।

(ii) इसका संबंध उन परिस्थितियों से होता है जिनका व्याख्या साक्षात्कार के पूर्व किया जा चुका हो।

(iii) इसका उपयोग साक्षात्कार निर्देशिका के आधार पर होता है जो शोध के मुख्य क्षेत्रों तथा प्राकल्पनाओं का मार्गदर्शन करता है।

(iv) यह अध्ययन-विशेष स्थितियों के विषय में आत्मनिष्ठ अभिवृत्तियां, अनुभवों तथा भावात्मक प्रति-उत्तरों पर केन्द्रित होता है।

(ii) अनिर्देशित अथवा अकेन्द्रित साक्षात्कार (Unfocussed or Non-directed Interview)–अनिर्देशित अथवा अकेन्द्रित साक्षात्कार असंरचित साक्षात्कार का ही एक पद्धति है। यह एक ऐसी स्थिति को प्रकट करती है जिसमें किसी महत्त्वपूर्ण सूचना के स्पष्टीकरण में अध्ययनकर्त्ता की तुलना में उत्तरदाता का स्थान अधिक विशिष्ट होता है। इस तरह के साक्षात्कार में साक्षात्कारकर्त्ता साक्षात्कारदाता के सामने कोई कठिन समस्या अथवा प्रश्न रखता है। साक्षात्कारदाता विवरण में उसका उत्तर उपलब्ध कराता है। साक्षात्कारकर्त्ता धैर्य से उसके उत्तरों को सुनता रहता है। उसे मध्य में नहीं टोकता है। इस तरह के साक्षात्कार की एक विशिष्टता यह होती है कि साक्षात्कारकर्त्ता किसी पहले रचित अनुसूची के आधार पर सवाल नहीं पूछता है अपितु मनगढ़त रूप से सवालों को पूछता चला जाता है एवं उत्तरदाता उसका जवाब देता चला जाता है। इस तरह के साक्षात्कार के तहत शोध का पहलू एवं विषय-वस्तु निर्धारित एवं पूर्व निश्चित होती है तथा पहले आयोजित भी होती है, लेकिन साक्षात्कारकर्त्ता सवालों के क्रम को एवं अन्य को व्यवस्थित करने में

अधिकांशतः आजाद होता है। कहने का अर्थ यह है कि साक्षात्कारकर्त्ता परिस्थिति के अनुसार प्रश्नों को बदलकर महत्त्वपूर्ण तथ्य अर्जित कर सकता है। इस प्रकार साक्षात्कारकर्त्ता एक महत्त्वपूर्ण विषय पर उत्तरदाता से सवाल तो करता है लेकिन वह किसी भी रूप में उसके माध्यम से दिए गए जवाब को प्रभावित करने का प्रयत्न नहीं करता। वह सिर्फ उत्तरदाता को किसी विषय पर बोलने के लिए प्रेरित करता है। इसमें पूर्व निर्धारित प्रश्नों की कोई सूची नहीं होती है अपितु उत्तरदाता किसी विषय पर अपने कथन में जिन विचारों को प्रकट करता है, साक्षात्कारकर्त्ता उन्हीं में से उपयोगी सूचनाएँ चुन लेता है। यदि व्यापक रूप में देखा जाए तो अनौपचारिक साक्षात्कार एवं अनिर्देशित साक्षात्कार लगभग एक समान ही है।

(iii) मिश्रित साक्षात्कार (Mixed Interview)—मिश्रित साक्षात्कार उस साक्षात्कार को कहा जाता है जिसमें अकेन्द्रित एवं केन्द्रित दोनों ही तरह के साक्षात्कार के तत्त्व निहित होते हैं। अर्थात् मिश्रित साक्षात्कार केन्द्रित एवं अकेन्द्रित दोनों तरह के साक्षात्कार का मिला-जुला रूप होता है। इसमें साक्षात्कारकर्त्ता पूर्व-निर्धारित सवाल भी पूछ सकता है एवं उनके संक्षिप्त उत्तर भी अर्जित कर सकता है। साथ ही कुछ प्रश्नों के उत्तर सूचनादाता द्वारा दिए गए लम्बे वृतान्तों अथवा विवरणों के आधार पर भी अंकित किए जा सकते हैं। इस तरह मिश्रित साक्षात्कार में अकेन्द्रित एवं केन्द्रित दोनों ही तरह के साक्षात्कार के गुण पाए जाते हैं।

(iv) पुनरावृत्ति साक्षात्कार (Repetitive Interview)—पुनरावृत्ति साक्षात्कार जैसा कि नाम से ही पता चलता है का आयोजन बार-बार होता है। एक ही उत्तरदाताओं से बार-बार साक्षात्कार करके सूचनाएँ एकत्रित करना पुनरानृत्ति साक्षात्कार कहलाता है। किसी घटना अथवा परिस्थिति के परिणामों एवं प्रभावों की जानकारी प्राप्त करने के लिए ऐसे साक्षात्कारों का आयोजन किया जाता है। समाज में हमेशा परिवर्तन होता रहता है। अतः बदली हुई परिस्थितियों के मद्देनजर बार-बार साक्षात्कार का आयोजन कर उत्तरदाताओं के विचारों को जाना जाता है एवं निष्कर्ष निकाला जाता है। उदाहरणस्वरूप-नसबन्दी के कारकों की जानकारी अर्जित करने के लिए उत्तरदाताओं से एक प्राथमिक साक्षात्कार लेने के पश्चात् दो अथवा तीन वर्ष पश्चात् उन्हीं उत्तरदाताओं से साक्षात्कार करना एवं पुनः पाँच अथवा छः वर्ष के उपरान्त उन्हीं उत्तरदाताओं से साक्षात्कार करना पुनरावृत्ति साक्षात्कार कहलाता है। चूँकि इसे बार-बार दोहराया जाता है इसलिए इसे पुनरावृत्ति साक्षात्कार कहा जाता है। पुनरावृत्ति साक्षात्कार बहुत उपयोगी होता है। इसमें पूर्व में प्राप्त सूचनाओं का पुनः परीक्षण अथवा सत्यापन हो सकता है। इससे यदि एक लाभ यह होता है कि

बार-बार सूचनाओं को प्राप्त किया जाता है तो इससे हानि यह होती है कि इस तरह के साक्षात्कार का आयोजन कर पाना सबके वश में नहीं होता है, क्योंकि यह ज्यादा खर्चीला होता है। इसका प्रयोग स्थायी शोध संस्थाओं के माध्यम से ज्यादातर किया जाता है। इससे अर्जित सूचनाओं को संजोकर व्यवस्थित रूप में रखना पड़ता है। यही सूचनादाता बार-बार उपलब्ध होंगे अथवा नहीं, यह भी इस तरह के साक्षात्कार की एक ज्वलंत परेशानी है। ऐसे साक्षात्कार के उपयोग में अध्ययन की समय भी लम्बा हो जाता है। इस प्रकार यह पता चलता है कि पुनरावृत्ति साक्षात्कार की बहुत-सी सीमाएँ हैं। लेकिन अनेक सीमाओं के बाद भी सामाजिक घटनाओं के परिणामों एवं प्रभावों के अध्ययन में यह प्रणाली विशिष्ट है।

(f) संरचना के आधार पर वर्गीकरण (Classification on the Basis of Structure)–संरचना के आधार पर साक्षात्कार तीन प्रकार के होते हैं जो निम्नलिखित हैं–

(i) असंरचित साक्षात्कार (Unstructured Interview)–असंरचित अकेन्द्रित साक्षात्कार या अनिर्देशित साक्षात्कार के समान होता है। यह एक तरह से अनौपचरिक साक्षात्कार होता है। इसमें पहले से प्रश्नों को निदर्शित नहीं किया जाता है। संबंधित सवालों की रचना साक्षात्कार के समय ही कर लिया जाता है। इसमें साक्षात्कार मार्ग-दर्शक का प्रयोग किया जाता है। इसमें साक्षात्कार अनुसूची नहीं होती है। इसलिए साक्षात्कारकर्त्ता अपनी योग्यता से परिस्थिति के अनुरूप सवालों का निर्माण कर सूचनाएँ प्राप्त करता है।

(ii) अर्द्ध-संरचित साक्षात्कार (Semi-structured Interview)–अर्द्ध-निर्मित साक्षात्कार को असंरचित एवं संरचित दोनों के बीच की स्थिति का साक्षात्कार कहा जा सकता है। इसमें दोनों तरह के साक्षात्कारों के तत्त्व पाए जाते हैं। इसमें अध्ययन से जुड़े कुछ सवाल पहले से ही निश्चित रहते हैं एवं शेष, साक्षात्कारकर्त्ता परिस्थिति के अनुरूप, तत्काल सवालों की रचना कर सूचनाएँ प्राप्त करता है। इस तरह यह पता चलता है कि यह असंरचित एवं संरचित दोनों तरह के साक्षात्कार के बीच की स्थिति है।

(iii) संरचित साक्षात्कार (Structured Interview)–संरचित साक्षात्कार को औपचारिक अथवा नियोजित साक्षात्कार के नाम से जाना जाता है। इसमें साक्षात्कार का समय एवं पूछे जाने वाले सवाल आदि का पूर्व में ही निश्चित कर लिया जाता है। यह प्रमुख रूप से निर्देशित साक्षात्कार के तरह ही होता है। इसमें सवालों की सूची जो अनुसूची कहलाती है का रचना पहले कर लिया जाता है। चूँकि

इसका प्रयोग साक्षात्कार के समय किया जाता है इसलिए इसे साक्षात्कार अनुसूची कहा जाता है। इस प्रकार के साक्षात्कार में पूर्व निर्धारित सवाल होने के कारण परिस्थितिजन्य एवं पूर्वाग्रह व्यक्तिगत प्रभावों से बचा जा सकता है।

साक्षात्कार के उपर्युक्त प्रकारों के अतिरिक्त आयोजन की प्रकृति के आधार पर साक्षात्कार के दो प्रकार कह सकते हैं जो निम्नलिखित हैं–

(i) पूर्व-व्यवस्थित साक्षात्कार–पूर्व-व्यवस्थित साक्षात्कार उस साक्षात्कार को कहा जाता है जो अत्यधिक व्यवस्थित एवं योजनाबद्ध होता है। इस प्रकार का साक्षात्कार शुरू करने के पहले ही इनके तहत अनेक पक्षों की प्रकृति, संख्या तथा उनके क्रम को निश्चित कर लिया जाता है। साक्षात्कार का स्थान एवं उत्तरदाताओं की विशेषताओं आदि का भी पूर्व ज्ञान कर लिया जाता है जिससे कम-से-कम समय में ज्यादा-से-ज्यादा व्यक्तियों से संपर्क किया जा सके। यदि साक्षात्कार के लिए किन्हीं मध्यस्थ व्यक्तियों की सहायता की आवश्यकता होती है तो उसकी भी पूर्व व्यवस्था कर ली जाती है। इस तरह के साक्षात्कार में समस्त व्यवस्थाएँ पूर्व में ही तय कर ली जाती हैं।

(ii) आकस्मिक साक्षात्कार–आकस्मिक साक्षात्कार में अध्ययनकर्त्ता को साक्षात्कार किए जाने वाले व्यक्तियों का कोई ज्ञान नहीं रहता है। अध्ययनकर्त्ता किसी भी वक्त, किसी भी स्थान पर अचानक रूप से साक्षात्कार कर तथ्यों का संकलन कर लेता है। किसी विशेष में जनमत की जानकारी के लिए यह साक्षात्कार उत्तम होता है। चयन के समय संवाददाता अनेक सार्वजनिक स्थानों, जैसे–कॉफी-हाउस, रेलवे प्लेटफार्म, ट्रेन एवं बस आदि जगहों पर अचानक रूप से व्यक्तियों से साक्षात्कार करके कई महत्त्वपूर्ण निष्कर्ष निकाल लेते हैं जो चुनाव परिणाम के लिए विशेष महत्त्व रखते हैं।

साक्षात्कार एक तरह का उपचारिक साक्षात्कार (Clinical Interview) होता है। इस साक्षात्कार का लक्ष्यों उत्तरदाताओं के जीवन के अनुभवों को समझना होता है। इस साक्षात्कार में साक्षात्कारकर्त्ता इस विषय में सावधान रहता है कि उसके अध्ययन से संबंधित अनेक पक्ष क्या हैं। लेकिन उत्तरदाताओं के अनुभवों की जानकारी प्राप्त करने के लिए उसे किसी भी तरीके से प्रश्न करने की आजादी प्राप्त रहती है। अधिकांशतः इस तरह के साक्षात्कार का प्रयोग व्यक्ति के जीवन इतिहास जानने के लिए, जेल सुधार के विषयों में कैदियों के विचारों को जानने के लिए, अथवा मानसिक रोगियों से वार्तालाप करने के लिए किया जाता है। इसे नैदानिक साक्षात्कार इसलिए कहा जाता है क्योंकि इसके माध्यम से कई ऐसे अनुभवों को जाना जा सकता है जो किसी व्यवस्था में सुधार करने में मददगार हो।

एफ. कार्फ (F. Karpf) के शब्दों में साक्षात्कार एक तरह गहन साक्षात्कार (Depth Interview) है। "गहन साक्षात्कार उस साक्षात्कार को कहा जाता है जो व्यक्तित्त्व की संप्रेषण एवं गतिशीलता से जुड़ी होती है।" गहन साक्षात्कार सामान्यतः एक लम्बी विधि है जिसका निर्माण स्वतंत्र रूप से प्रभावित सूचना को प्रकट करने के लिए प्रोत्साहित करना है। इसका उपयोग विशेष उपकरणों के साथ जैसे–आजाद संपर्क तथा अन्य तकनीक के साथ करते हैं। गहन साक्षात्कार का उपयोग सामाजिक-मनोवैज्ञानिक परिस्थितियों के विशिष्ट पहलुओं को भी स्पष्ट करता है। लेकिन इसके लिए यह जरूरी होता है कि इसका उपयोग सतर्कतापूर्ण एवं बुद्धिमत्तापूर्ण विशेष प्रशिक्षण प्राप्त साक्षात्कारकर्त्ता के माध्यम से किया जाए। इस विषय में पी. वी. यंग (P. V. Young) का कथन है कि अगर शोधकर्त्ता विशेष प्रशिक्षित नहीं हो तो अच्छा यही होता है कि गहन साक्षात्कार का उपयोग नहीं किया जाए।

उपर्युक्त उल्लेखों से यह ज्ञात होता है कि साक्षात्कार अनेक तरह के होते हैं। अनेक विद्वानों ने अनेक आधारों पर इसके विभिन्न प्रकारों की चर्चा की है। विद्वानों ने साक्षात्कार का वर्गीकरण कुछ आधारों को ही दृष्टि में रखकर किया है। साक्षात्कार के वर्गीकरण में वैज्ञानिकों ने अनेक परिवर्तनों अथवा चरों का सहयोग लिया है। चरों के आधारों का चुनाव वैज्ञानिक के विश्लेषण तथा ज्ञान की क्षमता पर निर्भर करता है। जिन विद्वानों ने साक्षात्कारों का वर्गीकरण किया है उनमें पी. वी. यंग (P. V. Young), जॉन मेज (John Madge), गुड्डे एवं हॉट (Goode and Hatt), सेलिट्ज (Sellitz), जहोदा (Johoda), ड्यूटिश (Deutish) एवं कुक (Cook) आदि का नाम महत्त्वपूर्ण है। इसके अतिरिक्त कुछ विद्वानों ने साक्षात्कार के विशेष प्रकार के निर्माण तथा शोध में साक्षात्कार का प्रयोग किया है। उदाहरणस्वरूप मर्टन (Merton) एवं मैण्डल (Mandel) द्वारा केन्द्रित साक्षौत्कार का उपयोग एवं लेजार्स फील्ड एवं उनके सहायकों द्वारा पुनरावृत्ति साक्षात्कार का उपयोग आदि इस क्षेत्र में किए गए प्रयोगों के उदाहरण हैं। साक्षात्कार के अनेक प्रकारों का जिक्र ऊपर किया जा चुका है। यहाँ विभिन्न विद्वानों द्वारा प्रस्तुत किए गए साक्षात्कार के प्रकारों का जिक्र किया जा रहा है जो निम्नलिखित हैं–

जॉन मेज (John Madge) ने 'The Tools of Social Science' में साक्षात्कार के दो मुख्य प्रकारों की चर्चा की है जो निम्नलिखित हैं–

(i) स्वरूपात्मक साक्षात्कार (Formative Interview),

(ii) सामूहिक साक्षात्कार (The Mass Interview)।

स्वरूपात्मक साक्षात्कार को इन्होंने चार उप-प्रकारों में विभाजित किया है जो निम्नलिखित हैं–

(a) औपचारिक साक्षात्कार (The Formal Interview)।

(b) जीवन-इतिहास साक्षात्कार (Life Histories Interview),

(c) केन्द्रित साक्षात्कार (Focussed Interview),

(d) अनिर्देशित साक्षात्कार (Non-directive Interview)।

गुड्डे एवं हॉट (Goode and Hatt) ने सामाजिक शोध में साक्षात्कारों के प्रकारों का जिक्र करते हुए कहा है कि सबसे आसान वर्गीकरण का आधार साक्षात्कार में गहनता है अर्थात् साक्षात्कार में ज्यादा पूछताछ की जाती है। इन्होंने साक्षात्कार के प्रमुख प्रकारों की चर्चा की है जो निम्नलिखित हैं–

(i) संरचित साक्षात्कार (Structured Interview)।

(ii) निर्वाचन साक्षात्कार (Polling Interview),

(iii) गहन साक्षात्कार (Intensive Interview),

(iv) अनिर्देशित साक्षात्कार (Non-directive Interview),

पी. वी. यंग (P. V. Young) ने साक्षात्कार का वर्गीकरण कई आधारों पर किया है। ये आधार निम्नलिखित हैं--

(a) कार्यों के आधार पर,

(b) भाग लेने वाले सूचनादाताओं की संख्या के आधार पर,

(c) संपर्क की अवधि के आधार पर, तथा

(d) उपागम के भेद के आधार पर।

(a) कार्यों के आधार पर साक्षात्कार का वर्गीकरण (Classification of the Interview on the Basis of Functions)–कार्यों के आधार पर साक्षात्कार के निम्नलिखित भेद कहे जा सकते हैं–

(i) निदर्शन साक्षात्कार (Sample Interview),

(ii) शोध साक्षात्कार (Research Interview),

(iii) उपचार साक्षात्कार (Treatment Interview),

(iv) लक्षण-परीक्षण साक्षात्कार (Diagnostic Interview),

(b) भाग लेने वाले सूचनादाताओं की संख्या के आधार पर साक्षात्कार का वर्गीकरण--भाग लेने वाले सूचनादाताओं की संख्या के आधार पर साक्षात्कार के निम्नलिखित भेद कहे जा सकते हैं–

(i) व्यक्तिगत साक्षात्कार (Individual Interview)।

(ii) समूह साक्षात्कार (Mass Interview)।

(c) संपर्क की अवधि के आधार पर साक्षात्कार का वर्गीकरण—संपर्क की अवधि के आधार पर साक्षात्कार के निम्नलिखित भेद कहे जा सकते हैं—

(i) लम्बे संपर्क वाले साक्षात्कार (Long Contact Interview)।

(ii) थोड़े संपर्क वाले साक्षात्कार (Short Contact Interview)।

(d) उपागम के आधार पर साक्षात्कार का वर्गीकरण—उपागम के आधार पर साक्षात्कार के निम्नलिखित भेद कहे जा सकते हैं—

(i) अनिर्देशित साक्षात्कार (Non-directive Interview),

(ii) निर्देशित साक्षात्कार (Directive Interview),

अथवा

(i) असंरचित साक्षात्कार (Non-structured Interview)।

(ii) संरचित साक्षात्कार (Structured Interview)।

हालाँकि पी. वी. यंग (P.V. Young) ने उपरोक्त साक्षात्कार के भेदों की चर्चा की है लेकिन उन्होंने उन साक्षात्कार के भेदों पर अधिक जोर दिया है जो साक्षात्कारकर्त्ता एवं उत्तरदाता की भूमिका पर आधारित हैं।

साक्षात्कार की प्रक्रिया के चरण

साक्षात्कार का व्यवस्थित संचालन करना एक जटिल प्रणाली है। साक्षात्कार की संचालन प्रक्रिया का तात्पर्य साक्षात्कार को कुशलतापूर्वक पूरा करने से है। इस प्रणाली में शोधकर्त्ता को प्रत्यक्ष संबंध स्थापित करके चुनाव किए गए उत्तरदाताओं से अध्ययन-विषय के संबंध में तथ्य एकत्रित करना पड़ता है। इसलिए इसमें ज्यादा सावधानी बरतने की जरूरत होती है। साथ ही इसे बहुत से चरणों में भी संपादित किया जाता है। साक्षात्कार प्रविधि किस तरह संचालित की जाए एवं इसका प्रयोग किस तरह किया जाए, इस पर काफी चिन्तन-मनन हुआ है। साथ ही इस पर अनेक साहित्य भी लिखे जा चुके हैं। इस विषय पर लिखने वालों में हरबर्ट (Herbert) एवं हाईमैन (Hyman), बिंघम (Bingham), वाल्टर एवं मूर (Walter and Moore), ओल्डफील्ड (Oldfield) तथा बेनलैंड एवं ग्रोस (Weinland and Gross) आदि के नाम महत्त्वपूर्ण हैं। वास्तव में साक्षात्कार प्रविधि को जितना आसान समझा जाता है उतना यह है नहीं। साक्षात्कार की प्रक्रिया को आसानी से चलाने के लिए कुछ मुदय चरण होते हैं। सामाजिक शोध में साक्षात्कार के कौन-कौन से चरण होने चाहिए, इस विषय में पी. वी. यंग (P. V. Young), गुड्डे एवं हॉट (Goode and Hatt) तथा जॉन मेज (John Madge) आदि विद्वानों ने अपने-अपने मत व्यक्त

किए हैं। पी.वी. यंग (P. V. Young) ने अपनी पुस्तक 'Scientific Social Survey and Research' में साक्षात्कार की प्रक्रिया के निम्नलिखित चरण बताए हैं–

(i) साक्षात्कार की समाप्ति।

(ii) सम्क्षात्कार में जटिल बिन्दु,

(iii) संमानित श्रोता की खोज,

(iv) सहानुभूतिपूर्ण,

(v) साक्षात्कार की तरफ प्रयास,

(vi) प्रारम्भिक विचार,

इसी तरह जॉन मेज (John Madge) ने भी 'The Tools of Social Science' में साक्षात्कार के तीन चरणों की चर्चा की है जो निम्नलिखित हैं–

(i) साक्षात्कार में प्रेरणा देना (To Motivate in Interview)।

(ii) प्रारम्भिक साक्षात्कार (Preliminary Interview),

(iii) तथ्यों को संकलन करना (To Collect Information),

मुख्य रूप से साक्षात्कार की प्रक्रिया के निम्नलिखित चरण होते हैं–

(i) साक्षात्कार की तैयारी (Preparation of Interview),

(ii) साक्षात्कार का संचालन (Execution of Interview)।

(iii) साक्षात्कार का नियंत्रण, निर्देशन एवं प्रभावीकरण (Controlling, Directing and Validating of Interview),

(iv) साक्षात्कार की समाप्ति (Closing of Interview),

(v) आलेखन अथवा प्रतिवेदन (Recording or Reporting)।

(i) साक्षात्कार की तैयारी (Preparation of Interview)–साक्षात्कार की कामयाबी के लिए यह जरूरी होता है कि अध्ययनकर्त्ता साक्षात्कार की प्रणाली का आरम्भ करने के पहले साक्षात्कार की योजना को निश्चत कर ले। ऐसा करना गैर जरूरी होता है क्योंकि साक्षात्कार की प्राथमिक तैयारी अथवा योजना के अलावा साक्षात्कार की प्रणाली उचित रूप से संचालित नहीं हो सकती है। कहने का अर्थ यह है कि अध्ययनकर्त्ता जिस समय से जुड़े तथ्य जुटाता है उस समस्या की पूरी जानकारी उसे पहले से ही होनी चाहिए। अध्ययन का लक्ष्य क्या है? उसके किन-किन पहलुओं से संबंधित प्रश्न को पूछना है? एवं सूचनादाताओं से किस तरह के तथ्य एकत्रित करने हैं? इन सभी बातों को पहले से ही निर्धारित करना जरूरी होता है। साथ ही सूचनादाताओं का चयन करने एवं उनसे साक्षात्कार लेने का समय

एवं जगह भी पहले से ही निर्धारित कर लेनी चाहिए। दूसरे शब्दों में यह कहा जा सकता है कि साक्षात्कार शुरू करने से पहले अनेक प्रकार की तैयारियाँ करनी पड़ती हैं। साक्षात्कार की तैयारी में प्रमुख रूप से निम्नलिखित बातें अति जरूरी होती हैं—

(a) समस्या की पूर्ण ज्ञान (Full Knowledge of Problem)—साक्षात्कार की तैयारी के लिए सबसे पहले यह जरूरी होता है कि साक्षात्कारकर्त्ता को अपने अध्ययन-विषय अथवा समस्या की पूर्ण जानकारी होनी चाहिए। साक्षात्कारकर्त्ता को अनुसूची एवं साक्षात्कार-निर्देशिका का निर्माण करना पड़ता है। साथ ही अध्ययन के समय कई सवालों एवं वाद-विवादों आदि से भी दो-चार होना पड़ता है। इसलिए साक्षात्कारकर्त्ता के लिए यह जरूरी होता है कि उसे अध्ययन-समस्या के विषय में पूर्ण जानकारी हो जिससे वह उत्तरदाता के उत्तरों को सन्तोषजनक रूप में स्वीकार कर सके। यदि उसे अध्ययन-विषय या समस्या का पूर्ण ज्ञान नहीं होगा तो वह उत्तरदाताओं के उत्तर को सन्तोषजनक रूप से स्वीकार नहीं कर पाएगा। अतः समस्या की पूरी जानकारी का नहीं होना शोध की कामयाबी में अवरोधक होता है। इस तरह यह पता चलता है कि साक्षात्कार की तैयारी में समस्या की पूर्ण जानकारी का होना बहुत जरूरी होता है एवं यह इस दिशा में पहला कदम होता है।

(b) साक्षात्कार-निर्देशिका की रचना करना (Construction of Inerview Guide)—साक्षात्कार की तैयारी में दूसरा चरण साक्षात्कार-निर्देशिका का निर्माण करना है। यह एक लिखित प्रलेख होता है जिसमें सवाल न होकर अध्ययन-समस्या के अनेक पहलुओं के व्यवस्थित एवं क्रमबद्ध निर्देश दिए गए रहते हैं। इसकी रचना करना अत्यन्त जरूरी होता है। इसमें साक्षात्कार करने की संक्षिप्त रूप में पद्धति, समस्या के अनेक पहलू एवं अन्य जरूरी निर्देश दिए रहते हैं। ये सभी बातें स्थानों के रूप में न रहकर बिन्दुओं के रूप में रहते हैं। इनकी जरूरत साक्षात्कार के समय होती है। इसके द्वारा सूचनादाताओं को साक्षात्कार से जुड़े तथ्यों को आसानी से समझाया जा सकता है। इसमें नीचे फुटनोट भी दिया रहता है जिसमें समस्या से संबंधित कठिन शब्दों एवं विभिन्न इकाइयों की उचित परिभाषा भी दी जाती है। इस प्रकार यह कहा जा सकता है कि साक्षात्कार-निर्देशिका अध्ययन-समस्या की योजना का सक्षिप्त एवं क्रमबद्ध वर्णन है।

साक्षात्कार-निर्देशिका की उपयोगिता

साक्षात्कार-निर्देशिका साक्षात्कार की प्रविधि में अत्यधिक महत्त्वपूर्ण स्थान रखती है। यह बहुत ही महत्त्वपूर्ण होती है। साक्षात्कार पद्धति में इसकी निम्नलिखित उपयोगिताओं की चर्चा की जा सकती है—

(i) साक्षात्कार-निर्देशिका की प्रथम उपयोगिता यह है कि इसकी पहले से निर्माण रचना कर लेने से अध्ययन में एकरूपता आ जाती है। यदि अध्ययन-समस्या कठिन है और व्यापक जनसमूह का अध्ययन करना होता है एवं उस स्थिति में ज्यादा साक्षात्कार करने की भी ज़रूरत होती है जिसको मात्र एक ही व्यक्ति के माध्यम से संचालित करना संभव नहीं हो पाता है। इसलिए बहुत से कार्यकर्त्ताओं के माध्यम से साक्षात्कार कराया जाएगा। इस स्थिति में अगर साक्षात्कार-निर्देशिका का उपयोग किया जाता है तो साक्षात्कार में समानता आ जाती है। इस प्रकार यह कहा जा सकता है कि साक्षात्कार-निर्देशिका के माध्यम से अध्ययन में समानता आती है।

(ii) साक्षात्कार-निर्देशिका की दूसरी विशिष्टता यह है कि इससे समस्या के सभी पहलुओं का व्यापक अध्ययन कर पाना सहज हो जाता है। इसका कारण यह है कि साक्षात्कार-निर्देशिका में इन सभी पहलुओं को लिख लिया जाता है। इससे यह लाभ होता है कि कार्यकर्त्ता द्वारा उन्हें भूलने की संभावना नहीं रहती है।

(iii) साक्षात्कार-निर्देशिका की तीसरी विशिष्टता यह है कि इसके रहने से साक्षात्कारकर्त्ता को अपनी यादश्त शक्ति पर बल नहीं देना पड़ता है। जिस समय साक्षात्कारकर्त्ता स्वतंत्र साक्षात्कार कर रहा होता है तो ज्यादातर वह भावात्मक वातावरण में बह जाता है एवं उसके लिए मूल विषय से भटक जाने की ज्यादा संभावना रहती है। अगर साक्षात्कार-निर्देशिका रहती है तो ऐसा कर पाना संभव नहीं हो पाता है।

(iv) साक्षात्कार-निर्देशिका की चौथी विशेषता यह है कि इसके माध्यम से अध्ययन में क्रमबद्धता आती है। कभी-कभी सवालों में क्रमबद्धता नहीं होने की वजह से साक्षात्कारदाता हड़बड़ा जाता है एवं त्रुटिपूर्ण जानकारियाँ देने लगता है अथवा साक्षात्कार देना बन्द कर देता है। ऐसी स्थिति से बचने के लिए साक्षात्कार-निर्देशिका बहुत उपयोगी होती है।

उपर्युक्त बातों से ज्ञात होता है कि साक्षात्कार-निर्देशिका साक्षात्कार में निर्देश देकर उसे कामयाब बनाने में मददगार होती है। इस कारण इसका निर्माण करना विशिष्ट होता है। साक्षात्कार में साक्षात्कार अनुसूची का भी प्रयोग किया जाता है। अनुसूची अधिकतर सवालों की एक सूची होती है जिसका प्रयोग सामान्यतया प्रश्नों के एक समूह के लिए किया जाता है। इसे व्यापक सूचनाओं को संग्रहित करने के लक्ष्य से प्रयुक्त किया जाता है।

(C) साक्षात्कारदाताओं का चयन (Selection of Interviewess)– साक्षात्कार की तैयारी में तीसरा कदम साक्षात्कारदाताओं का चुनाव करना कहा जा

सकता है। अध्ययन की कामयाबी इसी बात पर निर्भर करती है। सभी सूचनाओं के स्रोत भी यही होते हैं। इसलिए इनके चुनाव में ज्यादा सावधानी बरतनी पड़ती है। साक्षात्कारदाताओं का चुनाव किसी भी तरह के निदर्शन प्रविधि (Sampling Technique) के माध्यम से किया जा सकता है जिस तरह की निदर्शन प्रविधि का प्रयोग किया जाए यह अध्ययन की समस्या पर निर्भर करता है। कभी-कभी साक्षात्कारदाताओं की खोज भी करनी पड़ती है। एम. एच. गोपाल (M. H. Gopal) ने साक्षात्कारदाताओं की तीन विशिष्टताएँ बताई हैं–

(i) सामान्य जनसमूह

(ii) प्रभावशाली एवं शक्तिशाली

(iii) विशेषज्ञ।

अतः साक्षात्कारदाताओं का चुनाव इन्हीं आधारों पर करना उपयुक्त होता है। जहाँ तक साक्षात्कारदाताओं की खोज की बात है, यह कह सकते हैं कि यदि सरकारी अस्पताल में नर्स एवं डॉक्टर की स्थिति का अध्ययन करना है तो अस्पताल अधिकारियों से नर्स एवं डॉक्टर के पते आसानी से मिल सकते हैं।

(d) साक्षात्कारदाताओं के संबंध में प्रश्न (To Know about the Interviewees) –साक्षात्कार की तैयारी में चौथा चरण साक्षात्कारदाताओं के विषय में जानकारी प्राप्त करना होता है। साक्षात्कारदाताओं के चुनाव के बाद यह अगला कदम होता है। साक्षात्कारदाता किस प्रवृत्ति के हैं अथवा उनके विचार क्या हैं, आदि बातों का पता लगाना आवश्यक होता है। साक्षात्कारदाताओं से सीधे जवाब पूछने के बजाय उनकी सांस्कृतिक पृष्ठभूमि आदि का पता करना जरूरी होता है। सीधे सवाल पूछना केवल एक औपचारिकता बनकर रह जाती है। अध्ययन एवं शोध की सफलता सफल साक्षात्कार पर निर्भर करती है क्योंकि यदि साक्षात्कार कामयाब नहीं होता है तो इसका तात्पर्य यह होता है कि सही सूचनाएँ प्राप्त नहीं हुईं। इस अवस्था से बचने के लिए यह जरूरी होता है कि साक्षात्कारदाताओं के विषय में पूरी जानकारी प्राप्त की जाए। परिचय हो जाने पर साक्षात्कारदाता अध्ययन के औचित्य को समझते हैं तथा प्रभावकारी जानकारी देते हैं।

(e) सही समय एवं स्थान का निर्धारण (To Determine Proper Time and Place)–साक्षात्कार की तैयारी में पाँचवा चरण सही समय एवं स्थान का निर्धारण करना कहा जा सकता है। यहाँ यह बात ध्यान देना जरूरी प्रतीत होता है कि साक्षात्कारदाता की सलाह से ही समय एवं स्थान का निर्धारण किया जाना चाहिए। जो स्थान साक्षात्कारदाता के लिए ज्यादा सुविधाजनक होता

है उसी स्थान का निर्धारण किया जाना चाहिए। इसके लिए साक्षात्कारदाताओं से पत्र, टेलीफोन अथवा व्यक्तिगत रूप से संपर्क स्थापित किया जा सकता है। प्रथम संपर्क स्थापित करते समय परिचय-पत्र भी भेजना चाहिए ताकि साक्षात्कारदाता को किसी तरह का सन्देह न रहे। स्थान का चयन पहले ही होना चाहिए। इस विषय में यदि गोपनीयता बनी रहती है तो ज्यादा अच्छा होता है। वास्तव में समय एवं स्थान पूर्व से निर्धारित कर लेने पर साक्षात्कारकर्त्ता का काफी समय एवं धन बच जाता है। उसे बार-बार बेकार में ही सूचनादाताओं के पास नहीं जाना पड़ता है। इस प्रकार यह पता चलता है कि सही समय एवं स्थान का निर्धारण साक्षात्कार की तैयारी में विशिष्ट कदम होता है।

(ii) साक्षात्कार का संचालन (Execution of Interview)—साक्षात्कार की तैयारी के बाद साक्षात्कार का संचालन किया जाता है। वास्तव में साक्षात्कार की कामयाबी उसकी संचालन प्रक्रिया पर ही अत्यधिक निर्भर करती है। इस स्तर पर साक्षात्कारदाता एवं साक्षात्कारकर्त्ता परस्पर आमने-सामने होता है एवं उनमें अन्तःक्रियात्मक संबंध भी स्थापित होता है। इसलिए गुड्डे एवं हॉट (Goode and Hatt) ने 'Methods in Social Research' में लिखा है, "वास्तव में मूल रूप से साक्षात्कार सामाजिक अन्तःक्रिया की एक प्रणाली है।" ("....Interviewing is fundamentally a process of social interaction.") इस प्रणाली के कुछ सामाजिक, मनोवैज्ञानिक पक्ष भी होते हैं। साक्षात्कार के इस पहलू से जुड़े उन सभी स्थितियों को जानना जरूरी होता है जिनकी सहायता से साक्षात्कार का संचालन भली-भाँति किया जा सकता है। ये निम्नलिखित हैं—

(a) संपर्क की स्थापना (Establishment of Contact)—सपर्क की स्थापना साक्षात्कार के संचालन के प्रथम कदम की स्थापना है। यह साक्षात्कार में सामाजिक अन्तःक्रिया की पहली सीढ़ी है। पूर्व निर्धारित स्थान एवं समय पर साक्षात्कारकर्त्ता से साक्षात्कारदाता मिलता है। सबसे पहले साक्षात्कारदाता को चाहिए कि वह उपयुक्त अभिवादन के साथ साक्षात्कारकर्त्ता से मिले। साथ ही दूसरी औपचारिकताओं को भी पूरा किया जाना चाहिए। बैठने की उचित स्थान का प्रबन्ध किया जाना चाहिए। साक्षात्कारकर्त्ता का पहनावा इस समय सौम्य एवं गम्भीर होना चाहिए, व्यक्तित्त्व हँसमुख होना चाहिए एवं चेहरा खिला हुआ होना चाहिए। उसे अपने गले में रेशमी रूमाल अथवा आँख पर काला चश्मा आदि का प्रयोग नहीं करना चाहिए। साथ ही इत्र आदि का भी प्रयोग नहीं करना चाहिए। साक्षात्कारदाता से मिलते ही फौरन अपना परिचय देना चाहिए। अगर परिचय-पत्र छपा हुआ हो तो

यह और भी अच्छा होता है क्योंकि इसका प्रभाव उत्तरदाताओं पर अच्छा एवं सकारात्मक पड़ता है। पहली बार साक्षात्कारकर्त्ता की जो छवि साक्षात्कारदाता के मानस-पटल पर अंकित होती है वह अन्त तक बनी रहती है। इसलिए पहले संपर्क में सतर्कता बरते जाने की जरूरत होती है।

(b) प्रयोजन का स्पष्टीकरण (Clarification of Purpose)—साक्षात्कार के संचालन में दूसरा कदम साक्षात्कार को शुरू करना कहा जा सकता है। साक्षात्कारकर्त्ता को साक्षात्कारदाता से मिलते ही अपना परिचय-पत्र देकर अपने लक्ष्य का बुद्धिमात्तापूर्वक स्पष्टीकरण कर देना चाहिए। उससे यह कहकर कि मैं अमुक संस्था के माध्यम से संचालित शोध कार्य में लगा हुआ हूँ अथवा अमुक विषय पर शोध कर रहा हूँ, तुरन्त अपनी बातों को रख देना चाहिए। कहने का अर्थ यह है कि साक्षात्कार के लक्ष्य को बहुत स्पष्ट, सरल एवं मधुर भाषा में साक्षात्कारदाता के सामने स्पष्ट कर देना चाहिए। साथ ही इस बात का भी स्पष्टीकरण कर दिया जाना चाहिए कि किस प्रकार के अध्ययन के लिए उससे जानकारी अर्जित की जा रही है एवं निदर्शन के किस रूप द्वारा उनका चुनाव इस साक्षात्कार के लिए हुआ है। इससे यह लाभ होता है कि साक्षात्कारदाता का पूरा विश्वास साक्षात्कारकर्त्ता में हो जाता है। इससे साक्षात्कार पर भी विशेष प्रभाव पड़ता है। प्रयोजन अथवा लक्ष्य को स्पष्ट करने के बाद साक्षात्कारदाता से सहयोग की अपील की जानी चाहिए। उससे यह बताना चाहिए कि उसका सहयोग शोध के लिए कितना जरूरी है। साथ ही उसे यह भी बताना चाहिए कि बिना उसकी सहायता के समाज की यह उलझी समस्या हल नहीं हो पाएगी। इसके बाद साक्षात्कारदाता के मन में यह विश्वास दिलाया जाना चाहिए कि उसके माध्यम से दी गई सूचनाओं को गुप्त रखा जाएगा एवं इसका किसी अन्य लक्ष्य में प्रयोग न कर सिर्फ शोध के लक्ष्य में प्रयोग किया जाएगा। इस प्रकार प्रयोजनों का स्पष्टीकरण करके अगले चरण की तैयारी की जाती है।

(c) प्रमुख साक्षात्कार का प्रारम्भ (Beginning of Main Interview)—साक्षात्कार के संचालन में तीसरा चरण साक्षात्कार को शुरू करना होता है। साक्षात्कार के लक्ष्य के सहयोग एवं स्पष्टीकरण की प्रार्थना के बाद साक्षात्कार का प्रारम्भ होता है। इसमें सबसे पहले साक्षात्कारदाता से पहला प्रश्न पूछा जाता है। उदाहरणस्परूप—आपका नाम क्या है? आपकी शिक्षा कहाँ तक हुई है? आपकी आयु क्या है? एवं क्या आप अपने परिवार के सदस्यों की संख्या बताएँगे? आदि सवालों को पहले पूछा जाना चाहिए। साथ ही प्रारंभिक सवाल के तहत साक्षात्कारदाता के पता एवं व्यवसाय आदि से भी ज़ुड़े प्रश्न पूछे जाने चाहिए। इसके

बाद साक्षात्कारकर्त्ता को अध्ययन-विषय से संबंधित प्रश्नों को पूछा जाना चाहिए। इस काम के समय साक्षात्कारकर्त्ता को बहुत तटस्थ, सतर्क, गम्भीर एवं बुद्धिमानीपूर्वक व्यवहार करना चाहिए। साक्षात्कारदाता को पूरा-पूरा बोलने की अनुमति दी जानी चाहिए। इसमें कोशिश यह की जानी चाहिए कि साक्षात्कारकर्त्ता कम-से-कम बोले एवं साक्षात्कारदाता को अधिक-से-अधिक बोलने के लिए प्रेरित करे। साक्षात्कारकर्त्ता को साक्षात्कारदाता के सामने किसी अन्य व्यक्ति के अनुभव को नहीं बताना चाहिए। उससे उसके व्यक्तिगत जानकारियों के विषये में पूछा जा सकता है।

इस प्रकार यह पता चलता है कि साक्षात्कार लेते समय ज्यादा सावधानी की जरूरत होती है। साक्षात्कार के समय प्रश्न इस तरह व्यवस्थित होने चाहिएँ कि उत्तरदाता क्रमबद्ध रूप से उसका उत्तर देता रहे। एक सवाल का उत्तर समाप्त होने पर ही दूसरा सवाल करना चाहिए। यदि उत्तरदाता किसी सवाल का उत्तर नहीं देना चाहे तो उसे उत्तर देने के लिए मजबूर नहीं करना चाहिए। सवाल की भाषा भी आसान एवं स्पष्ट होनी चाहिए ताकि साक्षात्कारदाता को प्रश्नों को समझने में किसी प्रकार की कठिनाई का सामना न करना पड़े। प्रश्न को पूछते समय सर्वप्रथम प्रारंभिक जानकारियों से संबंधित प्रश्नों को एवं फिर अध्ययन विषय से संबंधित प्रश्नों को पूछा जाना चाहिए। अध्ययन-विषय से जुड़े प्रश्नों को पूछते समय भी इस बात का ख्याल रखा जाना चाहिए कि पहले सरल एवं सामान्य प्रश्नों को पूछा जाए। इस प्रकार यह पता चलता है कि प्रमुख साक्षात्कार को अत्यन्त सावधानीपूर्वक एवं बुद्धिमत्तापूर्वक अन्जाम दिया जाना चाहिए।

(d) उत्तर देने के लिए प्रोत्साहन (Stimulation for Response)–साक्षात्कार के संचालन में चौथा चरण उत्तर के लिए प्रोत्साहन देना कहा जा सकता है। अर्थात् यदि सिर्फ साक्षात्कार लिया जाए तो इससे यथार्थ एवं पूर्ण उत्तर मिलने की संभावना नहीं रहती है। इसलिए साक्षात्कार करते वक्त साक्षात्कारदाताओं को प्रोत्साहित करना भी जरूरी होता है। साक्षात्कार लेते समय साक्षात्कारदाताओं को यह कहकर प्रोत्साहित किया जाना चाहिए कि आपका ज्ञान हमारी समस्या को हल करने में मददगार सिद्ध होगी एवं आपकी यह बात अध्ययन के लिए विशिष्ट है। इससे साक्षात्कारदाता प्रोत्साहित होता है एवं उसमें उत्तर देने की प्रबल इच्छा पैदा होती है। लेकिन बार-बार इन बातों को नहीं दुहराया जाना चाहिए क्योंकि अगर ऐसा होता है तो उत्तरदाता इसे साक्षात्कारकर्त्ता का स्वभाव समझ लेगा एवं इसका उसके ऊपर उल्टा असर पड़ सकता है।

(e) उत्तेजनात्मक प्रश्नों से बचना (To Avoid Irritating Questions)–साक्षात्कार के संचालन में पाँचवाँ चरण उत्तेजनात्मक सवालों से

बचना कहा जा सकता है। साक्षात्कार लेते समय साक्षात्कारकर्त्ता को इस तरह के सवाल से बचना चाहिए जो साक्षात्कारदाता को उत्तेजित कर दे। अर्थात् उसे ऐसे सवाल नहीं करने चाहिए, जिससे साक्षात्कारदाता क्रोधित अथवा उत्तेजित हो जाए। अगर ऐसा होता है तो साक्षात्कारदाता क्रोधित हो जाता है एवं वह साक्षात्कार को मध्य में ही छोड़कर जा सकता है। साथ ही ऐसा भी हो सकता है कि वह सही उत्तर न दे। इन सभी बातों का प्रतिफल यह होगा कि अध्ययन अधूरा रह जाएगा। इसलिए सवाल करते वक्त सूझ-बूझ का प्रयोग कर भड़काऊ एवं उत्तेजनात्मक सवालों से बचा जाना चाहिए।

(f) पुनः समरण (Recall)—साक्षात्कार के संचालन में छठा चरण पुनः स्मरण कहा जा सकता है। साक्षात्कार की प्रणाली में कभी-कभी उत्तरदाता अपने भावों, विचारों एवं अनुभवों आदि को बताते हुए अपने मुख्य विषय से हट जाता है। ऐसी परिस्थिति में उसे प्रत्यक्षतः रोकना ठीक नहीं होता है। अर्थात् उसे यह नहीं कहना चाहिए कि "आप अपने विषय तक सीमित रहें।" अपितु उसे विषय-वस्तु पर लाने के लिए अधिक सतर्कता की जरूरत होती है। उसे घुमा-फिराकर अपने मुख्य विषय-वस्तु पर लाना चाहिए। प्रयत्न यह करना चाहिए कि साक्षात्कारदाता को यह अनुमान न होने पाए कि वह उससे कोई रहस्यमय बात पूछना चाहता है। इसलिए उसकी बातों में पसंद लेकर साक्षात्कारदाता पर बिना किसी दवाब के जानकारी प्राप्त करनी चाहिए।

(g) कुछ अन्य सामान्य बातें (Some General Things)—साक्षात्कारकर्त्ता को कुछ सामान्य बातों का सदैव ध्यान रखना चाहिए। साक्षात्कार के संचालन में सातवाँ चरण इसी से जुड़ा होता है। सामान्य बातों में निम्नलिखित बातों का ध्यान रखा जाना जरूरी होता है—

(i) साक्षात्कार लेते समय सदैव उचित सवाल पूछे जाने चाहिए,

(ii) सवाल समयानुसार एवं क्रमबद्ध रूप से हों अर्थात् एक विषय से जुड़े सवालों को बीच में छोड़कर किसी दूसरे विषय पर सवाल नहीं पूछना चाहिए,

(iii) साक्षात्कारकर्त्ता को कठिन सवाल नहीं पूछना चाहिए,

(iv) ऐसे सवाल भी नहीं पूछे जाने चाहिए जो अति लघु उत्तर वाले हों।

इस तरह यह पता चलता है कि साक्षात्कारकर्त्ता को सवाल पूछते समय अत्यधिक सर्तकता बरतनी पड़ती है। ऐसा करना इसलिए जरूरी होता है जिससे साक्षात्कारदाता ठीक-ठीक एवं उचित जानकारी उसे दे सके।

(h) सूचनाओं का आलेखन (Noting of Information)—साक्षांत्कार के क्रियान्वयन में आठवाँ चरण सूचनाओं का आलेखन कहा जा सकता है।

साक्षात्कार के समय अनेक उत्तरों एवं तथ्यों को नोट करना उपयोगी होता है। लेकिन यह काम उतना आसान नहीं होता है। उत्तरदाताओं के माध्यम दी गई सूचनाओं को जब साक्षात्कारकर्त्ता लिखने लगता है तो साक्षात्कार में व्यवधान पैदा हो जाता है। इससे साक्षात्कारदाता का भी जोश कम होने लगता है। इसलिए ऐसी स्थिति में यही ठीक रहता है कि लिखने का कार्य किसी सहयोगी को सौंप दिया जाए अथवा टेपरिकार्डर की मदद से आलेखन का कार्य किया जाए। इसके लिए उत्तरदाता की पूर्व अनुमति ले लेनी चाहिए। इस तरह साक्षात्कार की प्रणाली को बहुत ही सावधानीपूर्वक पूरा कराया जाता है।

(iii) साक्षात्कार का नियंत्रण, निर्देशन एवं प्रभावीकरण (Controlling, Directing and Validating of Interview)—साक्षात्कार की प्रक्रिया में साक्षात्कार का नियंत्रण निर्देशन एवं प्रभावीकरण तीसरे चरण में आते हैं। साक्षात्कार करते समय इसे निर्देशित, निर्धारित एवं प्रभावीकृत करना अत्यन्त जरूरी प्रतीत होता है। इसमें साक्षात्कारकर्त्ता की भूमिका अत्यन्त विशिष्ट होती है। कभी-कभी ऐसा होता है कि साक्षात्कारदाता वर्णनात्मक सवालों का उत्तर देते-देते भावनाओं में खो जाते हैं तथा ऐसी बातें भी सुनाने लगता है जिसका शोध से बिल्कुल संबंध नहीं होता है। ऐसी स्थिति में साक्षात्कारदाता पर सावधानीपूर्वक नियंत्रण किया जाना चाहिए। यदि वह उसे सीधा ही मना करता है तो उसे बुरा लगता है। अतः ऐसी विधि का प्रयोग करके उसे विषय-वस्तु पर लाना चाहिए जिससे उसे खराब नहीं लगे।

साक्षात्कारदाता की बातों को उदारतापूर्वक सुनकर उसे सही रूप में निर्देशित करना चाहिए। यदि साक्षात्कारदाता साक्षात्कारकर्त्ता को धोखा देने का प्रयत्न करे तो ऐसी स्थिति में उसे ऐसा प्रदर्शन करना चाहिए जैसे वह तथ्य उसे पहले से ही ज्ञात है। इससे साक्षात्कारदाता पर प्रतिकूल प्रभाव नहीं पड़ेगा। इसके विपरीत यदि साक्षात्कारदाता से यह कहा जाएगा कि वह गलत बोल रहा है तो संभवतः वह भड़क जाएगा एवं आगे साक्षात्कार नहीं देगा। इसलिए साक्षात्कारकर्त्ता को सावधानी बरतते हुए इस प्रकार के सवाल पूछने चाहिए जो उसकी पूर्व कही बातों को खुद ही काटते हों। इस प्रकार कई सावधानियों को बरतते हुए साक्षात्कार की प्रक्रिया पूरी की जा सकती है।

(iv) साक्षात्कार की समाप्ति (Closing of Interview)—साक्षात्कार की प्रक्रिया का चौथा चरण साक्षात्कार की समाप्ति होता है। अध्ययन-विषय से जुड़े सवालों को पूछने के बाद साक्षात्कार की समाप्ति हो जाती है। इसमें भी कई

सावधानियाँ बरतनी पड़ती हैं। यदि जुड़े सवालों का उत्तर देने के उपरांत भी उत्तरदाता कुछ और कहना चाहता है तो उसे भी ध्यानपूर्वक सुना जाना चाहिए। इसके विपरीत यदि उत्तरदाता थकान महसूस कर रहा हो तो साक्षात्कार लेना बन्द कर देना चाहिए। साथ ही साक्षात्कारदाता को इस बात से भी आश्वस्त कर देना चाहिए कि उसके माध्यम से प्राप्त सूचनाएँ गुप्त रखी जाएँगी। साक्षात्कार के उपरांत साक्षात्कारकर्त्ता कभी-कभी अपने अनुभवों से उसे लाभान्वित कर सकता है। साथ ही वह कुछ मनोरंजनात्मक बातें करके साक्षात्कारदाता को विषय-वस्तु से दूर कर सकता है। अन्त में उत्तरदाता के मदद के लिए उसे धन्यवाद देकर सामान्य शिष्टाचार का पालन करते हुए साक्षात्कार को समाप्त किया जा सकता है।

(v) आलेखन अथवा प्रतिवेदन (Recording or Reporting)– साक्षात्कार की समाप्ति के बाद प्राप्त तथ्यों का आलेखन किया जाता है। साक्षात्कार की प्रणाली के बीच सूचनाएँ अति संक्षिप्त रूप में लिखी जाती है। अगर व्यापक आलेखन में समय लग जाता है तो विशिष्ट तथ्यों के छूट जाने की संभावना ज्यादा रहती है। इसलिए यह जरूरी होता है कि तथ्यों को यथासमय विस्तार के साथ लिखते जाना चाहिए एवं लिखते समय तथ्यों का मूल्यांकन भी करते जाना चाहिए। यदि किसी प्रश्न का उत्तर अपूर्ण रह गया हो तो उसे इस तरह चिह्न कर लेना चाहिए ताकि उत्तरदाता से उसे फिर से पूछा जा सके। इसके बाद पूर्ण प्रतिवेदन तैयार कर लिया जाना चाहिए प्रतिवेदन की भाषा को स्पष्ट एवं सरल बनाना चाहिए। इस तरह प्रतिवेदन जितनी विश्वसनीयता एवं स्पष्टता से लिखी जाएगी, निष्कर्ष भी उतने ही पक्षपातरहित प्राप्त होंगे। उपर्युक्त उल्लेखों से यह ज्ञात होता है कि साक्षात्कार की प्रणाली में कई चरण होते है। अर्थात् कई चरणों से गुजरने के बाद साक्षात्कार की पद्धति पूर्ण होती है। प्रत्येक दौर में अत्यधिक सर्तकता बरतनी पड़ती है। थोड़ी-सी भी लापरवाही समस्त साक्षात्कार की प्रक्रिया को प्राभावित करती है एवं इससे प्रमाणिक एवं विश्वसनीय सूचनाओं को हासिल करना मुश्किल होता है।

साक्षात्कार का गुण

सर्वेक्षण एवं सामाजिक शोध के क्षेत्र में तथ्य एकत्रित करने के लिए अनेक प्रविधियों का आविष्कार किया गया है जिनमें साक्षात्कार की पद्धति एक प्रमुख पद्धति है। इस पद्धति का प्रयोग सामाजिक सर्वेक्षण एवं शोध के क्षेत्र में ही किया जाता है। निरीक्षण की तरह प्राकृतिक विज्ञानों में इसका प्रयोग नहीं किया जाता है। इस प्रविधि के माध्यम से तथ्य संग्रह करने के लिए अध्ययनकर्त्ता एवं उत्तरदाता के मध्य

आमने-सामने का संबंध स्थापित होना जरूरी होता है। सामाजिक शोध के क्षेत्र में इस पद्धति के महत्त्व की चर्चा करते हुए गुड्डे एवं हॉट (Goode and Hatt) ने बताया है कि सामाजिक घटनाओं का सांख्यिकीय व्याख्या करना अनेक परिस्थितियों में संभव नहीं होता है। अतः गुणात्मक व्याख्या के लिए साक्षात्कार प्रणाली एक महत्त्वपूर्ण प्रणाली है। इस प्रणाली के द्वारा अनेक गुणात्मक तथ्यों तथा व्यक्तियों के भावों, विचारों एवं मनोवृत्तियों को साक्षात्कार के माध्यम से भली-भाँति समझा जा सकता है। गुड्डे एवं हॉट (Goode and Hatt) ने इसकी विशेषता को इस तरह से व्यक्त किया है, "गुणात्मक साक्षात्कार की जरूरत के पुनर्मूल्यांकन के कारण समकालीन परीक्षण में साक्षात्कार की विशेषता पहले से भी अधिक हो गया है।" ("Interview has become of greater importance in contemporary because of the reassessment of the qualitative interview.") साक्षात्कार की प्रविधि के निम्नलिखित महत्त्व अथवा गुण उपयोगिताएँ हैं–

साक्षात्कार प्रविधि का पहला महत्त्व अथवा गुण यह है कि इसके द्वारा हर तरह की सूचनाओं का संकलन (Collection of all types of informations) कहा जा सकता है। इस प्रविधि के द्वारा अधिकांशतः सभी प्रकार की सूचनाओं का सीधे तौर पर संबंधित व्यक्तियों से संकलन किया जा सकता है। अर्थात् साक्षात्कार प्रविधि के माध्यम से विषयात्मक (subjective) एवं वस्तुनिष्ठ (Objective) दोनों प्रकार की समस्याओं से जुड़े तथ्य इकट्ठे किए जाते हैं। अवलोकन पद्धति द्वारा मुख्यतः वस्तुनिष्ठ तथ्यों का ही अध्ययन संभव हो पाता है लेकिन साक्षात्कार पद्धति द्वारा भावनाओं (Emotions), अनुभवों (Feelings), सेंटीमेंट्स (Sentiments), एवं मोटिव (motive) आदि विषयात्मक एवं मनोवैज्ञानिक समस्याओं का अध्ययन करना भी संभव होता है। इस प्रकार यह पता चलता है कि साक्षात्कार के माध्यम से हर तरह की सूचनाओं का संकलन किया जा सकता है।

साक्षात्कार प्रविधि का दूसरा महत्त्व अथवा गुण यह है कि इसके द्वारा प्राथमिक तथ्य (Primary Data) प्राप्त किया जा सकता है। चूँकि इस प्रविधि द्वारा जुड़े व्यक्तियों से सूचनाएँ सीधे ही संकलित की जाती हैं, इसलिए प्राथमिक तथ्य इकट्ठे हो जाते हैं। यह इस प्रविधि का विशेष गुण कहा जा सकता है। उदाहरणस्वरूप–अपराधियों का अध्ययन करने के लिए जेल-विभाग के अधिकारियों से सीधे ही संपर्क स्थापित किया जा सकता है। इस तरह प्राथमिक तथ्य को इकट्ठा करना साक्षात्कार प्रविधि का एक महत्त्व अथवा गुण कहा जा सकता है।

साक्षात्कार प्रविधि का तीसरा महत्त्व अथवा गुण यह है कि इसके माध्यम से भूतकालीन घटनाओं का अध्ययन (Study of Past Phenomena) किया जा

सकता है। कुछ घटनाएँ ऐसी होती हैं जिनकी पुनरावृत्ति करना मुमकिन नहीं हो पाता है। घटनाओं के घटने के कमी में अवलोकन पद्धति बीती हुई घटनाओं का अध्ययन मुमकिन नहीं हो पाता है। साक्षात्कार पद्धति के माध्यम से इस तरह की घटनाओं का अध्ययन करना संभव होता है। वास्तव में मानव-जीवन या सामाजिक जीवन की इस तरह की कई घटनाएँ होती हैं जो काफी समय पहले ही समय के गर्भ में समाप्त हो चुकी होती हैं। इसलिए उनकी पुनरावृत्ति मुमकिन नहीं हो पाती है। ऐसा जरूरी नहीं होता है कि एक बार जो घटना घटे वह दूसरी बार भी जरूर घटे। लेकिन सामाजिक जीवन के संपूर्ण अध्ययन के लिए उन घटनाओं का अध्ययन करना संभव होता है। ऐसी परिस्थिति में साक्षात्कार प्रविधि ही केवल एक प्रविधि होती है जो विकल्प बनकर सामने आती है। इसकी वजह यह है कि साक्षात्कारदाता जो पूर्व घटना का वर्णन करता है उसमें ज्यादा-से-ज्यादा विश्वसनीयता एवं प्रामाणिकता होने की संभावना रहती है। अध्ययनकर्त्ता उत्तरदाता के साथ रैपोर्ट (Rapport) स्थापित करके उनके जीवन से जुड़ी भूतकालीन घटनाओं के विषय में भी तथ्य जुटा कर सकती है।

साक्षात्कार प्रविधि का चौथा महत्त्व अथवा गुण यह है कि इसके माध्यम से सभी स्तर के लोगों से सूचनाएँ संग्रहित की जा सकती हैं। चूँकि इस प्रणाली के माध्यम से तथ्य एकत्रित करते समय अध्ययनकर्त्ता उत्तरदाता के समक्ष मौजूद रहता है एवं उत्तरदाता से प्रश्न पूछकर जानकारी अर्जित करता है इसलिए इस प्रणाली माध्यम से शिक्षित एवं अशिक्षित सभी व्यक्तियों से सूचनाएँ संग्रहित की जा सकती हैं। प्रश्नावली प्रणाली द्वारा अशिक्षित व्यक्तियों से सूचनाएँ संग्रहित करना संभव नहीं होता है। अतः ऐसी परिस्थिति में सामाजिक शोध में साक्षात्कार प्रणाली का महत्त्व और अधिक हो जाता है। इस तरह यह पता चलता है कि अशिक्षित एवं शिक्षित सभी स्तर के लोगों से सूचनाएँ संग्रहित होना इस पद्धति का एक गुण अथवा महत्त्व है।

साक्षात्कार पद्धति का पाँचवाँ गुण अथवा महत्त्व यह है कि इसके द्वारा गुप्त-से-गुप्त सूचनाएँ संकलित की जा सकती हैं। अवलोकन प्रणाली द्वारा गोपनीय घटनाओं का अध्ययन करना संभव नहीं होता है। इसका कारण यह है कि कोई भी व्यक्ति शोधकर्त्ता को अपने जीवन से संबंधित गोपनीय घटनाओं का निरीक्षण करने की आज्ञा नहीं दे सकता है। साथ ही प्रश्नावली पद्धति के माध्यम से भी इस प्रकार के तथ्यों की प्राप्ति संभव नहीं होती है क्योंकि शोधकर्त्ता की अनुपस्थिति में उत्तरदाता द्वारा गोपनीय जीवन से जुड़ी गलत उत्तर मिलने की संभावना ज्यादा रहती है। किन्तु

साक्षात्कार पद्धति द्वारा शोधकर्त्ता उत्तरदाता के साथ रैपोर्ट (Rapport) स्थापित कर उसके जीवन की काफी गोपनीय बातों की जानकारी अर्जित करने में सफल सिद्ध होता है। शोधकर्त्ता अप्रत्यक्ष तरीके से प्रश्न पूछकर या अनिर्देशित साक्षात्कार प्रणाली द्वारा सूचना संग्रहित करने के लिए उत्तरदाता को प्रेरित कर सकता है। इस तरह वह इस प्रणाली द्वारा उत्तरदाता के जीवन की गोपनीय बातों को जानने में कामयाबी प्राप्त करता है।

पी. वी. यंग (P. V. Young) ने भी साक्षात्कार प्रणाली के इस महत्त्व को स्वीकार किया है एवं बताया है कि साक्षात्कार पद्धति द्वारा शोधकर्त्ता उत्तरदाता के जीवन से जुड़े गोपनीय बातों की भी जानकारी प्राप्त करने में सफल होता है। इस विषय में पी. वी. यंग (P. V. Young) ने 'Scientific Social Survey and Research' में लिखा है, "The interview may be regarded as a systematic method by which a person enters more or less imaginatively into the inner life of a comparative stranger." इस तरह यह ज्ञात होता है कि साक्षात्कार पद्धति द्वारा गोपनीय सूचनाओं को भी हासिल किया जा सकता है।

साक्षात्कार प्रणाली का छठा गुण अथवा महत्त्व यह है कि इसके माध्यम से अदृश्य एवं अमूर्त घटनाओं का अध्ययन (Study of Abstract and Non-visible Phenomena) किया जा सकता है। वास्तव में व्यक्तिगत भावनाएँ, धारणाएँ, विचार एवं संवेग आदि ऐसी बहुत-सी मूर्त घटनाएँ हैं जो हमारी क्रियाओं का निर्धारण एवं संचालन करती हैं। फिर भी इन घटनाओं का अवलोकन नहीं किया जा सकता है क्योंकि ये प्रत्यक्ष रूप से नजर नहीं आती हैं। इनके प्रभाव को मात्र प्रभावित व्यक्ति ही जानता है। साक्षात्कार प्रणाली द्वारा साक्षात्कारदाता से ये सभी सूचनाएँ अर्जित की जा सकती हैं।

साक्षात्कार प्रणाली का सातवाँ गुण अथवा महत्त्व यह है कि इसके माध्यम से परस्पर प्रेरणात्मक अध्ययन (Inter-stimulative Study) कहा जा सकता है। इस प्रविधि के माध्यम से तथ्य संग्रह करने के लिए साक्षात्कारकर्त्ता एवं उत्तरदाता इन दोनों व्यक्तियों के मध्य आमने-सामने का संबंध होना जरूरी होता है। ऐसी स्थिति में उत्तरदाता एवं अध्ययनकर्त्ता के मध्य विचारों का आदान-प्रदान होता है एवं दोनों ही परस्पर से प्रेरित एवं उत्साहित होते हैं। इस प्रेरणा के कारण उत्तरदाता सही सूचनाएँ देता है। साथ ही ज्यों-ज्यों बातचीत का क्रम आगे बढ़ जाता है, त्यों-त्यों जुड़ी बातें सामने आती जाती हैं तथा विषय से संबंधित नए-नए पहलू सामने आते जाते हैं जो कि अध्ययन को एक नया मोड़ प्रदान करते हैं।

साक्षात्कार पद्धति का आठवाँ महत्त्व अथवा गुण यह है कि इसके माध्यम से मिले उत्तरों की जाँच करना मुमकिन होता है। इस विधि के माध्यम से स्वायत्त रूप से खुलकर विचारों का स्पष्टीकरण किया जाता है। परिणामस्वरूप एक बार कही गई बात की सत्यता उसके स्पष्टीकरण में प्रकट हो जाती है। अर्थात् जब उत्तरदाता एक बार जो बात कहता है और पुनः उसका स्पष्टीकरण करने लगता है, तो साक्षात्कारकर्त्ता के लिए यह जाँच करना संभव होता है कि उसके द्वारा जाँच की गई सूचनाएँ सही हैं अथवा नहीं।

साक्षात्कार पद्धति का नौवाँ महत्त्व अथवां गुण यह है कि इसके द्वारा सूचना संग्रह करने पर उत्तरदाता के लिए उत्तर बताने का काम बहुत ही सरल प्रतीत होता है। इसका कारण यह है कि अध्ययनकर्त्ता एवं उत्तरदाता के बीच आमने-सामने का संबंध स्थापित होता है। प्रश्नावली के द्वारा समस्याओं के अध्ययन करने में प्रत्युतर पाने की संभावना बहुत कम रहती है क्योंकि शोधकर्त्ता उत्तरदाता के सामने उपस्थित नहीं रहता है। इस प्रकार यह कहा जा सकता है कि साक्षात्कार के माध्यम से सूचना संग्रह करने में उत्तरदाता के लिए उत्तर बताने का कार्य आसान होता है जो इस प्रविधि का एक गुण कहा जा सकता है।

साक्षात्कार पद्धति का दसवाँ महत्त्व अथवा गुण यह है कि इसके द्वारा विश्वसनीय आँकड़े अथवा सूचनाएँ प्राप्त होने की संभावना ज्यादा रहती है। चूँकि उत्तरदाता के सामने अध्ययकर्त्ता उपस्थित रहता है इसलिए यदि उत्तरदाता को किसी सवाल को समझने में कठिनाई हो जाती है तो अध्ययनकर्त्ता सवालों को ठीक तरीके से समझा सकता है। उत्तरदाता प्रश्नों को समझकर जो उत्तर देता है उसे विश्वसनीय सूचना कहा जा सकता है। साथ ही, अध्ययनकर्त्ता यदि महसूस करता है कि उत्तरदाता गलत उत्तर दे रहा है तो अप्रत्यक्ष ढंग से सवाल पूछकर विश्वसनीय उत्तर प्राप्त करने में सक्षम सिद्ध हो सकता है। प्रश्नावली प्रविधि के माध्यम से ऐसा कर पाना संभव नहीं होता है क्योंकि यह संभव है कि उत्तरदाता किसी सवाल को नहीं समझे एवं उसका उत्तर नहीं दे अथवा दे भी तो गलत उत्तर दे। दोनों ही परिस्थितियों में अध्ययन दोषपूर्ण प्रतीत होता है।

साक्षात्कार प्रविधि का ग्यारहवाँ महत्त्व अथवा गुण यह है कि यह एक लचीली पद्धति है जिसमें उत्तरदाताओं के समक्ष सवालों को बार-बार दुहराया जा सकता है। यह पद्धति पूर्वगामी अध्ययनों और पूर्व-परीक्षणों में ज्यादा उपयोगी होती है। अनुसूची एवं प्रश्नावली की जाँच भी साक्षात्कार के द्वारा की जाती है। क्या पूछना चाहिए? एवं कैसे पूछना चाहिए? आदि समस्याओं का निराकरण भी साक्षात्कार की पद्धति

के माध्यम से किया जा सकता है जो इस पद्धति का एक गुण अथवा महत्त्व कहा जा सकता है।

साक्षात्कार प्रणाली का बारहवाँ गुण अथवा महत्त्व यह है कि इस प्रविधि द्वारा निरीक्षण का भी अवसर प्राप्त हो जाता है। चूँकि साक्षात्कारदाता एवं साक्षात्कारकत्ता दोनों परस्परे के आमने-सामने रहते हैं इसलिए साक्षात्कारकर्त्ता साक्षात्कार लेने के साथ-साथ साक्षात्कारदाता के चेहरे के हाव-भाव से उसे बहुत बातों का पता चल जाता है। उत्तरों की सत्यता के विषय में कोई संदेह होने पर साक्षात्कारकर्त्ता पूरक सवाल पूछकर अथवा कुछ अन्तर पर अन्य प्रश्न पूछकर पता कर सकता है कि वास्तविक उत्तर क्या है? इस विषय में पी. वी. यंग (P. V. Young) ने लिखा है, "साक्षात्कार पद्धति एक पूरक पद्धति है जिसका उपयोग और प्रणालियों के साथ करना चाहिए।" जब इसका प्रयोग निरीक्षण एवं सांख्यिकीय प्रणालियों के साथ किया जाता है तब अच्छे एवं उत्तम परिणाम निकलते हैं। साक्षात्कारकर्त्ता जब अनुभवी एवं निपुण होता है तो उत्तरदाता उसे सही जवाब देता है। जवाब देते समय वह स्वतंत्र अनुभव करता है। ऐसी स्थितियों में उत्तरदाता अपनी भावना और जीवन की दुःखद घटनाओं की जानकारी भी दे देता है। प्रश्नावली पद्धति से ऐसी सूचना मालूम नहीं की जा सकती है। इस प्रकार यह पता चलता है कि साक्षात्कार पद्धति में अवलोकन का भी समय होता है जो इस प्रणाली का एक गुण अथवा महत्त्व कहा जा सकता है।

साक्षात्कार प्रविधि का तेरहवाँ गुण अथवा महत्त्व यह है कि इसमें सत्यापन की योग्यता होती है। इसके द्वारा सूचनाओं का सत्यापन किया जा सकता है। साक्षात्कार में घटनाओं का स्वतंत्र स्पष्टीकरण होता है। इसलिए एक बार में कही गई बात की सत्यता उसके स्पष्टीकरण में प्रकट हो जाती है जो साक्षात्कार प्रविधि का एक गुण अथवा महत्त्व है। साक्षात्कार प्रविधि के उपर्युक्त गुणों अथवा महत्त्वों के साथ-साथ इसकी कुछ सीमाएँ एवं दोष भी हैं।

साक्षात्कार के दोष

साक्षात्कार प्रणाली का प्रथम दोष अथवा सीमा यह है कि इसके द्वारा सूचना एकत्रित करने में ज्यादा समय लगता है क्योंकि अध्ययनकर्त्ता को हर एक उत्तरदाता के साथ व्यक्तिगत रूप से संपर्क स्थापित कर सूचना एकलित करना पड़ता है। फलस्वरूप समय ज्यादा लगता है। प्रश्नावली प्रविधि के माध्यम से सूचना एकत्रित करने पर कम समय में ही अधिक-से-अधिक उत्तरदाता से सूचना संग्रह किया जा सकता है। इस प्रकार यह पता चलता है कि साक्षात्कार में ज्यादा समय लगना साक्षात्कार प्रविधि का एक दोष अथवा सीमा है।

साक्षात्कार प्रविधि का दूसरा दोष अथवा सीमा यह है कि यह एक खर्चीला अध्ययन होता है। चूँकि इस विधि के माध्यम से सूचना एकत्रित करने में ज्यादा समय लगता है तथा प्रत्येक उत्तरदाता के साथ निजी संपर्क स्थापित करना पड़ता है। अतः अधिक अवधि तक कार्यकर्त्ताओं को भुगतान करना पड़ता है। परिणामस्वरूप अध्ययन महंगा हो जाता है। यह स्वाभाविक है कि अध्ययन जितना ज्यादा समय तक चलेगा उसमें उतना ज्यादा व्यय आएगा। साथ ही उत्तरदाताओं का चुनाव, उनका स्थान एवं उनसे समय आदि लेने में बहुत धन एवं श्रम लग जाता है। कई बार कुछ प्रलोभन भी देना पड़ता है। जैसे—जनजातियों से साक्षात्कार करने के लिए उनके तथ्यों को खिलौने एवं टाफियाँ आदि देने से ही वे सही जानकारी प्रदान करते हैं। इस वजह से यह विधि श्रम-साध्य होती है जो इस प्रविधि का एक सीमा अथवा दोष है।

साक्षात्कार प्रविधि का तीसरा दोष या सीमा यह है कि इसमें स्मरण-शक्ति पर निर्भर रहना पड़ता है। साक्षात्कार के दौरान साक्षात्कारकर्त्ता के लिए यह संभव नहीं होता है कि उत्तरदाता द्वारा बताई गई सभी बातों को नोट कर ले। यद्यपि संरचित साक्षात्कार प्रविधि (Structured Interview Method) द्वारा सूचना एकत्रित करने पर साक्षात्कार के दौरान सभी सूचनाओं को नोट करना मुमकिन होता है पर असंरचित साक्षात्कार प्रविधि (Unstructured Interview Method) एवं केंद्रित साक्षात्कार प्रविधि (Focussed Interview Method) के माध्यम से सूचना संग्रह करते समय साक्षात्कारकर्त्ता उत्तरदाता द्वारा बताई गई सभी सूचनाओं को नोट नहीं करता है अपितु उसे अपनी स्मरण-शक्ति पर आश्रित रहना पड़ता है। अर्थात् साक्षात्कार के दौरान साक्षात्कारकर्त्ता केवल साधारण बिन्दुओं को ही नोट करता है एवं बाद में व्यापक रूप से लिखता है। यह भी संभव है कि साक्षात्कारकर्त्ता कुछ गलत बिन्दुओं को नोट कर ले या बहुत बातों को भूल जाए। फलतः संपूर्ण अध्ययन अप्रमाणित एवं अविश्वसनीय बन जाने की संभावना रहती है। इसका प्रमुख कारण साक्षात्कारकर्त्ता की स्मरण शक्ति पर निर्भर करता है। जो इस प्रविधि का एक दोष अथवा सीमा है।

साक्षात्कार प्रविधि का चौथा दोष अथवा सीमा यह है कि इसके माध्यम से सूचना इकट्ठी करने के लिए उत्तरदाताओं पर पूरी तरह निर्भर रहना पड़ता है। इस निर्भरता की वजह साक्षात्कारकर्त्ता को अनेक कठिनाइयों का सामना करना पड़ता है। इस प्रणाली के माध्यम से सूचना एकत्रित करने में शोधकर्त्ता को उत्तरदाता के साथ व्यक्तिगत संपर्क स्थापित करके उत्तरदाता को उत्तर देने के लिए तैयार करना पड़ता है। आज नगरीकरण एवं औद्योगीकरण के युग में जीवन इतना Clock-regulated हो गया है कि शहरों अथवा औद्योगिक क्षेत्रों में उत्तरदाता से संपर्क स्थापित कर

साक्षात्कार लेने का काम बहुत दुर्गम प्रतीत होता है। साथ ही भावनात्मक घटनाओं तथा वैयक्तिक समस्याओं से जुड़ी सूचना संग्रह करने में भी मुश्किलें आती हैं।

साक्षात्कार प्रविधि का पाँचवाँ सीमा अथवा दोष यह है कि इसके माध्यम से अविश्वसनीय एवं अप्रामाणिक सूचनाओं की प्राप्ति की संभावना ज्यादा रहती है। दरअसल इस विधि के माध्यम से प्राप्त निष्कर्ष अध्ययनकर्त्ता के व्यक्तित्त्व से भी प्रभावित होते हैं। इस विधि के माध्यम से सूचना एकत्रित करने के लिए अध्ययनकर्त्ता को उत्तरदाता के सामने उपस्थित होना पड़ता है। अतः बहुत परिस्थितियों में उत्तरदाता ऐसा उत्तर नहीं देता है जिसे वह उचित समझता है अपितु ऐसा उत्तर देता है जो उसके नजरिए में साक्षात्कारकर्त्ता को अच्छा लगेगा। उदाहरणस्वरूप–यदि साक्षात्कारकर्त्ता एक उच्च हिन्दू जाति का सदस्य है एवं साक्षात्कारदाता एक निम्न हिंदू जाति का सदस्य है तो वह स्वतंत्र जवाब न देकर ऐसा जवाब दे सकता है जो उच्च जाति वाले पसन्द करें। इस तरह प्राप्त सूचनाओं में अविश्वसनीयता की झलक दिखायी देती है। साथ ही यह भी कहा जा सकता है कि इस प्रणाली के माध्यम से तथ्य एकत्रित करने में तथा निष्कर्ष देने करने में अधिक समय लग जाता है।

यदि तथ्य संग्रह में एवं निष्कर्ष देने में समय का अन्तराल ज्यादा होता है तो निष्कर्ष प्रस्तुत करने के समय तक मौलिक घटनाओं में कुछ बदलाव हो जाने की संभावना रहेगी। मुख्यतः निष्कर्षों में अप्रामाणिकता एवं अविश्वसनीयता की झलक मिलेगी। साथ ही यह भी कहा जा सकता है कि विश्वसनीय आँकड़ों का संकलन काफी हद तक साक्षात्कारकर्त्ता की इच्छाशक्ति पर निर्भर करती है। विश्वसनीय आँकड़े अर्जित करने के लिए साक्षात्कारकर्त्ता को मानव मनोविज्ञान (Human Psychology) एवं मानव व्यवहार (Human Behaviour) का विशेषज्ञ होना चाहिए। उसके भीतर हर प्रकार की क्षमता होनी चाहिए अथवा उसके व्यक्तित्त्व का निर्माण इस प्रकार का होना चाहिए कि वह उत्तरदाता को गलत सूचना देने से रोक सके। क्षेत्रीय कार्यकर्त्ता जो तथ्य एकत्रित करते हैं, के अन्दर उपर्युक्त गुणों का पाया जाना जरूरी होता है। लेकिन ज्यादातर ऐसा नहीं हो पाता है। फलस्वरूप अकुशल एवं अयोग्य क्षेत्रीय कार्यकर्त्ताओं के माध्यम से एकत्रित तथ्यों की विश्वसनीयता संशयात्मक रहती है। इस प्रकार यह ज्ञात होता है कि साक्षात्कार प्रणाली द्वारा अप्रामाणिक एवं अविश्वसनीय सूचनाएँ अर्जित होती हैं जो इसका एक दोष अथवा सीमा कही जा सकती है।

साक्षात्कार प्रणाली का छठा दोष अथवा सीमा यह है कि इसके माध्यम से सूचनाएँ प्राप्त करने अथवा तथ्य संकलन करने के लिए शोधकर्त्ता पूरी तरह निर्देशित

उत्तरदाताओं की इच्छा पर निर्भर रहता है। उत्तरदाता की अगर इच्छा होती है तो वह साक्षात्कार देने के लिए तैयार होता है एवं अगर इच्छा नहीं होती है तो वह तैयार नहीं होता है। इस प्रकार यह ज्ञात होता है कि उत्तरदाताओं की इच्छाओं पर पूर्णतया निर्भरता इस प्रणाली का एक दोष अथवा सीमा है।

साक्षात्कार प्रणाली का सातवाँ दोष या सीमा यह है कि इसमें शोधकर्त्ता को विषय-समस्या के तथ्यों को अर्जित करने हेतु उत्तरदाता पर निर्भर रहना पड़ता है और उत्तरदाता को चूँकि विषय-समस्या अथवा साक्षात्कार से किसी प्रकार के लाभ मिलने की संभावना नहीं रहती है इसलिए वह साक्षात्कार को समय देकर भी कभी-कभी नहीं मिलता है तथा अगर मिल भी जाता है तो वह जल्द-से-जल्द साक्षात्कार कार्य से छुटकारा पाना चाहता है। इस प्रकार उत्तरदाताओं के असहयोग की वजह से शोधकर्त्ता में हीनता एवं निराशा की भावना पैदा होती है जिससे साक्षात्कार कार्य अवरोधित होता है।

साक्षात्कार प्रणाली का आठवाँ दोष अथवा सीमा यह है कि इसके द्वारा अशुद्ध प्रतिवेदन मिलने की संभावना ज्यादा होती है। अनेक तरह के पक्षपात, व्यक्तिगत एवं भावनाओं विचारों का समावेश होने के कारण साक्षात्कारकर्त्ता के माध्यम से लिखी गई प्रतिवेदन में अशुद्धता की मात्रा ज्यादा होती है।

साक्षात्कार प्रणाली का नौवाँ दोष अथवा सीमा यह है कि इसमें व्यक्तिगत पक्षपात की संभावना ज्यादा रहती है। इसमें साक्षात्कारदाता एवं साक्षात्कारकर्त्ता दोनों ही पक्षों की तरफ से पक्षपात होने की संभावना बनी रहती है। इसलिए सामग्री की सत्यता में ह्रास हो जाता है। इस प्रविधि में समस्त वर्णन स्वतंत्र रूप से किया जाता है एवं विस्तारपूर्वक किया जाता है। इसलिए साक्षात्कारकर्त्ता भी अपने भावों को पक्षपातपूर्ण तरीके से प्रस्तुत करता है एवं साक्षात्कारदाता भी अपना खुद का पक्षपात उसमें समावेश कर देता है। इस प्रकार व्यक्तिगत पक्षपात को बढ़ावा मिलता है। इस तरह कहा जा सकता है कि निजी पक्षपात साक्षात्कार प्रविधि का एक सीमा अथवा दोष है।

साक्षात्कार प्रविधि का दसवाँ सीमा अथवा दोष यह है कि यह बड़े अध्ययन-क्षेत्र के लिए अनुपयुक्त होता है। सिर्फ छोटे क्षेत्र या सीमित क्षेत्र के अध्ययन के लिए ही इस प्रविधि का प्रयोग करना उपयुक्त होता है। बड़े अध्ययन क्षेत्र में जाकर सभी उत्तरदाताओं का साक्षात्कार कर पाना कठिन होता है। ऐसी स्थिति में अध्ययनकर्त्ता अधिकांश उत्तरदाताओं से मिले बिना ही कागजी कार्यवाही पूरा कर लेता है। व्यापक अध्ययन-क्षेत्र में साक्षात्कारकर्त्ता की गतिविधियों की जाँच करना भी मुश्किल होता

है। इस प्रकार यह कहा जा सकता है कि बड़े अध्ययन-क्षेत्र के लिए यह प्रविधि अनुपयुक्त होती है जो इस प्रविधि की एक दोष अथवा सीमा है।

उपर्युक्त विवरणों से यह पता चलता है कि साक्षात्कार प्रविधि के कई दोष अथवा सीमाएँ हैं। सेलिटज, जहोदा एवं उनके साथियों का कहना है कि जब प्रश्नावली एवं साक्षात्कार दोनों ही प्रविधियों का साथ-साथ उपयोग किया गया हो तो प्रश्नावली पद्धति माध्म से प्राप्त तथ्य ज्यादा विश्वसनीय और सही पाए गए एवं साक्षात्कार के माध्यम से प्राप्त तथ्य के निष्कर्ष वास्तविक व्यवहार से अलग पाए गए। इस प्रणाली में उत्तरदाताओं की स्मरण-शक्ति का भी काफी प्रभाव पड़ता है। वह अनेकों बार त्रुटिपूर्ण स्मरण के कारण उल्टा-सीधा जवाब भी देता है जो वास्तविक जानकारी से काफी भिन्न होता है। इस विषय में बर्डे का मत है कि उत्तरदाता उपयुक्त परिस्थितियों में ही व्यापक तथा सत्य जानकारी देता है। इस तरह पता चलता है कि साक्षात्कार की प्रविधि दोषपूर्ण है। लेकिन कई दोषों अथवा सीमाओं के बावजूद सामाजिक शोध के जगत में इसका उपयोग बराबर बढ़ता जा रहा है। यह एक उपयोगी प्रविधि के रूप में प्रतिष्ठित हो रही है।

साक्षात्कार-निर्देशिका

सर्वेक्षण एवं सामाजिक शोध के जगत में तथ्य एकत्रित करने के लिए अनेक यंत्रों का प्रयोग किया जाता है। इन यंत्रों में साक्षात्कार-निर्देशिका भी एक यंत्र है। प्रमुख रूप से इसका प्रयोग अनिर्देशित साक्षात्कार (Non-directive Interview) एवं केन्द्रित साक्षात्कार (Focussed Interview) में होता है। साक्षात्कार-निर्देशिका मुख्यतः एक लिखित प्रलेख है जिसमें अनुसूची की तरह निश्चित सवाल नहीं दिए रहते हैं अपितु साक्षात्कार करने की संक्षिप्त रूप में समस्या, पद्धति के अनेक पहलू एवं अन्य जरूरी निर्देश दिए रहते हैं। साक्षात्कार-निर्देशिका में सभी निर्देश बिन्दुओं के रूप में रहते हैं, सवालों के रूप में नहीं। साथ ही साक्षात्कार-निर्देशिका में नीचे फुटनोट भी दिए रहते हैं जिसमें मुश्किल अथवा टेक्नीकल बातों का विवरण भी दी हुई रहती है जिससे साक्षात्कारकर्त्ता उत्तरदाता को अच्छी तरह समझा सके। इस साक्षात्कार-निर्देशिका के आधार पर साक्षात्कार के समय साक्षात्कारकर्त्ता सवालों की रचना करता है तथा उत्तरदाता से पूछता है।

दूसरे तरीके से यह कहा जा सकता है कि साक्षात्कारकर्त्ता अपने मन से साक्षात्कार-निर्देशिका के आधार पर सवाल निर्मित करता है एवं उत्तरदाताओं से पूछता है। पहले से तैयार किए हुए प्रश्न अर्थात् लिखे हुए प्रश्न नहीं रहते हैं। अतः यह

जरूरी नहीं है कि एक साक्षात्कार-निर्देशिका के आधार पर हर एक साक्षात्कारकर्त्ता प्रत्येक साक्षात्कारदाता से एक ही सवाल पूछे। साक्षात्कार-निर्देशिका को परिभाषित करते हुए गुड्डे एवं हॉट (goode and Hatt) ने लिखा है, "The interview- Guide is the one form of the questionnaire which allows flexible and alternative wording of questions, when that is needed." चूँकि साक्षात्कार–निर्देशिका में पहले से पूर्व रचित सवाल लिखे हुए नहीं रहते हैं। इसलिए जब अनेक उत्तरदाताओं के साक्षात्कार के समय ही साक्षात्कार-निर्देशिका के आधार पर सवाल का निर्माण करके सवाल पूछा जाता है तब यह जरूरी नहीं है कि हर एक उत्तरदाता से एक ही सवाल पूछा जाए। अतः साक्षात्कार-निर्देशिका के आधार पर साक्षात्कार के समय सवालों के निर्माण में परिवर्तन होने की क्षमता पाई जाती है। इस साक्षात्कार-निर्देशिका का मुख्य कार्य अनेक साक्षात्कारकर्त्ताओं द्वारा अनेक उत्तरदाताओं से एकत्रित की गई सूचनाओं में एकरूपता लाना है। इस साक्षात्कार-निर्देशिका में शोध अथवा सर्वेक्षण का लक्ष्य भी लिखा हुआ होता है। साथ ही संभावित परिस्थितियों तथा उत्तरदाताओं की संभावित प्रतिक्रिया का भी जिक्र साक्षात्कार-निर्देशिका में किया गया रहता है। इसके साथ ही इन स्थितियों में साक्षात्कारकर्त्ताओं को क्या करना चाहिए, इसका भी निर्देश दिया जाता है।

साक्षात्कार-निर्देशिका की उपयोगिता

पी. वी. यंग (P. V. Young) ने साक्षात्कार-निर्देशिका की चार उपयोगिताओं का उल्लेख किया है जो निम्नलिखित हैं–

(i) साक्षात्कार-निर्देशिका के होने से साक्षात्कारकर्त्ता का ध्यान शोध के मूल बिन्दु पर ही केन्द्रित रहता है। परिणाम यदि उत्तरदाता जवाब देते समय अपने मूल विषय से भटक जाता है तो साक्षात्कारकर्त्ता उसे मूल विषय की तरफ पुनः खींच लाता है।

(ii) संग्रहित सूचनाओं में एकरूपता लाने में साक्षात्कार-निर्देशिका सहायता करती है जो इसका महत्त्व कहा जा सकता है। जब एक से ज्यादा साक्षात्कारकर्त्ता सूचना संग्रह करने के काम में लगे होते हैं तब साक्षात्कार-निर्देशिका के माध्यम से सभी साक्षात्कारकर्त्ता के साक्षात्कार में एकरूपता लाने में साक्षात्कार-निर्देशिका विशिष्ट योग देती है।

(iii) अनेक साक्षात्कारों में प्राकल्पनाओं की जाँच के लिए जो सवाल किया जाता है उनमें एकरूपता आ जाती है एवं इस प्रकार साक्षात्कार-निर्देशिका की मदद से सभी साक्षात्कारों में ही इस प्रकार की प्राकल्पनाओं की परख की जा सकती है।

(iv) साक्षात्कार-निर्देशिका की मदद से संग्रहित सूचनाओं का सांख्यिकीय विवेचन करना भी आसान होता है।

साक्षात्कार-निर्देशिका के ऊपरलिखित महत्त्व या गुणों के साथ-साथ इसके कुछ दोष भी होते हैं।

साक्षात्कार-निर्देशिका के दोष

साक्षात्कार-निर्देशिका पूर्णतया गुणकारी ही नहीं है बल्कि यह दोषों से भी परिपूर्ण है। साक्षात्कार के समय साक्षात्कार-निर्देशिका पर ज्यादा आश्रित रहना साक्षात्कारकर्त्ता को उत्तरदाताओं की नजरों में कमजोर बना देता है। यदि शोध का विषय निजी या वैयक्तिक मामलों से संबंधित रहता है तो साक्षात्कारकर्त्ता को विशेष सतर्क रहना पड़ता है। ऐसी मुश्किलों के अध्ययन में दरअसल साक्षात्कार-निर्देशिका के आधार पर तथ्य संग्रहित करना सही नहीं प्रतीत होता है। साक्षात्कार-निर्देशिका की उपस्थिति में उत्तरदाता सशंकित एवं बनावटी व्यवहार करने लगते हैं। फलस्वरूप प्राप्त सूचनाओं की विश्वसनीयता संदिग्ध रहती है।

पी. वी. यंग (P. V. Young) के मत अनुसार साक्षात्कार के समय साक्षात्कार-निर्देशिका पर ज्यादा आश्रित रहना सही नहीं होता है क्योंकि अत्यधिक उपयोग के कारण यह अपनी उपयोगिता खो देती है। इस तथ्य की पुष्टि करते हुए पी. वी. यंग (P. V. Young) के अनुसार, "The guide defeats its own purpose if undue attention is paid to it."

ऊपर दिये गए विवरणों से यह ज्ञात होता है कि जहाँ साक्षात्कार-निर्देशिका एक ओर महत्त्वपूर्ण एवं उपयोगी है, वहीं दूसरी तरफ इसमें कई दोष भी हैं। यानि यह पूर्णरूपेण गुणकारी ही नहीं है, बल्कि दोनों से युक्त भी है। वास्तविकता यह है कि जहाँ गुण होते हैं वहीं अवगुण भी होते हैं। कहीं भी पूर्णतया गुणों की कल्पना नहीं की जा सकती है।

साक्षात्कार सबसे अच्छा यंत्र है

साक्षात्कार सबसे बढ़िया यंत्र है, इसे सिद्ध करने के लिए साक्षात्कार की अवधारणा व अन्य प्रविधियों के ऊपर इसकी प्रगति को जानना होगा। अर्थात् सूचना संग्रहित करने की अन्य प्रविधियों से यह प्रविधि अच्छी है, इसके वर्णन से संबंधित है। सामाजिक वैज्ञानिकों ने सामाजिक मुश्किलों के अध्ययन के लिए कुछ प्रविधियों का आविष्कार किया है, जिसमें साक्षात्कार की प्रविधि अत्यधिक प्रचलित है। साक्षात्कार को अनेक रूपों में परिभाषित भी किया गया है। Oxford English

Dictionary में साक्षात्कार "A meeting of persons face to face, specially for the purpose of formal conference on some points." के रूप में परिभाषित किया गया है। इस परिभाषा से यह साफ होता है कि साक्षात्कार दो या दो से अधिक व्यक्तियों के बीच एक मिलन है। इन लोगों के बीच आमने-सामने का संबंध स्थापित रहता है तथा उनमें कुछ वार्तालाप होता है। इस वार्तालाप का लक्ष्य किसी खास समस्या के संबंध में जानकारी प्राप्त करना होता है।

जॉन मेडगे (John Madge) के मत के अनुसार साक्षात्कार का लक्ष्य विभिन्न परिस्थितियों में अलग-अलग होता है। इस तथ्य की पुष्टि करते हुए उन्होंने लिखा है, "Interview is a purposive conversation, whose purpose may very widely to include, for example, a meeting to select from the candidates for a vacancy, a meeting to arrange for a certain course of action, or a meeting undertaken to collect information." इस परिभाषा के आधार पर हम यह कह सकते हैं कि साक्षात्कार एक उद्देश्यों की पूर्ति करने वाली वार्तालाप है एवं इस वार्तालाप के मुख्यतः तीन लक्ष्य होते हैं जो निम्नलिखित हैं–

(i) साक्षात्कार रिक्त स्थानों की भरपायी के लिए एवं उस पर नई नियुक्ति के लिए किया जा सकता है।

(ii) साक्षात्कार कोई विशिष्ट एक्शन (Action) लेने के लिए भी किया जा सकता है।

(iii) साक्षात्कार अनेक समस्याओं के विषय में सामग्री एकत्रित करने एवं जानकारी अर्जित करने के लिए किया जाता है। यह तीसरे तरह की साक्षात्कार सामाजिक समस्याओं के अध्ययन के लिए प्रयोग में लाया जाता है। अर्थात् सामाजिक सर्वेक्षण एवं शोध के क्षेत्र में अलग-अलग समस्याओं के विषय में सामग्री एकत्रित करने के लिए साक्षात्कार का प्रयोग किया जाता है।

साक्षात्कार की पद्धति द्वारा सामग्री एकत्रित करने के लिए यह जरूरी होता है कि कम-से-कम दो व्यक्ति आमने-सामने के संबंध के रूप में बातचीत करें। इनमें एक को साक्षात्कारकर्त्ता एवं दूसरे को साक्षात्कारदाता कहा जाता है। साक्षात्कारकर्त्ता साक्षात्कारदाता से अपने अध्ययन की कठिनाई के विषय में सवाल कर उत्तर पाने की कोशिश करता है। यहाँ यह वर्णन करना भी जरूरी नहीं प्रतीत होता है कि साक्षात्कार को तात्पर्य मात्र दो व्यक्तियों के मध्य उद्देश्यपूर्ण बातचीत नहीं है, अपितु दो से अधिक व्यक्तियों के मध्य भी साक्षात्कार की स्थिति पैदा हो सकती है। Mass Interview इसका ज्वलंत उदाहरण है।

साक्षात्कार की पद्धति साक्षात्कारकर्त्ता को साक्षात्कारदाता के साथ बातचीत करने का मौका प्रदान करती है। जब साक्षात्कारदाता बोलता है तब साक्षात्कारकर्त्ता उसका निरीक्षण करता है। वह मात्र साक्षात्कारदाता द्वारा दिए गए जवाब को ही नोट करता है, अपितु उसके बोलने के तरीके, शारीरिक हरकतों एवं चेहरे के हाव-भाव को भी देखता है। इस प्रकार वह Underlying Forces का अध्ययन करने में भी कामयाब होता है जो सामाजिक शोध की अन्य पद्धतियों एवं यंत्रों द्वारा संभव नहीं है। उदाहरणस्वरूप-प्रश्नावली प्रणाली द्वारा सूचना एकत्रित करते समय अध्ययनकर्त्ता एवं उत्तरदाता के मध्य आमने-सामने का संबंध नहीं रहता है। इसलिए इस प्रविधि द्वारा बोलने के ढंग एवं चेहरे के हाव-भाव आदि का अध्ययन संभव नहीं हो पाता है। इसी तरह निरीक्षण प्रणाली द्वारा भी सदैव चेहरे के भावों का अध्ययन करना संभव नहीं हो पाता है।

साक्षात्कार प्रणाली द्वारा उत्तरदाता के साथ रैपोर्ट (Rapport) स्थापित करने में सहायता मिलती है। परिणाम, उत्तरदाता के व्यक्तिगत एवं निजी जीवन से जुड़ी समस्याओं का भी असत्य अध्ययन संभव होता है। पर अवलोकन एवं प्रश्नावली प्रणाली के द्वारा रैपोर्ट (Rapport) स्थापित करने की उम्मीद नहीं की जा सकती है। परिणामस्वरूप इस प्रविधि द्वारा उत्तरदाता के निजी एवं व्यक्तिगत जीवन से संबंधित मुश्किलों का वास्तविक अध्ययन कर पाना असंभव है।

प्रश्नावली पद्धति के माध्यम से सूचना संग्रह करते समय अध्ययनकर्त्ता उत्तरदाता के समक्ष शामिल नहीं होता है। अतः रैपोर्ट (Rapport) की स्थापना का प्रश्न ही नहीं उठता है। इसी तरह अवलोकन पद्धति के माध्यम से सूचना संग्रह करते समय अध्ययनकर्त्ता जो कुछ आँखों से देखता है वह उसी का अध्ययन कर सकता है। वह निजी एवं व्यक्तिगत मुश्किलों का अध्ययन नहीं कर सकता है। जैसे--अवलोकनकर्त्ता को पति-पत्नी का संबंध व पारिवारिक जीवन के निजी अन्तरंग भागों के अवलोकन करने की अनुमति नहीं मिल सकती है। परिणामस्वरूप इन सभी समस्याओं का अध्ययन प्रश्नावली तथा अवलोकन पद्धति द्वारा असंभव है। सामाजिक सर्वेक्षण एवं शोध की कुछ मुख्य प्रविधियों, जैसे—प्रश्नावली आदि की उपयोगिता लागू होने की सीमाओं के कारण कम है।

इसके विपरीत साक्षात्कार की प्रविधि की उपयोगिता इसके लागू होने की क्षमताओं के कारण ज्यादा है। कहने का अर्थ यह है कि प्रश्नावली प्रविधि के माध्यम से सिर्फ शिक्षित समुदाय का ही अध्ययन संभव हो पाता है। इसके विपरीत साक्षात्कार की पद्धति के माध्यम से शिक्षित एवं अशिक्षित हर समुदायों का

अध्ययन संभव हो पाता है। अतः सामाजिक शोध की अन्य प्रविधियों से निःसन्देह इसका महत्त्व ज्यादा है।

साक्षात्कार एक Inter-disciplinary Technique है। इसका अर्थ यह है कि यह Projective Technique आदि की तरह किसी एक Discipline या Subject से संबंधित नहीं होता है। Projective Technique का उपयोग अधिकांशतः मनोवैज्ञानिक अध्ययनों में किया जाता है। आजकल समाजशास्त्री अध्ययनों में भी इसका कुछ उपयोग होने लगा है। परंतु अर्थशास्त्र में समस्याओं के अध्ययन के लिए इसका उपयोग कभी नहीं किया जाता है। इसके विपरीत साक्षात्कार पद्धति का उपयोग सामान्य रूप से अर्थशास्त्रियों, समाजशास्त्रियों, मनोवैज्ञानिकों व राजनीतिशास्त्रियों के माध्यम से किया जाता है। इतना ही नहीं बल्कि चिकित्सा विज्ञान, भूगोल व अवलोकन में भी साक्षात्कार पद्धति का उपयोग किया जाता है।

एक मनोवैज्ञानिक I. Q. Mental Age, Normality तथा Abnormality आदि मुश्किलों के अध्ययन के लिए साक्षात्कार पद्धति का उपयोग करता है। इसी तरह Dream Analysis एवं National Character आदि मुश्किलों के अध्ययन में भी मानवशास्त्री साक्षात्कार प्रविधि का उपयोग करता है। एक डॉक्टर भी रोग के विषय में रोगियों से पूछताछ करता है तथा रोग को गहराई तक जानने के बाद ही उपचार का कदम उठाता है। इस तरह यह ज्ञात होता है कि चिकित्साशास्त्र में भी इस प्रविधि का उपयोग किया जाता है। अतः साक्षात्कार एक Inter-discipinary Approach है। साक्षात्कार की प्रविधि के माध्यम से एकत्रित सूचनाएँ ज्यादा विश्वसनीय मानी जाती हैं क्योंकि सूचना संग्रह अपने आप साक्षात्कारकर्त्ता के माध्यम से किया जाता है।

साक्षात्कारकर्त्ता सूचना संग्रह करने का एक विशेषज्ञ माना जाता है। साथ ही इस प्रविधि के माध्यम से सूचना संग्रह करते समय अध्ययनकर्त्ता क्षेत्र में मौजूद रहता है। परिणामस्वरूप उत्तरदाता के लिए जवाब देने से इनकार करना मुश्किल हो जाता है। इसलिए प्राप्त प्रत्युत्तरों की प्रतिशत ज्यादा होती है। किन्तु प्रश्नावली प्रणाली द्वारा एकत्रित सूचनाएँ ज्यादा विश्वसनीय नहीं होती हैं क्योंकि सूचनाएँ उत्तरदाताओं के माध्यम से खुद लिखी जाती हैं जो एक अप्रशिक्षित व्यक्ति भी हो सकता है। इस पद्धति द्वारा प्राप्त सूचनाओं का प्रतिशत भी तुलनात्मक रूप से साक्षात्कार की पद्धति से कम होता है।

साक्षात्कार पद्धति के माध्यम से Subjective एवं Objective हर प्रकार की समस्याओं का अध्ययन संभव होता है। लुण्डबर्ग (Lundburg) ने बताया है कि

आमदनी, बच्चों की संख्या एवं उनकी आयु आदि Objective Problems एवं पसन्द, मनोवृत्ति एवं नापसन्द तथा भावनाओं आदि Subjective Problems का अध्ययन साक्षात्कार पद्धति द्वारा संभव होता है लेकिन अवलोकन एवं प्रश्नावली के माध्यम से केवल Objective Problems का ही वैज्ञानिक अध्ययन संभव हो पाता है। Subjective Problems का अध्ययन इनके माध्यम से संभव नहीं हो पाता हैं।

पी. वी. यंग (P. V. Young) ने भी कुछ समस्याओं के अध्ययन में निरीक्षण एवं प्रश्नावली प्रणाली की तुलना में साक्षात्कार पद्धति को अधिक उपयोगी घोषित करते हुए लिखा है, "Studies of social processes; or of a cross-section of life process, or of continuties of personal experiences require interviewing techniques and life history methods." इसलिए इस विवरण के आधार पर यह कहा जा सकता है कि साक्षात्कार सूचना संग्रहित करने की एक सर्वोत्तम पद्धति है। उपर्युक्त विवरणों से ज्ञात होता है कि साक्षात्कार की प्रणाली अन्य पद्धतियों से अच्छी प्रणाली है। इस आधार पर यह कहा जा सकता है कि 'Interview is a tool par Excellence."

एक अच्छे साक्षात्कारकर्त्ता के गुण

साक्षात्कार की विशिष्टता सामाजिक सर्वेक्षण एवं सामाजिक शोध के क्षेत्र में बहुत अधिक है। साक्षात्कार एक कला है एवं इस कला से परिचित रहने वाला व्यक्ति ही इसे सही रूप में क्रियान्वित करता है। साक्षात्कार की कामयाबी से साक्षात्कारकर्त्ता का वास्तव में ज्यादा महत्त्व होता है। वास्तविकता यह है कि कामयाब साक्षात्कार का रहस्य कुशल साक्षात्कारकर्त्ता के अतिरिक्त और कुछ नहीं है। यदि साक्षात्कारदाता एक बार साक्षात्कार के लिए तैयार हो जाता है तो फिर आगे की समस्त बात साक्षात्कारकर्त्ता पर ही निर्भर करती है। साक्षात्कारदाता का साक्षात्कार देने के लिए तत्पर होना भी साक्षात्कारकर्त्ता के प्रथम कुशलता एवं व्यवहार पर ही निर्भर करता है। साक्षात्कारकर्त्ता में निश्चित ही वे सभी गुण होने चाहिएँ जो एक कुशल शोधकर्त्ता में होते हैं साथ ही साक्षात्कारकर्त्ता में अन्य बहुत से विशेष गुण जैसे—चतुरता, कुशलता, निष्पक्षता, बौद्धिक ईमानदारी, विनम्रता एवं प्रेम की भावना आदि का भी गुण होना चाहिए।

एक अच्छे एवं कुशल साक्षात्कारकर्त्ता की विशेषता को स्पष्ट करते हुए लुण्डबर्ग (Lundburg) ने लिखा है, "कितनी ही प्रारम्भिक तैयारी क्यों न कर ली जाए, यह अध्ययनकर्ता के बुद्धिकौशल और साक्षात्कार के अन्तर्गत महत्त्वपूर्ण-परिस्थितियों को समझने की स्वाभाविक सूझ-बूझ का स्थान नहीं ले

सकती।" साक्षात्कार में साक्षात्कारकत्ता एवं साक्षात्कारदार्ता के मध्य आमने-सामने के संबंधों द्वारा अन्तःक्रिया होती है इसलिए साक्षात्कारकर्त्ता के व्यक्तित्त्व का प्रभाव साक्षात्कार की समस्त प्रक्रिया पर पड़ता है।

कोई साक्षात्कारदाता मात्र अपनी ही बात कहने का जिज्ञासु होता है तो कोई साक्षात्कारकर्त्ता से नई-नई बातों को सुनने का जिज्ञासु होता है। इसी प्रकार कोई साक्षात्कारदाता अत्यधिक मन्दबुद्धि का होता है तो कोई डरपोक एवं अन्तर्मुखी। साक्षात्कारकर्त्ता को इन सभी तरह के व्यक्तियों से संपर्क स्थापित कर एवं उनको खुश कर अपने उद्देश्य की पूर्ति करनी पड़ती है। इस प्रकार यह पता चलता है कि साक्षात्कार को पूरा करने में अनेक तरह के व्यक्तियों से भेंट होती है एवं साक्षात्कारकर्त्ता को सभी से साक्षात्कार लेना पड़ता है। इसलिए साक्षात्कारकर्त्ता को तमाम गुणों से भरपूर होना चाहिए। एक अच्छे साक्षात्कारकर्त्ता में निम्नलिखित गुणों का समावेश होना चाहिए–

(i) साक्षात्कारकर्त्ता को हँसमुख, स्वस्थ, आकर्षक एवं सौम्य व्यक्तित्त्व का होना चाहिए। ऐसा व्यक्तित्त्व उत्तरदाता को सूचना देने एवं वार्तालाप करने के लिए प्रेरित करता है।

(ii) एक अच्छे साक्षात्कारकर्त्ता को सक्रिय एवं सतर्क होना चाहिए।

(iii) एक अच्छे साक्षात्कारकर्त्ता को सहनशील एवं धैर्यवान होना चाहिए।

(iv) एक अच्छे साक्षात्कारकर्त्ता को व्यवहार में निपुण होना चाहिए जिससे वह अपनी कुशलता से साक्षात्कारदाता को प्रभावित कर उनसे सही तथ्यों को प्राप्त कर सके।

(v) एक अच्छे साक्षात्कारकर्त्ता में सभी परिस्थितियों से अनुकूलन करने की योग्यता होनी चाहिए ताकि वह सभी तरह के साक्षात्कारदाताओं से समायोजन कर सही तथ्यों का पता लगा सके।

(vi) एक अच्छे साक्षात्कारकर्त्ता में तर्क करने की शक्ति होनी चाहिए। तार्किक शक्ति के रहने से साक्षात्कार के समय प्राप्त सूचनाओं को तार्किक तरीके से प्रस्तुत किया जा सकता है।

(vii) एक अच्छे साक्षात्कारकर्त्ता में शीघ्र निर्णय लेने एवं बौद्धिक कुशलता की योग्यता होनी चाहिए। अगर उसमें इस तरीके की क्षमता होगी तो वह परिस्थिति के अनुरूप साक्षात्कार की प्रक्रिया का संचालन कर सकता है।

(viii) एक अच्छे साक्षात्कारकर्त्ता को सन्तुलित होना चाहिए अर्थात् उसे गुस्से से बचना चाहिए। सन्तुलित बातचीत सूचनादाता को प्रभावित करती है। साथ ही सही तथ्य प्राप्त करने में भी सहायक साबित होती है।

(ix) एक अच्छे साक्षात्कारकर्त्ता को एक अच्छा श्रोता भी होना चाहिए। यदि साक्षात्कारकर्त्ता योग्य श्रोता होता है तो वह बोलने वालों को सही सूचनाएँ देने के लिए प्रोत्साहित कर सकता है।

(x) एक अच्छे साक्षात्कारकर्त्ता को जिज्ञासु होना चाहिए। जानने की प्रवृत्ति ही उसे नवीन तथ्यों को प्राप्त करने में सक्रिय एवं सतर्क बनाती है।

(xi) एक अच्छे साक्षात्कारकर्त्ता को निष्पक्ष होना चाहिए एवं किसी भी तरह के पूर्वाग्रह से बचना चाहिए। साक्षात्कार की प्रक्रिया में निष्पक्षता ही उसके निष्कर्षों को वैज्ञानिकता का रूप प्रदान करती है।

(xii) एक अच्छे साक्षात्कारकर्त्ता को अपने विषय का पूरा ज्ञान होना चाहिए। अर्थात् यदि साक्षात्कारकर्त्ता को विषय का पूरा ज्ञान होगा तो वह साक्षात्कार की विसंगतियों को दूर कर सकेगा।

(xiii) एक अच्छे साक्षात्कारकर्त्ता में विचारों की स्पष्टता होनी चाहिए जिससे वह सूचनादाताओं को अपने प्रश्नों एवं विचारों में निहित अर्थ को स्पष्ट रूप में समझ सके।

(xiv) एक अच्छे साक्षात्कारकर्त्ता को साक्षात्कार में प्रशिक्षित भी होना चाहिए। एक प्रशिक्षित साक्षात्कारकर्त्ता ही साक्षात्कार की प्रणाली को कामयाबी से संचालित कर सकता है।

(xv) एक अच्छे साक्षात्कारकर्त्ता में व्याख्या एवं विश्लेषण करने की योग्यता होनी चाहिए ताकि प्राप्त तथ्यों का सही परिप्रेक्ष्य में विवेचन किया जा सके।

(xvi) एक अच्छे साक्षात्कारकर्त्ता को अपने विषय से पूरी रुचि भी होनी चाहिए। विषय में रुचि रखने वाला साक्षात्कारकर्त्ता ही साक्षात्कार का सही तरीके से संचालन कर सकता है। साथ ही वह विशिष्ट तथ्यों को प्राप्त करने में भी कामयाब होता है।

उपर्युक्त विवरणों से यह स्पष्ट होता है कि साक्षात्कार की कामयाबी पूर्णरूपेण साक्षात्कारकर्त्ता की योग्यता एवं कुशलता पर निर्भर करती है। इसलिए साक्षात्कारकर्त्ता को अनेक गुणों से भरपूर होना चाहिए। अगर वह अनेक गुणों से भरपूर होगा तो प्रामाणिक एवं विश्वसनीय सूचनाओं को प्राप्त करने में कामयाब होगा।

11

तथ्यों की व्याख्या

तथ्यों का संकलन शोध की एक महत्त्वपूर्ण पद्धति है, परन्तु केवल संग्रहण किसी लक्ष्य की पूर्ति नहीं कर सकता। अतः सबसे विशिष्ट काम यह है कि तथ्यों को सुव्यवस्थित करके उनका विवेचन किया जाए। तथ्यों के बिना विवेचन के उनका वास्तविक उपयोग शोध कार्य में नहीं किया जा सकता है। इस प्रणाली को पूरा किए बिना परीक्षण के कार्य सही मायने में अधूरा ही रहेगा। पी. वी. यंग (P. V. Young) ने 'Scientific Social Surveys and Research' में लिखा है, "वैज्ञानिक विवेचना ही यह धारणा है कि संग्रहित तथ्यों से कहीं ज्यादा भेद खोलने व महत्त्वपूर्ण वाली बातें और कुछ भी हैं, यदि सुव्यवस्थित तथ्यों को समस्त अध्ययन से जोड़ा जाए तो उनका एक विशिष्ट सामान्य अर्थ प्रस्तुत हो सकता है जिसके माध्यम से प्रामाणिक व्याख्याएँ निकाली जा सकती हैं।" ("Scientific analysis assumes that behind the accumulated data there is something more important and revealing than the facts themselves; that well marshalled facts when related to the whole study have a significant general meaning, from which valid interpretations can be drawn.")

प्रख्यात फ्रेंच गणितशास्त्री प्वयेनकेयर (Poincare) ने लिखा है कि, "जिस तरह एक मकान पत्थरों से निर्मित होता है उसी तरह विज्ञान का निर्माण तथ्यों से होता है, लेकिन मात्र तथ्यों का एक संग्रहण उसी तरह विज्ञान नहीं है जैसा पत्थरों का एक ढेर मकान नहीं है।" ("Science is built with facts as a house is built with stones, but a collection of facts is no more science than a heap of stones is a house.")

तथ्यों के विश्लेषण व व्याख्या के लिए जरूरी तैयारियाँ

तथ्यों का व्याख्या व विश्लेषण करने के पूर्व शोधकर्त्ता को कुछ जरूरी तैयारियाँ कर लेनी चाहिए जिससे कि वह विश्लेषण तार्किक एवं सुव्यवस्थित रूप से कर सके। इसके लिए जरूरी है कि संग्रहित तथ्यों की कमियों को दूर कर दिया जाए तथा उन्हें (तथ्यों को) क्रमबद्ध रूप से संगठित कर दिया जाए। इस लक्ष्य की पूर्ति के लिए उसे निम्नलिखित कार्यों को करना जरूरी होगा–

(i) तथ्यों का संपादन (Editing of Data)–संग्रहित तथ्यों के उपरांत उनका सूक्ष्म अनुवीक्षण करना, तथ्यों का संपादन कहलाता है। सूचनादाताओं, प्रगणकों (Enumerators) से अनुसूची और प्रश्नावली आदि के माध्यम से अर्जित तथ्यों का संपादन करना जरूरी होता है। तथ्य संपादन का अर्थ संग्रहित तथ्यों से दिखलाई देने वाली गलतियों, विभ्रमों तथा अपूर्णताओं का सूक्ष्म अवलोकन करना और उन्हें ठीक करने के लिए कदम उठाना है। यह संपादन कार्य वर्णमाला-क्रम, भौगोलिक एवं कार्यकर्त्ताओं के आधार पर किया जा सकता है। शोधकर्त्ता को इस बात का पता लगा लेना चाहिए कि सूचनादाताओं द्वारा दी गई जानकारी शोध के अनुकूल भी है या नहीं है। अनावश्यक या प्रतिकूल पाए जाने पर उन तथ्यों को तथ्य-सामग्री में जगह नहीं देना चाहिए। वैसे सामाजिक घटनाओं के अध्ययन में बिल्कुल यथार्थ निष्कर्ष निकालना बहुत मुश्किल है, फिर भी तथ्यों का सही संपादन कर लेने पर यथार्थता (Exactness) की उम्मीद बढ़ जाती है। बाकि बची थोड़ी-बहुत गलतियों का संपादक स्वयं अपने अनुभव तथा ज्ञान के आधार पर सही कर सकता है।

प्राथमिक सामग्री की शुद्धता की जाँच करते समय निम्न बातों को ध्यान में रखा जाना चाहिए–

(i) तथ्यों में एक समानता होनी चाहिए।

(ii) एकत्रित प्राथमिक तथ्य शोध विषय से संबंधित हो।

(iii) अनावश्यक तथ्यों को स्थान प्राप्त न हो।

(vi) तथ्यों की जाँच अथवा मूल्यांकन पक्षपात रहित होकर किया जाना चाहिए।

(v) तथ्यों में मौलिक हेर-फेर नहीं किया जाना चाहिए।

(iv) तथ्यों में विश्वसनीयता एवं शुद्धता होनी चाहिए।

(vii) सामग्री का तुलनीय होनी चाहिए।

(viii) तथ्य सामग्री व्यवस्थित होनी चाहिए।

(ii) द्वितीयक तथ्यों की परीक्षा (Scrutiny of Secondary Data)—विश्लेषण व व्याख्या अधिकाधिक यथार्थ हो इसके लिए यह बहुत जरूरी है कि पहले से ही यह पता लगा लिया जाए कि एकत्रित द्वितीयक तथ्य विश्वसनीय (Reliable), उपयुक्त (Suitable) अथवा पर्याप्त (Adequate) हैं या नहीं। विश्वसनीयता की परीक्षण के लिए इस बात का विशेष ध्यान रखा जाना चाहिए कि जिन व्यक्तियों, संस्थाओं तथा स्रोतों से सामग्री को प्राप्त किया गया है, वे कहाँ तक विश्वसनीय हैं। तथ्यों के एकत्रित करने में अपनाई गई पद्धतियों का की जाँच की जानी चाहिए कि वे कहाँ तक निर्भर योग्य हैं। अगर तथ्य सर्वेक्षण के लक्ष्य के अनुकूल नहीं हैं तो उनके विश्वसनीय होते हुए भी उनका इस्तेमाल नहीं करना चाहिए। अतः शोधकर्त्ता को इस बात का परीक्षण कर लेना चाहिए कि प्राप्त तथ्य पर्याप्त हैं या अपर्याप्त। अपर्याप्त तथ्यों के आधार पर किया गया विश्लेषण उपयोगी एवं विश्वसनीय सिद्ध नहीं होता है।

(iii) तथ्यों का वर्गीकरण (Classification of Data)—तथ्यों की विश्वसनीयता एवं उपयुक्तता की जाँच करने के बाद उनका विभाजन किया जाता है। तथ्यों का सुव्यवस्थित विभाजन किसी भी वैज्ञानिक विश्लेषण एवं व्याख्या की आत्मा है। किसी भी शोध काम के लिए संकलित तथ्य बहुत ज्यादा मात्रा में तथा बिखरे हुए होते हैं। बड़ी मात्रा में बिखरी सामग्री को निश्चित श्रेणियों में सजाने को वर्गीकरण कहते हैं। वर्गीकरण के जरिए न केवल विस्तृत तथ्यों को एक संक्षिप्त रूप प्राप्त हो जाता है, साथ ही एक समान तथ्यों को असमान तथ्यों से अलग रखना भी संभव होता है। कोनोर के मताअनुसार कि, "वर्गीकरण तथ्यों को उनकी समानता एवं निकटता के आधार पर समूहों एवं वर्गों में क्रमबद्ध करने तथा व्यक्तिगत इकाइयों की अनेकता के बीच पाए जाने वाले लक्षणों की एकात्मकता को स्पष्ट करने की एक प्रक्रिया है।" इस तरह के माध्यम से तथ्यों को स्पष्ट, व्यवस्थित, सरल एवं संक्षिप्त बना दिया जाता है।

(iv) संकेतन (Codification)—तथ्यों के वर्गीकरण के उपरांत तथ्यों का संकेतन किया जाता है। हर एक वर्ग के जवाबों के लिए चिह्नों (Symbols) का प्रयोग करना होता है। संकेतन वर्णनात्मक उत्तरों में ज्यादा उपयोगी हैं। बड़े-बड़े जवाबों को चिह्नों (Symbols) के माध्यम से व्यक्त किया जा सकता है। अलग-अलम उत्तरों को सांकेतिक श्रेणियों में रखकर यह पता ज्ञात किया है कि वे किन-किन विशेषताओं को प्रस्तुत करते हैं। हम संख्या के आधार पर उनको 1, 2, 3, 4, 5, के चिह्न प्रदान करते हैं। इस तरह समय की बचत तो होती ही है साथ ही विश्लेषण करने में भी मदद होती है।

(v) तथ्यों का सारणीयन (Tabulation of Data)—गणनात्मक तथ्यों का वैज्ञानिक व व्यवस्थित तरीके से एक सारणी अथवा तालिका के तहत प्रदर्शन करना ही सारणीयन कहलाता है। इसका मुख्य लक्ष्य व्यापक तथ्यों को संक्षिप्त एवं समझने योग्य दशा में प्रकट करना है। सारणी की मदद से तथ्यों का विश्लेषण आसानी से किया जा सकता है। इसके द्वारा अनेक तथ्यों का संबंध भी पता किया जा सकता है। अनेक तथ्यों का अन्तःसंबंध मालूम करने के लिए भी सारणीयन जरूरी होता है। ये समस्त बातें व्याख्या व विश्लेषण के कार्य में अत्यन्त मददगार होती हैं।

व्याख्या की प्रक्रिया

उपर्युक्त विवेचना से ही व्याख्या व विश्लेषण की पद्धति बहुत कुछ स्पष्ट हो जाती है फिर भी इस विषय में पी. वी. यंग (P. V. Young) के माध्यम से प्रस्तुत क्रम का भी जिक्र कर देना उपयुक्त होगा। उनके माध्यम से दिया गया क्रम इस तरह है—

(i) तथ्यों की तौल (Weighing the Data)—तथ्यों को परीक्षण हेतु उपयोगी बनाने के लिए इस बात की काफी जरूरत है कि उनके परीक्षण कर ली जाएं। तथ्यों का दुबारा परीक्षण करते समय इस बात को देखा जाना चाहिए कि उसमें यथार्थता एवं वैषयिकता है अथवा नहीं। वैषयिकता का गुण निहित नहीं रहने पर उन तथ्यों का फिर से निरीक्षण कर लेना चाहिए तथा इस बात की जाँच कर लेनी चाहिए की वैषयिकता का गुण किस स्थिति के कारण खत्म हो गया। वास्तविकता की अनुपस्थिति में विश्लेषण चाहे कितने भी सुन्दर ढंग से क्यों न किया गया हो, उसका कोई प्रयोजन प्रमाणित नहीं होता है। उन सब बातों के मध्य इस बात का ध्यान रखना चाहिए कि संग्रहित तथ्य महत्त्वहीन अथवा महत्त्वपूर्ण हो सकते हैं। मात्र उन्हीं तथ्यों को स्थान दिया जाना चाहिए जो विशिष्ट हों। व्यर्थ और अर्थहीन तथ्यों को निकाल देना चाहिए। इसके अतिरिक्त इस बात की परीक्षण भी कर लेनी चाहिए कि तथ्य संबंधित समूह का ठीक तरह प्रतिनिधित्व करती हैं अथवा नहीं।

(ii) रूपरेखा की तैयारी (Preparation of an Outline)—एक रूपरेखा अध्ययन का नक्शा होता है। रूपरेखा बनाते आवश्यक तथ्यों को सरलता से समझा जा सकता है। स्पष्ट अथवा मितव्ययी विचारधारा के विकास अथवा विविध तथ्यों के विस्तृत क्षेत्र के संबंध में सहज तथा क्रमबद्ध स्पष्टीकरण एक रूपरेखा के बिना अंसभव है। एक रूपरेखा हकीकत में तथ्यों को एक शुरुआती वर्गीकरण

(Prelimiarny Classification) ही होता है जो कि विषय से संबंधित आवश्यक तथ्यों को पहचानने में हमारी सहायता करता है।

रूपरेखा बनाने में सावधानी नहीं बरतनी चाहिए। इसका निर्माण स्पष्ट मान्यताओं पर होना चाहिए। वैज्ञानिक ढंग से तैयार की गई रूपरेखा शोध के आवश्यक पक्षों का रहस्योद्घाटन करती है। यह इस बात का निर्धारण करती है कि तथ्यों का आपसी संबंध क्या है, किस जगह पर गम्भीर गलतियाँ हुई हैं आदि।

(iii) तथ्यों का व्यवस्थित वर्गीकरण (Systematic Classification of Data)– मार्ग-दर्शक के रूप में एक रूपरेखा बना लेने के बाद तथ्यों के वर्गीकरण करने की अवस्था (Stage) आती है। "समग्र संकलित तथ्यों को विस्तृत अथवा ठोस वर्गीकरण पर ही काफी हद तक अध्ययन की प्रभावशीलता एवं मूल्य निर्भर करता है।" ("The effectiveness and the value of study are largely dependent upon a comprehensive and sound classification of all assembled facts.")

श्री राबर्ट ई. चाड्डॉक (Robert E. Chaddock) के मताअनुसार, "सामाजिक विज्ञानों में वर्गीकरण विशेष रूप से महत्त्वपूर्ण है क्योंकि सामाजिक घटनाओं में एक परिस्थिति को अनेक कारक (Factors) प्रभावित करते हैं तथा उन कारकों में अत्यधिक विविधताएँ भी होती हैं।" ("Classification is especially important in the Social Sciences because of the many factors which affect a given situation and because the measurement show such variations.") इस विस्तृत प्रकार को जानने के लिए वर्गीकरण बहुत जरूरी हो जाता है। इस तरह तथ्यों का वर्गीकरण हो जाने के पश्चात् उनकी तुलना, उनमें पाए जाने वाली समानताओं एवं असमानताओं आदि जानकारी प्राप्त की जा सकती है।

(iv) अवधारणाओं का निर्माण (Formulation of Concepts)– संकलित तथ्यों का वर्गीकरण कर लेने पश्चात् अगला कदम अवधारणाओं का निर्माण होता है। अवधारणा के निर्माण का सामाजिक शोध में आवश्यक स्थान माना जाता है इसके जरिए बिना किसी कठिनाई के किसी परिस्थिति या घटना विशेष को जाना जा सकता है। जैसे- यदि एकत्रित तथ्यों के आधार पर यह ज्ञात होता है कि एक समूह अथवा व्यक्ति अपने ही परिवार या समुदाय के विचारों एवं मूल्यों के साथ अपना अनुकूलन न कर सकने के कारण उसके साथ तनाव एवं संघर्ष की स्थिति में है तो इस संपूर्ण परिस्थिति को जानने के लिए 'सांस्कृतिक संघर्ष' (Culture Conflict) की अवधारणा को अपनाया जा सकता है।

गुड्डे और हॉट (Goode and Hatt) ने 'Methods in Social Research' के मताअनुसार, "अवधारणा को विकसित करने की प्रणाली इन्द्रियजनित बोध को अर्जित करने व उससे निष्कर्ष निकालने में मददगार होती है।

इस तरह, वस्तुओं के गुणों को जानना, व्यवस्थित व पृथक् अध्ययन करना संभव होता है। मात्र विचार के माध्यम से ही इस तरह के गुणों को अलग किया जा सकता है और इन गुणों का नामकरण करने पर ही विचार आगे बढ़ सकता है। अतः विचारों के उत्पन्न के लिए अवधारणाओं का निर्माण जरूरी है।" ("The process of conceptualization is one of obstracting and generalizing sense impressions. In this way it is possible to manipulate, study, organize, and isolate the properties of objects. It is only by thought that such properties can be isolated, and thinking can proceed only by giving names to such properties. Thus, conceptualization is essential to thought.")

प्राकल्पनाओं का निर्माण एक अत्यधिक मुश्किल काम माना जाता है। स्वर्गीय ई. ई एऊबेंक (E. E. Eubank) ने वैज्ञानिक प्राकल्पनाओं के निर्माण के लिए निम्नलिखित चार कसौटियों का जिक्र किया है–"(अ) क्या वह शब्द (Term) वास्तविक रूप में ठीक है? क्या उससे वास्तविकता व सुस्पष्ट अर्थ प्रस्तुत होता है? (ब) क्या वह शब्द एक अन्तिम विचार (Final Idea) को प्रस्तुत करता है? (स) क्या वह शब्द पूरी तरह सामान्य है अर्थात् जहाँ कहीं भी उसको प्रयोग किया जाता है वह एक ही अर्थ को स्पष्ट करता है? (द) क्या उसके माध्यम से व्यक्त विचार अपने महत्त्वपूर्ण क्षेत्र में आधारभूत हैं अर्थात् उसकी विश्लेषण के लिए जरूरी हैं?" ["(i) Is the term reasonably precise? Does it convey on exact, clear-cut meaning? (ii) Does the term convey one final idea? (iii) Is the term perfectly general, that is, always employed in the same sense wherever it is its inclusive interpretation."] इन प्रश्नों का उत्तर प्राप्त हो जाने से न मात्र आधारभूत प्राकल्पनाओं का निर्माण संभव होता है अपितु समस्त अध्ययन विषय के संबंध में एक सूक्ष्म अंतर्दृष्टि को उत्पन्न में मदद मिलती है।

(v) तुलना तथा व्याख्या (Comparison and Interpretation)– संग्रहित तथ्यों के व्यवस्थित वर्गीकरण और प्राल्पनाओं का निर्माण कर लेने के उपरांत तथ्यों के साधारण प्रतिमान (Pattern) स्पष्ट हो जाते हैं। तब इन प्रतिमानों की तुलना संभव हो जाती है। तुलनात्मक व्याख्या किसी भी वैज्ञानिक

निष्कर्ष के लिए जरूरी होता है। तुलना करने से अनेक तथ्यों का स्पष्टीकरण हो जाता है, तथा हम उनकी गहराइयों की और व्यापक जानकारी अर्जित कर सकते हैं। एकत्र तथ्यों का व्याख्या करके जो निष्कर्ष निकाला जाता है वह प्रक्रिया व्याख्या (Interpretation) कहलाता है। शोधकर्त्ता विश्लेषण करते हुए कार्य-कारण के विषय को स्पष्ट करने का प्रयत्न करता है। बिना कार्य-कारण के विश्लेषण का कोई औचित्य नहीं रह जाता है। शोधकर्त्ता को इस बात का भी ख्याल रखना चाहिए कि विषय से जुड़े विश्लेषण सरल व स्पष्ट हो जिससे उसका लाभ अन्य लोग भी सरलता से उठा सकें। जहाँ तक संभव हो कठिनाई को दूर कियां जाना चाहिए।

(vi) सिद्धान्तों का प्रतिपादन (Formulaiton of Theories)—तथ्यों की व्याख्या के बाद सिद्धान्तों का प्रतिपादन किया जाता है, इस कारण इसके संबंध में अत्यधिक सावधानी की जरूरत होती है। ये सिद्धान्त हकीकत में व्याख्या के आधार पर निकाले गए निष्कर्षों का बहुत संक्षिप्त रूप होता है। विभिन्न शोधकर्त्ता ने अपने शोध, विश्लेषण एवं व्याख्या के आधार पर भिन्न-भिन्न सिद्धान्तों का प्रतिपादन किया है।

प्रो. शॉ (C. R. Shaw) ने अपने अध्ययन के जरिए बाल-अपराध की दर (Rate of Delinquency) के विषय में जिस मत को प्रतिपादित किया है वह है, "स्कूल से भागने, बाल-अपराध अथवा वयस्क अपराध की दरें (Rates) शहर की केन्द्र से दूरी के उल्टे अनुपात में घटती-बढ़ती हैं।" ("Rates of truancy, delinquency and adult crime tend to ary inversely in proportion to distance from the centre of the city.") उसी तरह ग्रोब्स तथा ऑगबर्न (Groves and Ogburn) ने भी सिद्धान्त का प्रतिपादन किया है। उनके मत के अनुसार, "जहाँ की जनसंख्या का अधिकतर प्रतिशत दस्तकारी (Manufacturing) से जुड़ा हुआ है, ऐसे शहरों में औसंतन विवाहित युवक व्यक्तियों का प्रतिशत कुछ ज्यादा होता है।" ("The cities that have a larger percentages engaged in manufacturing also have on the average. Slightly largest percentages of young persons married.")

सिद्धान्तों का प्रतिपादन तथ्यों के विश्लेषण एवं व्याख्या का अंतिम चरण होने के साथ बहुत आवश्यक भी है। इसलिए इस चरण को पूरा करने में अत्यन्त सावधानी की जरूरत होती है। सिद्धान्त को शोध का संक्षिप्त रूप दिया गया है इसलिए यह जितना यथार्थ और सुस्पष्ट होगा उतना ही उत्तम होगा। सिद्धान्त को

लिखते समय ऐसे शब्दों का चयन किया जाना चाहिए जिनका एक ही अर्थ प्रत्येक व्यक्ति समान रूप में समझ सकें। निष्कर्षतः प्रतिपादित सिद्धान्त इस तरह का हो कि उसके व्याख्या से संपूर्ण अध्ययन का क्षेत्र और मूल निष्कर्ष साफ हो जाए, नहीं तो सिद्धान्त की वास्तविक उपयोगिता अपने आप कम हो जाती है।

12

प्रतिवेदन

प्रतिवेदन (Report) लेख शोध-कार्य का अंतिम चरण माना जाता है। बिना प्रतिवेदन को निर्मित किए शोध कार्य अपूर्ण माना जाता है। कितने ही सुंदर तरीके से उपकल्पनाओं की रचना, सिद्धातों एवं वर्गीकरण का प्रतिपादन क्यों न किया गया हो, प्रतिवेदन को निर्मित किए बिना उनका कोई उपयोगिता नहीं रह जाती है। इसका मुख्य कारण यह है कि प्रतिवेदन के माध्यम शोध–कार्य को दूसरों तक पहुँचाया जाता है। इसलिए प्रतिवेदन का लिखित, स्पष्ट और सुव्यवास्थित होना अत्यंत जरूरी है।

अमेरिकन मार्केटिंग सोसाइटी (Americal Marketing Society) के विचार को गुड्डे एवं हॉट (Goode and Hatt) ने अपनी पुस्तक 'Methods in Social Research' में उल्लिखित करते हुए लिखा है, "प्रतिवेदन (Report) का निर्माण करना शोध का अंतिम चरण (Stage) है और इसका लक्ष्य रुचि रखने वाले लोगों को अध्ययन के समस्त परिणाम को पर्याप्त विस्तार में बतलाना है एवं इस प्रकार व्यवस्थित करना है कि पाठक तथ्यों को जानने और खुद के लिए निष्कर्षों की प्रामाणिकता (Validity) का निश्चय करने के योग्य बन जाएँ।" ("The preparation of the report is, then, the final stage of research and its purpose is to convey to interested persons the whole result of the study in sufficient detail and so arranged as to enable each reader to comprehend the data and to determine far himself the validity of the conclusions.")

प्रतिवेदन परीक्षण का लिखित विश्लेषण होता है जिसमें शुरू से अंत तक शोध के लक्ष्यों, इकाइयों, प्रक्रियाओं, साधनों, आँकड़ों आदि का विश्लेषण किया जाता है, अतः शोधकर्त्ता को इसका निर्माण करते समय इसके प्रमुख लक्ष्यों को ध्यान रखना चाहिए। शोध का काम किसी एक समुदाय, संस्था, वर्ग अथवा समाज से बँधा नहीं होता है। अतः इस बात की जरूरत होती है कि इसे इस तरह प्रस्तुत किया जाए जिससे कोई भी पाठक आनंद लेकर अपने ज्ञान की बढ़ोतरी कर सके।

प्रतिवेदन तैयार करने का लक्ष्य

प्रतिवेदन लिखने के पीछे कुछ लक्ष्य होते हैं। जो निम्नलिखित हैं–

1. ज्ञान का एक प्रलेख प्रस्तुत करना (To Present a Document of Knowledge)–प्रतिवेदन लिखने का पहला लक्ष्य ज्ञान का एक प्रलेख प्रस्तुत करना है। प्रत्येक सर्वेक्षण अथवा शोध-कार्य ज्ञान का एक मूल होता है। इसे संपादित करने में पर्याप्त धन तथा समय, परिश्रम का व्यय होता है। इसके उपरांत भी अगर अध्ययन से प्राप्त ज्ञान को शोधकर्त्ता मात्र अपने तक ही सीमित रखे तो ज्ञान की वास्तविक उपयोगिता अपने आप ही खत्म हो जाएगी और दूसरों को किसी तरह का लाभ नहीं होगा। अतः उसे एक क्रमबद्ध लिखित रूप प्रदान करना जरूरी हो जाता है। इस तरह वह ज्ञान का एक लिखित प्रलेख (Document) बन जाता है जो आने वाली पीढ़ियों के लिए एक पक्की धरोहर बन जाता है।

2. ज्ञान के विस्तार के लिए (For the Extension of Knowledge)–प्रतिवेदन बनाने का दूसरा लक्ष्य ज्ञान का विस्तार है। शोध-कार्य के जरिए विषय से संबंधित नवीनतम जानकारियों के साथ-साथ विषय से संबंधित मुश्किलों की जानकारी भी प्राप्त होती है। एक ओर इन जानकारियों के जरिए हमारे ज्ञान के स्तर में बढ़ोतरी होती है तो दूसरी ओर समस्याओं की जानकारी बाद के सर्वेक्षण व शोध के लिए विषय के रूप में प्राप्त होती है। इस दृष्टिकोण से प्रतिवेदन का एक एक शोध के नवीन क्षेत्रों (Avenues) से हमें अवगत करवाकर ज्ञान के विस्तार की निरंतरता को कायम रखना है।

3. शोध के परिणामों को दूसरों के सूचनार्थ प्रस्तुत करना (To Present the Results of the Investigation for Other's Information)–शोधकर्त्ता के लिए शोध के निष्कर्षों को प्रदर्शित करना कई कारणों से जरूरी हो जाता है। शोध-कार्य से प्राप्त परिणामों या निष्कर्षों को संबंधित लोगों तथा शोध-कार्य में रुचि रखने वाले व्यक्तियों के सामने प्रस्तुत करना शोधकर्त्ता का कर्त्तव्य बन जाता

है। इसे शोध के निष्कर्षों को प्रस्तुत करने का प्रथम कारण कहा जाता है। अगर सर्वेक्षण की प्रतिवेदन के आधार पर ही कोई सरकारी एवं गैर-सरकारी कार्यवाही होनी है तो यह कार्य भी प्रतिवेदन के प्रकाशन के पश्चात् ही संभव है। इसे शोध के परिणामों को प्रस्तुत करने का द्वितीय कारण कहा जा सकता है। कभी-कभी सरकार कोई योजना के अमल में पहले सर्वेक्षण कराती है। इस लक्ष्य की पूर्ति के लिए भी प्रतिवेदन बनानी पड़ती है। इसे शोध के निष्कर्षों को प्रकट करने का तृतीय कारण कहा जा सकता है। सर्वेक्षण कार्य के समय अनेक लोगों की मदद लेनी पड़ती है। सर्वेक्षण कार्य में मदद करने वाले सभी लोगों के मन में सर्वेक्षण के निष्कर्षों को जानने की जिज्ञासा रहती है। इनकी इच्छा के पूर्ति के लिए प्रतिवेदन के निष्कर्षों को प्रकाशित करना चतुर्थ कारण कहा जा सकता है। कई बार शोध-कार्य डिप्लोमा या डिग्री प्राप्त करने के उद्देश्य से किया जाता है। इस स्थिति में भी शोध के डिग्री निष्कर्षों को प्रकाशित करना जरूरी होता है। अतः इसे प्रतिवेदन प्रकाशन का पंचम कारण कहा जा सकता है।

4. विषयों में अंतर्निहित वास्तविक स्थिति को समझाना (To Explain the Actual Conditions Involved)–प्रतिवेदन लिखने का चतुर्थ लक्ष्य विषयों में अंतर्निहित वास्तवकि स्थिति को जानना कहा जा सकता है। इसके द्वारा सिर्फ शोध के निष्कर्ष या परिणाम को ही व्यक्त नहीं किया जा सकता है बल्कि प्राप्त और निष्कर्षों को व्यवस्थित और वैज्ञानिक ढंग से भी प्रदर्शित किया जा सकता है। किसी सर्वेक्षण एवं शोध की सार्थकता विषय को केवल अपने आप समझ लेने से साबित नहीं होती है अपितु दूसरों को भी समझाने पर इसकी सार्थकता सिद्ध हो सकती है। इस लक्ष्य की प्राप्ति के लिए भी प्रतिवेदन का इस तरीके से तैयार की जाती है कि विषय में पसंद रखने वाले सभी लोग उसे पढ़कर लाभ प्राप्त कर सकें तथा शोध से प्राप्त नये तथ्यों व उनके सामाजिक परिणामों को समझ सकें।

5. प्रामाणिकता की परीक्षा (Examination of Validity)–प्रतिवेदन निर्माण करने का पाँचवाँ लक्ष्य प्रामाणिकता की परीक्षा कहा जा सकता है। किसी भी परीक्षण की प्रामाणिकता की निरीक्षण प्रतिवेदन की निरीक्षण करके ही बताया जा सकता है। इसलिए परीक्षण के प्रामाणिकता की परीक्षा के नजरिये से भी प्रतिवेदन का लिखा जाना जरूरी होता है।

प्रतिवेदन तैयार करने की समस्याएँ

प्रतिवेदन तैयार करना एक कठिन एवं जटिल काम है। गुड्डे एवं हॉट (Goode and Hatt) ने लिखा है कि "स्पष्टतया यह स्पष्ट होता है कि एक

प्रतिवेदन को लिखना एक आसान काम ही होगा क्योंकि यह तो मात्र पूछे गए सवालों, सवालों का उत्तर अर्जित करने के लिए प्रयुक्त प्रविधियों तथा अंतिम रूप से विकसित जवाबों का एक विश्लेषण मात्र है। वास्तव में, यह काम शायद ही आसान हो।" ("It seems clear that a report could be simple to write. Since it is merely an exposition of the question asked, the techniques used to answer it and the answers which were finally developed. Actally, it is rearely so.") इस तरह ज्ञात होता है कि प्रतिवेदन लिखने में शोधकर्त्ता को कई परेशानियों का सामना करना पड़ता है। ये समस्याएँ निम्नलिखित हैं–

(i) भाषा की समस्या (Problem of Language)–प्रतिवेदन लिखने में प्रथम समस्या भाषा की समस्या होती है। भाषा कैसी हो यह एक विवाद का विषय है। यदि भाषा को अत्यधिक आसान बना दिया जाए तो प्रतिवेदन का स्तर गिर जाता है और उसमें एक ओछापन आ जाता है। दूसरी तरफ जब प्रतिवेदन में वैज्ञानिक शब्दों का ज्यादा प्रयोग करके इसके स्तर को ऊँचा उठाने का प्रयास किया जाता है तो प्रतिवेदन ज्यादातर लोगों के लिए अत्यंत पारिभाषिक (Technical) तथा क्लिष्ट हो जाती है। दोनों ही परिस्थितियों में प्रतिवेदन लिखने वाला आलोचना का पात्र बन सकता है। हालाँकि शोधकर्त्ता का प्रयास यह रहता है कि वह प्रतिवेदन को इस प्रकार से प्रस्तुत करे एवं तथ्यों को ऐसे तरीके, जैसे–ग्राफ, चित्र इत्यादि द्वारा, से प्रस्तुत करे, जिसे थोड़ा पढ़ा-लिखा व्यक्ति भी समझ सके, फिर भी सभी लोगों की समस्या का समाधान नहीं किया जा सकता है। शोधकर्त्ता के माध्यम से भाषा के विषय में इतना अधिक सचेत रहना संभव नहीं होता है और यही वजह है कि भाषा की समस्या किसी-न-किसी रूप में विद्यमान रहती है।

(ii) पारिभाषिक शब्दों की समस्या (Problems of Technical Words)–प्रतिवेदन लिखने में दूसरी समस्या पारिभाषिक शब्दों की समस्या है। प्राकृतिक विज्ञानों में पारिभाषिक शब्दों में प्रगति करने की दिशा में महत्त्वपूर्ण प्रगति हुई है और इन विज्ञानों में इसीलिए ऐसे विशेष शब्दों तथा वाक्यों की अधिकता है जिनका तात्पर्य बिना किसी अपवाद के सभी के लिए और सभी स्थानों पर समान होता है अथवा समझा जाता है। लेकिन सामाजिक विज्ञानों में इस तरह से प्रमाणिक पारिभाषिक शब्दों का नितांत अकाल पाया जाता है। इतना ही नहीं, पारिभाषिक शब्दावली संबंधी सैद्धांतिक मतभेद की सामाजिक विज्ञानों के क्षेत्र में एक उल्लेखनीय विषय है। प्रतिवेदन का प्रदर्शन एक टेक्नीकल विषय है। यही कारण है कि इसके

प्रदर्शन में प्रामाणिक पारिभाषिक शब्दों का उपयोग जरूरी होता है, इसलिए समाज-विज्ञानों में इन्हीं शब्दावलियों भी कमी एक अत्याधिक कमी बन जाती है जिसके कारण प्रतिवेदन में कही हुई बातें संदेहास्पद अथवा दो अर्थ वाली बन जाती हैं जबकि शोधकर्त्ता का वास्तविक लक्ष्य ऐसा करना नहीं होता है।

(iii) जनता के ज्ञान के स्तर की समस्या (Problem of Intellectual Level of General Mass)–प्रतिवेदन लिखने में तृतीय मुश्किल जनता के ज्ञान के स्तर की समस्या है। अधिकाशः यही कहा जाता है कि शोध का लेखन जनमानस के लिए उपयोगी नहीं है क्योंकि इसका स्तर इतना उच्च है कि साधारण पढ़ा-लिखा व्यक्ति प्रदर्शित तथ्यों को समझ नहीं सकता। किंतु आज के आधुनिक युग में बहुत सारे विद्वानों का कहना है कि कोई भी वैज्ञानिक खोज, चाहे वह प्राकृतिक दुनिया से संबंधित हो तथा सामाजिक दुनिया से, तब तक सार्थक नहीं हो सकती है जब तक उस खोज का निष्कर्ष जन-जीवन का एक अंग नहीं बन जाता है। इसका कारण यह है कि कभी-कभी एक साधारण व्यक्ति द्वारा प्रदर्शित व्याख्या या समालोचना (Layman's Interpretation) भी वैज्ञानिक के लिए अत्यधिक महत्त्वपूर्ण साबित होती है। कई बार शोध कार्य जनसाधारण लोगों के लिए भी होता है और उससे संबंधित तथ्यों को जानने को सभी लोग जिज्ञासु होते हैं। अतः मुश्किल यह होती है कि प्रतिवेदन लिखने वाले को संबंधित लोगों के ज्ञान के स्तर को भापना होता है जो एक कठिन काम माना जाता है और ऐसा नहीं होने पर प्रतिवेदन की सार्थकता कम हो जाती है। किंतु ज्ञान के इस स्तर का सही-सही मापन स्वयं एक मुश्किल है।

(iv) गंभीरता की समस्या (Problem of Seriousness)–प्रतिवेदन लिखने में चतुर्थ समस्या गंभीरता की समस्या है। हरेक शोधकर्त्ता की यह आखिरी इच्छा होती है कि उसके द्वारा प्रदर्शित शोध की प्रतिवेदन का स्तर जहाँ तक संभव हो ऊँचा हो ताकि उच्च श्रेणी के विद्वानों और पाठकों में वह विख्यात हो सके। यही अभिलाषा जब एक सीमा से ऊपर हो जाती है तो प्रतिवेदन अनावश्यक ही एक गंभीर रूप धारण कर लेती है। अनावश्यक रूप में पारिभाषिक शब्दों से बोझिल प्रतिवेदन न सिर्फ अपनी स्वाभाविकता को खत्म कर बैठती है बल्कि अत्यधिक क्लिष्ट होने के कारण बहुत सारे तत्त्व अस्पष्ट बने रहते हैं।

(v) अवधारणाओं की समस्या (Problem of Concepts)–प्रतिवेदन लिखने में पंचम समस्या अवधारणाओं की समस्या है। वास्तविकता में समाजशास्त्रीय साहित्य के क्षेत्र में अवधारणाओं की अत्यन्त कमी पाई जाती है। अवधारणाओं के

द्वारा बड़े-बड़े तथ्यों एवं विस्तृत बातों को कुछ ही शब्दों में प्रकट किया जा सकता है। हालांकि इस तरह की अवधारणाओं का अपार विकास अब भी सामाजिक विज्ञानों में नहीं हो सका है, इस कारण साधारण-से-साधारण परिस्थिति को समझने के लिए गैर जरूरी व्यापक विवरण प्रस्तुत करना पड़ता है जिसके कारण काफी परिश्रम और समय ऐसे ही व्यर्थ हो जाता है।

(vi) वस्तुनिष्ठता की समस्या (Problem of Objectivity)–प्रतिवेदन लिखने में छठी समस्या वस्तुनिष्ठता की समस्या है। शोधकर्त्ता का लक्ष्य यह रहता है कि प्रतिवेदन में किसी तरह का मिथ्या भाव अथवा पक्षपात प्रवेश नहीं करे। फिर भी शोधकर्त्ता समाज से कोई भिन्न इकाई नहीं है। उसका समाज से गहरा रिश्ता है, वह सामाजिक गतिविधियों में भाग लेता है एवं निजी रूप से प्रभावित होता है। उसके अपने आदर्श, विचार, मनोवृत्ति और मूल्य का प्रभाव उसके प्रतिवेदन पर किसी-न-किसी तरह से पड़ता ही है। ऐसी परिस्थिति में पूर्ण वैषयिकता का आना संभव नहीं होता है।

(vii) सत्य कहने की समस्या (Problem of Telling Truth)–प्रतिवेदन लिखने में सातवीं समस्या सच कहने की समस्या है। शोधकर्त्ता यह जानता है कि जिस सच को वह उजागर करेगा, उसका प्रभाव समाज के किसी-न-किसी वर्ग से जुड़े लोगों पर पड़ेगा। यदि उसके माध्यम से वस्तु-स्थिति का उल्लेख किया जाता है तो समाज के ठेकेदार और प्रभावशाली व्यक्ति उससे बदला लेने की भावना से प्रेरित होते हैं। यदि कोई सही बात अधिकारियों के बारे में कह दी गई तो उसे यह डर रहता है कि अधिकारीगण उसको प्रतिशोध की भावना से न ले लें। कहने का तात्पर्य यह निकलता है कि शोधकर्त्ता निष्पक्षता चाहते हुए निष्पक्ष नहीं रह पाता है। वह सच बात को कहने में घबराता है, उसे संकोच होता है क्योंकि वह उसके परिणामों का भी अनुमान लगा लेता है। इस तरह प्रतिवेदन में समस्याएँ बनी ही रहती हैं।

प्रतिवेदन की अंतर्वस्तु

प्रतिवेदन की अंतर्वस्तु का अर्थ उन विषयों से है जिनका विश्लेषण व व्याख्या में एक सुंतलित प्रतिवेदन देखने को मिलती है। हालाँकि प्रतिवेदन में क्या-क्या विषय वस्तु आनी चाहिए, इसके बारे में अनेक सामाजिक-वैज्ञानिक अलग-अलग विचार रखते हैं। फिर भी साधारणतया कुछ विषय ऐसे हैं जिनको प्रतिवेदन में स्थान दिया जाता है। ये विषय निम्नलिखित हैं–

(i) प्रस्तावना (Introduction)–हर एक प्रतिवेदन में सबसे पहले प्रस्तावना को स्थान दिया जाता है। प्रस्तावना के तहत शोध के महत्त्व और उसके लक्ष्यों पर संक्षिप्त प्रकाश डाला जाता है। साथ ही सर्वेक्षण करने वाली संस्था अथवा विभाग आदि के सर्वेक्षण का संचालन, परिचय करने वाले व्यक्ति अथवा संगठन का परिचय, कार्यकत्ताओं के प्रशिक्षण व चुनाव का सर्वेक्षण, विवरण में प्राप्त तथ्यों तथा निरीक्षण व सूचनाओं की वधता, शुद्धता व विश्वसनीयता का आधार आदि परिचयात्मक सूचनाओं के उल्लेख भी प्रस्तावना के अंतर्गत किया जाता है। इसमें शोध कराने वाली सरकारी अथवा गैर-सरकारी संस्था, दूसरों के समर्थन व सहयोग की विश्लेषण की जाती है। प्रस्तावना में इस बात का भी स्पष्ट उल्लेख किया जाता है कि उनको किन-किन मुश्किलों का सामना करना पड़ा एवं उनको किस प्रकार दूर किया गया।

(ii) समस्या का विवरण (Description of the Problem)–प्रस्तावना के बाद, शोधकर्त्ता समस्या के बारे में जानकारी देता है। समस्या की नींव तथा उसके संबंध में शोध की जरूरत का विवरण करना प्रतिवेदन के शुरु आती अंश का पहला भाग होता है। इसमें समस्या के चयन के आधारों का उल्लेख किया जाता है। तात्कालिक परिस्थिति में समस्या के अध्ययन से होने वाले व्यावहारिक तथा सैद्धांतिक लाभों के विषय में कहा जाता है। पूर्व में अध्ययन विषय से संबंधित दूसरा कोई अध्ययन हुआ है या नहीं और यदि हुआ है तो प्रदर्शित अध्ययन का उससे क्या संबंध है आदि बातों का स्पष्टीकरण कर दिया जाता है। इस तरह अध्ययन समस्या या विषय की प्रकृति को साफ कर दिया जाता है।

(iii) सर्वेक्षण या शोध का उद्देश्य (Purpose of Study)–सर्वेक्षण एवं शोध का लक्ष्य या तो ज्ञान को बढ़ाना या किसी व्यावहारिक लाभ को प्राप्त करना होता है। इसलिए हरेक प्रतिवेदन में इस बात को प्रस्तुत किया जाता है कि शोध या सर्वेक्षण का लक्ष्य भौतिक, ख्याति, नए तथ्यों की खोज, लाभ एवं ज्ञान की प्राप्ति में से क्या है। अगर शोध को संचालित कराने के लिए कोई सरकारी संस्था रुचि रखती हो तो शोधकर्त्ता उस शोध के लक्ष्य का भी उल्लेख करता है।

(iv) अध्ययन क्षेत्र (Scope or Area of Study)–समस्या तथा लक्ष्य का स्पष्टीकरण करने के बाद अध्ययन क्षेत्र के संबंध में भी प्रतिवेदन में उल्लेख किया जाता है। इसके तहत सामाजिक वर्ग, भौगोलिक प्रदेश तथा निश्चित समुदाय का उल्लेख किया जाता है। प्रतिवेदन के इसी भाग में इस बात को भी प्रस्तुत किया जाता है कि उस समूह, समुदाय अथवा वर्ग के जीवन के किन समस्या अथवा पक्षों के किन पक्षों का अध्ययन किया गया है। प्रतिवेदन के इसी भाग में उस समूह, समुदाय

अथवा वर्ग की प्राकृतिक, जनसंख्यात्मक, सामाजिक अथवा आर्थिक विशेषताओं का उल्लेख करते हुए इस बात का स्पष्टीकरण किया जाता है कि अध्ययन के विषय का निर्धारण उसी रूप में क्यों किया गया है। यानि की अध्ययन क्षेत्र को एक निश्चित रूप में सीमित करने से किन सुविधाओं की आशा की जाती है, इस बात का स्पष्टीकरण भी कर दिया जाता है।

(v) प्रयुक्त अध्ययन पद्धतियाँ (Methods Employed)–शोध में तथ्यों को संकलित करने के लिए अलग-अलग प्रणालियों का चुनाव किया जाता है। शोधकर्त्ता अपनी प्रतिवेदन में इस बात का उल्लेख करता है कि अध्ययन विषयों से संबंधित वास्तविक तथ्यों अथवा सूचनाओं को संकलित करने के लिए किन तरीकों या प्रविधियों की मदद ली गई है। प्रतिवेदन में इस बात का भी उल्लेख किया जाता है कि शोधकर्त्ता ने उन प्रणालियों का प्रयोग क्यों किया तथा उनका तथ्यों से क्या संबंध था। अगर अनुसूची अथवा प्रश्नावली का उपयोग किया गया है तो उसकी मोटी-मोटी बातों का प्रस्तुतिकरण प्रतिवेदन में कर दिया जाता है। अगर साक्षात्कार विधि का प्रयोग किया गया है तो किन सिद्धांतों को ध्यान में रखा गया है और साक्षात्कार निर्देशिका (Interview Guide) का प्रयोग किया गया है तथा नहीं, इन बातों का प्रस्तुतिकरण भी प्रतिवेदन में किया जाता है। उसी तरह यदि शोधकर्त्ता द्वारा अनुमाप पद्धति (Scaling Process) अथवा निर्देशांकों का उपयोग किया है, तो उसका विशेषण भी प्रतिवेदन में की जाती है।

(vi) निदर्शन चयन (Selection of Samples)–शोधकर्त्ता अपनी प्रतिवेदन में निदर्शन चुनाव पद्धति का भी उल्लेख करता है। साथ ही, इस बात का भी स्पष्टीकरण किया जाता है कि विषय की प्रकृति को देखने हुए उसी पद्धति को उचित क्यों समझा गया। जिन निदर्शकों का चयन किया गया है, वे समूह का सही मार्ग प्रशस्त करते हैं अथवा नहीं, इन बातों का भी उल्लेख प्रतिवेदन में कर दिया जाता है।

(vii) सर्वेक्षण का संगठन (Organization of Survey)–सर्वेक्षण कार्य को किस तरीके से संगठन और व्यवस्थित किया गया है इस बात का विश्लेषण कुछ रिपोर्टों में प्रस्तावना में न देकर अलग से दिया जाता है। यदि अध्ययन स्थल निरीक्षण प्रणाली अपनाई गई है तो घटना अथवा स्थल का चुनाव किस तरीके से किया गया है, कार्यकर्त्ताओं को प्रशिक्षित करने के उपरांत उनमें श्रम का विभाजन किस तरीके से किया गया, उनके कार्यों का अवलोकन करने की क्या व्यवस्था की गई, संग्रहित सूचनाओं की शुद्धता की जाँच किस तरह की गई, प्रतिदिन कितने घंटे कार्य किया

गया, संग्रहित सूचनाओं की शुद्धता की जाँच किस तरह की गई, तथ्यों के संकेतीकरण व संपादन (Codification) कैसे किया गया, आदि बातों का स्पष्टीकरण प्रतिवेदन के इस भाव में किया जाता है।

(viii) विश्लेषण तथा व्याख्या (Analysis and Interpretations)– प्रतिवेदन का यह विशिष्ट भाग होता है। इस भाग में संग्रहित सूचनाओं तथा तथ्यों को एक व्यवस्थित तरीके से प्रस्तुत किया जाता है तथा उन्हें चार्ट, ग्राफ, सारणियों एवं अन्य चित्रों द्वारा स्पष्ट किया जाता है। पर तथ्यों को व्यवस्थित तरीके से केवल प्रस्तुत ही नहीं किया जाता अपितु उनका जरूरी वर्णनात्मक व विश्लेषणात्मक व्याख्या भी प्रस्तुत की जाती है। कोरे तथ्यों को संग्रहित करने से कोई विशेष प्रयोजन प्रमाणित नहीं होता है। अतः उनका विवरण करना भी जरूरी हो जाता है। तथ्यों के विवरण में मुख्यतः कार्य-कारण विषयों को स्पष्ट किया जाता है, जबकि वर्णनात्मक विश्लेषण में उसके निष्कर्षों व परिणामों को प्रस्तुत किया जाता है। निष्कर्षों के आधार का भी स्पष्टीकरण कर दिया जाता है। यदि द्वितीयक वस्तु का उपयोग किया गया है तो पृष्ठतल टिप्पणियों (Footnotes) की मदद से उनके उद्गम का संक्षिप्त परिचय दे दिया जाता है।

(ix) तथ्यों की उल्लेखनीय विशेषता (Highlights of Data)–प्रतिवेदन को ज्यादा बोधगम्य तथा रुचिकर बनाने के लिए व्याख्या तथा विश्लेषण के उपरांत एक पृथक् अध्याय में शोध अथवा सर्वेक्षण के माध्यम से संग्रहित किए गए तथ्यों के आधार पर प्राप्त प्रमुख निष्कर्षों व परिणामों को एक क्रम से उपलब्ध किया जाता है। इस तरह अध्ययन के परिणामों का सार एक ही स्थान पर मौजूद हो जाता है। निष्कर्षतः यह कहा जाता है कि प्रतिवेदन के इस भाग में मुख्य निष्कर्षों के निचोड़ को प्रस्तुत किया जाता है जो शोध के परिणामों को संक्षेप में स्पष्ट कर देता है।

(x) सुझाव (Suggestions)–शोध में सुझाव का काफी महत्त्व है। प्रतिवेदन के अंत में शोधकर्त्ता अपनी ओर से सुझावों का भी प्रस्तुतीकरण करता है। अगर शोध किसी विशेष प्रयोजन से करवाया गया है तो प्रतिवेदन के आखिर में सुझाव का दिया जाना अत्यधिक आवश्यक होता है। फलस्वरूप देश में तीव्र गति से बढ़ती हुई उत्पादन एवं जनसंख्या के विषय पर यदि कोई शोध काम किया गया हो तो शोधकर्त्ता के द्वारा अपनी प्रतिवेदन में यह सुझाव दिया जा सकता है कि या तो उत्पादन (Production) इतना तेज हो जाए कि वह सारे जनसंख्या की जरूरतों को पूरा कर सके या यह भी सुझाव दिया जा सकता है कि उत्पादन पर तो ध्यान दिया जाना चाहिए, किंतु जनसंख्या वृद्धि पर भी रोक लगाने के लिए एकदम ही प्रभावशाली कदम उठाए जाने चाहिए, अन्यथा भविष्य में स्थिति नियंत्रण से परे हो सकती है।

(xi) संलग्न-पत्र (Appendices)–सुझावों के साथ ही वास्तविक प्रतिवेदन की इति हो जाती है। किंतु कुछ ऐसे प्रलेख, पत्र, तालिका, विवरण, चार्ट आदि होते हैं जो कि अध्ययन की सार्थकता को सिद्ध करने में मददगार होते हैं। यही कारण है कि इन तथ्यों को पाठकों के सामने रखना उचित समझा जाता है। ऐसे पत्रकों को प्रतिवेदन के आखिर में लगा दिया जाता है। इनमें पुस्तक-सूची (Bibliography), क्षेत्रीय मानचित्र अनुसूची, प्रश्नावली आदि अध्ययन उपकरणों की एक-एक प्रति (Copy), कुछ आवश्यक सारणी आदि को सम्मिलित किया जाता है।

एक अच्छी प्रतिवेदन की विशेषताएँ

एक अच्छी प्रतिवेदन की कुछ आधारभूत विशेषताओं का प्रस्तुतिकरण किया जा सकता है। जो निम्न प्रकार हैं–

(i) अच्छी प्रतिवेदन में तथ्यों का व्याख्या व विश्लेषण वैज्ञानिक तौर पर और सुस्पष्ट रूप में की जानी चाहिए जिससे प्रतिवेदन को पढ़कर ही लोगों को यह विश्वास हो जाए कि प्रतिवेदन में जो कुछ बताया गया है वह काल्पनिक नहीं है बल्कि तथ्ययुक्त तथा प्रयोग-सिद्ध है।

(ii) एक अच्छी प्रतिवेदन को आकर्षक और सुंदर होना चाहिए। सफेद रंग के अच्छे किस्म के कागज पर स्पष्ट एवं सुंदर ढंग से प्रतिवेदन को टाईप करवाना चाहिए। प्रतिवेदन को और अधिक आकर्षक और सुंदर बनाने के लिए इसमें ग्राफ, शीर्षकों, फोटो आदि का उपयोग सुव्यवस्थित ढंग से किया जाना चाहिए।

(iii) अच्छी प्रतिवेदन से जो भी परिणाम निकाले जाते हैं वे सभी विश्वसनीय, प्राणामिक तथा वैज्ञानिक विकास के उपयुक्त होने चाहिए। इसका यह अर्थ है कि प्रतिवेदन में हर परिणाम को तथ्ययुक्त रूप में प्रमाण के साथ प्रस्तुत किया जाना चाहिए। अर्थात् उन कारणों का भी जिक्र किया जाना चाहिए जिस आधार पर वह निष्कर्ष आधारित है।

(iv) प्रतिवेदन की भाषा अत्यन्त संतुलित होनी चाहिए। पारिभाषिक शब्दों का उपयोग जरूरत के अनुसार ही करना चाहिए। लच्छेदार, मुहावरेदार तथा अतिशयोक्तिपूर्ण भाषा के उपयोग से परहेज करना चाहिए।

(v) अच्छी प्रतिवेदन में किसी भी तथ्य को दुबारा दोहराया नहीं जाना चाहिए क्योंकि ऐसा करने से प्रतिवेदन को पढ़ने के दौरान पाठक ऊब सकते हैं। तथ्यों को तार्किक क्रम में प्रकट करना चाहिए।

(vi) अच्छी प्रतिवेदन में व्यावहारिकता का तत्त्व भी स्पष्ट होना चाहिए। अर्थात् उच्चस्तरीय प्रतिवेदन इस तरह की होनी चाहिए कि उसे पढ़कर ज्यादा-से-ज्यादा

लोग लाभ उठा सकें। इस तरह के प्रतिवेदन से ज्ञान में बढ़ोतरी के साथ-साथ कुछ व्यावहारिक लाभ भी होता है। अच्छी प्रतिवेदन सामाजिक विकास व समाज-सुधार से जुड़े भविष्य-योजनाओं के निर्माण में अपना विशिष्ट योगदान करती है।

(vii) अच्छी प्रतिवेदन में अध्ययन प्रणाली व अध्ययन क्षेत्र, प्रविधियों, निदर्शन आदि के विषय में विस्तृत तथा स्पष्ट विवरण होना चाहिए और साथ ही सूचना के सभी उद्गम का उल्लेख किया जाना चाहिए।

(viii) अच्छी प्रतिवेदन में अध्ययन में आई मुश्किलों तथा सर्वेक्षण की सीमाओं (Limitations) का भी स्पष्ट रूप में उल्लेख किया जाना चाहिए। दूसरे शब्दों में त्रुटियों को छिपाकर अध्ययन के पूर्णतया सत्य होने की डींग नहीं हाँकी जानी चाहिए।

(ix) अच्छी प्रतिवेदन में विशिष्ट अवधारणाओं (Concepts) तथा सिद्धांत (Theory) को विकसित करने का प्रयत्न किया जाना चाहिए। इसके अलावा बहुत-सी ऐसी समस्याओं, विषयों तथा सवालों की तरफ संकेत किया जाना चाहिए जिनके विषय में आगे शोध अथवा सर्वेक्षण-कार्य करने की जरूरत है।

प्रतिवेदन का महत्त्व

प्रतिवेदन समस्त अध्ययन का निचोड़ होता है और यही वजह है कि इसके महत्त्व को सभी विद्वान मानते हैं। ये महत्त्व निम्नलिखित हैं–

(i) ज्ञान के विस्तार में मददगार होती है।

(ii) प्रतिवेदन में उल्लिखित प्रणालियाँ भविष्य में शोध करने वाले के लिए काफी महत्त्वपूर्ण होती हैं। इन प्रणालियों के आधार पर नई प्रणालियों की भी खोज की जा सकती है।

(iii) प्रतिवेदन की व्यावहारिक उपयोगिता भी होती है। समाज की कई मुश्किलों का समाधान इसके द्वारा किया जाता है।

(iv) नए अध्ययनों के लिए मौजूदा प्रतिवेदन उपकल्पना का आधार बन सकती है।

(v) प्रतिवेदन में कई अध्ययन विषयों की वस्तु मौजूद होती है। प्रतिवेदन मुख्यतः समस्याओं के निवारण, ज्ञान के प्रसार, भावी परीक्षणों के आधार के रूप में बड़ी मददगार, लाभदायक एवं उपयोगी होती है।

13

कम्प्यूटर एवं अनुसंधान

मानव जाति औद्योगिक युग से सूचना युग में प्रवेश पा लिया है। मानव जीवन को इससे बहुत अधिक आशा हैं। सूचना प्रौद्योगिकी एवं सूचना की प्रकृति की परीक्षा के लिए यह लाभकारी होगा जो भविष्य के अवसरों, प्रतिस्पर्धा एवं चुनौतियों की जड़ में निहित है। सूचना तथा सूचना तकनीकी प्रारम्भ से रही है। लेकिन आज कम्प्यूटर; सूचना तकनीक को सर्वाधिक प्रचलित कर दिया है।

वर्तमान समय में कम्प्यूटर सूचना प्रौद्योगिकी में एक प्रमुख औजार है। उसका उपयोग आधुनिक मानव के अस्तित्व के प्रत्येक क्षेत्र में प्रवेश कर चुका है—एअर लाईन, रेलवे, मौसम का पूर्वानुमान, औषध विश्लेषण, मनोरंजन, बैंकिंग... अनन्त सूची है।

यों तो मानव अपनी मुश्किलों को प्राचीन काल से ही सुलझाता आया है। लेकिन प्राचीन काल में साधनों की सीमितता के कारण उसका काम विलंब से तथा कभी-कभी नहीं भी पूरा होता था। परंतु आधुनिक काल में कम्प्यूटर प्रत्येक कार्य को पलक झपकते ही पूर्ण कर देता है और व्यक्ति अपनी मुश्किल का हल शीघ्रातिशीघ्र प्राप्त कर लेते हैं। किसी भी शोध के जटिल-से-जटिल आँकड़ों का आसान रूप में प्रदर्शन कम्प्यूटर द्वारा आराम से किया जा सकता है। इसलिए अगर शोधार्थी कम्प्यूटर का उपयोग करते हुए शोध काम करता है तो यह उसके लिए ज्यादा फायदेमंद सिद्ध हो सकता है। विद्युतीकृत कम्प्यूटर अब जीवन का एक अभिन्न भाग बन गया है।

कम्प्यूटर व कम्प्यूटर तकनीक

कम्प्यूटर एक ऐसा यंत्र है जिसका प्रयोग गणना करने तथा लेखा करने में किया जाता है। कम्प्यूटर की इस सीमित परिभाषा को देखने से पता चलता है कि हर वह यंत्र जो गणना करता है, इसी श्रेणी में आता है, परंतु वास्तव में कम्प्यूटर का तात्पर्य आज सिर्फ इसी अर्थ तक सीमित नहीं रह गया है। संक्षिप्त में कम्प्यूटर एक ऐसा यंत्र है जो सूचनाओं को ग्रहण कर उन्हें संग्रहित कर लेता है और जरूरत पड़ने पर इन सूचनाओं को शब्दों, अंकों एवं तस्वीरों के माध्यम से प्रस्तुत करता है। कम्प्यूटर आंकिक (Digital) एवं इसके तुल्यक (Analogue) कोई यंत्र हो सकता है। एक आंकिक कम्प्यूटर आवश्यक रूप से सूचनाओं को प्रतीकों या शब्दों में प्रकट करता है जबकि (Analogue) समरूप कम्प्यूटर सूचनाओं को उनकी माप के तहत प्रस्तुत करता है। अतः तुल्यक कम्प्यूटर का प्रयोग अधितकर अभियांत्रिकी व वैज्ञानिक कार्य करने में किया जाता है, परन्तु अधिकतर आंकिक कम्प्यूटर का उपयोग किया जाता है इसलिए कम्प्यूटर शब्द को अधिकतर 'आंकिक कम्प्यूटर' का नाम दे दिया जाता है। पिछले चार दशकों में कम्प्यूटर प्रौद्योगिकी में अविवश्नीय प्रगति हुई है। वर्तमान काल के कम्प्यूटर प्रथम विद्युतीकृत कम्प्यूटर से कहीं ज्यादा तकनीकी तथा सस्ते दृष्टि से विकसित हैं। कम्प्यूटर तकनीक की प्रगति पीढ़ी-दर-पीढ़ी के रूप में हुई है।

वर्तमान काल में हम कम्प्यूटर की चौथी पीढ़ी में हैं तथा पंचवीं पीढ़ी में प्रवेश की तैयारी कर रहे हैं। सन् 1945 में कम्प्यूटर के आविष्कार के साथ ही पहली पीढ़ी के कम्प्यूटर की शुरुआत हो गई थी। इसके C.P.W. में 18000 छोटी-छोटी बोतलों की तरह के वाल्व थे। इस कम्प्यूटर में प्रोग्राम संचित करने की सुविधा नहीं थी और नवीन प्रोग्राम डालने के लिए स्विचों को फिर से व्यवस्थित करना पड़ता था। शनैः-शनैः कम्प्यूटर में बहुत से फेर-बदल हुए, साथ ही तकनीकी प्रगति भी हुई। इन सबके परिणामस्वरूप आज कम्प्यूटर बहुत विकसित अवस्था प्राप्त कर चुका है तथा इसकी प्रणालियों में तीव्र गति से परिवर्तन हो रहा है।

कम्प्यूटर की संरचना

चित्र में कम्प्यूटर की संरचना दिखलाया गया है। इनपुट डिवाइस के रूप में कम्प्यूटर में की-बोर्ड का इस्तेमाल होता है। की-बोर्ड पर जो कुछ भी टाईप किया जाता है वह कम्प्यूटर के मुख्य भाग CPU के मेमोरी भाग में जाता है। यदि टाईप की गई सूचना कम्प्यूटर की मेमोरी में पहले से मौजूद होती है तो वह सूचना तुरंत

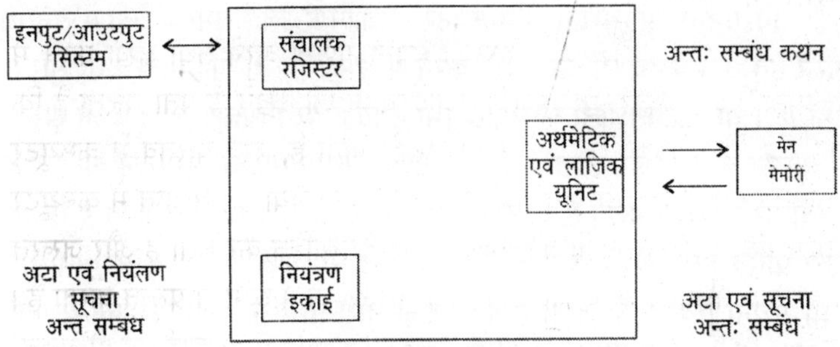

कम्प्यूटर की संरचना

स्क्रीन पर आ जाती है। सूचना गणितीय आँकड़ों से जुड़ी होती है तो वह ALU (Arithmetic and Logical Unit) में भेज दी जाती है। वहाँ से आँकड़े आउटपुट पर भेज दिए जाते हैं। आउटपुट में प्रतिफलों को टी.वी. जैसी पोर्टेबल मॉनीटर पर देखा जा सकता है। कम्प्यूटर के विषय में जानने के लिए निम्न तथ्यों को जानना जरूरी है–

(a) हार्डवेयर–कम्प्यूटर के सभी शारीरिक (भौतिक) अवयव सम्मिलित रूप से हार्डवेयर के तहत आते हैं।

(b) सॉफ्टवेयर–इसमें प्रयोगकर्त्ता के माध्यम से कम्प्यूटर में भरी गई जानकारियाँ सम्मिलित रहती हैं जो कम्प्यूटर को कार्य की दिशा बताती हैं।

(c) फिरमवेयर–यह निर्माता के माध्यम से कम्प्यूटर के विद्युत सर्किट में डाला गया सॉफ्टवेयर है।

(d) सिस्टम सॉफ्टवेयर–यह साधारणतः कम्प्यूटर निर्माता के माध्यम से प्रस्तुत करवाया जाने वाला वह सॉफ्टवेयर है जो कि कम्प्यूटर को काम करने का तरीका बतलाता है।

(e) मेमोरी चिप्स (MC)–यह IC कम्प्यूटर की द्वितीयक स्मृति का काम करता है।

(f) एप्लीकेशन सॉफ्टवेयर–वह सॉफ्टवेयर है जो कम्प्यूटर को एक निर्धारित काम करने का तरीका बताता है। यह सॉफ्टवेयर या तो प्रयोगकर्त्ता अपने आप विकसित करता है या सॉफ्टवेयर तैयार करने वाली कंपनियों द्वारा बिक्री किया जाता है।

(g) इंटीग्रेटेड सर्किट (IC)–यह सिलिकॉन धातु पर बना पूर्ण विद्युतीकृत हिस्सा है।

कम्प्यूटर का अनुसंधान में प्रयोग

विज्ञान के अनुसंधान में कम्प्यूटर—वैज्ञानिक उलझे समस्या क्षेत्रों में अनुसंधान करने हेतु अब कम्प्यूटरों का प्रयोग करने में समर्थ हैं, जो कि पहले कभी सोचा भी नहीं गया था। शक्तिशाली कम्प्यूटर सभी उपग्रहों पर नियंत्रण रखते हैं जो अन्तरिक्ष में चक्कर लगा रहे हैं। उपग्रहों में लगे औजार जो प्रयोगों का सम्पादन करते हैं तथा धरती पर परिणाम भेजते हैं ये सभी कम्प्यूटर के द्वारा ही संचालित होते हैं सेटेलाइट द्वारा प्रेषित डाटा विश्व में फैले ट्रेकिंग स्टेशनों से प्राप्त होते हैं व सुरक्षित होते हैं तथा सूचना रिकार्ड की जाती हैं यह सूचना बारी-बारी से वैज्ञानिक ज्ञान के भण्डार में वृद्धि करना है, अतिरिक्त अन्तरिक्ष परीक्षणों के लिए योजना बनाने में योगदान देता है तथा उपस्थिति वैज्ञानिक सिद्धान्तों में परिवर्तन अथवा स्थापना में मदद करता है। वातावरण सम्बन्धी नियंत्रित उद्देश्यों के लिए भी कम्प्यूटरों का प्रयोग किया जाता है। नेशनल सेंटर फार हेल्थ के साथ ज्यूलोजिकल सर्वे विभाग प्रदूषण-स्तर को नियंत्रित एवं मूल्यांकित करने के लिए कम्प्यूटरों का उपयोग कर रहा है। इनमें से एक उदाहरण यहां प्रस्तुत है—एम्पायरस्टेट सिस्टम आफ न्यूयार्क राज्य में कैफे विषम क्षेत्र में स्थित निर्देशक केन्द्रों से वायु डाटा एवं जल डाटा एकत्रित करता है। केन्द्रों से प्राप्त डाटा एक केन्द्रीय कम्प्यूटर को स्वयं भेज दिया जाता है। प्रत्येक वायु निर्देशक केन्द्र हर 15 मि. पर रिपोर्ट करता है तथा प्रत्येक जल केन्द्र प्रत्येक घण्टे में एक बार सूचना भेजता है। प्रेषित डाटा मिलने पर कम्प्यूटर संदेश की जांच करता है, आवश्यक संचालन निर्देश स्टेशन को भेजता है, स्वीकृति योग्य वातावरण के सिद्धान्त हेतु परीक्षित सूचना की तुलना करता है तथा यदि सिद्धान्त नहीं प्राप्त होता है तो डिपार्टमेंट आफ उनवार्ममेंटल कन्जर्वेशन को उचित एलार्म संदेश भेजता है। कम्प्यूटर प्राकृतिक संसाधनों को सुरक्षित रखने में भी मदद करता है। उदाहरणार्थ-कैलीफौर्निया का राज्य जल परियोजना, दक्षिण एवं पश्चिम में आवश्यक क्षेत्रों के लिए उत्तरी कैलीफोर्निया में अधिकतर क्षेत्रों से पानी को मोड़कर सुरक्षित रखने हेतु बनाया गया। ये सभी सुविधाएं पांच दूरस्थ नियंत्रण केंद्रों पर स्थिति कम्प्यूटरों द्वारा निर्देशित होते हैं। अनेक कार्य, जैसे कि मौसम का पूर्वानुमान एक बार के विचार पर सम्भव नहीं थे क्योंकि, आवश्यक गणना के सम्पादन में समय का चक्र एवं प्रयत्न शामिल होते थे। अब कम्प्यूटरों के उपयोग से ऐसे कार्य सम्भव हो गये हैं। ज्योतिष की गणनाओं में तथा नई औषधियों के उत्पादन हेतु रासायनिक प्रतिक्रियाओं के नमूनों के निर्माण में सम्मिलित गणनाओं में कम्प्यूटर का उपयोग दूसरा उदाहरण हो सकता है।

व्यापारिक आंकड़ा संग्रह और कम्प्यूटर—अब कम्प्यूटर व्यापार एवं आर्थिक जगत के सभी क्षेत्रों में प्रवेश कर चुका है। यह एक मिश्रित यंत्र है जो उत्पादन को महत्त्वपूर्ण ढ़ंग से बढ़ा सकता है। एक उत्पादन करने वाली इंडस्ट्री में वस्तुओं के विशाल रेंज के विकास में नियत कदम आवश्यक होते हैं। वे हैं—

1. प्रारम्भिक डिजाइन
2. अग्रिम डिजाइन
3. माडल विकास
4. माडल परीक्षण
5. अन्तिम परीक्षण
6. उत्पादन एवं निर्माण

प्राचील काल में प्रारम्भिक रेखाचित्र, डिजाइन बनाना एवं अभियांत्रिकी आरेख सामान्यतः नये उत्पादों एवं उपायों विकास एवं निर्माण में पहले ही तैयार किये जाते थे। जब डिजाइनर या अभियन्ता नया विचार रखता या तब वे कागज पर विचारों को निरूपित करने के लिए कुछ प्रारम्भिक रेखाचित्र बनाते थे, ताकि वह पूर्णरूपेण विश्लेषित किया जा सके। जैसे ही डिजाइन तैयार होती थी अतिरिक्त रेखाचित्र भी आवश्यक होते थे। जब डिजाइन अन्तिम रूप में तैयार हो जाती थी तब अगले विस्तृत उत्पादन की रूपरेखा तैयार की जाती थी। इस तरह से रेखाचित्र की तैयारी डिजाइनर के समय और प्रयासों का महत्त्वपूर्ण अंश ले लेता था। अब कम्प्यूटर ने अभियन्ता द्वारा तैयार पेंसिल चित्रों में शीघ्र परिवर्तन एवं सुधार को सम्भव बना दिया है। कम्प्यूटर तथा डिजाइनर के मध्य अन्तः संचार इच्छित वस्तुओं के उत्पादन तक जारी रह सकता है। एक बार प्रारम्भिक ड्राइंग समाप्त हो जाती हैं एवं अभियंता की संतुष्टि से प्रकट हो जाती है, तब कम्प्यूटर निश्चित विशेषताओं पर रिपोर्ट एवं प्रदर्शित डिजाइन को विश्लेषण के लिए संसूचित कर सकता है। डिजाइन एवं मशीन के मध्य इस प्रकार की अंतः क्रिया अब सम्बन्ध में सामान्य हैं डिजाइनिंग की यह विधि सामान्यतः कम्प्यूटर एडेड डिजाइन के नाम से जाना जाता है। यदि कोई व्यक्ति पिछले कुछ वर्षों में फैक्ट्री के लिए क्षेत्र चाहता था, तो उसके मस्तिष्क में स्वतः एक चित्र नाचने लगता था—विशाल श्रम के कार्य एवं खतरे में लगे हजारों लोग। लेकिन, अब दृश्य बदल गया है। आज कम्प्यूटर द्वारा नियंत्रित रोबोट हजारों फैक्टरी के कार्यों के सम्पादन में प्रयुक्त हो रहा है, जो मानव जाति के लिए खतरनाक एवं उबाऊ है। वास्तव में, अध्ययनों से यह पता चलता है कि उत्पादन कम्पनियों में रोबोट सम्पूर्ण लागत को कम कर सकता है।

वित्तीय क्षेत्रों में भी कम्प्यूटर के प्रभाव का गहन अनुभव हुआ है। ऐसा ही एक क्षेत्र बैंकिंग है। बैंक पूरे विश्व में लेन-देन की प्रक्रिया के लिए कम्प्यूटरों पर अत्यधिक निर्भर है। बैंक कम्प्यूटर के माध्यम से एक दूसरे से पत्र-व्यवहार एवं धन-स्थानान्तरण की सूचनाएं भेजता है। कम्प्यूटर मिलियन खातों के लेन-देन सम्बन्धी क्रियाओं में भी सहायता करता है। यह अपनी शाखाओं एवं उसी में समान पद के अन्य शाखाओं के साथ उनमें पूर्णांकित पत्र-व्यवहार में उनका सहायता करता है। यह चैकों के चुम्बकीय कोडिंग में सहायता करता है, कुछ मामलों में टेलर के प्रयोग में टेलर, स्वतः चलित टेलर मशीन द्वारा (ATM) स्थानान्तरित हो गये हैं। ए टी एम एक यंत्र जो वित्तीय संस्था में भवन के अन्दर या बाहर स्थित होता है तथा 24 घण्टे प्रतिदिन के वित्तीय लेन-देन को करने एवं कैश बांटने एवं प्राप्त करने का काम करता है। केडिट कार्ड का उपकरण जो स्वतः के लिए प्रयुक्त होता है तथा तुरन्त बैंकिग लेन-देन केवल कम्प्यूटर पर निर्भर होता है। व्यक्तिगत कम्प्यूटरों का स्वामित्व ग्राहकों की संध्या में वृद्धि से शीघ्रता से प्रभावित हुए, अनेक बैंक जैसे-बैंक आफ अमेरिका, सीटी बैंक, ए बी एन एम्ब्रो इत्यादि, अब विशेष सेवा प्रदान कर रहे हैं। व्यक्तिगत कम्प्यूटरों द्वारा बैकिंग ग्राहक जिनके पास कम्प्यूटर हैं, बैंक को काल कर सकते हैं एवं अपने कम्प्यूटरों का खातों की जांच के लिए प्रयोग कर सकते हैं, एक खाते से दूसरे खाते में फण्ड भेज सकते हैं एवं बिल का भुगतान कर सकते हैं।

छोटे संस्थानों के लिए भी कम्प्यूटर के उपयोग के लाभ उपलब्ध हैं। इसके अन्तर्गत आफिस आटोमेशन अप्लिकेशन, कम्प्यूटरों का परस्पर सम्बन्ध, ईन्मेल ब्राउजिंग इत्यादि।

औषधि—चिकित्सकों द्वारा कम्प्यूटर अब स्वास्थ्य नियंत्रण के उद्देश्यों एवं योजना निर्माण के लिए प्रयोग किया जाता है। कम्प्यूटर के उपयोग से जो-जो औषधि के इतिहास की तैयारी एवं पुनः प्राप्ति में सहायक। डाक्टर अस्पतालों एवं क्लीनिकों में रोग के लक्षण से सम्बन्घित औजार की भांति कम्प्यूटर का उपयोग कर रहे हैं। आज तक रोग निदान केन्द्र में केवल कुछ शारीरिक परीक्षा होती है, जो मौलिक परीक्षणों से सम्बंधित होती है। इन परीक्षणों से कम्प्यूटरों में डाटा भरा जाता है। परीक्षण प्रक्रिया पूर्ण होने के कुछ मिनटों के अन्दर कम्प्यूटर आउटपुट तैयार हो जाता है। कम्प्यूटर असामान्य परीक्षण परिणामों की व्याख्या हेड प्रयोग सम्बन्धी डायाग्नोसिस के सुझावों के लिए कार्यक्रम भी निर्धारित कर सकता है। रोगी का चिकित्सक सचमुच अंतिम डायग्नोसिस के लिए उत्तरदायी होता है।

कम्प्यूटर रोगनिदान सम्बंधी उद्देश्यों के लिए प्रयोग हो रहा है जैसे—गतिमान चित्र-एक्सरे से टर्मिनल स्क्रीन पर शारीरिक क्रियाओं का प्रकाशन तथा अन्य प्रौद्योगिकी एक विस्तार की गणना तथा रोगी के आंतरिक इंन्द्रियों की चौड़ाई—कम्प्यूटर एडेड टोमोग्राफी (CAT) स्कैनर, मैग्नेटिक रिजोनेन्स इमैज स्कैनर या पोजीट्रान एमीशन टोमोग्राफी स्कैनर, के माध्यम से। ये यंत्र शारीरिक बनावट के चित्र लेते हैं, तत्पश्चात् शरीर में क्षेत्र के एकल चित्र में हजारों शांट्स जोड़ते हैं जिससे ठीक प्रकार से उचित औषधीय सलाह दी जा सकती है।

रोग सम्बंधी परीक्षण यंत्र के अलावा कम्प्यूटर एक अनुसंधान का यंत्र भी है, जो कारणों में आन्तरिक दृष्टि प्रदान करता है तथा आघात को रोकता है जैसे कि दवा की बुरी आदतों के कारणों को।

रोगी के मेडिकल हिस्ट्री के रिकार्ड को विकसित करने में, चिकित्सक अथवा नर्स के लिए एक सामान्य अभ्यास विगत बीमारी अथवा स्वास्थ्य समस्यांओं के बारे में रोगी से पूछने के लिए प्रश्न क्रम होता है। यह इतिहार लेना, रोगी—चिकित्सक सम्बंध के रूप में समय की बचत करता है। विशिष्ट तरीकों की मदद से रोगी की स्थिति से सम्बंधित प्रश्नों के टेलर के लिए तथा उनमें लगे समय को कम करने के लिए कम्प्यूटर का उपयोग किया जा सकता है।

मनोविज्ञान व कम्प्यूटर—मनोविज्ञान में व्यवहारवादी विद्यालयों की स्थापना के कारण चिंतन, मनन की प्रक्रिया पुरानी बन गई है। व्यवहारवादी विद्यालय तथ्य संग्रहित तथा उनके आधार पर स्पष्ट सिद्धांतों के निर्माण को अधिक उचित मानते हैं। इसके जरिए सांख्यिकी तकनीकों को शामिल किया गया है। तथ्यों की प्रकृति के आधार पर इन तकनीकों को उपयोग में लाया जा रहा है। जो तकनीकें उचित थीं उन्हें रखा गया, बाकी को नहीं रखा गया तथा उनकी जगह पर नई सांख्यिकी तकनीकों को विकसित कर लिया गया। अनेक तकनीकें वर्तमान काल में बहुआयामी विश्लेषण के लिए संगठित कर ली गई हैं। कलस्टर तकनीक, मापन विधि तथा अन्य बहुत तकनीकों का विकास मनोविज्ञान के व्यवहारवादी विद्यालय की माँग पर विकसित कर ली गई हैं।

'साइकोमैट्रिका' (Psychometrica) जो गणित व सांख्यिकी की तकनीकों तथा उनका मनोविज्ञान में उपयोग का समाचार-पत्र था, उसने मनोविज्ञान के क्षेत्र के अनुसंधानकर्त्ताओं को बहुत ज्यादा प्रभावित किया है। इन तकनीकों को प्रयोग में लाने के कारण भारी गणना की जरूरत पड़ने लगी जिस कारण कम्प्यूटर का प्रवेश इस क्षेत्र में होने लगा। कम्प्यूटर का मनोविज्ञान में उपयोग प्रतिदिन सफलतापूर्वक तरीके से बढ़ता जा रहा है।

राजनीति विज्ञान व कम्प्यूटर—अन्य विषयों की वजह राजनीतिक विज्ञान के क्षेत्र में भी गणितीय एवं सांख्यिकी विधियों ने अपना स्थान बना लिया है। खेल पद्धति एवं गुटबंदी की पद्धति ने राजनीति विज्ञान में अपनी गहरी पकड़ स्थापित कर ली है। चुनावी तथ्यों को विश्लेषण, चुनावों पर अन्य आंतरिक लोगों का प्रभाव तथा समाजमिति पद्धति का उपयोग आदि अनेक उदाहरण हैं। खेल पद्धति का उपयोग किया जाना अधिक दुष्कर है तथा इसने कम्प्यूटर के उपयोग को प्रोत्साहन दिया है।

इतिहास व कम्प्यूटर—पुराने सारे तथ्यों का संग्रहण, उनका क्रमवार अध्ययन, विभाजन तथा विश्लेषण एक मुश्किल कार्य है, जिसको करने के लिए सांख्यिकीय एवं गणितीय पद्धति का उपयोग किया जाता था। किंतु कम्प्यूटर के आविष्कार ने काफी समस्याओं का समाधान कर दिया है तथा वर्तमान काल में इतिहास में भी कम्प्यूटर का उपयोग किया जाने लगा है।

अर्थशास्त्र व कम्प्यूटर—अर्थशास्त्र किसी भी शोध में अर्थशास्त्र के प्रतिफलों में मॉडल सबसे मुश्किल कार्य है। ये मॉडल हरेक अर्थशास्त्री के सोचने की प्रवृत्ति को परिवर्तित कर देते हैं, किंतु फिर भी मॉडल निर्माण अर्थशास्त्र का एक अभिन्न अंग है। द्वितीय विश्व युद्ध के उपरांत विकास की नई योजनाओं को लागू करने के लिए जरूरी था कि पुराने प्रगति के सभी आँकड़ों को इकट्ठा कर उनका व्याख्या एवं विश्लेषण किया जाए। इन व्याख्याओं के आधार पर नई नीतियों की रचना किया जाए। इन व्यापक आँकड़ों के संग्रहण के लिए पुरानी प्रणालियाँ ठीक नहीं थीं इसलिए नई प्रणालियों का निर्माण किया गया। लेकिन इनका प्रयोग संशयात्मक था। इसे मापने के लिए अनेक प्रयोग किए गए जो कि अत्यंत परिणाम एवं लाभ प्रदान करने वाले थे। इस ने कम्प्यूटर के प्रयोग को बड़े पैमाने पर लागू करने में मदद प्रदान की। कम्प्यूटर के माध्यम से एक साथ बड़े पैमाने पर तथ्यों को डाला जाना व उनका एक साथ विश्लेशण हो जाना अत्यधिक फायदेमंद साबित हो रहा था। भारत के साथ समस्त विश्व के अन्य अनेक देशों में, कम्प्यूटर के इनपुट-आउटपुट व्याख्या तकनीक का लाभ उठाया गया। यही विश्लेषण यदि व्यक्ति के माध्यम से संपादित होता तो इसमें कई वर्षों का समय व कई व्यक्ति लग जाते जो कि बहुत व्ययकारक होता, लेकिन कम्प्यूटर के प्रयोग ने इस कार्य को अत्यधिक आसान बना दिया। इस तरह कम्प्यूटर ने अर्थशास्त्र में बहुत लोकप्रियता प्राप्त की है।

समाज विज्ञान व कम्प्यूटर—कोई भी विषय चाहे वह समाजशास्त्र, शिक्षा अथवा कोई अन्य हो, कम्प्यूटर क्रांति से अछूता नहीं रह सका। समाज विज्ञान के हर एक अनुसंधान के काम में कम्प्यूटर का प्रयोग किया जा रहा है। जब किसी एक विषय में कुछ निर्धारित तकनीकों का प्रयोग कर लिया जाता है तथा उसमें कामयाबी भी प्राप्त होती है तो उस प्रणाली को अन्य विषयों में भी प्रयोग करने का प्रयत्न किया जाता है जिससे कि अच्छे परिणाम की प्राप्ति की जा सके। कोई भी व्यक्ति यह नहीं कह सकता है कि जब मनोविज्ञान व मानव विज्ञान के जगत में कम्प्यूटर का उपयोग किया जा रहा है तो इसी के समान विषय समाज़शास्त्र के शोध-काम में कम्प्यूटर का उपयोग नहीं किया जाएगा। ऐसा संभव नहीं है और इसी वजह से समाजशास्त्र के शोध में आज कम्प्यूटर का वृहत स्तर पर किया जा रहा है।

मानव विज्ञान और कम्प्यूटर—मानव शरीर रचना विज्ञान में सांख्यिकी व गणित के बहुत से तरीके प्रयुक्त होते हैं। सामाजिक मानव विज्ञान में इनकी तकनीकों का प्रयोग बहुत समय बाद किया गया पर संपर्क, संस्कृति, किसी चीज को प्राप्त करने की जरूरत, पैमाने बनाना आदि में बहुत परिमाणात्मक तकनीकों का प्रयोग किया गया है। इस तरह कम्प्यूटर ने इस विषय में भी अपनी जड़ें जमा ली हैं अर्थात् यहाँ पर भी कम्प्यूटर का प्रयोग किया जाता है।

निष्कर्ष—इस तरह कम्प्यूटर का उपयोग अनुसंधान में दिन-प्रतिदिन बढ़ता जा रहा है। इसके तेजी से बढ़ता उपयोग के कई कारण हैं।

1. इसका प्रमुख कारण यह है कि कम्प्यूटर द्वारा वे सभी बड़ी-बड़ी गणनाएँ आराम से शीघ्रतापूर्वक संपादित की जा सकती हैं जो पहले कभी या तो असंभव थीं तथा मानवीय मस्तिष्क द्वारा की जाने पर किसी-न-किसी कमी की संभावना बनी रहती थी। अतः सबसे पहले कम्प्यूटर द्वारा परिमाणात्मक तथ्यों की गणना आसानी से कर पाने के कारण इसका उपयोग अनुसंधान में किया जाने लगा।

2. कम्प्यूटर बिना ज्यादा जगह की माँग किए ढेरों तथ्य व्याख्यात्मक अथवा परिमाणात्मक स्वयं में समा लेता है और जरूरत पड़ने पर पलक झपकते ही उन तथ्यों को हमारे सामने प्रस्तुत भी कर देता है। इसके अलावा तथ्यों के प्रेषण भी अत्यधिक सुविधाजनक तरीके से हो जाता है क्योंकि कम्प्यूटर द्वारा वे आसानी पूर्वक दूसरी प्रति के रूप में निकाले जा सकते हैं। हालांकि सामाजिक विज्ञानों के अनुसंधान काम ज्यादा-से-ज्यादा तथ्य एकत्रीकरण व उनकी प्राप्ति पर निर्भर करते हैं, यही कारण है कि इस काम में कम्प्यूटर की जरूरत को नजरअंदाज नहीं

किया जा सकता है। हर अनुसंधान काम में केवल परिमाणात्मक तथ्यों का ही कार्य नहीं होता है बल्कि इन तथ्यों का विश्लेषण, वर्गीकरण, व्याख्या एवं अन्य अनेक कार्य होते हैं जिनका संपादन कम्प्यूटर के जरिये से सरलतापूर्वक किया जा सकता है। कम्प्यूटर एक शब्द के अनेक नए अर्थ खोजने में सक्षम होता है। इसके जरिये कुछ मिनटों में अनुसंधान संबंधी बड़े-बड़े विवरण को जाँच कर उसके निष्कर्षों को अनुसंधानकर्त्ता के समक्ष प्रस्तुत किया जा सकता है।

3. अनुसंधान में सिर्फ तथ्यों का ही विश्लेषण, विवरण, समाहित नहीं होता है बल्कि उसमें अनेक औद्योगिक चार्ट, मानचित्र, सूची, ग्रंथ, संदर्भों को क्रम से पेश करना, अनुक्रमणिका, कुछ नए तथ्य खोजना आदि काम भी इसमें शामिल होते हैं। इन सभी कामों का संपादन कम्प्यूटर के जरिये किया जा सकता है व किया जाता है। इन कामों के आसानी से संपन्न हो जाने से अनुसंधानकर्त्ता अपना ध्यान अनुसंधान विषय पर केंद्रित कर सकता है अथवा उस काम को अच्छे तरीके से अंजाम दे सकता है।

कम्प्यूटर के उपयोग को निर्धारित करने वाले तत्त्व

कम्प्यूटर का किसी भी विषय एवं क्षेत्र में प्रयुक्त किया जाना प्रमुख रूप से चार कारकों पर निर्भर करता है। जो निम्न प्रकार हैं–

(i) किसी भी प्रयोगकर्त्ता के पास अपना स्वयं का कम्प्यूटर होने पर वह अपने काम को ज्यादा सुंदर तरीके से अंजाम दे सकता है।

(ii) निजी कम्प्यूटर के होने के साथ-साथ उसके विषय में पूर्व जानकारी होना भी जरूरी है। ऐसा नहीं होने पर उसका सही उपयोग नहीं किया जा सकता है। किस कम्प्यूटर में किस काम के लिए कौन-सा सॉफ्टवेयर प्रयोग किया जाएगा, उसे कहाँ से प्राप्त किया जायेगा तथा उसे किस प्रकार से प्रयुक्त किया जाएगा, इन बातों को जानना जरूरी होता है। साथ ही हार्डवेयर के विषय में भी पूरी जानकारी होनी चाहिए जिससे कि शोधकर्त्ता कम्प्यूटर पर काम करने के विषय में सोच सकें।

(iii) शोधकर्त्ता को उन सभी ढंगों व कार्य प्रणालियों का ज्ञान जरूरी है जो कि उसके कार्य क्षेत्र में प्रयोग की जाती हैं।

(iv) आधुनिक समय में निजी कम्प्यूटर (PC) बाजार में काफी सरलता से तथा कम कीमत में उपलब्ध है। अतः इन कम्प्यूटरों को लगभग सभी शोध के केंद्रों, शिक्षा केंद्रों में भी लगाया जाना चाहिए जिससे जो सभी व्यक्ति कोई भी कार्य करने मुख्यतः शोध कार्य करने में उसका प्रयोग कर सकें।

(v) अनुसूची में प्राकल्पनात्मक सवालों (Hypothetical Questions) का भी समावेश नहीं किया जाना चाहिए। उदाहरणस्वरूप—यदि अनुसूची में यह प्रश्न पूछा जाता है कि 'क्या आप अपनी गिरी हुई आर्थिक स्थिति को उन्नत करना चाहेंगे तो यह प्रश्न व्यर्थ या प्राकल्पनात्मक प्रश्न कहलाएगा क्योंकि ऐसा कौन होगा जो अपनी आर्थिक दशा को उन्नत नहीं करना चाहेगा।

(vi) अनुसूची में बहुअर्थक प्रश्नों को भी शामिल नहीं किया जाना चाहिए क्योंकि ऐसे प्रश्नों के उत्तर से प्रामाणिकता की आशा नहीं की जा सकती है।

(vii) अनुसूची में निर्देशक प्रश्नों का भी समावेश नहीं किया जाना चाहिए क्योंकि ऐसे प्रश्नों में उत्तर का संकेत भी होता है एवं सूचनादाता उसी संकेत के अनुसार उत्तर देते हैं। इससे वास्तविकता का पता नहीं चलता है।

(viii) अनुसूची में अस्पष्ट एवं अनिर्दिष्ट प्रश्नों को शामिल नहीं किया जाना चाहिए।

(ix) अनुसूची में बहुत जटिल एवं लंबे प्रश्नों का समावेश नहीं किया जाना चाहिए क्योंकि ऐसे प्रश्नों को उत्तरदाता सरलता से नहीं समझ पाता है एवं वह जैसा समझता है उसी के अनुसार उत्तर देता है जो कि वास्तविक सूचना नहीं कही जा सकती है।

(x) अनुसूची में भ्रमपूर्ण (Ambiguous) प्रश्नों को सम्मिलित नहीं किया जाना चाहिए क्योंकि ऐसे प्रश्नों के उत्तर भ्रम उत्पन्न करने वाले होते हैं। साथ ही प्रत्येक उत्तरदाता का उत्तर भी अलग-अलग होता है।

(xi) अनुसूची में ऐसे प्रश्नों को सम्मिलित नहीं करना चाहिए जो समाज में सर्वमान्य या स्वीकृत आदर्शों से संबंधित हों क्योंकि इस तरह के प्रश्नों के उत्तर में लोग प्रायः वही ही कहते हैं जो सर्वमान्य आदर्शों के अनुकूल हैं। उदाहरण के अनुसार यदि अनुसूची में यह प्रश्न हो कि 'वेश्यावृत्ति समाज के लिए अच्छी है या बुरी?' तो उसके उत्तर में अधिकांश लोग वेश्यावृत्ति को खराब ही कहेंगे यही स्वीकृत आदर्श है।

उपर्युक्त विवरणों से यह मालूम होता है कि अनुसूची में जिस तरह के प्रश्नों को शामिल किया जाता है उनकी अपनी एक अलग पहचान होती है। प्रश्नों पर ही संपूर्ण अध्ययन निर्भर करता है। इसलिए यह आवश्यक होता है कि सोच-समझकर प्रश्नों को अनुसूची में शामिल किया जाना चाहिए। अर्थात् ऐसे प्रश्नों को अनुसूची में सम्मिलित नहीं करना चाहिए जिनसे सूचना इकट्ठी करने में किसी प्रकार की कठिनाई का अनुभव हो।

* विक्रय रिपोर्ट
* उत्पाद की सूचना
* प्रशिक्षण मैन्युअल
* कम्पनी के विभाग एवं कार्य
* मूल्य सूची
* प्रेस विस्तारक
* समाचार पत्र

कम्पनियां इस सूचना की प्रिटिंग में अधिक समय तक तटस्थ नहीं रह सकती। इन्ट्रानेट के उपयोग से इस समस्या को हल किया जा सकता है, एकल तथ्यों को प्रदान करने पर इन्ट्रानेट अधिक शीघ्रता से अप-टू-डेट रख सकता है। इन्ट्रानेट पर डाटा के संग्रह द्वारा प्रयोगकर्त्ता सूचना प्राप्त करता है तथा पूर्व की अपेक्षा इस सूचना को शीघ्र एवं अधिक सरलता से ढूंढ़ सकता है।

वर्ल्ड वाइड वेब—वर्ल्ड वाइड वेब प्राप्तकर्त्ता यंत्रों का संग्रह है जो लेखों, चित्रों एवं मल्टिमिडिया को इन्टरनेट अथवा इन्ट्रानेट के द्वारा प्रयोगकर्त्ता को प्रदान करती है।

हाइपर लिंक्स—हाइपर लिंक दूसरे तथ्यों एवं संसाधनों के लिए क्लिक के योग्य होता है। यह सामान्यतः नीली अण्डरलाइन द्वारा दिखाई जाती है। जब प्रयोगकर्त्ता इस लिंक को क्लिक करता है, तो उस लिंक से सम्बंधित तथ्य पुनः प्रदर्शित होगा जिस पर वह स्थित होता है उस निर्दिष्ट सर्वर से तथ्य की प्रार्थना से।

यूआरएल-एक दृष्टि :- यूनीफार्म रिसोर्स लोकेटर इन्टरनेट या इन्ट्रानेट पर किसी संसाधन के लिए निर्दिष्ट पथ के नाम का माध्यम है। इसके तीन भाग होते हैं—

* प्रोटोकोल भाग
* होस्ट भाग
* तथ्य का नाम

कार्य—सर्वर्स एवं होस्ट कम्प्यूटर भौगोलिक स्थिति के अनुसार व्यवस्थित होते हैं। उदाहणार्थ—विश्व में सभी देशों के पास एक प्रत्यय देश है सिवास यू.एस.ए. के। न्यूजीलैण्ड का प्रत्यय है एनजेड, जबकि कनाडा का सीए. आदर्श रूप में यूआरएल के होस्ट अंक इस प्रकार हैं—

सर्वर का नाम
संस्था का नाम
संस्था के प्रकार
देश का नाम

उदाहरण के लिए, सर्वर www.mat.ac.As. परिभाषित करता है जैसे-प्राप्तकर्ता को www. कहा गया, सम्बंधित संस्था को mat कहा गया, जो एक शैक्षणिक (academic) संस्था आस्ट्रैलिया में स्थित है।

इन्टरनेट प्राप्त करने का तरीका

इंटरनेट कोई नेटवर्क नहीं है—यह 60,000 से अधिक अलग-अलग नेटवर्कों का संयुक्त नेटवर्क है। प्रत्येक का अपना नियम एवं विधान है। कई तरीके हो सकते हैं जिससे आप इन्टरनेट से सम्पर्क कर सकते हैं। साधारण पहुंच के लिए 4 चीजों का उपयोग किया जाता है।

* कम्प्यूटर
* फोन लाइन पर कम्प्यूटर को लगाने के लिए मॉडम
* इन्टरनेट खाता
* कम्प्यूटर संचालन के लिए साफ्टवेयर

कम्प्यूटर :- इन्टरनेट कनेक्शन लेने के लिए कोई भी कम्प्यूटर प्रयोग किया जा सकता है वास्तव में एक कम्प्यूटर के बाद दूसरे के प्रयोग के अनेक लाभ एवं अनेक हानियां हैं। सम्पूर्ण व्यक्तिगत कम्प्यूटर सन् 1980 के बने हैं जो नेटवर्क के कुछ तरह के कनेक्शनों के लिए बहुधा पर्याप्त हैं फिर भी कुछ कम्प्यूटर दूसरों की तुलना में इसे तीव्र एवं आसान बनाते हैं।

मॉडम :- मॉडम आपके कम्प्यूटर को फोन की लाइन से जोड़ता है तथा सामान्य ढंग से फोन लाइन पर इन्टरनेट को जोड़ता है। आपको PC के अलावा इन दोनों चीजों की जरूरत होती है। मॉडम अनेक रूप एवं आकार में आता है। कुछ पृथक बाक्स होते हैं जो बाहरी मॉडम के रूप में जाने जाते हैं, केबल से जो कम्प्यूटर एवं फोन लाइन को जोड़ता है। कुछ कम्प्यूटर के अन्दर लगे होते हैं जो फोन के लिए केबल से संयुक्त होता है तथा ये आन्तरिक मॉडम या कार्ड मॉडम के नाम से जाने जाते हैं।

साफ्टवेयर—मॉडम के साथ-साथ आपको दूसरे कम्प्यूटर से संचार योग्य होने के लिए कुछ साफ्टवेयर की भी आवश्यकता होती है। आपके पास या तो विन्डो आधारित फैन्सी साफ्टवेयर या सामान्य साफ्टवेयर हो सकता है जो सामान्यतया मॉडम के साथ आता है। सामान्य साफ्टवेयर टर्मिनल इम्यूलेटर साफ्टवेयर कहलाता है क्योंकि, यह उस दूरस्थ कम्प्यूटर पर आपके कम्प्यूटर को ठीक दूसरे टर्मिनल की भांति प्रदर्शित करता है। आपको एक ब्राउजर की भी जरूरत पड़ती है जो किसी विंडो आपरेशन सिस्टम के साथ आता है।

इंटनरेट सेवा प्रदाता—अनेक इंटरनेट सेवा प्रदाता हैं हम उनमें कुछ जो अतिसाधारण हैं उनको लेते हैं—

1. बी एस एन एल
2. सत्यम आनलाइन

इन्टरनेट पर सूचना प्राप्त करना—क्योंकि, इन्टरनेट पर अत्यधिक संख्या से सूचना उपलब्ध रहती हैं सूचना तक शीघ्र पहुंच के योग्य होना आवश्यक होता है।

अनेक साईट अन्वेषण में विशेषज्ञता प्राप्त हैं। वे www सर्वर्स के डाटा पर आधारित निर्माण द्वारा इसे सम्पन्न करते हैं। प्रयोगकर्त्ता प्रार्थना करते हैं कि उनकी साइट आनलाइन के रूप में डाटाबेस से जोड़ दिया जाय; कुछ मामलों में यह निःशुल्क है तथा कुछ मामलों में शुल्क लिया जाता है।

कुछ साईट जो अन्वेषण सुविधा प्रदान करने में विशेष हैं—

* www.yahoo.com.
* www.excite.com.
* www.webcrawler.com.

स्पाइडर अथवा वेब रोबोट, इन साइटों द्वारा संचालित कार्यक्रम हैं जो अपने साइट को जोड़ता एवं ब्राउस करता है जिसे वह पृष्ठों एवं विषयों के डाटा आधार पर प्राप्त होता है। स्पाइडर www साईट पर उच्च भार निर्मित कर सकता है तथा प्रत्येक तथ्य से निरन्तर प्रवाह द्वारा उसे ओवरलोड कर सकता है, निवेदन करने पर इन तथ्यों को अतितीव्र दर से।

ई-मेल

ई-मेल इन्टरनेट का एक रूप है जिससे आप विद्युतीय स्थिति में संदेशों को प्राप्त एवं भेज सकते हैं। उससे पूर्व आपको प्रयोगकर्त्ता के रूप में पंजीकृत होना आवश्यक है जिससे आपका अपना इमेल एवं पासवर्ड होगा। अनेक ईमेल सेवा प्रदान करने वाले हैं जैसे याहू, डाटमेल, राकेट मेल इत्यादि जो निःशुल्क ई-मेल की पहुंच प्रदान कर रहे हैं। अन्यथा आपके पास यदि डायल अप लाईन है, तो आपके पास आई.एस.पी. द्वारा प्रदत्त ईमेल ऐड्रेस पहले ही है।

यदि आप नया प्रयोगकर्ता हैं तो आपको नये उपयोगकर्त्ता के रूप में स्वयं को पंजीकृत करना पड़ता है। इसके लिए साईन मी अप! (Sign me up!) को क्लिक करिये। (जैसा कि नीचे के चित्र में दिया गया है।) यह सामान्य फार्म प्रदर्शित करेगा जहां आपको अपने विषय में कुछ सूचना इन्टर करनी पड़ती है। इस फार्म को भरने के उपरान्त सबमिट बटन को दबाइए। यह आपके पंजीकरण का अंत होगा।

ई-मेल लॉग करना--यदि आपने पहले ही ई-मेल आईडी. एवं पासवर्ड प्राप्त कर लिया है तो क्रम से इन कदमों का अनुसरण कीजिए–

1. नेटस्कैप नैविगेटर बटन को क्लिक कीजिए और ऐड्रेस विंडो में यू आर एल ऐड्रेस को एण्टर कीजिए। उदाहरणार्थ, याहू सर्वर को लें और नीचे दिये की भांति ऐड्रेस टाइप करें–http:/www/yahoo.com.

2. यह ऊपर की भांति विण्डों प्रदर्शित करेगा। जिसमें आपको अपना प्रयोगकर्त्ता नाम एवं पासवर्ड एंटर करना पड़ता है। यदि आपका प्रयोगकर्त्ता नाम है–subhasbrata@yahoo.com. तब आपको केवल subhasbrata एण्टर करना होगा।

3. अब Sign बटन को क्लिक करिये जिससे यह आपको निम्न विण्डो प्रकट करेंगा।

अब Inbox बटन को क्लिक करिये जो आपको बक्स में ले जायेगा। बाक्स में आप सभी अपठनीय संदेश अपने ई-मेल आई डी. के लिए देखेंगे। वे सफेद रंग के दिखाई देंगे। एक बार जब आप उन मेलों को खोलते हैं तब ये भूरे रंग के हो जाते हैं।

अब आप Sing out बटन को पूर्णरूप से क्लिक करें जिससे आप याहू मेल में पूर्णरूप से आने हेतु समर्थ होंगे।

ई-मेल भेजने का तरीका–मान लीजिए आप किसी को ई-मेल भेजना चाहते हैं तब निम्नलिखित कार्य करें–

1. याहू मेल की कम्पोज बटन दवाइये।

2. To बाक्स में नियत स्थान का पता टाईप कीजिए। यह ऊपर दिये गये चित्र में दिखाया गया है।

3. इसके उपरान्त विषय में टेम्स बाक्स में विषय टाईप कीजिए, लेकिन यह वैकल्पिक है।

4. अब आप बड़े एडिट बाक्स में अपने पत्र की विषय वस्तु टाईप करना आरम्भ करें।

5. अपना पत्र टाईप करने के उपरान्त अथवा संदेश भेजने के लिए Send बटन को दवाइये।

6. अब आप यह कहते हुए कि "आपका संदेश भेज दिया गया है" कन्फर्मेशन प्राप्त करेंगे।

इंटरनेट का अनुसंधान में उपयोग

जब कोई नवीन शोध आरंभ किया जाता है तो अनुसंधानकर्त्ता के लिए शोध आरंभ करने से पूर्व में किए गए शोधों का अध्ययन आवश्यक होता है। ऐसा कर वह लाभ प्राप्त कर सकता है। अनुसंधानकर्त्ता उन पूर्व शोधों से उनकी तकनीकों का अध्ययन करके उन तकनीकों का उपयोग अपने शोध कार्य में कर सकता है। अगर अनुसंधानकर्त्ता हर शोध प्रतिवेदन का अध्ययन करता है तो यह अधिक समय व्यय कारक होगा साथ ही उसे एक संक्षिप्त जगह की सूचनाएँ ही प्राप्त हो पाएँगी। इंटरनेट का उपयोग करने पर अनुसंधानकर्त्ता संपूर्ण संसार के पूर्व-शोधों का अध्ययन काफी कम समय में कर सकता है। इंटरनेट पर बैठकर अनुसंधानकर्त्ता संपूर्ण संसार के उन सभी अनुसंधान कार्यक्रमों को देख सकता है जो उस विषय के संबंध में आयोजित किए गए हैं। कम्प्यूटर पर पूरे शोध कार्यक्रम का बारीकी से अध्ययन किया जा सकता है। इसी तरह विश्व के कई पुस्तकालयों का जिन पुस्तकों को इंटरनेट में डाला गया है, उनका अध्ययन भी किया जा सकता है।

इंटरनेट के प्रयोग से एक फायदा यह भी है कि एक ही विषय पर अनेक शोध विश्वभर में कहीं भी संपादित हो रहे हों तो उस बारे में विभिन्न अनुसंधानकर्त्ता आपस में इंटरनेट पर विचार-विमर्श कर सकते हैं। इस तरह वह शोध विश्वव्यापी एवं अधिक स्पष्ट होगा। इंटरनेट में सर्च ईंजन के माध्यम से उन विशेष-विषयों तक पहुँचकर उनके विषय में अध्ययन कर उन तथ्यों का शोध में प्रयोग किया जा सकता है। अन्त में हम यह कह सकते हैं कि शोध में इंटरनेट के बहुत से लाभ हैं।

●●●